贵州农村发展项目推动合作社创新实践研究

任晓冬 刘 志 著

Innovative Practice of Guizhou Rural Development Project in Promoting the Sustainability of Cooperatives

中国社会科学出版社

图书在版编目(CIP)数据

贵州农村发展项目推动合作社创新实践研究/任晓冬，刘志著．—北京：中国社会科学出版社，2021.10

ISBN 978-7-5203-8632-6

Ⅰ.①贵… Ⅱ.①任…②刘… Ⅲ.①农村经济发展—研究—贵州 Ⅳ.①F327.73

中国版本图书馆CIP数据核字(2021)第117546号

出 版 人 赵剑英
责任编辑 姜阿平
责任校对 李 惠
责任印制 张雪娇

出 版 中国社会科学出版社
社 址 北京鼓楼西大街甲158号
邮 编 100720
网 址 http://www.csspw.cn
发 行 部 010-84083685
门 市 部 010-84029450
经 销 新华书店及其他书店

印 刷 北京君升印刷有限公司
装 订 廊坊市广阳区广增装订厂
版 次 2021年10月第1版
印 次 2021年10月第1次印刷

开 本 710×1000 1/16
印 张 29.5
插 页 2
字 数 528千字
定 价 148.00元

前　言

贫困是世界性的社会问题，是广大发展中国家以及联合国、世界银行等国际性机构致力解决的首要事项。贫困的主要成因包括自然环境限制和社会财富分配不均，贫困人口主要分布在发展中国家，尤以农村地区为甚。中国自改革开放以来，大力开展扶贫开发工作，积累了丰富经验。

自二十世纪九十年代起，中国政府积极扩大与国际机构在减贫领域的交流与合作，取得显著进展。其中，与世界银行进行合作的时间最早、规模最大。2014 年 11 月，世界银行与贵州省政府合作开展的世界银行贷款贵州农村发展项目正式启动，惠及 40 多万山区人口。项目针对贵州省武陵山和乌蒙山片区的贫困成因，开展农业产业结构调整和现代化产业链建设，帮扶贵州省成功实现 2020 年农村贫困人口全部脱贫的扶贫攻坚目标，以环境可持续的方式促进了农村经济发展。

受贵州省扶贫开发办公室外资项目管理中心委托，贵州师范大学自然保护与社区发展研究中心对项目进行了实地调研和综合分析，将研究成果编制成本书，从中国扶贫开发背景、项目实施发展情况、农民专业合作社管理模式、运营效率和发展成效评价体系、典型案例剖析、存在问题和改进建议等多个角度进行了深入阐述，总结了项目成功运行经验，探索了将国际经验与中国实践有机结合的创新模式。

本书旨在为推进乡村振兴、加快农业产业现代化建设、打造绿色有机农产品全产业链、实现农村地区稳定可持续发展、在世界范围推广中国经验助力发展中国家减贫提供具有现实意义的参考借鉴。

致　谢

世界银行贷款贵州农村发展项目是国际组织和中国政府合作的一次成功典范。自项目启动开始，我们便有幸参与了项目，见证了项目实施发展的过程，获得了社会各界的大力支持和积极协助，包括贵州省扶贫开发办公室外资项目管理中心、各市县项目管理办公室、项目农民专业合作社、贵州师范大学喀斯特研究院、贵州财经大学文法学院、贵州省社会科学院农村发展研究所。在此，我们表示诚挚的谢意。

在本研究课题的开展过程中，贵州师范大学自然保护与社区发展研究中心的同仁们付出了宝贵的时间和精力，感谢陈正府、张辉、管毓和在实地调研和资料收集中发挥的指导作用，感谢任笔墨、姚世美、李文芳、夏俊涛、王霄念、刘弋菱为资料收集和整理工作付出的辛苦努力，感谢刘弋菱和卢凤琼对文稿的细心校订。

目　　录

背景篇

第一章　产业扶贫背景 ………………………………………………… (3)
　第一节　中国扶贫历史 ……………………………………………… (3)
　第二节　产业扶贫机制 ……………………………………………… (4)
　第三节　国内外产业扶贫研究 ……………………………………… (6)

第二章　合作社扶贫背景 ……………………………………………… (8)
　第一节　合作社发展背景 …………………………………………… (8)
　第二节　合作社发展模式 …………………………………………… (9)

第三章　世界银行贷款贵州农村发展项目 …………………………… (13)
　第一节　项目背景 …………………………………………………… (13)
　第二节　项目概述 …………………………………………………… (15)
　第三节　项目合作社 ………………………………………………… (18)

概况篇

第四章　合作社区域分布情况 ………………………………………… (25)
　第一节　项目区概况 ………………………………………………… (25)
　第二节　地区分布情况 ……………………………………………… (25)

第五章　合作社组织运营模式 ………………………………………… (35)
　第一节　组织运营模式分类 ………………………………………… (35)

第二节　组织运营模式地区分布 …………………………………… (38)

第六章　合作社产业发展模式 …………………………………… (42)
第一节　合作社产业发展模式 …………………………………… (42)
第二节　合作社产业发展模式亚型 …………………………………… (48)

第七章　组织运营与产业发展管理的关系 …………………………………… (53)

分析篇

第八章　合作社总体情况分析 …………………………………… (75)
第一节　合作社基本情况 …………………………………… (75)
第二节　合作社运营情况 …………………………………… (77)

第九章　合作社运营效率分析 …………………………………… (81)
第一节　指标体系 …………………………………… (81)
第二节　评价模型 …………………………………… (82)
第三节　效率分析 …………………………………… (84)

第十章　合作社组织运营成效分析 …………………………………… (101)
第一节　指标体系 …………………………………… (101)
第二节　经济成效 …………………………………… (110)
第三节　社会成效 …………………………………… (111)
第四节　管理成效 …………………………………… (113)

第十一章　合作社产业发展模式成效分析 …………………………………… (117)
第一节　指标体系 …………………………………… (117)
第二节　经济成效 …………………………………… (126)
第三节　社会成效 …………………………………… (127)
第四节　管理成效 …………………………………… (129)

第十二章　合作社产业发展模式亚型发展成效分析 ……………………（133）
第一节　指标体系 ……………………………………………………（133）
第二节　经济成效 ……………………………………………………（135）
第三节　社会成效 ……………………………………………………（137）
第四节　管理成效 ……………………………………………………（140）

第十三章　合作社总体成效分析 ……………………………………（144）
第一节　经济成效 ……………………………………………………（144）
第二节　社会成效 ……………………………………………………（145）
第三节　管理成效 ……………………………………………………（150）
第四节　综合分析 ……………………………………………………（154）

案例篇

第十四章　合作社组织运营模式案例 ………………………………（159）
第一节　公司带动型（公司＋农户＋合作社） ………………………（159）
第二节　公司带动型特例（合作社＋农户＋合作社） ………………（165）
第三节　能人大户带动型（能人大户＋农户＋合作社） ……………（170）
第四节　村组织带动型（村组织＋农户＋合作社） …………………（177）
第五节　全农户型（农户＋合作社） …………………………………（182）
第六节　混合型（科技园＋村干部＋农户＋合作社） ………………（189）

第十五章　合作社产业发展模式案例 ………………………………（195）
第一节　种植产业型 …………………………………………………（195）
第二节　养殖产业型 …………………………………………………（199）
第三节　初加工产业型 ………………………………………………（204）
第四节　深加工产业型 ………………………………………………（209）
第五节　生态旅游产业型 ……………………………………………（216）

第十六章　合作社区域分布案例 ……………………………………（222）
第一节　正安县 ………………………………………………………（222）

第二节　务川县 …………………………………………………………（231）
第三节　威宁县 …………………………………………………………（239）
第四节　德江县 …………………………………………………………（249）
第五节　思南县 …………………………………………………………（260）
第六节　印江县 …………………………………………………………（270）
第七节　石阡县 …………………………………………………………（280）
第八节　沿河县 …………………………………………………………（289）
第九节　纳雍县 …………………………………………………………（298）
第十节　赫章县 …………………………………………………………（307）
第十一节　道真县 ………………………………………………………（316）

结论篇

第十七章　合作社综合评价 ………………………………………………（325）
第一节　合作社总体效益 ………………………………………………（325）
第二节　合作社不同模式效益比较 ……………………………………（326）
第三节　合作社管理运营 ………………………………………………（328）
第四节　合作社能人带动作用 …………………………………………（329）
第五节　合作社股本化 …………………………………………………（329）
第六节　合作社盈利 ……………………………………………………（330）
第七节　合作社凝聚力 …………………………………………………（330）
第八节　项目合作社与非项目合作社比较 ……………………………（331）

第十八章　合作社存在的问题 ………………………………………………（335）
第一节　内部动力问题 …………………………………………………（335）
第二节　外部环境问题 …………………………………………………（339）

第十九章　合作社改进建议 …………………………………………………（343）

参考文献 ……………………………………………………………………（346）

附　录

附录一　世界银行项目合作社主观评价打分表 ……………………（351）

附录二　世界银行项目典型案例合作社社员评分统计表 ……………（356）

附录三　世界银行项目合作社基本信息表 …………………………（420）

附录四　世界银行项目合作社概览 ………………………………（426）

背景篇

第一章　产业扶贫背景

第一节　中国扶贫历史

20 世纪 70 年代末期，我国有 2.5 亿贫困人口，约占农村总人口数的三分之一，贫困主要成因为农业经营体制不适应生产力发展的需要。20 世纪 80 年代，改革开放激发了农民劳动热情，提高了生产力，农村经营制度进行了改革，农产品价格逐步放开，乡镇企业得到发展。此后，我国对扶贫工作中心进行了三次重大调整：第一次从 1986 年开始，成立专门的扶贫机构，安排专项资金，确定“开发式扶贫”方针，划分国家重点贫困县，制定优惠政策，标志着国家启动了有计划、有组织和大规模的扶贫开发行动；第二次在 1994 年，《国家八七扶贫攻坚计划（1994—2000 年）》的公布实施标志着我国进入了扶贫开发的攻坚阶段；第三次在 2001 年，党中央颁布了《中国农村扶贫开发纲要（2001—2010 年）》，不再单纯追求经济高速增长的模式，提出了构建和谐社会的理念，标志着我国扶贫开发工作进入注重参与、内外兼顾的多元化扶贫新阶段（白晓波，2015）。

随着政府治理理念的改变和治理能力的提高，贫困人口自身的积极性越来越受到重视，产业扶贫作为农村扶贫开发的重要模式应运而生。产业扶贫是指依托贫困地区特色产业来带动一定数量的贫困人口脱贫和致富的扶贫模式。《中国农村扶贫开发纲要（2001—2010 年）》最早提出“农业产业化”的概念：积极推进农业产业化经营，对具有资源优势和市场需求的农产品生产，按照产业化发展方向，连片规划建设，形成有特色的区域性主导产业。此后，《中国农村扶贫开发纲要（2011—2020 年）》提出了“进一步加快贫困地区发展，促进共同富裕，实现到 2020 年全面建成小康社会”的奋斗目标，并明确了“产业扶贫”的战略方针：“充分发挥贫困地区生态环境和自然资源优势，推广先进实用技术，培植壮大特色支柱产业，大力推进旅游扶贫。促进产业结构调整，通过扶贫龙头企业、农民专业合作社和互助资金组织，带动和帮助贫困农户发展生产。引导和支持企业到贫困地区投资兴业，带动贫困农户增收。”“十三五”时期是实现2020年全面脱贫目标的决战阶段，《“十三五”脱贫攻坚规划》提出了“精准扶贫、精准脱贫”的基本方略和“产业扶贫工程”的具体实施路线，体现了从“输血”到“造血”的扶贫思路转变。

在党和国家高度重视下，产业扶贫贯穿于现阶段中国精准扶贫十大工程之中，同时位居精准扶贫“五个一批”措施之首，成为我国新时代贫困人口稳定脱贫的重要途径和保障。作为新一轮扶贫开发的重要战略，产业扶贫如何在扶持对象、项目安排、资金使用、措施到户方面实现精准到位成为精准扶贫考虑的重要议题，在目前开发式扶贫过程中发挥着主导作用，绝大多数省份70%的扶贫专项资金都用于产业扶贫（李博、左停，2016）。

第二节　产业扶贫机制

2016年，农业部、国家发展和改革委员会、国务院扶贫开发领导小组办公室等九部门联合印发《贫困地区发展特色产业促进精准脱贫指导意见》，明确提出：要从特色产业、三产融合、新型经营主体、利益联结机制、产业支撑保障、产业扶贫投入、金融扶持机制创新和保险支持等方面推进产业扶贫。2018年，习近平总书记在广东省清远市连樟村考察时指出：“产业扶贫是最直接、最有效的办法，也是增强贫困地区造血功能、帮助群众就地就业的长远之计。要加强产业扶贫项目规划，引导和推动更多产业项目落户贫困地区。”

在产业扶贫中，贫困地区可依靠地貌、气候、作物、矿产资源和人力资本等发展特色优势产业，因地制宜，以市场为导向，以产业发展为基础，以脱贫增收为目的，进行有效的工业化和区域化布局，同时打造上下游产业链和配套化服务提供支撑，提高贫困地区自我发展能力，实现从“输血”向“造血”的转变。

产业扶贫是多元一体的扶贫系统，是多主体参与、多要素融合、多部门协作的过程，带动模式主要有龙头企业带动型、专业合作组织带动型、商品基地带动型、优势产业带动型，涉及的主体包括政府、金融机构、村组织、企业、农户等，其中，政府部门统筹、主导或引导推进产业扶贫工作，编制产业发展规划，出台产业发展政策，整合涉农资金，以及招商引资、引进龙头企业。企业在国家或地方相关优惠政策的支持下，将其所拥有的资金、技术、信息注入贫困地区，发展扶贫产业，优先吸纳贫困人口就业。金融、保险机构提供贷款（如贴息贷款、小额信贷）和保险产品支持。村“两委”和驻村工作队负责政策的上传下达，在政府、企业、农户之间进行沟通协调；村“两委”不仅可以将其集体资产（如土地、房屋）入股龙头企业，同时还可以发动或组织村内能人、返乡创业者发展产业，以及成立专业合作社。农户可以通过土地、劳动力、资金、技术等形式入股企业，或在企业务工获得工资性收入，或争取扶贫政策优惠条件、自己发展产业。产业扶贫将产业下沉到村庄和农户，并与农户的土地、资金和劳动力等要素有机结合，是通过利益相关者共同对土地、资本和劳动力等生产要素匹配的过程（周扬等，2020）。

与以往的扶贫方式相比，政府在产业扶贫中主要负责项目管理、业务指导、资金拨付、监督管理等工作，对基层下放了更多权力，为农民专业合作社和农业企业等社会组织的成长创造更加宽松的政策环境，同时，引导培育产业化龙头企业，推进龙头企业与贫困农户的合作，促使农村贫困地区对产业结构进行调整（金丽丽，2020）。

产业扶贫能发挥政府与市场的优势。政府在产业发展中对市场和产业组织主体进行干预，并通过利益联结机制使贫困户融入产业发展中，改良和聚合生产资源，引进企业管理理念，形成产供销一体化的扶贫开发模式，具有产业布局广泛、规模大，生产、加工专业化等特点；市场对产业扶贫起到了导向作用，引导具有市场需求和资源优势的农产品逐步优化生产结构、扩大生产规模、拓展产业链，主导农业带动相关产业发展，增强可持续发展能力，最终实现龙头企业增收、贫困户脱贫、政府完善公共服务的各主体多赢目标（邢海虹等，2021）。

产业扶贫具备灵活性、多样性与可持续性，是扶贫机制创新和成效提升的重要手段，也是具有中国特色、最为有效的专项扶贫开发模式之一。农业农村部调查显示，截至 2019 年 9 月，中西部 22 个省份、832 个贫困县编制了产业扶贫规划或方案，国家组建了 4100 余个产业扶贫技术专家组，全国 92% 的贫困户参与了产业发展，67% 的脱贫人口主要通过发展产业实现增收脱贫。

第三节　国内外产业扶贫研究

一　国外农业产业化研究

国外最早关于产业扶贫的研究是关于美国 20 世纪 50 年代开始的农业产业化经营，随后其他西方发达国家也陆续开始进行农业产业化的实践。美国的约翰·戴维斯和罗伊·格尔德伯格于 1957 年首次提出农业一体化的概念，经其他学者的继承发展后，逐渐形成农业产业化的概念。国外农业产业化主要涉及四个方面：一是适应当前农业生产力的要求，推进农业生产的专业化和集约化；二是通过契约形式，将政府、企业和农户联结起来，将农工商一体化，形成“利益共享、风险共担、互惠互利、共同发展”的经济利益共同体；三是深化农业内部分工，以合作社或协会等中介组织来提高农民的组织化程度，完善社会化服务机制；四是利益分配机制合理化，通过合同、股份等利益联结机制，保障农户分享到农产品在加工、流通过程中的增值利润，提高农户的主动性和积极性，提升自我积累的能力（刘尔思，2000）。国外的农业产业化模式主要有四种：一是性质以农业生产为主的公司模式，二是自愿结合起来进行生产、运营的合作社的模式，三是不同主体之间签订书面协议的合同制的模式，四是具有多种技术、技能等构成一种专业协会的模式（唐春根、李鑫，2007）。

二　国内产业扶贫研究

在我国，产业扶贫的概念最早由和志胜在 1996 年发表的《走产业化扶贫之路——对晋城市周边山区发展养牛业的思考》中提出，受到全国广泛关注。2001 年，《中国农村扶贫开发纲要（2001—2010 年）》提出：“积极推进农业产业化经营，对具有资源优势和市场需求的农产品生产，要按照产业化发展方向，连片规划建设，形成有特色的区域性主导产业。”2013 年，习近平总书记在湖南湘西考察时提出“精准扶贫”后，农业产业扶贫被认为是精准扶贫的重要举措，被广泛讨论，成为关注热点。在对贫困成因以及农业产业扶贫过程的研究基础上，国内学术界认为，我国产业扶贫发展出了多种具有中国特色的模式。其中，一种观念从利益联结机制着手，认为我国的产业扶贫模式分为“公司 + 农户”“中介组织 + 农户”“专业批发市场 + 农户”“公司 + 农户 + 基地 + 市场”“研发中心 + 培训中心”等几种类型（唐春根、李鑫，2007）。另一种观念从发展驱动力着手，提出五种产业带动模式：公司带动型、基地带动型、合作组织带动型、优势产业带动型、乡村旅游带动型（杨国涛、尚永娟，2009）。通过对参与农业产业化经营的主体绩效研究，农业产业化对农户的家庭收入、就业机会、技术能力有积极影响，带动效果与农户参与农业产业化的时间、耕地数量、劳动力比例、与企业合作关系是否紧密等因素密切相关，并对经济状况不同的农户有同样的带动作用（郭建宇，2010）。目前，产业扶贫过程中仍存在扶贫对象内生动力不足、市场主体带动能力不强、利益联结机制容易偏离扶贫目标、政策落实不到位、配套措施不支持、扶贫效果不理想等问题。要进一步完善产业扶贫化，需要重视以下三个方面：（1）避免产业结构趋同，很多地区在相邻区域发展相似产业，农产品特色不鲜明，以防止市场竞争力不高、供过于求，农户积极性受到打击；（2）产业扶贫与科技扶贫相结合，通过向贫困地区输入科技知识，提高贫困人口的文化素质和生产技能，增强自我发展能力；（3）重视生态环境保护，不能以牺牲生态环境为代价、进行掠夺式开发，以防止生存环境恶化、贫困程度加重（杨国涛、尚永娟，2009）。

第二章　合作社扶贫背景

第一节　合作社发展背景

世界第一个合作社是“罗虚代尔公平先锋社”，成立于170多年前。1995年，国际合作社联盟修订明确了合作社的定义：合作社是人们自愿联合组成的自治性经济组织，以通过共同所有和民主控制的企业来满足经济、社会和文化等方面的需求（洪闫华，2012）。国外对合作社的研究可分为两个阶段：20世纪40年代至70年代末，新古典经济学的理论被广泛应用于合作社的研究，认为合作社具有垂直一体化形式、企业或厂商形式、联盟形式三种形式；20世纪80年代开始至今，新制度经济被作为主要分析工具，包括博弈论、产权理论、委托代理理论等，把合作社看作一系列契约的联结（张学鹏、把镇宗，2016）。

在我国，《中华人民共和国农民专业合作社法》于2006年颁布后，合作社数量急剧增长，也成为学术界研究热点。党的十八大以来，扶贫开发工作的重要政策都指出：要壮大集体经济实力，发展农民专业合作社和股份合作社，鼓励农村发展合作经济，促进农户由个体向组织的集中，以增强农户整体的抗风险能力，提升农业产业化经营效率，是贫困地区人民脱贫致富的重要途径，是大力推进产业扶贫提质创新、充分利用产业发展的必由之路（邢凯，2019）。《中国农村扶贫开发纲要（2011—2020年）》提出，要通过农民专业合作社等方式带动和帮助贫困农户发展生产。《“十三五”扶贫攻坚规划》指出，要“培育壮大贫困地区农民专业合作社、龙头企业、种养大户、家庭农（林）场、股份制农（林）场等新型经营主体”，并“推进贫困地区农民专业合作社示范社创建，鼓励组建联合社”。

第二节　合作社发展模式

一　国外合作社主要模式

由于经济发展基础和产业结构不同，所以，每个国家的合作社发展都具有不同的特点和模式。国外合作社的发展模式主要有三种：美加模式、西欧模式、日韩模式（宋小婷、魏毅斐，2014）。

（一）美加模式

美加模式，以美国和加拿大为代表，依托大农场进行跨区域合作和联合，以共同销售为主，实行资本化、产业化、规模化经营。美加模式中，合作社的独立性较强，政府只在财政和法律上提供一定优惠与支持。这种模式有五个特点：（1）实行社员资格制度，采取交易份额制和限制成员制；（2）在合作组织管理制度上采用公平与效率兼顾的管理和激励机制，引入职业经理人，将“一人一票”民主决策与交易额或股份结合行使表决权；（3）组织为开放型，允许外来资本进入，社员交易额可以转让；（4）融资渠道多样，与多种国家和地方金融机构进行合作；（5）注重队伍的团结与协作，每个成员各司其职，合作组织由社员拥有和控制。

（二）西欧模式

西欧模式，以德国、法国、荷兰等西欧国家为代表，建立在家庭农场基础上，保留私有制和独立经营权。西欧模式具有六个特点：（1）合作组织规模较大，之间联合紧密，在德国，合作社组织具有国家、地区、基层三个层次；（2）专业性强，以某一产品或产品的某种功能为对象；（3）管理机制上，按照交易额缴纳股金和分红，合作组织的盈利在抽取公共积累和发展基金后，剩余部分返还给成员，对外进行公司化经营；（4）成员可同时参加多个组织，实行“一人一票”制，但有的组织根据交易额与产品质量给予附加表决权；（5）法律上，合作组织按法人进行登记；（6）合作组织通过联合与兼并不断壮大，全员大会被社员代表大会取代，发展趋势为股份公司。

（三）日韩模式

日韩模式，以日本、韩国、泰国为代表，以综合性的（农民互助合作组织农协）为主，与专业性的农协组织机构并存，运营管理机制中计划性与独立性相结合。农协与政府关系密切，承担贯彻执行政府农业政策的作用，属于“半官半民”的性质，政府给予的政策、税收和金融支持力度极大，同时，作为政治团体，可以为了自己团体的利益向政府的农业政策施压。在日本，农协会员范围广，由政府农业部门组建，具有中央、省级和村级三个层级，呈金字塔形结构，层级之间具有紧密的联结和协作。

二 国内合作社主要模式

在借鉴国外合作社组织的管理运营模式的基础上，我国根据自己现实国情和具体实践过程，根据合作社的领办者类型，发展出了三种主要模式：能人大户领办型、公司领办型和基层组织领办型。

（一）能人大户领办型

由农村能人和专业大户发起成立合作社在我国具有普遍性。能人大户是指在智力、见识、专业经验、行业信息等方面比普通小农户更具长处的人，在乡村经济、政治和社会地位中，具有非正式权威和较大声望，具备一定的整合村庄资源优势的能力（李强彬，2006）。相比普通农户，能人大户有更强的动机来发展合作社，以合作社为载体来追求经济利益、公共利益和共同利益的实现，同时具有经济资本、人力资本和社会资本，以及领办合作社的经营头脑和市场意识，决策成本低，执行能力强；然而，能人大户型合作社也存在一些问题：（1）大多数能人大户文化素质不高，未受过系统的专业教育；（2）合作社发展资金短缺，由于资金主要依靠自有积累，缺乏对外融资渠道；（3）合作社规模难以做大，受到资金短缺和人才缺乏的限制；（4）经营决策权主要被能人大户控制，普通农户对合作社的运营缺乏积极主动型，容易沦为个人所有的合作社（李维梁、董德利，2012）。

（二）公司领办型

《中华人民共和国农民专业合作社法》颁布后，公司作为发起人领办农民专业合作社具有了合法性，越来越多的农业公司替代政府领办合作社，成为重要的经济现象。公司领办型合作社的形式为“公司+合作社+农户”，是以前“公司+农户”经营模式的改进。“公司+农户”模式建立在公司与农户签订合同的基础上，一度缓解了农户小生产与大市场的矛盾，但近年来在合同履约上屡屡出现问题，合同的不完全性和利益分配机制不完善是主要原因，2000年农业订单的履约率不足20%，其中大多数是公司违约，严重制约了农业产业化的发展（唐芳，2008）。公司领办型合作社将公司作为向合作社投资的股东融入合作社，与农户通过利益联结机制绑定在一起。合作社与公司在经营管理上具有本质区别，合作社宗旨是支持农村产业经济发展和保障农户利益，而公司目标是获取利润最大化以及运营效率最高化，为达到博弈论中的“纳什均衡”，公司与农户共同投资创办合作社，互相之间建立紧密的利益关系，公司投资基础设施和技术指导，引领合作社建立比较规范、健全的企业化管理制度，拓展市场销售渠道，农户投入土地和劳动力，既保障了公司的原材料供给，又增强了农户的技术水平和市场议价能力，双方交易成本都显著下降，从以前简单的雇佣关系转变为互利共赢的利益分配机制，并能获得政府在政策和资金上更大力度的支持，合作社的盈利按照公司和农户的股份占比进行分红，避免了合同签订的不完全性，激发了公司与农户共同发展合作社的积极性（潘礼娟，2020）。

公司领办型合作社具有三大特征：（1）商品契约融入了要素契约，使公司不仅能获得最终的农产品，还能通过合作社监督农产品的生产过程，产品的质量安全得以保障；（2）合作社成为专用型资产投资的平台，对违约行为具有约束力，既降低了双方利用对方的专用性资产投资来“敲竹杠”的可能性，又避免了双方因担心被“敲竹杠”而不愿扩大再生产投资的问题；（3）能调和合作社成员之间较强的异质性，虽然公司和农户对利益的诉求点不同，但由于公司是主要投资者和关键性生产要素的拥有者，并拥有更多的市场信息和更强的管理能力，所以，农户倾向于将日常性管理活动的决策权交给公司（郭晓鸣、廖祖君，2010）。公司领办型合作社在将公司与农户利益联结、解决公司收购和农户销售问题的同时，存在的主要问题在于合作社运营情况受公司效益影响比较大，一旦公司经营效益下滑，合作社建设将面临窘境。

（三）基层组织领办型

在没有能人大户或农业公司领办合作社，也没有农户自愿组织合作社的地区，基层组织领办的合作社成为引领当地农村社会发展的重要力量。由于农民专业合作社是农村社会中新兴的组织，势必与已经存在的农村党支部、村民委员会和其他基层组织之间发生交换关系，存在必需资源的依赖互补关系，目标契合即都是为了促进农业和农村经济的发展、谋求农户利益，具备进行相互合作、成为“合作伙伴”的基础：基层组织提供政策、信息、资金、技术等资源，扶持合作社的发展但不直接干预合作社的管理运营；合作社为基层组织提供乡村治理所需政绩，参与公共设施建设，促进社会稳定和谐（姜裕富，2011）。

基层组织领办型合作社一般是由村集体经济组织经过改造、依托本地区农业特色和种植优势而组建的农民专业合作社，实现“党支部 + 合作社”的有效结合，将党支部的政治优势、组织优势与合作社经济优势结合起来，具有单个大户或村民不具有的资源、资金和政策优势等，充分发挥了党的基层组织推动发展、服务群众、凝聚人心、促进和谐的作用（黄胜忠，2014）。基层组织领办型合作社存在的主要问题包括：（1）合作社产权不明晰，普通社员对于合作社发展归属感不强；（2）在合作社的经营管理过程中，容易受到村干部等少数人的思想左右，而忽视普通社员参与管理决策的权利，“民享、民管”的理念得不到体现；（3）合作社的发展受村集体经济的实力强弱和资源丰富度的影响比较大，难以在一般的村集体普及（宗义湘，2010）。

三　其他划分标准下的合作社模式

合作社的管理发展过程复杂多样，依据不同的标准划分会有不同的合作社模式，除合作社领办者类型之外，常用的划分标准还包括产业布局、组织功能、创办者与政府关系、合作程度与运行机制、经营形态等类型（见表 2 - 1）。

表 2 - 1　**不同标准下的合作社模式**

不同标准	合作社类型
产业布局	种植类合作社、养殖类合作社、加工类合作社、运输类合作社、供销类合作社
组织功能	生产型合作社、采购型合作社、销售型合作社 加工型合作社、技术型合作社、综合型合作社
创办者与政府关系	自办型、官办型、官民结合型
合作程度与运行机制	专业合作社、股份合作社、专业协会
经营形态	消费类合作社、信用类合作社、农业类合作社、工业类合作社、服务类合作社

资料来源：薛俊雷：《贵州喀斯特地区农民合作社可持续发展研究——以纳雍九黎凤苎麻合作社为例》，贵州师范大学，硕士学位论文，2017 年。

第三章　世界银行贷款贵州农村发展项目

第一节　项目背景

一　世界银行贷款

为促进世界发展平衡和社会进步，世界银行组织向成员国尤其是发展中国家提供贷款，支持发展项目在该国的实施。贷款担保者一般是政府或代表政府的机构。世界银行贷款项目的承办单位及国家，必须提供贷款使用情况的报表和有关经济情报。

贷款要求专款专用，使用范围必须限于它所批准的项目。贷款的领域涉及工业、农业、交通运输、电力、通信、供水、排水、教育、旅游、人口计划和城市发展等。其贷款程序是：贷款国提出申请，经世界银行派专家对项目进行评价，然后确定贷款的意向及数目。贷款利率随金融市场的利率水平定期调整，采取浮动利率制。

在中国，世界银行贷款项目一般是由主管单位（即中央有关部门或省、市、自治区）根据各自需要和实施项目的能力，在国内投入来源和其他条件有保证的前提下，提出申请方案；由国家主管机构根据报请国务院批准的申请贷款额度、使用方向和分配原则，结合我国经济技术发展的优先次序与轻重缓急、项目的技术先进性和经济合理性、申请单位实施项目的能力等因素，对各主管单位提出的申请进行综合平衡、审查、批准。为实施这类项目所需的国内投入，包括需要国内提供的人力、物资和各项费用（如基本建设投资、技术措施费、配套费、运杂费、管理费等），由项目所在单位按照国家计划管理体制、渠道和实际可能，纳入本单位以及本部门或本地区的计划。

二　政府扶贫政策

扶贫攻坚一直是中国政府的重要发展目标之一。在 20 世纪 80 年代中期，国务院扶贫开发领导小组开启了农村地区开发扶贫项目。扶贫开发领导小组相继实施了《国家八七攻坚扶贫计划（1994—2000 年）》和《中国农村扶贫开发纲要（2001—2010 年）》，把支持山区和偏远地区农业发展商品化作为重要组成部分，对农业企业发展订单农业（“公司加农户模式”）和直接投资农业生产（“生产基地”）给予了特别支持，对主要农业商品链产生了积极效果。

2011 年国务院颁布了《中国农村扶贫开发纲要（2011—2020 年）》（以下简称《纲要》），为解决农村贫困问题提出了新的方向。《纲要》目标是到 2020 年消除饥饿，解决贫困群众基本需求，农村人均收入增长率超过全国平均水平，促进城乡地区人类发展指标和公共服务覆盖面的融合。作为对现有以地理位置瞄准的指定贫困县和贫困村的补充，《纲要》提出把集中连片特殊困难地区作为扶贫攻坚主战场，更加注重转变经济发展方式，更加注重增强扶贫对象自我发展能力，更加注重基本公共服务均等化，更加注重解决制约发展的突出问题，努力推动贫困地区经济社会更好更快发展。《纲要》确认了中国扶贫战略的多行业特性，在这一框架下，政府支持贫困地区农业产业的发展。

2017 年，习近平总书记在党的十九大报告中指出，农业农村农民问题是关系国计民生的根本性问题，必须始终把解决好“三农”问题作为全党工作的重中之重，实施乡村振兴战略。2018 年，国务院发布了中央一号文件，即《中共中央 国务院关于实施乡村振兴战略的意见》，并印发了《乡村振兴战略规划（2018—2022 年）》，提出坚持农业农村优先发展，坚持农民主体地位，坚持乡村全面振兴，坚持城乡融合发展，坚持人与自然和谐共生，坚持因地制宜、循序渐进。

三　贵州省概况

贵州省简称“黔”或“贵”，位于中国西南地区的东南部（东经 103°36′—109°35′，北纬 24°37′—29°13′），是中国西南地区交通枢纽，长江经济带重要组成部分。东毗湖南、南邻广西、西连云南、北接四川和重庆。全省东西长约 595 公里，南北相距约 509 公里，总面积为 176167 平方公里，占全国国土面积的 1.8%。截至 2019 年末，贵州省辖 9 个地级行政区，其中 6 个地级市、3 个自治州、51 个县、11 个自治县、9 个县级市、16 个市辖区、1 特区。常住人口 3622.95 万人，共有 56 个民族共居，地区生产总值 16769.34 亿元。

境内地理环境独特，位于云贵高原，境内地势西高东低，自中部向北、东、南三面倾斜，最高海拔 2900 米，最低海拔 148 米，平均海拔 1100 米左右。境内山脉众多，重峦叠峰，绵延纵横，素有“八山一水一分田”之说，地貌可概括为高原、山地、丘陵和盆地四种基本类型，其中 92.5% 的面积为山地和丘陵。岩溶地貌发育非常典型。喀斯特地貌（出露）面积 109084 平方公里，占全省国土总面积的 61.9%，境内岩溶分布范围广泛，形态类型齐全，地域分布明显，构成特殊的岩溶生态系统。

气候温暖湿润，属亚热带湿润季风气候。气温变化小，冬暖夏凉，气候宜人。从全省看，通常最冷月（1 月）平均气温多在 3—6℃，比同纬度其他地区高；最热月（7 月）平均气温一般是 22—25℃，为典型夏凉地区。降水较多，雨季明显，阴天多，日照少。受大气环流及地形等影响，气候呈多样性，有“一山分四季，十里不同天”之说。另外，气候不稳定，灾害性天气种类较多，干旱、秋风、凝冻、冰雹等频度大，对农业生产危害严重。

水系发达，河流处在长江和珠江两大水系上游交错地带，有 69 个县属长江防护林保护区范围，是长江、珠江上游地区的重要生态屏障。全省水系顺地势由西部、中部向北、东、南三面分流。

《中国农村扶贫开发纲要（2011—2020 年）》中，贵州省被列入集中连片特殊困难地区中的滇桂黔石漠化区，生态环境脆弱，经济文化落后，境内山地多、平原少，石山、半石山面积占总面积的 76% 以上，岩溶面积占 73.6%，贫困人口比重大，脱贫攻坚难度高，是全国扶贫工作的重点。2011 年，全省 88 个县市区中有 65 个是贫困区，包括国家扶贫开发重点县 50 个，其中 36 个为民族自治贫困县，1150 万人口生活在 2300 元贫困线以下，其中许多人依靠自给农业生活。贫困人口主要分布在以山地和丘陵为主的武陵山区和乌蒙山区的边远农村里。

第二节　项目概述

一　项目发展目标

世界银行贷款贵州农村发展项目（以下简称“项目”）支持《中华人

民共和国国民经济和社会发展第十二个五年规划纲要（2011—2015 年）》，以发展现代农业、促进传统产业升级、提升公共服务效率为宗旨，与《中国农村扶贫开发纲要（2011—2020 年）》和《乡村振兴战略规划（2018—2022 年）》的战略精神高度一致。

项目发展目标是在贵州省贫困片区开展主要农产品价值链现代化建设，加强公共基础设施和服务，提高农户能力建设水平，尝试以公平的社会可接受和环境可持续的方式，增加农民收入，促进农村经济发展。

项目发展目标的实现通过下述五个主要运行指标来评估，涵盖项目的经济、社会和机构发展等方面：（1）盈利的合作社比例，即财务成就和可持续指标；（2）项目投资产生的净现值，即经济成就指标；（3）社区中加入新建或改组合作社的贫困户比例，即扶贫延伸和包容性指标；（4）项目投资撬动的私营企业投资，即现代化成就和主要价值链对私人投资的吸引力；（5）项目所支持合作社的管理有效性，包括一般管理、合作管理、记账、核算，对社会和环境的敏感度等，以评价和判断合作社的可持续发展，评价合作社社员尤其是贫困户社员的能力建设、民主管理意识和互助精神的提高。

二　项目覆盖区域

项目总投资 85713 万元人民币，于 2014 年 11 月启动，建设期为 2015—2020 年。项目实施区域覆盖贵州省武陵山、乌蒙山 2 个连片特困区内 3 市 11 县 63 乡镇 238 行政村，包括：毕节市的纳雍县、赫章县和威宁县，遵义市的务川县、正安县、道真县，铜仁市的印江县、沿河县、石阡县、思南县和德江县（见表 3 - 1）。11 个县的总人口是 732000 人，其中 195000 人为建档立卡贫困人口（2012 年）。项目将惠及农户 11. 11 万户、44. 42 万人（其中建档立卡贫困人口 4. 3 万户、17. 19 万人）。

表 3 - 1　　**世界银行贷款贵州农村发展项目片区**

片区	市	县
乌蒙山	毕节市	纳雍、威宁、赫章
武陵山	遵义市	务川、正安、道真
	铜仁市	石阡、德江、印江、思南、沿河

三　项目建设内容

（一）主要农产品价值链现代化分项目

该分项目是为选定的具有当地竞争优势的农产品建立现代化的价值链；改组或成立新的合作社，组织和加强合作社和其他合作机构的利益联结机制，加强前后营销联系。

本分项目包括以下五个子项目：

1. 合作社发展。为项目合作社建设办公室和采购基本办公家具和办公设备。

2. 合作社发展基金。为新建或改组的项目合作社提供赠款支持，合作社发展基金将由项目合作社来管理，以实现价值链开发的合作投资项目，用于实现由合作社、技术专家、企业和政府制定并由县级政府批准的产业投资计划。合作社将基金投资于苗圃、先进的育种站、改善种子生产的生产设施和设备、农产品的存储设施、小规模预加工和加工设施、其他小规模合作社水平的基础设施、货物和服务，也可用于合作社成员年度农业投入（购买种子、肥料、农药等），但该用途的资金必须是建立在滚动周转使用基金的基础上，不以政府拨款的形式发放给生产者。

3. 产业附加值增加。包括向项目合作伙伴——企业（公司）提供联合融资支持（可达总投资的20%）以支持产品深加工、收获后处理、储存和包装的投资，同时需要私营企业80%的投资。

4. 市场开拓与发展。开展市场研究、产品促销，提升质量标准和食品安全监测、认证、标识和品牌命名以及产品的市场建设。

5. 风险防范及缓解。为选定的农作物和牲畜提供保险尝试，尽可能地降低真正的合作社成员的生产风险。

（二）公共基础设施和服务分项目

该分项目的目标是建立和加强配套公共基础设施和服务体系。该组成部分的投资主要支持如下项目：

1. 生产道路的建设，如产业路、机耕道、田间小路和人行便道等非等级道路的建设。

2. 灌溉和排水基础设施、土地平整和梯田的建设。

3. 通信系统的建立和信息基础设施及设备的采购。

4. 公共市场设施、电力供应和其他基础设施建设。

5. 公共服务，如食品安全检测和控制、公共传播和培训服务（含政府机构组织）；由政府或私营企业提供的市场营销体系和农业研究与技术转让。

6. 该组成部分还将支持为合作社提供咨询服务，并为合作社辅导员提供资金支持，包括薪酬、培训和相关成本。

（三）培训和能力建设分项目

该分项目目标是提高农民的管理能力和政府的服务能力，以有利于促进贫困地区的产业调整和农业现代化。

1. 农民技术培训。

2. 合作社管理培训，专业扶贫技术骨干培训，包括推广技术人员和技术服务（咨询服务）的费用、培训材料准备及产业投资计划书的审核和改进等费用。

3. 提供其他方面的服务，包括推广技术员和技术服务（合作社辅导员的服务）编制培训教材的拨款，包括给少数民族群体和合作社辅导员的支持，安全保障意识和实施培训等。

（四）项目管理、监测和评价

该分项目是加强机构能力和县、市、省项目管理办公室管理、实施和监测项目活动的能力。具体来说，该分项目将支持县、市和省级项目办的办公设备、车辆租赁、国内和国外培训，并提供常规检查、监测与评价、验收等活动所需费用，同时还支持在项目县开展以下两个政策咨询研究课题：

1. 扶贫、农业开发和贫困地区的农村研究。

2. 如何改善投资环境、管理及合作社与企业之间公平利益分享的研究。

第三节　项目合作社

根据《世界银行贷款贵州农村发展项目农民专业合作社运行指南》，项目合作社的基本要求如下：

一　合作社原则

1. 坚持成员以农民为主体的原则。合作社中农户所占比例必须达

80%以上，且项目区内70%以上具有劳动能力的建档立卡贫困户参加合作社。

2. 坚持以服务成员为宗旨的原则。合作社以实施世界银行贷款农村发展项目为平台，谋求全体成员的共同利益，增加农民收入，使社员中的贫困农户稳定脱贫，实现共同富裕。

3. 坚持社员入社自愿，退社自由的原则。把农民自愿、农民受益作为发展合作社的出发点，产品盈余主要按照成员与合作社的交易量比例返还，合作社运营创造的利润（附加值）主要按社员股份分红。

4. 坚持成员地位平等，实行民主管理和民主决策的原则。确保贫困户成员的话语权。

5. 坚持政府引导、世界银行项目扶持、农户和公司（企业）参与的原则。规范合作社与政府、合作社与公司（企业）、合作社与农户之间的关系，建立健全利益联结机制。

6. 坚持世界银行贷款产业项目带动与合作社发展相结合的原则。建立高效农业全产业链并将其延长，实现发展与规范、社会可接受和环境可持续有机结合，强化公共基础设施建设和服务支持，为主要农产品价值链和实现农业现代化进行开发和示范。

二 合作社目标

建立优质高效的农民专业合作社，不断探索合作社作为扶贫项目实施主体的方式，总结探索好的经验与做法，改变传统农业扶贫项目模式，提高贫困农户在产业扶贫中的主体作用，使合作社成为建立现代产业扶贫模式中的主体。

具体的建设目标如下：

1. 加快先进实用技术的推广应用。

2. 提高农民的综合素质。

3. 加强农业基础设施建设。

4. 提高农业整体竞争力。

5. 开展有机农业产品的检验检测，引导发展“一产（产业）一品”的品牌认证。

6. 提升农民尤其是贫困户的自立能力、民主管理意识和互助精神。

7. 增加农民收入，实现共同富裕。

8. 总结推广合作社好的做法与经验。

三　股权安排与股权享有

1. 股权安排

针对农村发展项目31个产业，不论是种植产业，如马铃薯、核桃、魔芋、茶叶、中药材的合作社，还是养殖产业，如养羊、养猪、养鸡等的合作社，都要由合作社对社员参与的土地或实物进行评估，并以现金的形式折算成股份，便于统一股权标准。社员的利益分配有两层：第一层，按照交易量（额）向社员返还，第二层按社员股权分红。

2. 股权享有

（1）世界银行项目资金和政府支持的其他投资，可作为合作社的股本化资金，其股权归合作社社员所有，可作为社员参与分红的股权，但社员退社后，就不是合作社社员，其项目资金股本化的股权自然取消，不再享有项目资金股本化的股权，更不能分走项目资金。

（2）项目产业投资优先考虑合作社社员，主要是以土地、场地、牧场、圈舍、设施设备（或劳动力）等入股的贫困户社员。

（3）社员用承包土地入股合作社，该土地可按股权参与利润分红，但不承担合作社的经营风险，在社员退社时，原土地应全额退还给农户，但社员参与入社的现金和其他财产按比例参与承担经营风险。

（4）在世界银行贷款项目投资能满足产业项目建设的情况下，一般不动员社员再入股投资和贷款投资。

（5）部分社员不愿入股投资的，其他社员个人入股投资最高不得超过总投资的20%，理事长个人入股投资最高不得超过总投资的30%，团体社员入股投资最高不得超过总投资的40%。

（6）投资项目的建设监督管理。监事会负责投资项目建设的质量、进度、安全和资金使用的监督管理。项目建设结束后，要组织项目建设验收和项目建设资金内部审计。

四　盈余分配制度

1. 分配对象。参加盈余分配的人员为持有合作社《社员证》的社员。

2. 分配核算。合作社在进行年终盈余分配工作前，财务人员要做好财物清查，准确核算全年的收入、成本、费用和盈余，清理资产和债权、债务。财务核算结束后，向理事会提交盈余分配方案。

3. 盈余分配顺序和办法。合作社的盈余按照下列顺序进行分配。

（1）提取盈余公积金。按照章程或成员大会决议规定的比例提取，用于弥补亏损、扩大生产经营或者转为成员出资。若累计有亏损，首先弥补亏损，抵亏后的公积金余额再用于扩大生产经营或者转为成员出资。

（2）向社员分配盈余。合作社的盈余经过上述分配后的余额，按照交易量（额）向社员返还，分配比例不低于可分配盈余的60%；按照社员入股股权和世界银行项目资金股本化的股权向社员进行分配，分配比例不超过可分配盈余的40%。入社不满一年的社员，根据社员实际出资和入社时间，按时间段按比例进行分配。不得将世界银行项目资金直接分配给社员。

4. 审批程序。理事会接到合作社财务部提交的盈余分配方案后，组织召开有监事会成员、管理人员、社员代表参加的理事会扩大会，听取意见，进一步完善方案，经理事会审核后，提请社员（代表）大会审议批准后方可执行。

5. 记载登记。按照交易量返还和社员股权分红给到社员的资金份额要记载到《社员证》中。

概况篇

第四章　合作社区域分布情况

第一节　项目区概况

世界银行项目合作社在贵州省共有69个，分布于3市11县。铜仁市共有39个世界银行项目合作社，其中，8个分布于德江县，10个分布于思南县，8个分布于印江县，8个分布于石阡县，5个分布于沿河县。遵义市共有12个，其中，5个分布于正安县，6个分布于务川县，1个分布于道真县。毕节市共有18个，其中，8个分布于纳雍县，5个分布于赫章县，5个分布于威宁县（见表4－1）。

表4－1　**世界银行项目合作社地区分布统计**　单位：个

合作社总数（69）										
铜仁市（39）					遵义市（12）			毕节市（18）		
德江县	思南县	印江县	石阡县	沿河县	道真县	正安县	务川县	纳雍县	赫章县	威宁县
8	10	8	8	5	1	5	6	8	5	5

第二节　地区分布情况

一　铜仁市

世界银行项目合作社在铜仁市共有39个，其中，德江县8个，思南县10个，印江县8个，石阡县8个，沿河县5个（见表4－2）。

表4－2　**铜仁市世界银行项目合作社分布统计**　单位：个

铜仁市（39）				
德江县	思南县	印江县	石阡县	沿河县
8	10	8	8	5

铜仁市世界银行项目实施情况如下：

截至2020年10月，全市世界银行项目总投资3.52亿元，其中世界银行贷款2.68亿元、国内配套0.84亿元，覆盖德江、思南、印江、沿河、石阡5个县。累计使用世界银行资金2.18亿元、占计划的81.34%，累计提款21次请款2.03亿元、占计划93.12%；组建标准规范合作社38个，其中完成投资90%以上的合作社有23家、占总数60.53%，接近项目目标的合作社有17家、占总数44.74%。主要做法如下：

一是聚焦“特色”，选准产业促发展。按照世界银行理念，结合项目区优势选准特色产业，按照“能人大户+基地+农户（贫困户）”模式，构建从种养生产到终端市场的全产业链体系，选择茶叶、中药材、果蔬、畜禽、花生等作为主导产业。以沿河县黄土农特产品农民专业合作社为例，推出的珍珠花生受到时任省委书记孙志刚的高度评价。

二是聚焦“培训”，提升素质增动力。在各领域开展培训197场次，累计培训40328人次，培育了一批项目管理人才、技术人才、营销人才和“种养”行家里手。以德江县3家天麻合作社为例，多名社员通过培训，成功转变为小有名气的“土专家”。又如，众联果蔬种植专业合作社甚至实现了“核桃技术输出”。同时，县项目办干部能力素质也得到提升，其中有5名干部被提拔重用。

三是聚焦“服务”，转变作风提质量。年内开展调研15次，走访合作社73家次，完成备忘录73篇次，帮助合作社厘清思路和排忧解难。将项目纳入成效考核，强化监管指导，印发了世界银行项目风控指导意见、安全生产管理办法、项目区维稳提示等文件，确保生产有序无事故。以思南县为例，所有合作社均签订了安全生产责任书、承诺书。

四是聚焦“投入”，整合资源保落实。2016年至2020年6月，项目县财政安排了项目设计、监理、勘测和招标代理等前期经费，共计458.8万元。以“激励+约束”机制激发发展热情，争取汇兑收益（奖励）资金1222万元，用于13家“先进社”扩大产能，责令无法运转的“休眠社”对不称职管理人员进行调整，选优配强上岗。以德江县众联果蔬种植专业合作社为例，选配能人后，已由举步维艰的“休眠社”转变为集“种产研销旅”为一体、6000亩核桃扭亏为盈、举办两届采摘节的“先进社”。

五是聚焦“主体”，集约发展促带动。培厚严谨认真、追求卓越的土壤，强化系统性引导，把工匠理念灌注到每个环节，致力把管理人员打磨成“工匠理念”的践行者，实现精细化管理和精致化生产。以德江县长龙天麻农民专业合作社为例，理事长经过多年沉淀成长，带领合作社由无人关注转变为远近闻名的“人气社”，更被世界银行专家团赞誉为“最接近世界银行项目目标模型的示范样板社”。

六是聚焦“品牌”，绿色先行强市场。紧盯市场，找准产业、产能和市场的结合点，打造稳定可持续的产业发展模式。以德江县天麻为例，从烘干论个卖转变为切片打粉卖，推出天麻旅游装、养生酒、天麻茶，创建了“黔龙”“贵麻”“天广林”等品牌。长龙天麻农民专业合作社敏锐感知市场需求，成功将“零星产能”大脚盖菇产业发展壮大，实现双轮驱动，连续两年取得分红。

七是聚焦“效益”，因势利导助脱贫。确立符合贫困户利益和扶贫预期明显的利益联结机制，规范土地、资产、现金、技术等入股程序，引导贫困户和有责任的公司、大户、能人加入合作社。以德江县武陵天麻农民专业合作社为例，理事长放弃著名 IT 企业“用友软件”70 万年薪投身合作社，以“电商 +”模式将天麻产业做大做强，接待韩国与中国香港地区等客商考察 10 余次，连续 3 年分红。

八是聚焦“党建”，夯实基础保落实。探索“支部 + 合作社”模式，把熟悉种养的党员引入合作社，把致富能人培养成党员，切实发挥党员示范基地、示范户的典型带动作用。以石阡县龙塘镇大屯兆豊茶叶专业合作社为例，组织 43 名熟悉种植管护的党员集结到产业链各个环节与贫困户结对搞生产、激活力，获得省委孙志刚书记高度关注和肯定，被国家、省、市多家主流媒体争相报道推广。

近几年，通过实施世界银行项目，有力助推了铜仁市农村经济的发展。一是有力助推了全市脱贫攻坚，紧紧围绕建立标准高效合作社，以世界银行理念推动传统农业转型，实现贫困户在产业扶贫中的主体作用逐渐提高，使合作社成为产业扶贫的重要参与者。二是有力助推了农村产业革命，项目与时任省委书记孙志刚提出的“八要素”高度契合，按照全产业链思路，引入现代企业管理理念，新模式新路径不断成型，促进了项目区社会、经济、人力资源和生态环境全面、可持续发展，具有较强的可复制可推广性，可为全市正在掀起的农村产业革命提供参考经验。三是有力助推了农村经济发展。推动种养加、产供销、贸工农、农工商一体化经营体系逐渐形成，逐渐实现企业化管理、社会化服务、专业化生产、规模化建设、系列化加工、精准化扶贫，发展优势正逐步显现，为项目区经济发展和脱贫致富奠定了坚实基础。

虽然铜仁市世界银行项目工作取得了一定成效，但离省扶贫办和省直相关部门以及广大农民的要求还有一定差距，不足之处包括：一是管理跟不上，个别合作社组织制度有待健全，民主管理和民主决策不完善，存在理事会、监事会流于形式的现象。二是人才跟不上，社员绝大部分是农民，文化水平不高，缺乏科技人员和高素质人才。三是销售跟不上，部分合作社没有销售经验和畅通的销售渠道，暂未形成品牌，竞争力有限。

二　遵义市

世界银行项目合作社在遵义市共有12个，其中，道真县1个，正安县5个，务川县6个（见表4－3）。

表4－3　**遵义市世界银行项目合作社分布统计**　单位：个

遵义市（12）		
道真县	正安县	务川县
1	5	6

遵义市世界银行项目实施情况如下：

截至2020年10月，在遵义市实施的世界银行项目总投资为2.1亿元，其中，世界银行贷款资金1.54亿元，国内配套资金0.56亿元，主要覆盖务川、道真、正安3个县。世界银行项目累计完成投资17498.18万元（其中，世界银行贷款资金13303.55万元，国内配套资金4194.63万元），占项目总投资的83.13%，其中，主要农产品价值链现代化完成9290.09万元，占项目投资计划的83.3%，公共基础设施和服务完成8939.47万元，占项目投资计划的91.37%，培训和能力建设完成599.85万元，占项目投资计划的46.29%，项目管理监测和评价完成220.02万元，占项目投资计划的32.46%。

从总体来看，在遵义市实施的世界银行项目各项工作有序推进，主要体现在以下五个方面。

一是合作社建设全部完成。遵义市世界银行项目已批复合作社投资计划书共12份（正安5份，道真1份，务川6份），项目涉及产业多元，主要覆盖正安白茶、五谷杂粮，务川绿茶、辣椒、肉牛，道真蔬菜、中药材。

二是基础设施建设接近尾声。累计完成基础设施建设采购17157.51万元，已完成投资16026.35万元，占基础设施建设投资计划的93.4%。其中产业路215公里，涉及投资12279.7万元，已完成205公里，完成投资11248.54万元；其他生产性道路152.37公里，涉及投资3050.05万元，已完成146.2公里，完成投资2950.05万元；完成水管网安装7910立方米，完成投资1827.76万元。

三是培训和能力建设持续推进。各项目县按照培训目标任务，结合工作实际，制订了项目实施期间的培训计划，世界银行项目培训计划资金1295.9万元，现累计完成投资599.85万元，占培训总资金计划的46.29%。

四是采购和财务逐步规范。按照世界银行项目的采购程序，世界银行项目已完成投资17127万元，已完成支付14982.6万元，支付比例为87.48%，完成世界银行贷款部分报账12886.1万元，报账比例为83.49%。

五是监测管理全面加强。严格按照《世界银行贷款贵州农村发展项目实施手册》如《世界银行贷款贵州农村发展项目农民专业合作社运行指南》等相关规定组建合作社，组建过程资料完善，并分类完成资料归档。通过MIS系统完成项目监测管理，及时上报监测报表和年度报告。在环境评价上，已批复12个合作社的产业发展和基础配套设施建设，分别在县级环保部门完成了环评登记相关手续。在社会评价上，各项目区的实施区域都不涉及生态移民搬迁、拆迁、土地征用等问题。

遵义市各县（市）根据自身产业发展优势，认真落实产业扶贫“八要素”要求，构建了“山上栽斛、林下养鸡、圈中养羊、半坡种椒”的山地特色高效农业产业体系，建立了系列品牌效应，例如：注册了“花秋”（桐梓县绿林花秋土鸡合作社）、“王丹景雯”（桐梓县隆风缘种养殖农民专业合作社）、“林溪翠峰”（正安县复兴茶叶合作社）、“大茶鼎”（务川县高洞茶叶合作社）、“黔双鹿”（务川县双鹿肉牛生态养殖合作社）等相应品牌。在项目推进过程中积累的经验包括以下七个方面。

第一，抓好农民实用技术培训。为提高合作社社员对农产品种养殖、管护等方面的规范化程度，切实增加合作社社员面积产量，不断提高产品质量，合作社组织社员采取“理论讲解＋现场实操”相结合的方式，多渠道、多方式开展农民实用技术培训。

第二，聘请专业技术顾问。为促进产业发展，提升合作社运营能力，各县项目办通过聘请相关领域技术顾问或土专家，在合作社真蹲实住、真干实干，向社员传授种养殖技术经验，切实解决发展过程中存在的各项“疑难杂症”，全面提升社员种养殖能力及合作社运营能力。

第三，加强运营管理。以实施目标绩效管理为抓手，树立目标意识和重实绩、提效能的导向，把各项工作任务落到实处。部分县项目办严格执行绩效考核、跟踪督查制度，对重点工作全程督查、交办工作及时督查、日常工作定期督查，并建立各项奖惩机制，以目标倒逼进度、以考核推动落实，引领农民群众脱贫致富。

第四，加大财务监管。围绕项目管理要求，找准项目监管的着力点，把“精准”二字融入思想、化为实践，提倡应用新方法、新思维做工作、思问题，全面加强财务监管，对整改问题不回避、不遮掩，坚决堵塞资金漏洞，实现全领域、全方位监管。

第五，社员积极参与，变“被动者”为“主人翁”。在合作社建设中，采取土地入股种植与农户自种相结合的方式，鼓励社员积极种养殖合作社产品，合作社将以保底收购或高于市场价格收购的方式，收取社员产品，为社员增收，对土地入股的社员，将以务工的形式参加合作社发展，使贫困户获得劳务报酬，充分调动社员积极性，使其从“被动者”变为“主人翁”。镇村主动参与，推进项目发展。项目推进过程中，乡镇主动参与项目的监管，为合作社的发展提供人力技术支持和组织保障。

第六，依托资源禀赋，加大市场销售。以推进项目进度为基础，依托各项目县（市）资源禀赋，发挥项目资源优势，以消费扶贫活动为契机，融合产业发展，坚定市场信心，引导合作社以市场为主体，结合各自产品特点，找准市场切入点，精准定位，加大市场竞争力。做好市场考察，打造外销平台。为加快产品销售速度，进一步打通市场销售渠道，提高合作社产品在市场的占有率，鼓励合作社突破销售半径，加大市场对接力度，赴省外对接销售渠道，努力打通产品销售批发市场，不断提升合作社产品占有率，全力助推合作社发展。建立网络销售，构建全方位销售体系。合作社紧盯市场动向，积极开辟网上销售渠道，采取“线上＋线下结合”

"基地 + 合作社 + 农户"的合作模式，实行网上订单种植、保底收购、入股分红，确保产出成品有销路，出售价格有保证。

第七，以股权结构为根本，做好台账管理。在合作社组建之初，规范合作社土地、资金、技术等入股程序，鼓励广大农户尤其是贫困户以土地、资金的方式加入合作社，支持有能力的致富带头人参与合作社的发展，发挥引领作用，并要求合作社细化股权结构，建立社员股份台账，以利益联结为根本，充分调动社员的积极性、参与性、创造性。以盈利为目标，建立分红台账，保障社员权益。

三　毕节市

世界银行项目合作社在毕节市共有 18 个，其中，纳雍县 8 个，赫章县 5 个，威宁县 5 个（见表 4－4）。

表 4－4　**毕节市世界银行项目合作社分布统计**　单位：个

毕节市（18）		
纳雍县	赫章县	威宁县
8	5	5

毕节市世界银行项目实施情况如下：

（一）总体投资进度。截至 2020 年 10 月，全市投资进度为 82%。其中，威宁县 80.52%（系统数据 77%）、赫章县 83.02%、纳雍县 86%。

（二）合作社项目实施进度。累计完成进度 8542 万元，占总投资 77%。其中，纳雍县 99%，威宁自治县 54%，赫章县 77%。18 个合作社中，8 个合作社采购完成 100%；6 个合作社采购完成进度 90% 以上；2 个合作社采购进度 80% 以上；2 个合作社采购进度不足 60%。赫章县解散合作社后收回资金 350 万元还未安排。

（三）配套基础设施建设情况。世界银行项目，产业路、机耕道、灌溉渠等配套基础设施建设总体进度为 99%。威宁县和赫章县已全部完成。

（四）提款报账情况。世界银行项目，累计提款报账 13601.8 万元，占贷款资金的 78%。其中，纳雍县提款报账 5131 万元，占 82.9%；威宁县提款报账 4648.5 万元，占 79.6%；赫章县提款报账 3822.3 万元，占 72.3%。

（五）合作社组建变化情况。世界银行项目，原组建合作社 20 个，2019 年底利用汇兑收益新增组建 1 个（威宁县梨银社区惠诚种植专业合作社）和解散合作社中重新组建 1 个。已终止或解散合作社 3 个。其中，威宁县志兴种养殖合作社（进度 96.3%，运行不规范终止）；赫章县白果镇乡村旅游合作社（2019 年与 2020 年进度仅 7%，合作社领头人辞职和规划变更终止）；赫章县兴旺魔芋专业合作社（进度为 0，合作社组建不规范终止）。现存合作社 18 个，其中，总体运营情况好的 9 个，一般的 7 个，差的 2 个。

（六）培训和能力建设情况。世界银行项目累计完成培训 28397 人次。其中，专业扶贫技术骨干培训 1999 人次，合作社管理人员培训 1285 人次，农民实用技术培训 25113 人次。

项目推进实施以来，毕节市充分发挥了项目的示范引领作用，取得了初步成效。一是产业扶贫实施模式进一步创新，“全产业链”扶贫等发展理念得到落实，农户为实施主体全程参与到全产业链中，分享产业链条各环节的利益分成，不再只是旁观者。二是合作社运行进一步规范，合作社理事会、监事会、社员代表正常履职，能有组织有计划地参与生产经营和管理。三是社员组织化程度进一步提高，增强了社员对项目的拥有感和归属感，提升了项目参与的积极性。四是示范效应进一步彰显，全市合作社清理规范过程中，组建的合作社崭露头角，规范性和认可度较高，如纳雍县猪场乡硐口新农业发展农民专业合作社、纳雍县库东关乡梅花山魔芋专业合作社等部分合作社被表彰为市级示范社。

毕节市项目县的主要做法如下。

（1）始终坚持项目设计理念和目标。项目实施中，无论环境和人员怎么改变，全程贯穿建立标准化的合作社、全产业链扶贫、提高农民组织化程度等项目理念，坚持项目覆盖受益人口不减少。

（2）始终把做好服务指导作为首要任务。实践证明，项目办的服务工作做得越好，项目县的工作进度就快，合作社发展就兴旺。所以项目县可采取多种措施做好服务指导工作，比如，缩短项目审批和报账时限，市项目办对合作社投资计划书的审批和项目调整的审批，均在 10 个工作日之内完成；县项目办对符合报账条件的 10 个工作日内完成报账，不符合条件的要在 5 个工作日一次性告知；等等。深入合作社开展指导，对合作社存在的问题，向项目县精准下发整改提示清单，督促在时限内完成整改。

（3）项目县始终把强化合作社的监管作为关键措施。针对合作社理事会、监事会和社员代表对项目的理解不一、能力素质参差不齐、指导人员观点不够统一等问题，市项目办出台了《关于进一步加强世界银行贷款合作社资产管理和运行服务指导的通知》《关于进一步加强世界银行贷款扶贫项目管理的通知》等多份文件，从资产管理到合作社规范运行都进一步做出明确规定。加强审计整改工作，要求合作社对照问题，举一反三自查完成整改。实行能人大户承诺制度，合理规避融资风险。按月通报项目建设进度，项目直接统计通报到合作社，结果也直接通报县区党政主要领导和分管领导。

（4）项目县始终把增加扶贫对象收益、坚持贫困农户真实参与作为项目的重要任务。强化贫困户在合作社中的参与度，大部分合作社分别组建了工作群和社员群，微信群社员较多的有 300 余人，群内定期通报工作推进情况，适时商量讨论社内大小事务，宣传推广合作社理念和产品，社员参与度和获得感明显提高。

（5）项目县始终把产业选择和工作安排融入全市脱贫攻坚大局。毕节市正处于脱贫攻坚的关键时刻，世界银行项目所选择的中药材、蔬菜、菜叶等特色优势产业，都重视产业后端品牌建设，增加产品的附加值，完全符合现阶段全省产业结构调整的大政方针，符合本地产业发展实际需求，很多合作社发展的产业都作为当地党委、政府主要领导或分管领导产业结构调整示范点。

从数据录入情况看，核心问题是项目进度不快、提款报账迟缓的问题，严重影响了项目进度。在下一步工作中，毕节市可以着力从以下三个方面加快项目建设。

（一）领导上再强化，切实提高政治站位。世界银行贷款扶贫项目是国际扶贫项目，是项目县展示全面脱贫成果的一扇窗口，更是我们实施产业扶贫增加农民收入的一个重要抓手，我们将再度强化组织领导，提高政治站位，督促项目县分管领导上手上心，亲自督促落实。在市级层面，由项目县直接联系世界银行项目，并把项目推进作为党组一项重要工作抓紧抓实。

（二）责任上再落实，全力以赴加快进度。按照省办目标要求，将进一步对项目资金进行再清理，对合作社和项目办工作推进计划再核实，一个项目一个方案，拿出时间表，倒排工期，对标对表的逐项落实。针对基础设施、培训计划、合作社采购等重点环节，抓好服务工作，落实具体办事的时间节点，把责任细化到县项目办、项目乡镇、合作社相关人员身上，对个别不作为、慢作为的启动追责问责。

（三）指导上再加力，千方百计规范管理。加强合作社运行的指导与监督，帮助合作社解决在发展过程中遇见的问题和困难。重点聘请相关专家提升合作社的运行能力，聘请专家开展技术指导。着力监督好贫困农户参与合作社的权利和义务，监督好合作社的利益分成，保护农户的参与权和知情权。抓好审计整改，将合作社辅导员全部派驻一线，每月定期听取项目办工作情况汇报。

第五章　合作社组织运营模式

第一节　组织运营模式分类

合作社管理运营过程中存在多方相关参与者，各个参与主体所拥有的社会地位和经济资源存在较大的差异。其中，企业家指导合作社的发展运营，对各种资源综合分析后制定出符合帕累托最优的决策；能人大户通常具有丰富的种植或经营经验、充裕的资本及销售渠道等优势资源，能够为合作社的产业选择及市场的开拓做出最优决策；村集体通常具有较强的组织和领导力，同时也能获得较多的财政资金支持，将村集体的资源量化为资产，并对入社农户的土地资源进行量化，为合作社制定出长远的发展规划；农户是合作社构成的根本基础和内生动力，农户的参与能动性和技能水平对合作社的持续发展至关重要。

在对参与世界银行项目的合作社进行全面考察和分析后，根据合作社参与主体及其所拥有的资源及在合作社管理运营过程的主导位置，世界银行合作社管理运营模式可归纳为四种类型（见表5－1）：公司带动型（“公司＋农户＋合作社”）、能人大户带动型（“能人大户＋农户＋合作社”）、村组织带动型（“村组织＋农户＋合作社”）、全农户型（“农户＋合作社”）。

表5－1　　**世界银行项目合作社管理运营模式分类**

模式序号	合作社带动类型	合作社组织形式
模式一	公司带动型合作社	公司＋农户＋合作社
模式二	能人大户带动型合作社	能人大户＋农户＋合作社
模式三	村组织带动型合作社	村组织＋农户＋合作社
模式四	全农户型合作社	农户＋合作社

一　公司带动型组织运营模式（公司 + 农户 + 合作社）

公司带动型是指公司作为团体社员把资金、技术、人才等资源带到合作社中，形成“公司 + 农户 + 合作社”的运营模式。在该模式下，合作社借助公司的管理经验、市场开拓、资金和技术等方面的资源进行自身的发展与壮大。根据公司或合作社在产业链中所处的位置，把农业产业化分为两种模式“向前一体化”和“向后一体化”，同时，公司与合作社通过签订购买合作社形成订单模式（易慧珺，2016）。

公司带动型合作社呈现四个明显优势：（1）增强各类资源的利用效率，降低了合作社运营成本，因为公司的资源在为合作社服务的同时，也可以为公司服务，从而延长了资源的使用时间，提高资源利用效率；（2）增加抵抗市场波动的能力，公司与合作社联合的力量要胜过单打独斗；（3）增强农户在当地市场交易过程中的主导地位，因为合作社与公司联合后，农户能够借助公司的各类资源，增加自己在交易过程中的筹码；（4）公司与合作社的联合使得生产销售为一体的模式成为可能（潘礼娟，2020）。

但合作社与公司合作的时间越久，弊端也逐渐显现，主要体现在以下三个方面：（1）虽然签订订单合同在一定程度上为农户提供了市场，但公司也会用自己资源优势，压低收购成本或提高质量要求来保护自己的利益，降低农户的利益，而农户倾向于听从公司安排进行生产活动，其主导地位会被不断弱化，不能与公司进行平等的对话，得不到平等的利益；（2）农户因缺乏文化、经济、社会等方面的资源，获得外界信息的能力很弱，对市场波动变化信息的了解主要依靠公司，造成二者之间的差距与隔阂；（3）公司作为以营利为目的的经济组织，当自身利益与合作社利益产生冲突时，会把自身利益放在首位，忽视合作社及农户的利益（黄明田，2020）。

二　能人大户带动型组织运营模式（能人大户 + 农户 + 合作社）

能人大户带动型合作社由具有一定专业经验、经济实力或人脉资源的专业大户或农民企业家领办，采取“能人大户 + 农户 + 合作社”的经营管理模式，大户以资金入股合作社，社员种植的农产品原材料按市场价销售给合作社，合作社统一加工和销售产品，将利润按照股份比例及交易额等方式在社员之间进行分红，并通过给务工农户发工资等方式使农户获利。

能人大户带动型合作社具有三个特点：（1）能人大户作为合作社的核心，通常在合作社管理运营过程中掌握最大的决策权，执行能力加强，运行成本较低；（2）资金筹集方式较为简单，合作社运营资金常由大户筹措或垫资，能够让合作社运营较为持久；（3）能人大户具有一定的市场营销网络和技术基础，能在合作社运作前期就较为快速地生产出成品和打开市场销售渠道，确保合作社在较长时期内具有凝聚力并稳定运行（张曼曼，2018）。

但是，这类合作社也存在一定的缺陷：（1）由于合作社的组建和运营都是由能人大户主导，容易发生为追求自身利益而忽视其他社员诉求的情况，从而打击产生利益冲突的社员的积极性，沦为大户个人的合作社；（2）能人大户作为合作社的代理人，在信息控制方面具有优势，如果不能建设信息公开化透明化的机制，则普通农户无法了解到对等信息，导致对能人大户和其他核心社员的监督不力；（3）由于大部分农民不愿将资金投入风险、收益和成本都无法预期的事项里，仅凭能人大户单一的资金投入无法让合作社长久维持下去（李维梁、董德利，2012）。

三　村组织带动型组织运营模式（村组织＋农户＋合作社）

村组织带动型合作社是指村干部或村集体组织把农户组织起来，将农户现有的资源进行整合，采取“村组织＋农户＋合作社”的形式，让基层组织为资源的优化利用和经济发展提供指导性方向，推动农户联合发展、共同致富。村干部通常在合作社的组建和运营过程中扮演着引导者、管理者、监督者的角色，协助管理层人员对合作社的运营发展过程进行管理（刘裕斌，2020）。村委会将村集体经济的资源量化为资产，投入合作社，村支书、村主任或者其他村干部作为理事长带领合作社搞产业，合作社收益主要用于基础设施的建设、村教育基金建立、合作社管理运营以及对贫困户的扶持等方面。

村组织带动型合作社通常具有以下特点：（1）村委会在当地行政资源方面拥有绝对优势，在事务上与政府部门官员保持密切关系，能为合作社争取到较多的财政资金支持；（2）合作社综合性较强，村组织格局较高，能从当地实际情况出发，充分利用当地的行政资源，实行较为合理的规划，因地制宜发展特色产业；（3）合作社能充分发挥出村干部的领导能力以及组织的整体带动能力，组织号召当地同行业农户加入合作社，帮助社员解决在生产运营过程当中可能遇到的各种问题；（4）村组织把合作社当作载体，拉进村干部与农户之间的关系，共同促进乡村的经济发展和社会和谐（贾瑞君、李明，2020）。

村组织带动型合作社存在的主要问题在于：（1）农民对村干部有可能俯首帖耳，或村干部较为强势，把持合作社决策权，难以对其形成有效监督；（2）合作社受到资源条件和组织经济实力影响较大，主要适用于农业产业化程度较高、村委会组织凝聚力较强的地区（孙迎春，2020）。

四　全农户型组织运营模式（农户 + 合作社）

全农户型合作社指在政府部门的宣传和指导下，种植地分散、规模较小的农户作为发起人联合周边农户自发组建的合作社，采取的是“农户 + 合作社”的形式。合作社与社员签订入股协议、产品收购合同协议、为民服务协议等合同，通常实行分散式管理，由社员自行在自己土地上种植生产，合作社统一进行技术指导和发放必需农资物品，农户收获农产品后交给合作社，由合作社统一进行加工和销售，利润按占股比例和交易量进行分红（邢锴，2019）。

全农户型合作社具有以下几个特点：（1）由于小农户社员们拥有共同目标和相似的利益，合作社运营过程中产生的冲突和摩擦较少，有助于合作社稳定发展；（2）社员掌握的资源和信息较为均衡，容易进行平等对话，在合作社管理事务上拥有相等的话语权和决策权，公平性和民主性较高；（3）农户的主动参与性和主人翁意识较强，能促进互相之间的交流合作，广开思路。

这种合作社的缺陷主要在于：（1）受限于农户的文化水平和信息来源，提升产品技术含量、拓展市场销路的难度较大；（2）农户种植生产分散在各自土地上，不便进行统一规范的生产管理，产品质量难以把控；（3）缺乏强有力的推行者和充足的资金支持，遇到困难逆境时，运行效率变低，容易受阻。

第二节　组织运营模式地区分布

一　项目区概况

根据实地调研情况，世界银行项目合作社的组织运营模式统计如下：世界银行项目共69个合作社中，组织运营模式a（公司+农户+合作社）的共有18个，占比为26%；组织运营模式b（能人大户+农户+合作社）的共有40个，占比为58%；组织运营模式c（村组织+农户+合作社）的共有2个，占比为3%；组织运营模式d（农户+合作社）的共有8个，占比为12%；组织运营模式e混合型的共有1个，有政府干部参与（见表5-2、如图5-1）。

表5-2　世界银行项目合作社组织运营模式统计

合作社组织运营模式	合作社个数（个）
a：公司+农户+合作社	18
b：能人大户+农户+合作社	40
c：村组织+农户+合作社	2
d：农户+合作社	8
e：混合型	1

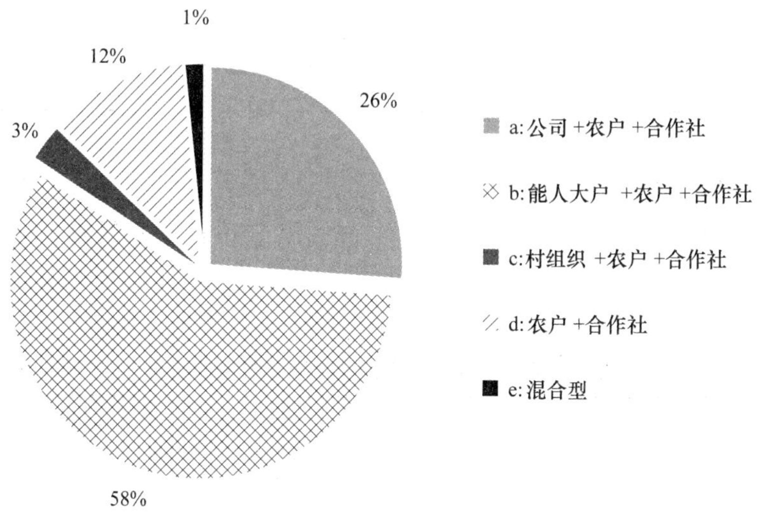

图5-1　世界银行项目合作社各类组织运营模式占比

二　铜仁市

铜仁市5个县的世界银行项目合作社组织运营模式统计如表5-3

所示。

表5-3 **铜仁市世界银行项目合作社组织运营模式统计** 单位：个

县名	合作社组织运营模式	合作社个数
思南县	a：公司+农户+合作社	1
	b：能人大户+农户+合作社	7
	c：村组织+农户+合作社	1
	e：混合型	1
德江县	b：能人大户+农户+合作社	8
印江县	b：能人大户+农户+合作社	3
	d：农户+合作社	5
石阡县	a：公司+农户+合作社	1
	b：能人大户+农户+合作社	6
	c：村组织+农户+合作社	1
沿河县	a：公司+农户+合作社	1
	b：能人大户+农户+合作社	1
	d：农户+合作社	3

三　遵义市

遵义市3个县的世界银行项目合作社组织运营模式统计如表5-4所示。

表5-4 **遵义市世界银行项目合作社组织运营模式统计** 单位：个

县名	合作社组织运营模式	合作社个数
正安县	a：公司+农户+合作社	4
	b：能人大户+农户+合作社	1
道真县	b：能人大户+农户+合作社	1
务川县	a：公司+农户+合作社	6

四　毕节市

毕节市3个县的世界银行项目合作社组织运营模式统计如表5－5所示。

表5－5　毕节市世界银行项目合作社组织运营模式统计

县名	合作社组织运营模式	合作社个数（个）
纳雍县	a：公司＋农户＋合作社（5）	4
	b：能人大户＋农户＋合作社（5）	4
赫章县	b：能人大户＋农户＋合作社	5
威宁县	a：公司＋农户＋合作社	1
	b：能人大户＋农户＋合作社	4

第六章　合作社产业发展模式

第一节　合作社产业发展模式

一　产业发展模式分类

根据合作社开展的产业性质和主要生产环节，世界银行项目合作社的产业发展模式分为四类：（1）种植业；（2）养殖业；（3）农产品加工业；（4）生态旅游业。其每个产业发展模式进行细分后，共有9个亚型。其中，种植业包括3个亚型：1.1蔬菜种植；1.2水果/干果种植；1.3经济作物种植。养殖业包括3个亚型：2.1禽类养殖；2.2畜类养殖；2.3其他养殖。农产品加工业包括2个亚型：3.1蔬菜加工；3.2经济作物加工。旅游业下只有1个亚型：4.0生态旅游。

经数据统计，种植业有20个合作社，占比为29%①；养殖业7个合作社，占比为10%；农产品加工业41个，占比为59%；旅游业1个，占比为2%。总体而言，世界银行项目合作社的产业发展模式以农产品加工业为主，其次是种植业，再次是养殖业，生态旅游业目前只有一个合作社（见表6－1，如图6－1）。

表6－1　**世界银行项目合作社产业发展模式分类统计**

合作社产业发展模式	数量（个）	占比（%）
种植业	20	29
养殖业	7	10
农产品加工业	41	59
生态旅游业	1	2

① 如无特殊说明，“占比”指占世界银行项目合作社总数的百分比，四舍五入到个位。下文不赘述。

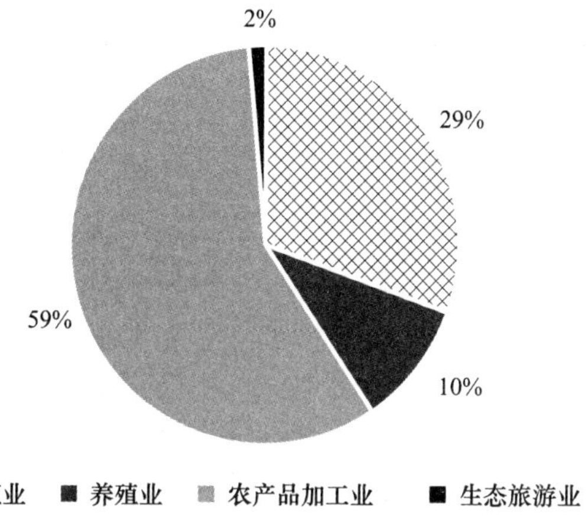

图 6－1　世界银行项目合作社不同产业发展模式占比

二　地区分布

世界银行项目合作社产业发展模式在项目区 3 市 11 县分布的具体情况如表 6－2 所示。

表 6－2　世界银行项目合作社产业发展模式地区分布统计　单位：个

项目市	项目县	产业发展模式	数量
铜仁市	德江县	种植业	1
		农产品加工业	7
	思南县	种植业	5
		农产品加工业	4
		生态旅游业	1
	印江县	种植业	1
		养殖业	3
		农产品加工业	4
	石阡县	种植业	1
		农产品加工业	7
	沿河县	种植业	2
		养殖业	1
		农产品加工业	2

续表

项目市	项目县	产业发展模式	数量
遵义市	道真县	种植业	1
	正安县	种植业	2
		农产品加工业	3
	务川县	种植业	1
		养殖业	1
		农产品加工业	4
毕节市	纳雍县	种植业	4
		养殖业	1
		农产品加工业	3
	赫章县	种植业	2
		农产品加工业	3
	威宁县	养殖业	1
		农产品加工业	4

（一）铜仁市

铜仁市的世界银行项目合作社产业发展模式包括：种植业模式的合作社个数有 10 个，占铜仁市的世界银行项目合作社的 26%；养殖业模式下的合作社个数有 4 个，占铜仁市世界银行项目合作社的 10%；农产品加工业模式下的合作社个数有 24 个，占铜仁市世界银行项目合作社的 60%；生态旅游业模式下的合作社个数只有 1 个，占铜仁市世界银行项目合作社的 3%（见表 6－3）（见图 6－2）。

表 6－3　**铜仁市合作社产业发展模式分类统计**　单位：个

铜仁市（39）	
1 种植业	10
2 养殖业	4
3 农产品加工业	24
4 生态旅游业	1

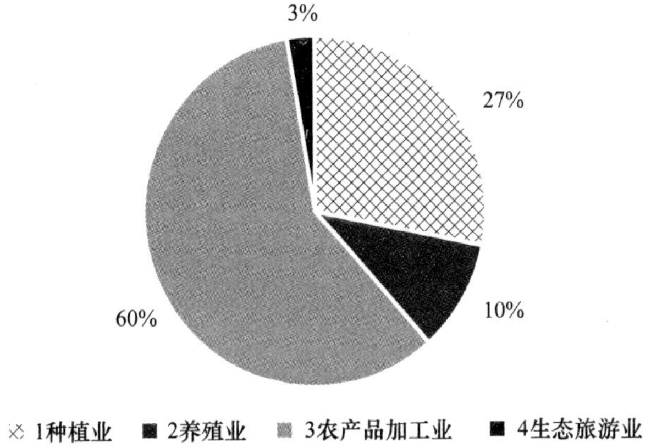

图 6－2　铜仁市世界银行项目合作社不同产业发展模式分布占比

铜仁市的 5 个项目县中，德江县的 8 个世界银行项目合作社中 7 个为农产品加工业，相同的是石阡县也有 8 个世界银行项目合作社，也有 7 个为农产品加工业。思南县的 10 个世界银行项目合作社中种植业 5 个；农产品加工业 4 个；生态旅游业 1 个。

印江县的 8 个世界银行项目合作社中产业发展模式类型有种植业 1 个，养殖业 3 个，农产品加工业 4 个。

沿河县共有 5 个世界银行项目合作社，其中 2 个合作社的产业发展模式类型为种植业，2 个合作社的产业发展模式类型为农产品加工业，剩下的 1 个合作社为养殖业（见表 6－4）。

表 6－4　铜仁市世界银行项目合作社产业发展模式地区分布统计　单位：个

项目市	项目县	产业发展模式	数量
铜仁市	德江县	种植业	1
		农产品加工业	7
	思南县	种植业	5
		农产品加工业	4
		生态旅游业	1
	印江县	种植业	1
		养殖业	3
		农产品加工业	4

续表

项目市	项目县	产业发展模式	数量
铜仁市	石阡县	种植业	1
		农产品加工业	7
	沿河县	种植业	2
		养殖业	1
		农产品加工业	2

（二）遵义市

遵义市的世界银行项目合作社产业发展模式包括：种植业模式下的合作社有4个，占遵义市世界银行项目合作社的34%；养殖业模式下的合作社有1个，占遵义市世界银行项目合作社的8%；农产品加工业模式下的合作社有7个，占遵义市世界银行项目合作社的58%（见表6－5）（见图6－3）。

表6－5　遵义市世界银行项目合作社产业发展模式分类统计　单位：个

遵义市（12）	
1 种植业	4
2 养殖业	1
3 农产品加工业	7

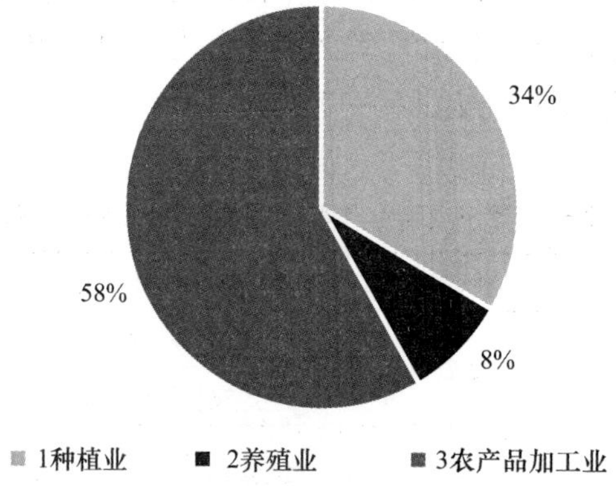

图6－3　遵义市世界银行项目合作社不同产业发展模式分布占比

在遵义市的3个项目县中：道真县的产业发展模式为种植业；正安县共有5个世界银行项目合作社，其中种植业2个，农产品加工业3个；务川县共有6个世界银行项目合作社，其中种植业1个，养殖业1个，农产品加工业4个（见表6-6）。

表6-6　**遵义市世界银行项目合作社产业发展模式地区分布统计**　单位：个

项目市	项目县	产业发展模式	数量
遵义市	道真县	种植业	1
	正安县	种植业	2
		农产品加工业	3
	务川县	种植业	1
		养殖业	1
		农产品加工业	4

（三）毕节市

毕节市的世界银行项目合作社产业发展模式包括：种植业模式下的合作社有6个，占毕节市世界银行项目合作社的33%；养殖业模式下的合作社有2个，占毕节市世界银行项目合作社的11%；农产品加工业模式下的合作社有10个，占毕节市世界银行项目合作社的56%（见表6-7）（见图6-4）。

表6-7　**毕节市世界银行项目合作社产业发展模式分类统计**　单位：个

毕节市（18）	
1 种植业	6
2 养殖业	2
3 农产品加工业	10

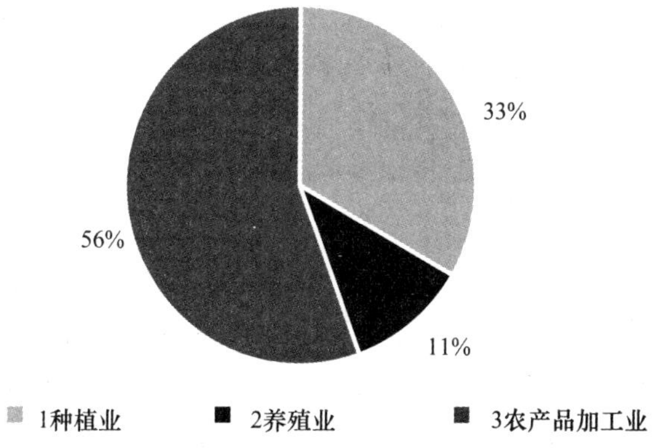

图6-4　毕节市世界银行项目合作社不同产业发展模式分布占比

毕节市的3个项目县中，纳雍县有8个世界银行项目合作社，其产业发展模式类型种植业为4个，养殖业为1个，农产品加工业为3个；赫章县的5个世界银行项目合作社中，2个是种植业，3个是农产品加工业；威宁县的5个世界银行项目合作社中，1个是养殖业，4个是农产品加工业（见表6－8）。

表6－8　**毕节市世界银行项目合作社产业发展模式地区分布统计**　单位：个

项目市	项目县	产业发展模式	数量
毕节市	纳雍县	种植业	4
		养殖业	1
		农产品加工业	3
	赫章县	种植业	2
		农产品加工业	3
	威宁县	养殖业	1
		农产品加工业	4

第二节　合作社产业发展模式亚型

一　产业发展模式亚型分类

对世界银行项目合作社所涉产业发展模式进行细分后，共有9个亚型。其中，种植业包括3个亚型：1.1蔬菜种植；1.2水果/干果种植；1.3经济作物种植。养殖业包括3个亚型：2.1禽类养殖；2.2畜类养殖；2.3其他养殖。农产品加工业包括2个亚型：3.1蔬菜加工；3.2经济作物加工。生态旅游业下只有1个亚型：4.0生态旅游。

经数据统计，种植业中，蔬菜种植合作社5个，占比为7%；水果/干果种植合作社7个，占比为10%；经济作物种植合作社9个，占比为13%。养殖业中，禽类养殖合作社3个，占比为4%；畜类养殖合作社3个，占比为4%；其他养殖合作社1个，占比为2%。农产品加工业中，蔬菜加工合作社3个，占比为4%；经济作物加工合作社37个，占比为54%。生态旅游业中，生态旅游合作社1个，占比为2%（见表6－9）（见图6－5、图6－6）。

表6－9　　世界银行项目合作社产业发展模式亚型统计

产业链模式	种植业			养殖业			农产品加工业		生态旅游业
产业链模式亚型	1.1 蔬菜种植	1.2 水果/干果种植	1.3 经济作物种植	2.1 禽类养殖	2.2 畜类养殖	2.3 其他养殖	3.1 蔬菜加工	3.3 经济作物加工	4.0 生态旅游
个数（个）	5	7	9	3	3	1	3	37	1
百分比（%）	7	10	13	4	4	2	4	54	2

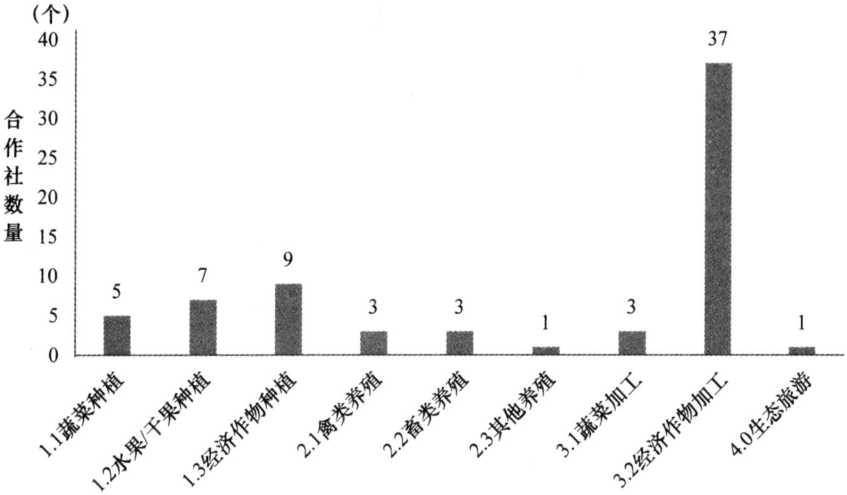

图6－5　世界银行项目合作社产业发展模式亚型统计

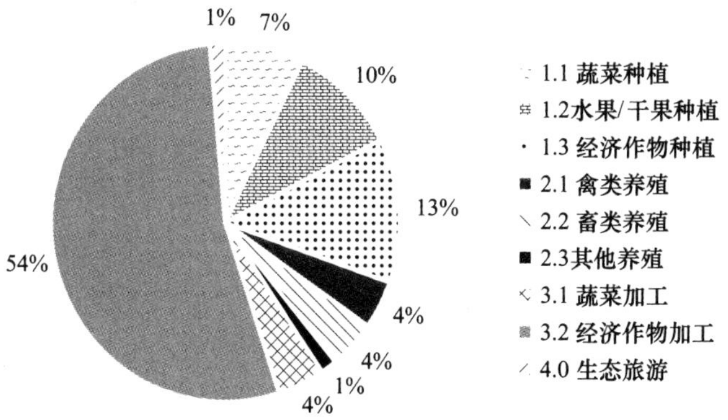

图6－6　世界银行项目合作社产业发展模式亚型占比

二　地区分布

（一）铜仁市

铜仁市世界银行项目合作社涉及的产业发展模式亚型包括：种植业模式中，1.1 蔬菜种植类型有 2 个，1.2 水果/干果种植类型有 7 个，1.3 经济作物种植类型有 2 个；养殖业模式中，2.1 禽类养殖有 2 个，2.2 畜类养殖有 1 个，2.3 其他养殖类型有 1 个；农产品加工业模式中，3.2 经济作物加工的个数为 23 个；4.0 生态旅游业模式中有 1 个（见表 6－10）（见图 6－7）。

表 6－10　**铜仁市世界银行项目合作社产业发展模式亚型分类统计**　单位：个

铜仁市（39）	
产业发展模式亚型	个数
1.1 蔬菜种植	2
1.2 水果/干果种植	7
1.3 经济作物种植	2
2.1 禽类养殖	2
2.2 畜类养殖	1
2.3 其他养殖	1
3.2 经济作物加工	23
4.0 生态旅游	1

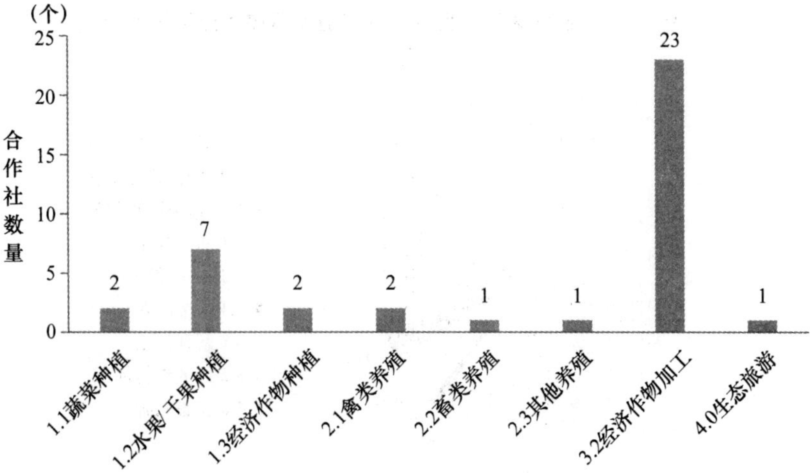

图 6－7　铜仁市世界银行项目合作社产业发展模式亚型统计

（二）遵义市

遵义市世界银行项目合作社涉及的产业发展模式亚型包括：种植业模式中，1.1 蔬菜种植类型有 3 个，1.3 经济作物种植类型有 1 个；养殖业模式中，2.2 畜类养殖有 1 个；农产品加工业模式中，3.1 蔬菜加工有 1 个，3.3 经济作物加工有 6 个（见表 6－11）（见图 6－8）。

表 6－11　**遵义市世界银行项目合作社产业发展模式亚型分类统计**　单位：个

遵义市（12）	
产业发展模式亚型	个数
1.1 蔬菜种植	3
1.3 经济作物种植	1
2.2 畜类养殖	1
3.1 蔬菜加工	1
3.2 经济作物加工	6

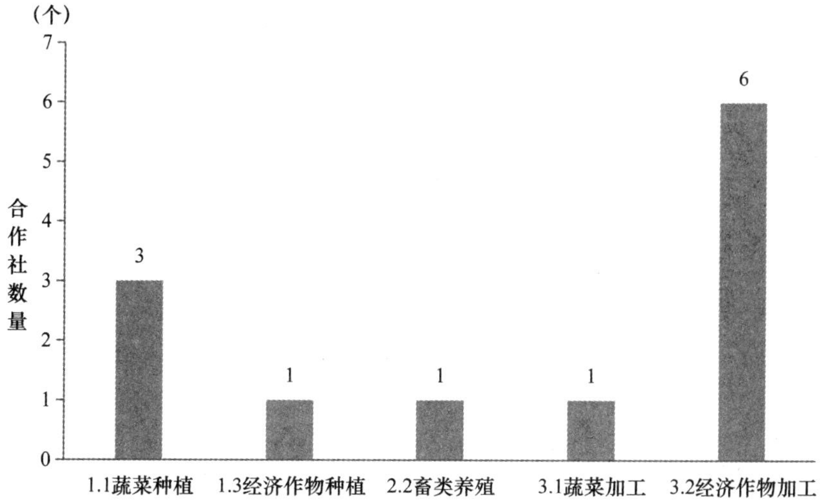

图 6－8　遵义市世界银行项目合作社产业发展模式亚型统计

（三）毕节市

毕节市世界银行项目合作社涉及的产业发展模式亚型包括：种植业模式中，1.3 经济作物种植类型有 6 个；养殖业模式中，2.1 禽类养殖有 1

个，2.2 畜类养殖有 1 个；农产品加工业模式中，3.1 蔬菜加工有 2 个，3.2 经济作物加工有 8 个（见表 6－12）（见图 6－9）。

表 6－12　**毕节市世界银行项目合作社产业发展模式亚型分类统计**　单位：个

毕节市（18）	
产业发展模式亚型	个数
1.3 经济作物	6
2.1 禽类养殖	1
2.2 畜类养殖	1
3.1 蔬菜加工	2
3.2 经济作物加工	8

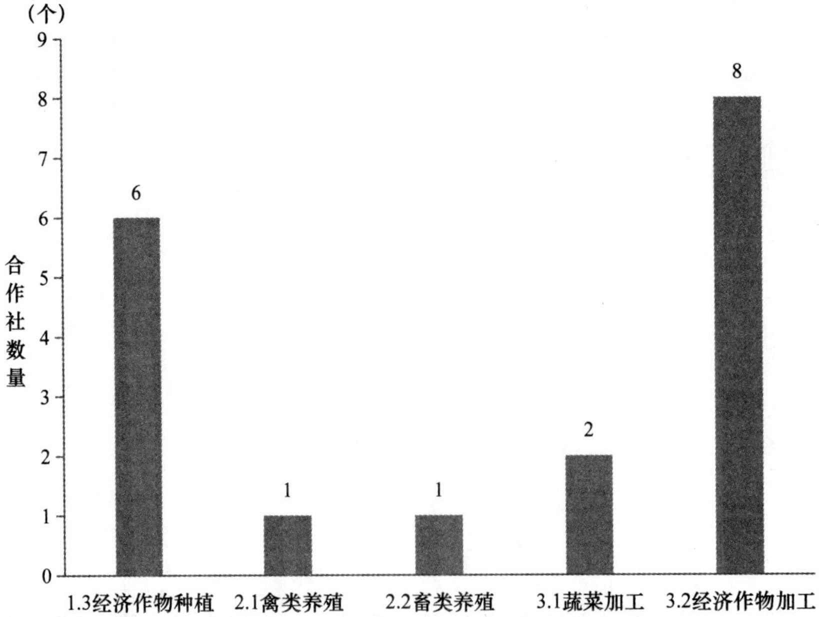

图 6－9　毕节市世界银行项目合作社产业发展模式亚型统计

第七章 组织运营与产业发展管理的关系

根据世界银行项目合作社的社员占比、股金结构、利益分配、产业发展管理，合作社的组织运营与产业发展管理之间的关系细分为9个类型（见表7-1）。

表7-1 合作社组织运营与产业发展管理的关系分类

组织运营模式		产业发展管理模式
一、紧密型（生产在社经营在社）	类型1：社员全部是农户的共同合作社	合作社统一规划建设，对不同业务进行统一管理，统一销售，农户将生产资料交予合作社，合作社统一对农作物种植、加工、销售，农户没有一级收入，但可能有来自务工的收入，合作社所得利润对农户进行分红
	类型2：有能人大户或者小投资者参与的共同合作社	一般采用“能人大户+合作社+农户”的模式经营，合作社产生的利润在农户和能人大户之间共享；农户和能人大户之间的分红依据股份确定。项目实施由合作社采取紧密型的运作模式，在合作社开展生产和经营，进行统一管理、统一经营、统一销售。合作社所得利润在能人大户和农户之间按股份分红
	类型3：有合作伙伴的共同合作社	合作社与涉农的社会企业有协议关系，能够在一定程度上保证农产品的包装、销路等。合作社与社员签订入股协议，合作社的产业发展由合作社理事会统一协调管理，产品由合作社统一进行加工处理，并统一包装、统一品牌，统一销售。合作社所得利润扣除各种运行成本及提取公积金、公益金、教育基金和风险基金后，盈余的60%按股分红
	类型4：企业与合作社相互占股的共同合作社	合作社社员中存在着公司这一团体社员，公司往往以厂房、设备、现金的形式入股合作社，在合作社进行利润分红时，公司将与农户共同享受分红。项目投产后，由合作社统一进行加工、统一包装、统一品牌、统一贮藏、统一销售。合作社所得利润扣除相应的合作社发展资金后在公司和农户间按股份分红

续表

组织运营模式		产业发展管理模式
二、松散型（生产在户经营在社）	类型5：社员全部为农户的基本合作社（服务型合作社）	合作社社员以林地、土地入股，实行分散管理，社员在自己的林地、土地上开展生产活动，产品统一交合作社加工、销售。农户成员保留其个人（私人）经济生产单元（如果园、牲畜圈舍、农田作物等），将初级农产品售卖给合作社获得一级收入，然后合作社对初级农产品进行加工售卖，所得利润对农户进行分红
	类型6：有能人大户或小投资者参与的基本合作社	一般采用“合作社＋能人大户＋农户”的经营管理模式，采取松散型的分散经营模式，社员保留个人经济生产单元，社员向合作社提供初级农产品，合作社向成员提供生产资料的购买，农产品的销售、加工、运输、存储以及与农业生产经营相关的技术、信息等服务。农户将初级农产品售卖给合作社获得一级收入，然后合作社对初级农产品进行加工售卖，所得利润在社员和投资大户之间进行按股分红
	类型7：有合作伙伴的基本合作社	通常与涉农的社会企业有协议关系，能够在一定程度上保证农产品的包装、销路，实行统一与分散管理模式。统一管理模式：建立集中种植基地，由合作社统一种植，统一管理。分散管理模式：社员在自己的林地上分散种植，产品统一交合作社加工、销售。统一管理的部分，盈余按股分红；分散管理的部分，农户将初级农产品售卖给合作社获得一级收入，然后合作社对初级农产品进行加工售卖，所得利润在社员和投资大户之间进行按股分红
	类型8：企业与合作社相互占股的基本合作社	“合作社＋公司＋农户”型合作社，公司通常以厂房、设备、现金的形式入股合作社，合作社实行分散管理，在合作社进行利润分红时，公司将与农户共同享受分红。农户将初级农产品售卖给合作社获得一级收入，然后合作社对初级农产品进行加工售卖，所得利润在社员和公司之间按股分红，农户得到二级收益
其他类型	类型9：政府主导型	政府完全主导其组建和运营过程。贫困户以政府的扶贫资金入股合作社，贫困户按股分红

笔者在实地调研法与案例分析法的基础上，对农民专业合作社的内部制度安排从利益分配的视角进行实证研究，并对各个农民专业合作社的社员结构、股金结构、投资方式以及利益分配等调查数据进行分析，农民专业合作社分为两大类：松散型（生产在户经营在社）、紧密型（生产在社经营在社），其中生产指的是农产品从播种到收获的这一过程；经营指的是初级农产品从加工到销售的这一过程。判断一个合作社是松散型或紧密型的标准就是生产过程是由农户社员自己执行还是合作社执行。本书称松

散型合作社为基本合作社，紧密型合作社为共同合作社。

在这两大类下又分别细分为四个亚型：社员全部是农户；社员之中有大户或投资者；合作社具有合作伙伴（涉农社会企业）；企业作为团体社员在合作社之中占股。此外，在实地调研工作中，发现有政府主导型的合作社。因此，世界银行项目合作社的组织运营模式与产业发展管理模式之间的关系共包括9个类型。

类型1：社员全部是农户的紧密型关系

特征：农户将生产资料交予合作社，合作社统一对农作物种植、收获、加工、销售，农户没有一级收入，但可能有来自务工的收入，合作社所得利润对农户进行分红（见表7－2）。

表7－2 社员全是农户的紧密型关系特征

关系类型		合作社名称	合作社发展产业	组织运营—产业发展管理	利益分配方式
紧密型（生产在社经营在社）	类型1：社员全部是农户的共同合作社	印江县新寨乡精诚绿壳蛋鸡专业合作社	绿壳蛋鸡	合作社统一规划建设标准化圈舍，提供鸡苗、饲料、统一防疫，集中和散户饲养相结合，以保底价统一回收销售	扣除相应的合作社发展资金后，按照股份进行分红
		道真仡佬族苗族自治县龙腾磨盘蔬菜专业合作社	蔬菜	合作社分组对不同业务进行统一管理，统一销售	合作社提留公积金占可分配利润的40%，社员占可分配利润的60%

案例1：印江县新寨乡精诚绿壳蛋鸡专业合作社。合作社主要发展产业是绿壳蛋鸡。投资总额为100万元。合作社现有社员77户，其中，贫困农户42户。项目实施主要由合作社统一规划建设标准化圈舍，提供鸡苗、饲料、统一防疫，集中和散户饲养相结合，以保底价统一回收销售。该合作社利益分配方式为扣除相应的合作社发展资金后，社员按照股份进行分红。

案例2：道真仡佬族苗族自治县龙腾磨盘蔬菜专业合作社。合作社主要发展产业为蔬菜。投资总额为457.37万元。现有社员292户，贫困户

101 户。合作社组织方式为合作社分组对不同业务进行统一管理，统一销售。合作社利益分配方面，由合作社提留公积金占可分配利润的 40%，社员占可分配利润的 60%。

优点：相对公平公正，能保证社员的权利。

缺点：缺乏能人引导，农户参与度低，难以组织和运行，生产效率低。

类型 2：有大户或小投资者参与的紧密型关系

特征：合作社产生的利润在农户和大户之间共享；农户和大户之间的分红依据由股份确定（见表 7－3）。

案例 1：贵州石阡县林春农林专业合作社。合作社主要发展产业为脱毒马铃薯。投资总额为 100 万元。现有社员 108 户，其中贫困户 35 户。项目实施由合作社采取紧密型的运作模式，成立生产、管理、采购等小组，进行统一管理、病虫害防止统防统治。该合作社利益分配方式为扣除相应的合作社发展资金后，社员按照股份进行分红。

案例 2：威宁县荞道荞麦专业合作社。合作社主要发展产业为荞麦。投资总额为 980 万元。现有社员 304 户，贫困户 296 户，加入合作社的有 146 户。该合作社采用合作社＋加工厂的模式经营，对项目核心区社员采取紧密型合作方式，对 1000 亩土地进行统一生产、统一栽培与管理技术、病虫害统防统治。合作社利益分配方面，合作社提取 10% 的公积金，用于扩大服务或弥补亏损；提取 10% 的公益金，用于文化、福利事业；提取 5% 的教育基金，用于社员培训；提取 5% 的风险基金，用于社员生产、营销遭受重大经济损失的补贴。经营的所有业务产生的利润，在上述提留后剩余利润部分，所有社员均按股权享受分红。

有大户或小投资者参与的共同合作社的优势在于：第一，大户可以根据市场的需求，从各地的自然和经济条件出发，实现市场与资源的有效对接，从而在一定程度上节约了交易费用；第二，生产大户有一定生产基础。

优点：有能人引导，合作社有核心领导人，更利于开展管理经营，产业发展效率高，且更容易找到稳定的销售渠道。

不足：易形成大户独自掌权，普通农户利益得不到保障的不公平情况。

表 7－3　有大户或小投资者参与的紧密型关系特征

关系类型		合作社名称	合作社发展产业	组织运营—产业链管理	利益分配方式—价值链
紧密型（生产在社经营在社）	类型 2：有大户或小投资者参与的共同合作社	贵州石阡县林春农林专业合作社	脱毒马铃薯	项目实施由合作社采取紧密型的运作模式，成立生产、管理、采购等小组，进行统一管理、病虫害统防统治。	扣除相应的合作社发展资金后，按照股份进行分红
		威宁县荞道荞麦专业合作社	荞麦	合作社采用合作社＋加工厂的模式经营，对项目核心区社员采取紧密型合作方式，对 1000 亩土地进行统一生产、统一栽培与管理技术、病虫害统防统治	提取 10% 的公积金，用于扩大服务或弥补亏损，提取 10% 的公益金，用于文化、福利事业，提取 5% 的教育基金，用于社员培训，提取 5% 的风险基金，用于社员生产、营销遭受重大经济损失的补贴；经营的所有业务产生的利润，在上述提留后剩余利润部分，所有社员均按股权享受分红
		赫章县营塘魔芋专业合作社	魔芋	合作社组织项目区农户统一耕作、统一施肥、统一除草、统一收获、统一加工、统一销售，社员按照统一技术规程进行生产，对加入农户（社员）的产品由合作社统一回收入库、加工	扣除相应的合作社发展资金后，按照股份进行分红
		纳雍县鹿裕种植农民专业合作社	茶叶	合作社通过向县内茶叶育苗单位、肥料经销商统一采购茶苗和有机肥，对入股幼龄茶园和入股土地实行统一经营和管理、统一采摘、统一加工包装后销售	农民通过为合作社管理茶园，可获得茶园管理工资 193.3 万元，职工薪金 25.9 万元，入股分红 180.2 万元。同时合作社可从营业利润中提取 10% 的公积金用于扩大再生产，提取 10% 的公益金用于集体公益事业，提取 5% 的贫困户扶持资金用于贫困户生产生活扶持，提取 5% 的风险基金用于风险防范，年提留 77.2 万元

续表

关系类型		合作社名称	合作社发展产业	组织运营—产业链管理	利益分配方式—价值链
紧密型（生产在社经营在社）	类型2：有大户或小投资者参与的共同合作社	纳雍县国品茶叶农民专业合作社	茶叶	合作社通过向县内茶叶育苗单位、肥料经销商统一采购茶苗和有机肥，对入股幼龄茶园和入股土地实行统一经营和管理、统一采摘、统一加工包装后销售	农民通过为合作社管理茶园，可获得茶园管理工资，劳动定员12人，职员薪金25.9万元，入股分红207.6万元。同时合作社可获取30%各项提留89万元，其中10%用作扩大再生产、10%用作集体公益事业、5%用于贫困户生产生活扶持、5%用于社员生产、营销遭受重大经济损失的补贴
		赫章县长坪魔芋专业合作社	魔芋	合作社组织项目区农户统一耕作、统一施肥、统一除草、统一收获、统一加工、统一销售，社员按照统一技术规程进行生产，对加入农户（社员）的产品由合作社统一回收入库、加工	扣除相应的合作社发展资金后，按照股份进行分红
		纳雍九黎风苎麻专业合作社	苎麻	合作社根据市场需求和合作社产品实际，统一制订种植生产计划和各个阶段生产计划，由成员按种植生产计划落实生产，统一组织成员参与实施和管理	扣除相应的合作社发展资金后，按照股份进行分红
		威宁县金种魔芋专业合作社	魔芋	由合作社统一提供种芋、有机肥、生石灰、栽培与管理技术、病虫害统防统治等，由合作社对农户生产的产品按产地价统一收购后，统一包装、统一品牌、统一贮藏、统一销售	提取10%的公积金，用于扩大服务或弥补亏损，提取10%的公益金，用于文化、福利事业，提取5%的教育基金，用于社员培训，提取5%的风险基金，用于社员生产、营销遭受重大经济损失的补贴；剩余利润部分70%按交易量返还，30%按股权进行分配

类型3：有合作伙伴的紧密型关系

特征：与类型1基本相似，农户的收益来自合作社利润的分红，合作社与涉农的社会企业有协议关系，能够在一定程度上保证农产品的包装、销路等（见表7-4）。

表7-4　　有合作伙伴的紧密型关系特征

关系类型		合作社名称	合作社发展产业	组织运营—产业发展管理	利益分配方式
紧密型（生产在社经营在社）	类型3：有合作伙伴的共同合作社	思南县致远生态农业专业合作社	茶叶、果蔬、花卉苗木	合作社与社员签订入股协议，合作社的产业发展由合作社理事会统一协调管理，产品由合作社统一进行加工处理，并统一包装、统一品牌、统一销售	扣除各种运行成本及提取15%的公积金、公益金、教育基金和25%风险基金后，盈余的60%按照社员所占股份多少实行按股分红

案例1：思南县致远生态农业专业合作社。合作社主要发展产业是茶叶、果蔬、花卉苗木。投资金额为732.80万元。合作社共有社员356户，贫困户50户。组织运营方面，合作社与社员签订入股协议，合作社的产业发展由合作社理事会统一协调管理，产品由合作社统一进行加工处理，并统一包装、统一品牌、统一销售。利益分配方面，扣除各种运行成本及提取15%的公积金、公益金、教育基金和25%风险基金后，盈余的60%按照社员所占股份多少实行按股分红。

优点：能够在一定程度上保证销路。合作伙伴的出现使契约的不完备性减弱，内部交易成本降低；委托—代理关系的引入决定了企业和农户之间的利益联结机制可以更具有稳定性，风险分担机制初步建立；从某种程度上克服了企业带动关系型产业链中产业组织内部交易成本过高的弊端，通过中介组织的协调使农户与企业的地位不再悬殊，可以更好地维护农户利益。

缺点：组织关系组织结构较松散，纵向关系稳定性和合作性较差，专用资产投资能力也较低。缺乏能人引导，生产效率低。拥有农户部分决策权的中介组织也可能侵占农户利益。

类型4：企业与合作社相互占股的紧密型关系

特征：与类型2基本相似，合作社社员中存在着公司这一团体社员，公司往往以厂房、设备、现金的形式入股合作社，在合作社进行利润分红时，公司将与农户共同享受分红（见表7－5）。

案例1：石阡县康乐中药材产业农民专业合作社。合作社主要发展产业是中药材。投资金额为417.7万元。合作社现有社员167户，贫困户74户。合作社组织由合作社采取紧密型的运作模式，成立生产、管理、采购等小组，进行统一管理、病虫害统防统治。项目投产后，由合作社统一进行加工、统一包装、统一品牌、统一贮藏、统一销售。该合作社利益分配方式为扣除相应的合作社发展资金后，按照股份进行分红。

案例2：沿河土家族自治县洞口桥果蔬农民专业合作社。合作社主要发展产业为空心李。投资金额为380万元。合作社成员共197户。建档立卡贫困户62户。合作社组织方式，一是由合作社按公司运作模式统一组织社员或非社员进行空心李园建设、管护、采摘等生产工作；二是统一购买肥料等农用物资统一使用；三是组织人员统一销售；四是理事会、监事会按章程规定履行职责；五是世界银行项目投资的工程、货物按世界银行采购的相关规定执行，其他项目投资按合作社的项目投资管理制度执行，并成立专门的采购小组负责，由监事会负责采购监督。该合作社利益分配方式为扣除相应的合作社发展资金后，按照股份进行分红。

企业与合作社相互占股的共同合作社产业链的优势在于：第一，企业可以根据市场的需求，从各地的自然和经济条件出发，实现市场与资源的有效对接，从而在一定程度上节约了交易费用；第二，企业具有较雄厚的资金实力，可以将先进的加工设备、成熟的管理理念和现代经营思想引入生产，提升产业现代化水平，加快科技发展进程，提高品牌效应，增强竞争实力。但是，这种关系下，龙头企业占据绝对优势，是产业链上与市场对接最直接又起主导作用的一个重要环节，具有开拓市场、引导生产、深化加工、搞好服务、优化组合生产要素、促进农产品产业链条发展的综合功能。在这种明显的优势下，企业比农户具有更强的博弈能力，具有强势谈判能力的企业会倾向于压低原来的协议收购价格，农户的利益无法得到保障。同时，由于信息的不对称性和契约的不完备性，使得双方都有违约的动机，为了防止这种行为发生，双方又不得不投入人力、物力进行监督，监督成本又使产业组织内部的交易成本增加。因此，该类合作社没有

表 7－5　**企业与合作社相互占股的紧密型关系特征**

合作社类型		合作社名称	合作社发展产业	组织运营—产业链管理	利益分配方式—价值链
一、紧密型（生产在社经营在社）	类型4：企业与合作社相互占股的共同合作社	石阡县康乐中药材产业农民专业合作社	中药材	项目实施由合作社采取紧密型的运作模式，成立生产、管理、采购等小组，进行统一管理、病虫害统防统治。项目投产后，由合作社统一进行加工、统一包装、统一品牌、统一贮藏、统一销售	扣除相应的合作社发展资金后，按照股份进行分红
		沿河土家族自治县洞口桥果蔬农民专业合作社	空心李	一是由合作社按公司运作模式统一组织社员或非社员进行空心李园建设、管护、采摘等生产工作；二是统一购买肥料等农用物资统一使用；三是组织人员统一销售；四是理事会、监事会按章程规定履行职责；五是世行项目投资的工程、货物按世行采购的相关规定执行，其他项目投资按合作社的项目投资管理制度执行，并成立专门的采购小组负责，由监事会负责采购监督	扣除相应的合作社发展资金后，按照股份进行分红
		思南县松竹梅农业生态种养专业合作社	茶叶、蚕桑、水果等	项目实施由合作社采取有效的运作模式，成立生产、管理、采购等小组，进行统一管理、生产。项目投产后，由合作社统一进行产品初加工后，由贵州省思南县蚕桑科技园统一精加工、统一包装、统一品牌、统一贮藏、统一销售	扣除相应的合作社发展资金后，按照股份进行分红

续表

合作社类型		合作社名称	合作社发展产业	组织运营—产业链管理	利益分配方式—价值链
一、紧密型（生产在社经营在社）	类型4：企业与合作社相互占股的共同合作社	正安县复兴茶业农民专业合作社	茶叶	一是由合作社按公司运作模式统一组织社员或非社员进行茶园生产工作；二是统一购买肥料、农药等农用物资统一使用；三是统一加工；四是组织人员统一销售，五是理事会、监事会按章程规定履行职责；六是世行项目投资的工程、货物按世行采购的相关规定执行，其他项目投资按合作社的项目投资管理制度执行，并成立专门的采购小组负责，由监事会负责采购监督	利润将由合作社成员共享，其中农民将获得60%的分配，大约30%的增值
		赫章县欣禾魔芋产业专业合作社	魔芋	项目采用“能人大户+合作社+农户”的模式经营，采取紧密型种植方式，合作社组织项目区农户统一耕作、统一施肥、统一除草、统一收获、统一加工，社员按照统一技术规程进行生产，对加入农户（社员）的产品由合作社统一回收入库、加工	扣除相应的合作社发展资金后，按照股份进行分红
		务川自治县高洞生态茶业农民专业合作社	茶叶	合作社组织社员统一规划、统一栽植、统一管护、统一采摘、统一加工、统一销售	合作社按照“除本分利、按股分红、自负盈亏、风险共担”的办法运行
		思南县集泓生态茶叶农民专业合作社	茶叶	合作社采取集中性的经营模式，在理事会的统一管理及县项目办、合作社监事会的监督下，按照目标计划负责统一培训、种植、田间管理、物资采购、加工、品牌创造、产品包装、销售等活动	扣除相应的合作社发展资金后，按照股份进行分红

建立起风险分担和利益共享机制，关系稳定性差、成员合作性差，专用资产投资能力也低。

优点：生产、加工、储存、销售等更易得到保障，容易形成品牌。

缺点：易出现精英俘获现象，导致不公平，合作社通常容易处于从属地位。

类型5：社员全部为农户的松散型关系

特征：农户成员保留其个人（私人）经济生产单元（如果园、牲畜圈舍、农田作物等），将初级农产品售卖给合作社获得一级收入，而后合作社对初级农产品进行加工售卖，所得利润对农户进行分红（见表7-6）。

表7-6 **社员全部为农户的松散型关系特征**

合作社类型		合作社名称	合作社发展产业	组织运营—产业发展管理	利益分配方式
松散型（生产在户经营在社）	类型5：社员全部为农户的基本合作社（服务型合作社）	德江县众联果蔬种植专业合作社	核桃、果树、蔬菜	采取“合作社+能人大户+农户”的经营管理模式，合作社社员以林地入股，实行分散管理模式，社员在自己的林地上开展生产活动，产品统一交合作社加工、销售	社员将核桃统一交给合作社，合作社统一加工、包装，再统一销售，产生的纯利润，90%按交易量向社员返还，10%按社员股权分红

案例1：德江县众联果蔬种植专业合作社。合作社主要发展产业为核桃、果树、蔬菜。投资金额为431.65万元。合作社共有社员317户，贫困户社员78户。组织运营方面，采取“合作社+大户+农户”的经营管理模式，合作社社员以林地入股，实行分散管理模式，社员在自己的林地上开展生产活动，初级产品统一交合作社加工、销售。利益分配方面，社员将核桃统一交给合作社，合作社统一加工、包装，再统一销售，产生的纯利润，90%按交易量向社员返还，10%按社员股权分红。

优点：农户保留个人经济生产单元，生产积极性较高，收入分两级获得，以惠顾额为导向，能激发社员的积极性。

缺点：数量少，缺乏能人引导，难以组织运行，生产效率低，销售路径没有保障，容易出现“搭便车”行为。

类型6：有大户或小投资者参与的松散型关系

特征：农户的一级收入依旧是将初级农产品售卖至合作社，来自合作社分红的二级收入在农户和投资者之间共享。在这种情况下，大户可能会压低农户的一级收入以便让自己获得更多的二级收入（见表7－7）。

案例1：石阡县石固乡王家沟农林综合开发专业合作社。合作社主要发展产业为水果、干果、中药材、油茶及其他经济作物种植。投资金额为598.96万元。合作社现有社员322户，建档立卡贫困户122户。合作社采取松散型的经营模式，在县项目办和合作社监事会的监督下，合作社具体负责组织指导社员项目实施。利益分配方面，扣除各种运行成本及提取10%的公积金、公益金、教育基金和风险基金等后，盈余的85%作为交易量返还给社员，15%按照社员所占股份多少实行按股分红。

案例2：石阡县龙塘镇大屯兆豐茶叶专业合作社。合作社主要发展产业为茶叶。投资金额为550万元。现有社员206户，建档立卡贫困户118户。组织运营方面，社员向合作社提供初级农产品，合作社向成员提供生产资料的购买，农产品的销售、加工、运输、存储以及与农业生产经营相关的技术、信息等服务。合作社利益分配方式为扣除相应的合作社发展资金后，按照股份进行分红。

有大户或小投资者参与的基本合作社，农民专业合作社与农户之间以股份合作制形式，以土地、资金、劳动和技术等共同参股，融合成经济共同体，实现全要素的联合。在这种形式中，农户通过投资入股，成为合作社的所有者，参与合作社的民主管理，享有剩余索取权，从而将大户和农户的利益联结起来。农户不仅可以为合作社提供产前、产中和产后服务，还可获得利润返还和股份分红。

优点：有能人引导，合作社有核心领导人，更利于开展管理经营，产业发展效率高，且更容易找到稳定的销售渠道，更利于提高销售价格。

不足：由于不在合作社进行生产，农户容易不遵守协议，将农产品售卖给价格更高的买家。

类型7：有合作伙伴的松散型关系

特征：与类型5基本相似，但与涉农的社会企业有协议关系，能够在一定程度上保证农产品的包装、销路等（见表7－8）。

表 7 - 7　**有大户或小投资者参与的松散型关系特征**

关系类型		合作社名称	合作社发展产业	组织运营—产业链管理	利益分配方式—价值链
松散型（生产在户经营在社）	类型6：有大户或小投资者参与的基本合作社	石阡县石固乡王家沟农林综合开发专业合作社	水果、干果、中药材、油茶及其他经济作物种植	采取松散型的经营模式，在县项目办和合作社监事会的监督下，合作社具体负责组织指导社员项目实施	扣除各种运行成本及提取10%的公积金、公益金、教育基金和风险基金等后，盈余的85%作为交易量返还给社员，15%按照社员所占股份多少实行按股分红
		石阡县龙塘镇大屯兆豐茶叶专业合作社	茶叶	社员向合作社提供初级农产品，合作社向成员提供生产资料的购买，农产品的销售、加工、运输、存储以及与农业生产经营相关的技术、信息等服务	扣除相应的合作社发展资金后，按照股份进行分红
		沿河县天缘山空心李农民专业合作社	空心李	合作社统一收购后进行采后处理，并统一包装、统一品牌、统一贮藏、统一销售。由合作社按公司运作模式统一组织社员或非社员进行果园建设、管护、采摘等生产工作	净产值将由合作社和农民共享，农民将获得30%的增值
		沿河木林种养业农民专业合作社	山羊	合作社统一计划、组织、协调、建设、物资分配、生产、销售、分红，所有社员必须在入股的2亩土地上按技术要求种草，按0.2元/斤由合作社收购	合作社所有可分配利润的30%由合作社统一分配，其中的30%留用合作社发展基金、70%按股份比例分红；对参与养殖的农户，合作社按0.3元/只·天支付报酬；社员用入股土地所种的牧草，合作社按0.2元/斤收购

续表

关系类型		合作社名称	合作社发展产业	组织运营—产业链管理	利益分配方式—价值链
松散型（生产在户经营在社）	类型6：有大户或小投资者参与的基本合作社	沿河姚溪志飞茶叶农民专业合作社	茶叶	一是由合作社与社员签订茶园技术指导与茶青销售协议；由合作社按照市场茶青收购价格收购社员茶青；各社员采摘茶青未经合作社允许，不得销往他处，否则将剔除出合作社，不予分红	合作社总利润的10%提留作为合作社发展的公积金；合作社利润的90%由合作社社员进行分红，其中，20%按原始股份进行分红，80%按茶叶交易量进行分红
		印江土家族苗族自治县洋溪茶叶专业合作社	茶叶	合作社主要从事茶园经营和管理，茶树种植苗的来源可委托有资质单位实行询价采购，茶青实行统一采摘、或收购，统一加工	合作社当年经营扣除生产成本和各种费用以及提留各项基金后所剩盈余部分进行第二次分红，第二次分红按现金和土地折价入股比例进行分配，其中土地折价入股部分按茶青交售量（额）占90%，土地占10%进行分配；现金分红按入股现金的100%进行分配
		印江土家族苗族自治县紫薇镇张家坝绿峰茶叶专业合作社	茶叶	统一组织，统一购买，统一加工，统一销售	合作社第一次分红是社员采摘茶青交售合作社所得支付款；合作社茶青总净收入，扣除合作社各种费用支出和基金后，第二次分红按茶青交售总量占60%，土地股份占40%进行分红；现金分红按入股现金的100%；旅游净收入单独建账，按合作社员入股股份分红
		正安县茗星春茶业种植专业合作社	茶叶	由社员对茶园进行分散管理和采摘，合作社统一收购和销售茶青，加工厂建成后，合作社统一加工包装成品销售	第一次分红按入股份额由公司与茶农分红；第二次由茶农在第一次分配资金中的15%按茶园折价入股分红，85%按交易量分红

表 7－8　有合作伙伴的松散型关系特征

关系类型		合作社名称	合作社发展产业	组织运营—产业链管理	利益分配方式—价值链
松散型（生产在户经营在社）	类型7：有合作伙伴的基本合作社	德江县茂盛天麻种植专业合作社	天麻	采取“合作社＋能人大户＋农户”的经营管理模式，合作社社员以林地入股，实行分散管理模式，社员在自己的林地上开展生产活动，产品统一交合作社加工、销售	扣除20%的合作社发展资金后，将利润的70%按交易量分配，30%按股份比例分配
		德江武陵天麻农民专业合作社	天麻	采取“合作社＋能人大户＋农户”的经营管理模式合作社实行统一与分散管理模式。统一管理模式：建立集中种植基地，由合作社统一种植，统一管理。分散管理模式：社员在自己的林地上分散种植，产品统一交合作社加工、销售	扣除20%的合作社发展资金后，将利润的70%按交易量分配，30%按股份比例分配
		思南县黔阳种植养殖专业合作社	精品水果	由合作社统一提供种苗、肥料、栽培与管理技术、病虫害统防统治等。项目投产后，思南县黔阳种植养殖专业合作社对农户生产的产品统一进行采后处理，并统一包装、统一品牌、统一贮藏、统一销售	扣除相应的合作社发展资金后，按照股份进行分红
		正安县格林永长核桃种植农民专业合作社	核桃	合作社统一加工成核桃干果、核桃仁，并进行分级、筛选，一部分包装后直接销售，另一部分销售给正安县天和农业发展有限公司进行深加工	合作社提取公积金、公益金及贫困户扶持资金后，按交易量向社员返还80%，按入股股权分配20%

续表

关系类型		合作社名称	合作社发展产业	组织运营—产业链管理	利益分配方式—价值链
松散型（生产在户经营在社）	类型7：有合作伙伴的基本合作社	德江县长龙天麻农民专业合作社	天麻	采取“合作社+能人大户+农户”的经营管理模式合作社实行统一与分散管理模式。统一管理模式：建立集中种植基地，由合作社统一种植，统一管理。分散管理模式：社员在自己的林地上分散种植，产品统一交合作社加工、销售	扣除20%的合作社发展资金后，将利润的70%按交易量分配，30%按股份比例分配
		思南县华丰果蔬专业合作社	精品水果	项目建设由合作社统一提供种苗、肥料、栽培与管理技术、病虫害统防统治等。项目投产后，思南县华丰果蔬专业合作社对农户生产的产品统一进行采后处理，并统一包装、统一品牌，统一贮藏，统一销售	扣除相应的合作社发展资金后，按照股份进行分红

案例1：德江县茂盛天麻种植专业合作社。合作社主要发展产业为天麻。投资金额为418.2万元。合作社现有社员203户，建档立卡贫困户145名。组织方面，采取“合作社+能人大户+农户”的经营管理模式，合作社社员以林地入股，实行分散管理模式，社员在自己的林地上开展生产活动，产品统一交合作社加工、销售。社员利益分配方面，扣除20%的合作社发展资金后，将利润的70%按交易量分配，30%按股份比例分配。

案例2：德江武陵天麻农民专业合作社。合作社主要发展产业为天麻。投资金额为428.9万元。合作社有社员158户，建档立卡贫困户73户。合作社采取“合作社+能人大户+农户”的经营管理模式合作社实行统一与分散管理模式。统一管理模式：建立集中种植基地，由合作社统一种植，统一管理。分散管理模式：社员在自己的林地上分散种植，产品统一交合作社加工、销售。利益分配方面，扣除20%的合作社发展资金后，将利润的70%按交易量分配，30%按股份比例分配。

优点：通常与涉农的社会企业有协议关系，能够在一定程度上保证农产品的包装、销路。

缺点：数量少，缺乏能人引导，难以组织和运行，效率低，可持续性低。

类型8：企业与合作社相互占股的松散型关系

特征：与类型6基本相似，合作社社员中存在着公司这一团体社员，公司往往以厂房、设备、现金的形式入股合作社，在合作社进行利润分红时，公司将与农户共同享受分红（见表7-9）。

表7-9 **企业与合作社相互占股的松散型关系特征**

关系类型		合作社名称	合作社发展产业	组织运营—产业链管理	利益分配方式—价值链
松散型（生产在户经营在社）	类型8：企业与合作社相互占股的基本合作社	石阡县和鑫茶叶生产农民专业合作社	茶叶	合作社向成员提供生产资料的购买，农产品的销售、加工、运输、存储以及与农业生产经营相关的技术、信息等服务	按15%提取作为合作社发展基金后，按股份分红

案例1：石阡县和鑫茶叶生产农民专业合作社。合作社主要发展产业为茶叶。投资金额为411.46万元。合作社有社员140户，贫困户社员41

户。合作社向成员提供生产资料的购买，农产品的销售、加工、运输、存储以及与农业生产经营相关的技术、信息等服务。合作社利益分配方式按15%提取作为合作社发展基金后，按股份分红。

企业与合作社相互占股的基本合作社的优势在于：第一，保持了家庭经营的独立性，建立了农户利益的自我保护和激励机制，使农户分享到加工和销售环节带来的利润，提高了农户经营的效益；第二，农户通过合作社纽带进入了加工和销售环节，实现了“产、加、销”一体化，即交易内部化，较之企业之间的活动，以内部化的企业组织替代市场关系，能够降低市场交易中的不确定性，克服契约的不完备性和信息的不对称性，能够更有效地解决争议、降低谈判费用，更精确地进行激励、控制和绩效评价，提高经济效益；第三，合作社一体化纵向组织关系，建立了有效的风险共担机制，关系稳定性和成员的合作性得到了大大提高，从而专用资产投资能力也大大提高。当然，与直接面对市场的独立利益主体相比，也会造成各利益主体的积极性有所下降。此外，在现实生活中，由于农户的合作意识淡薄，缺乏必要的文化素质修养和现代的经营理念与思维模式，合作社发展不够成熟，同时也受到资金、技术、管理能力等条件的影响，合作社的规模难以扩大，使得这种关系类型的发展受到制约。

优点：公司更专业，更利于开展管理经营，产业发展效率高，生产、加工、储存、销售等更易得到保障，容易形成品牌。

不足：易形成公司掌权，合作社变成从属部门的情况，且易出现普通农户利益得不到保障的不公平情况。

类型9：政府主导型

特征：该类型是政府完全主导其组建和运营过程。贫困户入股的资金都是政府的扶贫资金，社员的参与性不明显（见表7-10）。

案例1：威宁县志兴种养殖农民专业合作社。合作社主要发展产业为蛋鸡。投资金额为629.4万元。合作社现有社员54户，其中贫困户52户。组织运营方面，理事会负责组织合作社鸡舍建设、原材料供应、鸡蛋产品销售。合作社具体负责项目投资进行统一采购。由合作社统一组织对农户的鸡蛋进行分级，分级后由龙头企业统一包装上市销售。合作社利益分配方式，按税后利润20%提取，用于扩大再生产。

表 7-10　　政府主导型关系特征

关系类型	合作社名称	合作社发展产业	组织运营—产业发展管理	利益分配方式—价值链
类型 9：政府主导型	威宁县志兴种养殖农民专业合作社	蛋鸡	理事会负责组织合作社鸡舍建设、原材料供应、鸡蛋产品销售。合作社具体负责项目投资进行统一采购。由合作社统一组织对农户的鸡蛋进行分级，分级后由龙头企业统一包装上市销售	按税后利润 20% 提取，用于扩大再生产；提取 20% 合作社发展资金后的净利润的 9.8% 为理事长的股本分红。提取 20% 合作社发展资金后的净利润的 20.2%，作为其他 53 户社员的分红。扶贫基金：提取 20% 合作社发展资金后的净利润的 70%，作为扶贫基金

提取 20% 合作社发展资金后的净利润的 9.8% 为理事长的股本分红；提取 20% 合作社发展资金后的净利润的 20.2%，作为其他 53 户社员的分红；提取 20% 合作社发展资金后的净利润的 70%，作为扶贫基金。

优点：能够充分保证贫困户的利益，利于村集体的建设和发展。

缺点：社员的参与度低，更多是坐享其成，对政府的依赖极大。

小结

根据统计数据发现，社员全部是农户的合作社（类型 1 与类型 5）数量较少，并且在实际运作过程中难以组织和运行。农民合作社最普遍的问题是，当合作社所在地本身就具有较好的农产品市场销路时，合作社社员由于没有大户或公司来做主导，往往自产自销，不愿意将产品交给合作社，导致合作社成为空壳合作社，以至于产业链无法形成；当合作社所在地的市场销路并不好的时候，由于没有大户或公司的引导，合作社的产品无处可销，将会导致社员无法得到分红，进而降低农户参与合作社的积极性，最后合作社也只能不了了之。基于这个原因，项目区合作社乃至全国合作社，现阶段较为推崇有大户或社会企业引导的合作社。世界银行项目区的大部分合作社也都是有大户或公司参与的。然而这种模式也不是完美的，在实际操作过程中常常出现大户或公司一手控制合作社的情况，使合作社失去公平性。

分析篇

第八章　合作社总体情况分析

第一节　合作社基本情况

一　合作社背景

为推动农村农业向更深层次产业发展，世界银行项目旨在突破传统农业的瓶颈，以农民生产需求为前提，以市场消费者需求为导向开创新产业和新服务项目，攻克产业短的难题，提高生产技术，拓展生产经营范围，以促进合作社的运用效率。现阶段贵州内的合作社主要对农村的生产资源进行优化调整和整合，以充分发挥各地特色与优势，实现科学合理的分工与合作。目前，发展较好的合作社管理者能高效利用自身及区域优势，开发新产品级服务项目，提升社员间的信任度。在参考国内外先进的农业标准、产业化、智能化、信息化等现代化农业发展思路的基础上，吸取农业领域新成果，设计出生态、节能、循环、生态与效益为一体的运营模式。同时，合作社在生产资料采购、产品加工和产品销售的环节上采取合作社统一管理的模式。各县围绕“2 + N”产业发展布局，根据区域特点选择核桃、魔芋、天麻、花生、茶叶等优势产业，充分利用规模化、品牌化、集约化进行高效发展，争夺市场话语权，进一步保障合作社长远的良性发展。但在合作社快速发展的同时，部分合作社也存在管理松散、规模小、能力弱等问题，而且这些问题在短时间内很难得到很好的解决。此外，部分合作社的存在仅是为了套取项目和国家扶持资金，未存在为农民服务的功能，实力严重不足。

二　合作社社员规模

在项目合作社的社员规模方面，社员人数在 100 人及以下的合作社有 7 个，占比为 10%；社员人数在 101—300 人的合作社有 40 个，占比为

58%；社员人数在301—500人的合作社有20个，占比为29%；社员人数在501人及以上的合作社有2个，占比为3%（见表8-1）。总体而言，大部分合作社的规模在101—300人。

表8-1　　世界银行项目合作社规模统计

合作社规模	合作社数量（个）	在全体合作社的占比（%）
100人及以下	7	10
101—300人	40	58
301—500人	20	29
501人及以上	2	3

三　合作社产业选择

在项目合作社的产业选择方面，项目区中遵义市发展了蔬菜、辣椒、茶叶等产业，其中最多的是茶叶产业；铜仁市发展了天麻、花椒、养蚕、茶叶产业，其中最多的是天麻和茶叶产业；毕节市发展了荞麦、蛋鸡、魔芋、马铃薯等产业，其中最多的是魔芋产业。由此可见，不同区域发展的产业存在较大差异。

四　合作社组建时间

在项目合作社的组建时间方面，截至2020年12月，组建时间在1年及以内的合作社有3个，占比为4%；组建时间在1—3年（不含1年）的合作社有21个，占比为30%；组建时间3—4年（不含3年）的合作社有34个，占比为49%；组建4年以上（不含4年）的合作社有11个，占比为16%（见表8-2）。在财务管理方面，38个合作社聘请全职的会计人员，

表8-2　　世界银行项目合作社的运营时间分布

合作社组建的时间	合作社数量（个）	在全体合作社的占比（%）
1年及以内	3	4
1—3年（不含1年）	21	30
3—4年（不含3年）	34	49
4年以上（不含4年）	11	16

31 个合作社聘请兼职会计人员。65 个合合作社对财务报表进行公示，2 个合作社未对财务报表进行公示。总体而言，大多数合作社的运营管理时间较短，仍处于探索阶段。

第二节　合作社运营情况

一　合作社运营投入

（一）人力投入

根据调查结果显示，在世界银行帮扶组建的 69 个合作社中，参与合作社管理的共有 621 人，平均每个合作社的管理人员有 9 人。其中，管理层人数在 5 人及以下的合作社有 8 个，占比为 12%；6—8 人的合作社有 15 个，占比为 22%；9—11 人的合作社有 41 个，占比为 59%；12 人及以上的合作社有 5 个，占比为 7%（见表 8－3）。在管理层人员组成方面，包含村干部的合作社有 3 个，占比为 4%；包含能人大户的合作社有 40 个，占比为 58%；包含公司领导的合作社有 18 个，占比为 26%。总体而言，合作社的管理层人数大多集中在 9—11 人，管理层人员背景也比较多元化。

表 8－3　　**世界银行项目合作社管理层规模情况**

合作社管理层人数	合作社数量（个）	在全体合作社的占比（%）
5 人及以下	8	12
6—8 人	15	22
9—11 人	41	59
12 人及以上	5	7

（二）物力投入

世界银行项目合作社中，有 62.15% 采用了土地流转的方式，将土地流转到合作社进行共同开发，说明大部分项目合作社的发展主要依靠土地资源。这些对土地资源依赖性强的合作社中，90% 以上的产业链发展中包含种植环节，种植产品包括经济作物、蔬菜和水果。

（三）财力投入

世界银行资金对项目的总投资为 85713 万元。此外，部分合作社还吸收了公司、能人大户和当地政府的资金注入。其中，有公司投资的合作社有 18 个，占比为 26%；有能人大户投资的合作社有 40 个，占比为 58%；有政府部门进行资金扶持的合作社有 20 个，占比为 29%。

二 合作社运营发展

（一）生产销售

在生产销售方面，截至 2020 年 2 月底，未完全投产进行销售的合作社有 29 个，占比为 42%；40 个合作社已开始产品销售，占比为 58%。其中，2019 年销售额 5 万元以下（不含 5 万元）的合作社有 8 个，占比为 12%；5 万—10 万元（不含 10 万元）的合作社有 3 个，占比为 4%；10 万—50 万元（不含 50 万元）的有 12 个，占比为 17%；50 万—100 万元（不含 100 万元）的有 9 个，占比为 13%；100 万元及以上的有 8 个，占比为 12%（见表 8-4）。盈利的合作社有 15 个，占比为 22%；未盈利的有 54 个，占比为 78%。总体而言，由于项目区大多数合作社的成立时间较晚、运营时间较短，而种养植农产品生长周期普遍较长，所以目前还有近一半的合作社尚未进入产品销售阶段。

在销售渠道方面，依靠或计划依靠合作社内部进行销售的合作社有 44 个，占比为 64%；依托入股公司进行销售的合作社有 18 个，占比为 26%；与第三方签有销售协议的合作社有 7 个，占比为 10%。由此可见，大部分合作社的销售途径较为单一、未能充分打开销售市场，仅有少部分合作社能开辟多方销售渠道。

表 8-4　**世界银行项目合作社产品销售情况（2019 年）**

产品销售额（万元）	合作社数量（个）	在全体合作社的占比（%）
0	29	42
0—5（不含 5 万元）	8	12
5—10（不含 10 万元）	3	4
10—50（不含 50 万元）	12	17
50—100（不含 100 万元）	9	13
100 及以上	8	12

（二）增值业务

在产品增值（产品的包装、加工）方面，目前已对产品进行加工或已购买加工设备的合作社有41个，占比为59%；未对产品进行加工的合作社有28个，占比为41%。大部分合作社产业链的延伸较短，仅是对产品进行简单的粗加工，如切片、干燥、冷藏等，而开展深加工、提高科技含量、开发创新性产品的合作社较少。部分合作社通过与公司合作来弥补合作社在技术、市场竞争力、资金等方面的短缺。

（三）带动就业

在带动就业方面，2019年共有58个合作社雇用了附近村民并支付了劳动报酬，占比为84%。其中，报酬金额在3万元及以下（不含3万元）的合作社有3个，占比为4%；3万—5万元（不含5万元）的合作社有2个，占比为3%；5万—10万元（不含10万元）的合作社有11个，占比为16%；10万—50万元（不含50万元）的合作社有29个，占比为42%；50万元及以上的合作社有13个，占比为19%（见表8-5）。总体而言，世界银行项目合作社对本地就业的带动作用比较显著。

表8-5　**世界银行项目合作社支付劳动报酬情况（2019年）**

合作社支付劳动报酬的金额（万元）	合作社数量（个）	在全体合作社的占比（%）
0	11	16
0—3（不含3万元）	3	4
3—5（不含5万元）	2	3
5—10（不含10万元）	11	16
10—50（不含50万元）	29	42
50及以上	13	19

（四）能力建设

在社员能力建设方面，2019年有5个合作社未开展相关的技能培训，占比为7%；有52个合作社培训1—3次，占比为75%；有10个合作社培训4—6次，占比为15%；有2个合作社培训7—15次，占比为3%（见表8-6）。总体而言，大部分合作社举办了1—3次培训，需要进一步加大培训力度，增强社员业务能力。

表 8－6　**世界银行项目合作社培训情况（2019 年）**

合作社培训次数（次）	合作社数量（个）	在全体合作社的占比（%）
0	5	7
1—3	52	75
4—6	10	15
7—15	2	3

第九章　合作社运营效率分析

第一节　指标体系

建立科学合理的指标体系是研究效率的基本前提。模型分析结果是否能够真实反映农民专业合作社的运营效率在很大程度上取决于投入指标和产出指标的选择（见表9－1）。指标体系的构建遵循以下原则：（1）建立

表9－1　**世界银行项目合作社运营效率指标体系**

一级指标	二级指标	单位	定义
投入指标	管理层人数	人	合作社运营过程中参与管理的人数
	合作社累计投资	万元	合作社从建立至今世界银行项目投入的资金
	土地面积	亩	合作社在生产过程中投入的土地面积
	培训金额	万元	合作社每年请专家对合作社社员进行培训所花费的金额
	合作社社员出资总额	万元	合作社社员出资总额
产出指标	合作社产品销售总额	万元	合作社2019年全年产品的销售额
	产业链的延长	—	合作社关于产品增值的业务
	带动当地经济发展	万元	合作社2019年全年用于支付劳动力报酬金额
	培训次数	次	合作社2019年为社员提供的培训次数
	管理能力	分	见附录1
	基础设施建设能力	分	见附录1
	运营能力	分	见附录1
	社员收益	分	见附录1
	社会影响	分	见附录1
	社员满意度	分	见附录1

能够全面反映客观事物的情况的全方位评价性指标体系，先对不同组织形式和区域进行分析，再综合选择能够真实反映农民专业合作社的运营效率的指标；（2）科学地反映事物的实际情况，避免对研究对象的主观假设；（3）选择最具代表性和有效性的指标，指标体系过于复杂或过于简单都会影响结果的真实性；（4）应考虑到数据源收集活动的可行性，保证原始数据的完整性、准确性以及可用性。

第二节 评价模型

一 评价模型构建

（一）DEA 模型

数据包络分析（Data Envelopment Analysis，DEA）方法，是美国著名的运筹学家 Charnes 等提出的一种效率评价方法。该方法将工程效率的定义推广到多输入、多输出系统的相对效率评价中，为决策单元之间的相对效率评价提出了一个可行的方法和有效的工具。DEA 的基本模型是 BCC 模型和 CCR 模型。

（二）DEA-BCC 模型

DEA 模型从报酬规模方面分为规模报酬不变的 CCR 模型和规模不变的 BCC 模型，同时 DEA 模型也分为投入导向和产出导向。根据研究对象和目的，本书选择投入导向的 BCC（规模报酬可变）模型计算合作社管理资源配置效率的综合效率、技术效率和规模效率。对于任一决策单元，投入导向下对偶形式的 BCC 模型可表示为：

$$\min\theta - \varepsilon(\hat{e}^T S^- + e^T S^+)$$

$$s.t.\begin{cases}\sum_{j=1}^{n} X_j\lambda_j + S^- = \theta X_0 \\ \sum_{j=1}^{n} Y_j\lambda_j - S^+ = Y_0 \\ \lambda_j \geqslant 0, S^-, S^+ \geqslant 0\end{cases}$$

其中，$j=1, 2, \cdots, n$ 代表决策单元，X，Y 分别代表投入、产出向量，S 代表松弛标量。DEA 模型本质上是一个线性规划问题。若 $\theta=1$，$S^+=S^-=0$，则决策单元 DEA 有效；若 $\theta=1$，$S^+\neq0$，或 $S^-\neq0$，则决策单元弱

DEA 有效；若 $\theta<1$，则决策单元非 DEA 有效。

（三）Super-SBM 模型

Super-SBM 模型是 Tone 于 2002 年提出的新模型，旨在解决有效决策单元资源配置效率进行科学合理的排序和比较，且无效性决策单元的效率值与传统的数据包分析（DEA）相同，因此运用 Super-SBM 模型计算合作社管理资源配置超效率，其公式如下：

$$\text{super-SBM. st}\begin{cases} min\theta \\ \sum_{\substack{k=1 \\ k=k_0}}^{n} X_k\lambda_k + S^- = \theta X_i \\ \sum_{\substack{k=1 \\ k=k_0}}^{n} Y_k\lambda_k - S^+ = Y_i \\ S^- \geqslant 0, S^+ \geqslant 0, \lambda_k \geqslant 0, k = 1,2,\cdots,n \end{cases}$$

二 模型分析阐述

（一）综合技术效率

综合技术效率指对投入决策单元的资源配置、资源利用、技术水平及管理水平等方面能力的综合衡量与评价，综合技术效率高低通常用来衡量投入决策单元整体效率水平的高低。综合技术效率 = 规模效率 × 纯技术效率，综合技术效率评价标准为：综合技术效率值为 1 表明 DEA 有效，综合技术效率值在 1—均值之间为弱 DEA 有效，综合技术效率值在均值以下为非 DEA 有效。

（二）规模效率

规模效率指由投入规模影响所产生的效率，是判断投入决策单元是否处于最优投入规模状态，反映投入决策单元实际生产规模与最优生产规模之间的差距，衡量投入决策单元资源配置水平的一个重要度量指标。规模效率分为规模效益递增、递减和不变三种状态，评价规模效率标准为：规模效率为 1 表明 DEA 有效，规模效率在 1—均值之间为弱 DEA 有效，规模效率在均值以下为非 DEA 有效。

（三）纯技术效率

纯技术效率指剔除规模效率之后的效率水平，它是由管理和技术因素影响所产生的效率，是衡量投入决策单元内部管理水平和技术水平的一个重要度量指标。评价纯技术效率标准为：纯技术效率值为 1 表明 DEA 有效，纯技术效率值在1—均值之间为弱DEA有效，纯技术效率值在均值以下为非DEA有效。

第三节　效率分析

一　合作社运营效率统计

根据DEA、BCC、Super-SBM模型，将合作社运营效率指标体系用于世界银行项目合作社的效率计算，得到各合作社发展运营的综合效率、技术效率、规模效率、规模效益和超效率。

二　合作社组织运营模式效率分析

（一）综合效率分析

从合作社的组织模式的方面看，不同的组织模式其综合效率存在较大的差异。在综合效率的有效性方面，各类组织模式合作社综合效率的有效性数量和占比如表9-2所示。由此可知村组织带动型和混合型组织模式的合作社综合效率有效性最高，其次是能人大户带动型组织模式、公司带动型组织模式，综合效率最低的是全农户型组织模式。由于混合型组织模式的合作社仅有1个，所以可能具有统计偏差。

造成不同组织模式在效率有效性方面的差异的主要原因是："村组织+农户+合作社"类型的合作社是当地政府积聚力量所打造的发展前景较大的产业，其合作社的运营模式是由基层干部和当地政府相关部门的工作人员参与制定的。基层干部长期从事农村农业工业，对其当地的资源、人员结构、人员素质等情况有着更深层次的认识，而政府相关部门的工作人员外出考察学习的机会较多，获得外界信息和政策的机会更多。所以，两者结合所提出的合作社运营模式更能适应当地的发展与合作社的实际情况。而"公司+农户+合作社"和"能人大户+农户+合作社"类型的合作社中，公司和能人大户更注重其自身的利益，甚至有部分公司借助合作社套用扶贫资金去寻求自身的发展。所以，相比之下，"村组织+农户+合作社"组织模式的合作社运营有效性最高（见表9-3）（见图9-1）。

表 9－2 世界银行项目合作社运营效率统计

排名	合作社名称	所在市	所在县	组织运营模式	超效率	综合效率	技术效率	规模效率	规模效益
1	沿河县黄土乡农特产品农民专业合作社	铜仁市	沿河县	b	1.6826	1	1	1	—
2	德江县长龙天麻农民专业合作社	铜仁市	德江县	b	1.6679	1	1	1	—
3	新寨乡精诚绿壳蛋鸡专业合作社	铜仁市	印江县	d	1.6476	1	1	1	—
4	思南县黔阳种植养殖专业合作社	铜仁市	思南县	b	1.6086	1	1	1	—
5	德江县古寨茶叶种植专业合作社	铜仁市	德江县	b	1.6054	1	1	1	—
6	洋溪茶叶专业合作社	铜仁市	印江县	d	1.5394	1	1	1	—
7	贵州石阡县林春农林专业合作社	铜仁市	石阡县	b	1.4917	1	1	1	—
8	格林永长核桃种植农民专业合作社	遵义市	正安县	b	1.4788	1	1	1	—
9	纳雍县国品茶叶农民专业合作社	毕节市	纳雍县	a	1.4191	1	1	1	—
10	思南檬子树食用菌农民专业合作社	铜仁市	思南县	b	1.317	1	1	1	—
11	致远生态农业专业合作社	铜仁市	思南县	b	1.3152	1	1	1	—
12	德江武陵天麻农民专业合作社	铜仁市	德江县	b	1.2705	1	1	1	—
13	思南县松竹梅农业生态种养专业合作社	铜仁市	思南县	e	1.2038	1	1	1	—
14	思南县鑫钰源兴隆生态茶专业合作社	铜仁市	思南县	b	1.1564	1	1	1	—
15	石阡县和鑫茶叶生产农民专业合作社	铜仁市	石阡县	b	1.1546	1	1	1	—
16	庆丰种植养殖专业合作社	毕节市	赫章县	b	1.1163	1	1	1	—

续表

排名	合作社名称	所在市	所在县	组织运营模式	超效率	综合效率	技术效率	规模效率	规模效益
17	毛姑农业专业合作社	毕节市	赫章县	b	1.1148	1	1	1	—
18	思南源丰生态农业专业合作社	铜仁市	思南县	b	1.1112	1	1	1	—
19	贵州黔东北江丰农作物种植农民专业合作社	铜仁市	德江县	b	1.0969	1	1	1	—
20	思南县华丰果蔬专业合作社	铜仁市	思南县	b	1.0879	1	1	1	—
21	张家坎绿峰茶叶专业合作社	铜仁市	印江县	b	1.0853	1	1	1	—
22	思南县集泓生态茶叶农民专业合作社	铜仁市	思南县	b	1.0839	1	1	1	—
23	德江县众联果蔬种植专业合作社	铜仁市	德江县	b	1.0838	1	1	1	—
24	渝民蔬菜种植农民专业合作社	遵义市	务川县	a	1.068	1	1	1	—
25	威宁县利众马铃薯种销农民专业合作社	毕节市	威宁县	b	1.065	1	1	1	—
26	石阡祥丰文化生态农业专业合作社	铜仁市	石阡县	b	1.064	1	1	1	—
27	纳雍县厍东关乡梅花山魔芋专业合作社	毕节市	纳雍县	b	1.0635	1	1.0	1	—
28	纳雍县鹿裕种植农民专业合作社	毕节市	纳雍县	a	1.0608	1	1	1	—
29	威宁县志兴种养殖农民专业合作社	毕节市	威宁县	b	1.0606	1	1	1	—
30	楠星富民茶叶专业合作社	铜仁市	印江县	b	1.0586	1	1	1	—
31	茗星春茶叶种植农民专业合作社	遵义市	正安县	a	1.047	1	1	1	—
32	贵州乌江富康花椒种植农民专业合作社	铜仁市	德江县	b	1.0327	1	1	1	—

续表

排名	合作社名称	所在市	所在县	组织运营模式	超效率	综合效率	技术效率	规模效率	规模效益
33	印江县白元兴农茶叶专业合作社	铜仁市	印江县	d	1.0264	1	1	1	—
34	涪洋佳禾辣椒种植农民专业合作社	遵义市	务川县	a	1.025	1	1	1	—
35	洞口桥果蔬农民专业合作社	铜仁市	沿河县	d	1.0242	1	1	1	—
36	昆寨乡昆泉农业生态农民专业合作社	毕节市	纳雍县	a	1.0225	1	1	1	—
37	浞水双鹿肉牛生态养殖合作社	遵义市	务川县	a	1.0168	1	1	1	—
38	农绿种植农民专业合作社	铜仁市	思南县	c	1.0134	1	1	1	—
39	思南县洞子口乡村旅游专业合作社	铜仁市	思南县	a	1.0125	1	1	1	—
40	纳雍县猪场乡硐口新农业发展农民专业合作社	毕节市	纳雍县	b	1.008	1	1	1	—
41	石阡县星可原农业开发专业合作社	铜仁市	石阡县	b	1.0078	1	1	1	—
42	威宁县金种魔芋专业合作社	毕节市	威宁县	b	1.0006	1	1	1	—
43	营塘魔芋专业合作社	毕节市	赫章县	b	1.0001	1	1	1	—
44	长坪魔芋专业合作社	毕节市	赫章县	b	1.0001	1	1	1	—
45	欣禾魔芋产业专业合作社	毕节市	赫章县	b	1.0001	1	1	1	—
46	德江县薯来康甘薯专业合作社	铜仁市	德江县	b	1.0001	1	1	1	—
47	宏泉谷物种植合作社	遵义市	正安县	a	1.0001	1	1	1	—
48	本庄土罐罐茶产业专业合作社	铜仁市	石阡县	b	0.992	0.992	0.992	1	—

续表

排名	合作社名称	所在市	所在县	组织运营模式	超效率	综合效率	技术效率	规模效率	规模效益
49	纳雍县水东镇勤发现代生态农业农民专业合作社	毕节市	纳雍县	b	0.954	0.954	0.954	1	—
50	石阡县石固乡王家沟农林综合开发专业合作社	铜仁市	石阡县	b	0.938	0.938	0.938	1	—
51	纳雍九黎风苎麻专业合作社	毕节市	纳雍县	a	0.924	0.924	0.924	1	—
52	道真仡佬族苗族自治县龙腾磨盘蔬菜专业合作社	遵义市	道真县	b	0.855	0.855	0.855	1	—
53	纳雍县生态乌蒙农业种养殖农民专业合作社	毕节市	纳雍县	b	0.827	0.827	0.827	1	—
54	沿河姚溪志飞茶叶农民专业合作社	铜仁市	沿河县	d	0.818	0.818	1	0.818	drs
55	正安正和茶叶农民专业合作社	遵义市	正安县	a	0.811	0.811	0.811	1	—
56	缠溪镇梨坪中蜂养殖专业合作社	铜仁市	印江县	d	0.804	0.804	0.804	1	—
57	食全食美蔬菜生产专业合作社	铜仁市	印江县	d	0.717	0.717	0.717	1	—
58	印江土鸡养殖专业合作社	铜仁市	印江县	b	0.701	0.701	0.92	0.762	drs
59	复兴茶叶农民专业合作社	遵义市	正安县	a	0.694	0.694	1	0.694	drs
60	沿河天缘山空心李农民专业合作社	铜仁市	沿河县	a	0.671	0.671	1	0.671	drs
61	德江县茂盛天麻种植专业合作社	铜仁市	德江县	b	0.665	0.665	0.665	1	—
62	龙塘镇大屯兆豐茶叶专业合作社	铜仁市	石阡县	c	0.6492	1	1	1	—
63	黄都高洞生态茶农民专业合作社	遵义市	务川县	a	0.646	0.646	1	0.646	drs

续表

排名	合作社名称	所在市	所在县	组织运营模式	超效率	综合效率	技术效率	规模效率	规模效益
64	石阡县康乐中药材产业农民专业合作社	铜仁市	石阡县	a	0.612	0.612	0.612	1	—
65	沿河木林种养业农民专业合作社	铜仁市	沿河县	d	0.545	0.545	0.826	0.66	drs
66	荞道荞麦专业合作社	毕节市	威宁县	a	0.543	0.543	1	0.543	drs
67	分水汇景园辣椒种植专业合作社	遵义市	务川县	a	0.525	0.525	1	0.525	drs
68	分水过江种养业农民专业合作社	遵义市	务川县	a	0.504	0.504	1	0.504	drs
69	威宁县梨银惠诚种植专业合作社	毕节市	威宁县	b	0.488	0.488	0.887	0.55	drs

注：一、组织运营模式：a. 公司带动型“公司 + 农户 + 合作社”；b. 能人大户带动型“能人大户 + 农户 + 合作社”；c. 村组织带动型“村组织 + 农户 + 合作社”；d. 全农户型“农户 + 合作社”；e. 混合型。

二、规模效益：drs 表示规模效益递减状态，irs 表示规模效益递增状态，—表示规模效益不变。

表9－3　世界银行项目合作社组织运营模式综合效率

合作社组织运营模式	综合效率所处范围			效率均值
a公司带动型	有效性	弱有效	非有效	综合效率均值
合作社数量（个）	9	1	8	0.9451
合作社占比（%）	50.00	5.50	44.50	
b能人大户带动型	有效性	弱有效	非有效	综合效率均值
合作社数量（个）	32	3	5	0.9144
合作社占比（%）	80.00	7.50	12.50	
c村组织带动型	有效性	弱有效	非有效	综合效率均值
合作社数量（个）	2	0	0	1
合作社占比（%）	100.00	0.00	0.00	
d全农户型	有效性	弱有效	非有效	综合效率均值
合作社数量（个）	4	0	4	0.9034
合作社占比（%）	50.00	0	50.00	
e混合型	有效性	弱有效	非有效	综合效率均值
合作社数量（个）	1	0	0	1
合作社占比（%）	100.00	0.00	0.00	

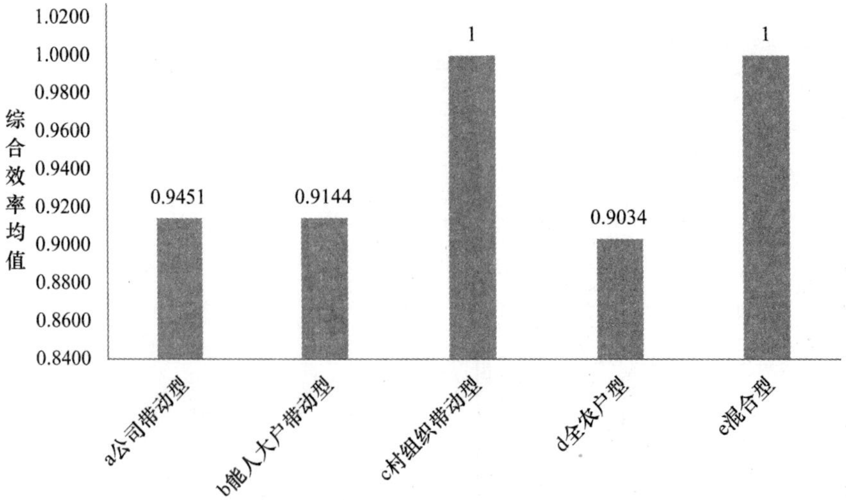

图9－1　世界银行项目合作社组织运营模式综合效率均值

（二）技术效率分析

合作社运营的技术效率是衡量运营过程中投入要素内部管理水平和技术水平的一个重要度量指标，不同组织模式的合作社其管理水平、投入资源数量、成效等方面存在差异，其运营的技术效率也存在一定的差异。5类组织模式合作社的技术效率有效性的数量及占比如表9-4，在技术效率的有效性方面，公司带动型组织模式合作社技术效率处于有效的合作社有15个，占公司带动型合作社的83.3%，该类型的合作社技术效率无弱有效，技术效率处于无效的有3家合作社，占公司带动型合作社的16.7%。能人大户带动型组织模式合作社技术效率处于有效状态的合作社有32家，占能人大户带动型合作社的80%，该类型合作社技术效率处于“弱有效”状态的有1家合作社，占能人大户带动型合作社的2.5%，技术效率处于“无效”状态的合作社有7家，占能人大户带动型合作社的17.5%，村组织带动型合作社技术效率2家全部处于“有效”状态，全农户型合作社的技术效率处于“有效”状态的有5家合作社，占全农户型合作社的62.5%，处于“无效”状态的合作社有3家，占37.5%，仅有1家混合型组织模式的合作社处于“有效”状态。由此可知村组织带动型和混合型的有效性占比最高（100%），其次是公司带动型（83.3%）、能人大户带动型（80%）、全农户型（62.5%）。这就说明世界银行项目合作社“村组织+农户+合作社”的运营能力相对较高，“农户+合作社”的管理技术水平相对较低，“公司+农户+合作社”的管理水平处于一般。

造成上述现象的原因如下：一方面，与长期种植庄稼的农民相比，基层干部与政府相关工作人员的管理与组织能力更强，也更能利用自身的信息渠道、对市场的敏感度、对地方资源深入了解等优势帮助合作社运营。另一方面，基层干部能够第一时间掌握相关政策方针的变化，有利于合作社的规划发展，并促使合作社的发展随着时代与市场的需求走。所以，村组织带动型的合作社其管理水平相对较高。而农户自发组织的合作社凝聚力相对较差，同时受信息来源、思想眼见、资金、技术等因素限制，农户所组建的合作社缺乏科学合理的管理办法，这就导致了农户自发组建的合作社运营水平较低。

从各类组织模式合作社技术效率的均值来看（结果见表9-4和图9-2），混合型和村组织带动型依旧是最大，其次是能人大户带动型（0.9688）、公司带动型（0.9671）、全农户型（0.9343）。能人大户带动型技术效率高于公司带动型，探其因发现：一方面，公司带动型超过50%的合作社都是在为公司提供加工的初级产品，所以合作社处于产业链的下游，其经济效益相对较低，同时，其对合作社的管理所投放的精力相对较少，合作社内部的凝聚力与参与度也相对较低。另一方面，能人大户型的合作社一般是几家种植大户的强强联合，或是有着丰富的种植经验、人脉资源、信息资源的能人带领，他们主要致力于合作社的发展，更加注重对合作社的管理。同时能人大户在当地的威望高，使得社员对他们的信任度较高，合作社的凝聚力、组织秩序、管理效益也较高。

表9－4　**世界银行项目合作社组织运营模式技术效率**

合作社组织运营模式	技术效率所处范围			效率均值
a 公司带动型	有效性	弱有效	非有效	技术效率均值
合作社数量（个）	15	0	3	0.9671
合作社占比（%）	83.30	0.00	16.70	
b 能人大户带动型	有效性	弱有效	非有效	技术效率均值
合作社数量（个）	32	1	7	0.9688
合作社占比（%）	80.00	2.50	17.50	
c 村组织带动型	有效性	弱有效	非有效	技术效率均值
合作社数量（个）	2	0	0	1
合作社占比（%）	100.00	0.00	0.00	
d 全农户型	有效性	弱有效	非有效	技术效率均值
合作社数量（个）	5	0	3	0.9343
合作社占比（%）	62.50	0.00	37.50	
e 混合型	有效性	弱有效	非有效	技术效率均值
合作社数量（个）	1	0	0	1
合作社占比（%）	100.00	0.00	0.00	

（三）规模效率分析

合作社资源配置规模效率是指合作社运营成本投入规模与其产出规模

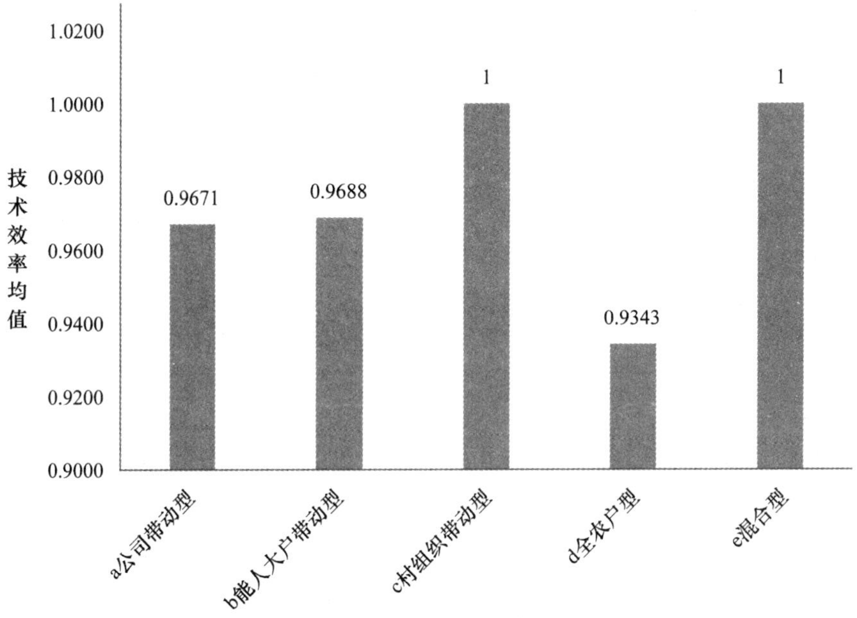

图 9－2　世界银行项目合作社组织运营模式技术效率均值

优化配比的合理性，根据表 9－5 可知，在规模效率的有效性方面，公司带动型组织模式合作社规模效率处于有效的合作社有 15 个，占公司带动型合作社的 83.3%，该类型的合作社规模效率无弱有效，规模效率处于无效的有 3 家合作社，占公司带动型合作社的 16.7%。能人大户带动型组织模式合作社规模效率处于有效状态的合作社有 32 个，占能人大户带动型合作社的 80%，该类型合作社规模效率处于“弱有效”状态的有 1 个，占能人大户带动型合作社的 2.5%，规模效率处于“无效”状态的合作社有 7 个，占能人大户带动型合作社的 17.5%。村组织带动型合作社规模效率 2 个全部处于“有效”状态，全农户型合作社的规模效率处于“有效”状态的有 5 个，占全农户型合作社的 62.5%，处于“无效”状态的合作社有 3 个，占 37.5%，仅有的 1 家混合型组织模式的合作社处于“有效”状态。由此可知合作社规模效率的有效性方面村组织带动型和混合型的较好，其次是公司带动型、能人大户带动型，最差的是全农户型合作社，该类型合作社规模有效性仅占 62.5%。这就说明农户自发组建的合作社资源配置效率较低。

表9-5　　世界银行项目合作社组织运营模式规模效率

合作社组织运营模式	规模效率所处范围			效率均值
a 公司带动型	有效性	弱有效	非有效	规模效率均值
合作社数量（个）	15	0	3	0.9451
合作社占比（%）	83.30	0.00	16.70	
b 能人大户带动型	有效性	弱有效	非有效	规模效率均值
合作社数量（个）	32	1	7	0.9436
合作社占比（%）	80.00	2.50	17.50	
c 村组织带动型	有效性	弱有效	非有效	规模效率均值
合作社数量（个）	2	0	0	1
合作社占比（%）	100.00	0.00	0.00	
d 全农户型	有效性	弱有效	非有效	技术效率均值
合作社数量（个）	5	0	3	0.9652
合作社占比（%）	62.50	0.00	37.50	
e 混合型	有效性	弱有效	非有效	规模效率均值
合作社数量（个）	1	0	0	1
合作社占比（%）	100.00	0.00	0.00	

农户自发组建的合作社规模效率低，一方面，由于该类型的合作社，农民把更多的精力用于对抗市场对他们的冲击力，而忽略资源的有效利用。在调研过程中，笔者发现这类型的合作社虽然投入大量成本购买加工设备，但其设备长期处于闲置状态，再加上设备管护能力较差导致设备的价值流失速度较高。此外，合作社尽管投入大量的成本，运营成效却没有明显的改变，使得合作社运营过程中投入与产出比较低，导致合作社规模效率低。另一方面，该类型合作社的社员多数是长期从事农产品中种植的农民，虽然他们拥有种植经验，但这些经验在高科技的今天丧失了原有的优势。此外，合作社社员受学习能力、获取信息能力、管理能力等方面因素的限制，对合作社的规划没有清晰的认识，容易受到外界力量的影响。所以该类型合作社发展的产业缺乏地方特色，与其他类型合作社相比没有优势，所以其规模效率的有效性低于其他类型。

从合作社规模效率的均值来看，村组织带动型和混合型组织模式的合作社规模效率均值依旧较高（见图9－3）。其他三类合作社中，规模效率均值最高的是农户自发组建的合作社，该类型规模效率有效性占比最差，但其规模效率的均值相对较高，说明这类合作社的规模效率存在两极化。探其原因发现，农户自发组建的合作社主要发展茶叶和蔬菜业为主，还有小部分蛋鸡和林木。茶叶林木产业是见效慢的产业，而蔬菜和蛋鸡产业则是在一年内就能见效的产业。但是，目前世界银行项目合作社成立时间较短，所以成效较好的还是短期见效的产业和部分在成立时就有一定产品的茶叶合作社。在投入成本同时，现阶段见效快的合作社的规模效率就高。

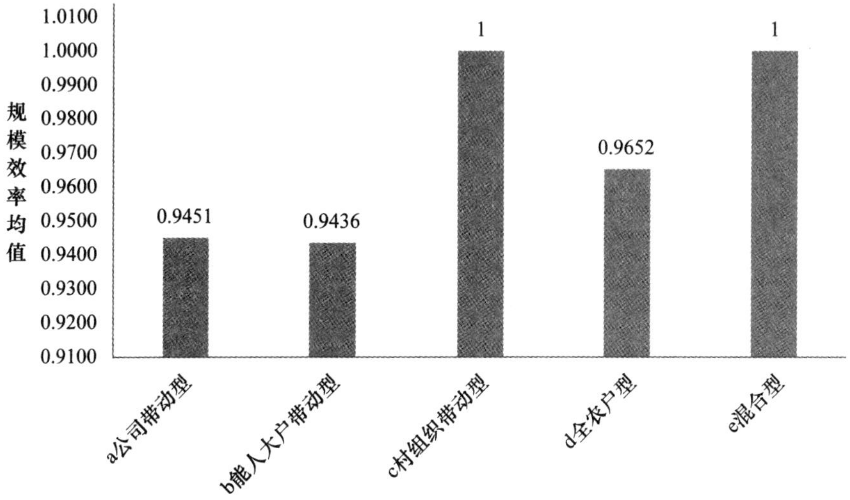

图9－3　世界银行项目合作社组织运营模式规模效率均值

（四）超效率分析

通过调查发现，世界银行扶持的69家合作社中，“公司＋农户＋合作社”运营模式的合作社有18家，“能人大户＋农户＋合作社”运营模式的合作社有40家，“村组织＋农户＋合作社”运营模式的合作社有2家，“农户＋合作社”运营模式的合作社有8家，混合型运营模式的合作社有1家。

为了解决合作社效率排名的问题，从DEA模型中演化出DEA-super模型计算超效率。超效率的出现，是为了能够更好地展示多个综合效率为1之间的差距，用直观的超效率对综合效率为1的合作社进行排序，如世界银行项目合作社效率分析表。从不同合作社的不同组织模式看，综合效率排名前10的合作社有9家是“能人大户＋农户＋合作社”的组织模式，有1家是“公司+农户+合作社”。排名在11—30的合作社中，公司带动型合作社有2家，能人大户带动型有17家，混合型有1家。排名最后10名的合作社中，公司带动型有5家合作社，能人大户带动型有3家合作作社，村组织带动型有1家合作社，全农户型有1家合作社。由此可看出能人大户带动型合作社的运营效率排名较为靠前，公司带动型合作社排名分布得较为分散，这就说明了大多部分能人大户领导的合作社运营效率还行，小部分的运营效率较低，公司或企业领导的合作社其运营效率一般（见表9-6）（见图9-4）。

表9-6　**世界银行项目合作社组织运营模式超效率**

合作社组织类型	超效率均值
a 公司带动型	0.8668
b 能人大户带动型	1.1078
c 村组织带动型	0.8313
d 全农户型	1.0152
e 混合型	1

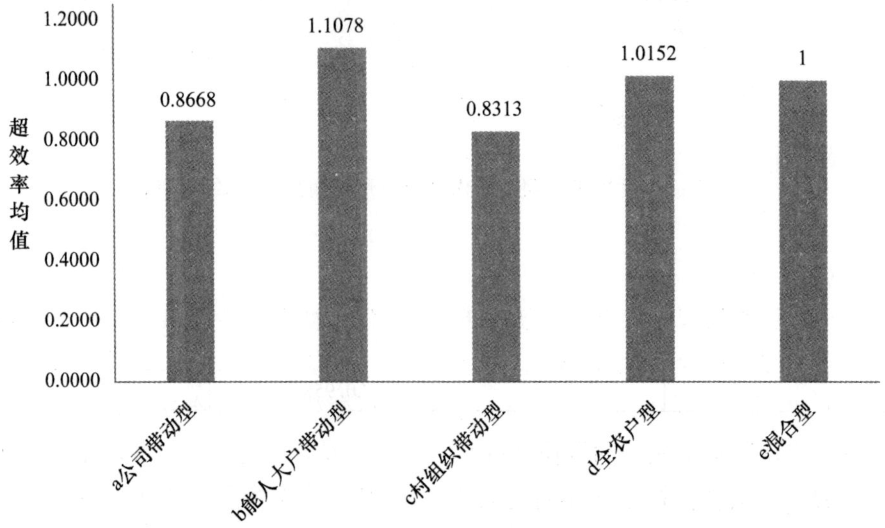

图9-4　世界银行项目合作社组织运营模式超效率均值

注：a.“公司+农户+合作社”；b.“能人大户+农户+合作社”；c.“村组织+农户+合作社”；D.“农户合作社”；e. 混合型。

三　合作社区域模式效率分析

（一）综合效率

运用 deap 2.1 软件的 DEA 模型对合作社管理综合效率进行测算，结果如表 9－7 所示。在综合效率中，65% 的合作社处于资源配置有效，35% 的合作社处于资源配置无效。各市合作社的综合效率值均值为：毕节市（0.9297）、铜仁市（0.9349）、遵义市（0.8363）。在各市的资源配置中，毕节市 27.8% 的合作社（5 个）处于无效配置，72.2% 的合作社（13 个）处于有效配置；铜仁市 26% 的合作社（10 个）处于无效配置，74% 的合作社（29 个）处于有效配置；遵义市 50% 的合作社（6 个）处于无效配置，50% 的合作社（6 个）处于有效配置。各县世界银行项目合作社综合效率均值如图 9－5 所示，赫章和思南合作社的综合效率较高（综合效率值为 1），其次是纳雍（0.9631）、德江（0.9581）、石阡（0.9428）、印江（0.9028）、正安（0.8687）、道真（0.8550）、沿河（0.8068）。威宁和务川最低分别是 0.8062 和 0.7792。

表 9－7　**世界银行项目合作社区域模式效率**

市级	综合效率	技术效率	规模效率
铜仁市均值	0.9349	0.9608	0.9720
遵义市均值	0.8363	0.9608	0.9388
毕节市均值	0.9297	0.9773	0.9092
县域	综合效率	技术效率	规模效率
纳雍县均值	0.9631	0.9631	1
赫章县均值	1	1	1
威宁县均值	0.8062	0.9774	0.8186
德江县均值	0.9581	0.9581	1
石阡县均值	0.9428	0.9428	1
思南县均值	1	1	1
印江县均值	0.9028	0.9301	0.9703
沿河县均值	0.8068	0.9652	0.8298
道真县均值	0.8550	0.8550	1
务川县均值	0.7792	1	0.7792
正安县均值	0.8687	0.9501	0.9158

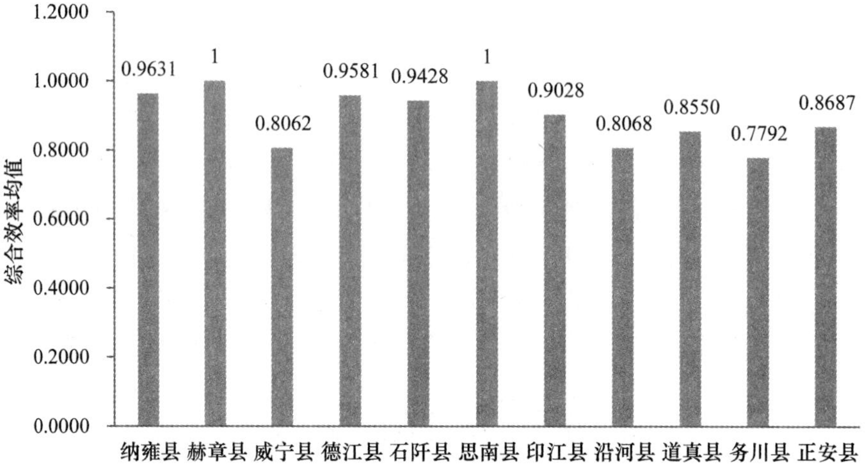

图 9－5　世界银行项目合作社区域模式综合效率均值

从整体来看，贵州世界银行合作社的综合效率集中在 0.95 左右，甚至有两个合作社的综合效率在 0.80，说明项目区合作社的管理资源配置效率大部分处于较低水平，管理投入与产出规模结构配置并不合理。通过实地调查后发现约 80% 的合作社创建时间没超过 3 年，所以大多数合作社目前还处于基础设施的建设期间，需要投入大量的资金进行基础设施的购买及社员生产资料的采购。但是该阶段的合作社主要集中于产品的开发与试验或者种植阶段，合作社的成品产量较少，相应的合作社的盈利就少，资源配置效率就较差，合作社管理成本与产出尚未形成优化配比。因此，合作社应该在加大投入管理成本的同时，也要对投入管理成本进行合理的分配，使其投入得到最大限度的利用。

（二）技术效率

通过 deap 2.1 软件的 DEA 模型对合作社的技术效率进行测算，结果如表 9－7 所示。合作社技术效率是合作社管理建设能力符合管理总体要求的程度，也是使合作社资源能得到发挥的程度。在技术效率方面，贵州省 69 个世界银行项目合作社的技术效率的均值为 0.9672，遵义市合作社技术效率均值为 0.9608、铜仁市合作社技术效率均值为 0.9608、毕节市合作社技术效率均值为 0.9773。各县世界银行项目合作社的技术效率值如图 9－6，其中技术效率值较好的是赫章县和思南县，技术效率值较差的是石阡县和印江县。

探其原因，一方面，与合作社运营时长相关，运营时间长的合作社的管理层具有比较丰富的经营理念及方法，对资源的配置与优化程度较高，所以其技术效率就会相对较高。另一方面，与合作社管理人员的综合能力相关，因为一个合作社管理层的综合素质能力主要反映为对市场的敏锐度、对资源的整合与利用能力、与外界关联并获得帮助的能力，而合作社管理层作为合作社资源分配与利用的带领者、产品选择的决定者、技术的帮扶者、市场的开拓者，其能力在很大程度上直接影响合作社产品的选择及产量和销售等方面。所以合作社应该加强合作社管理层人员的能力建设，同时应用内生动力激发合作社管理层人员综合能力，使其发挥更大的作用，从而提高合作社管理资源配置的技术效率。

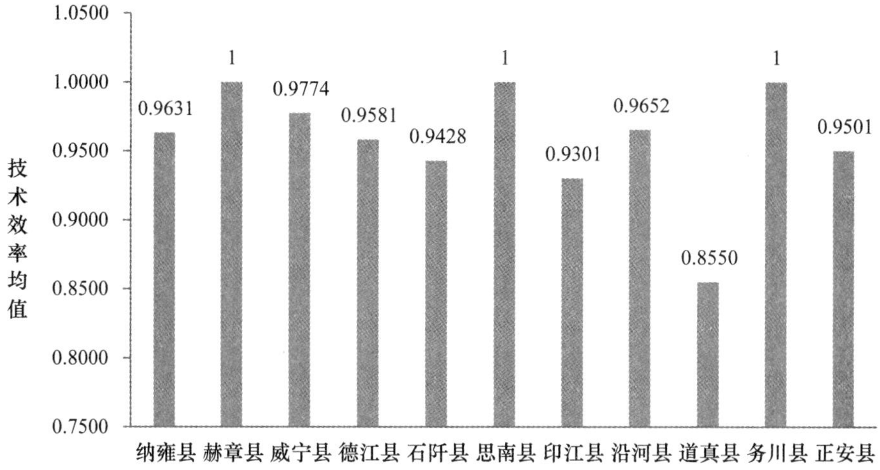

图 9－6　世界银行项目合作社区域模式技术效率均值

（三）规模效率

合作社的管理资源配置规模效率是指合作社管理成本投入规模与其产出规模优化配比的合理性，表 9－7 显示遵义市、毕节市、铜仁市的规模效率均值分别为 0.9388、0.9092、0.9720。其中，铜仁市合作社规模效率较高，毕节市合作社的规模效率较低。其他各县合作社规模效率均值如图 9－7，贵州省合作社管理资源投入规模效率低，资源分配不合理、资源失效率低等问题，对合作社管理综合效率的提高产生了一定的影响。

主要原因如下：（1）合作社建设初期投入的人力、物力和财力较多，但其产出较少导致了合作社在运营过程中投入产出比较低；（2）合作社资源利用率较低，有小部分合作社因技术问题和发展产业方向问题，从农民手里流转过来的土地未进行充分的利用，同时，部分发展种植果树的合作社未利用林下土地发展林下经济，如沿河县的空心李合作社仅是农民自发的在李子树下种一些蔬菜，合作社未能充分利用林下土地进行农作物的套种；（3）合作社之间的资源共享能力较差，通过调研发现 80% 的合作社都有自己的加工设备，但是其加工设备每年仅有 1—2 个月集中使用，其他时间处于闲置状态，几乎每个县都存在发展同样产业的合作社间生产资料未进行共享，而是各自进行采购加工设备的情况。这就在一定程度上增加了投入成本。在规模效益方面，合作社应该充分利用合作社现有资源，提高合作社的产出，对投入资源进行优化调整以提高合作社管理资源配置效率。

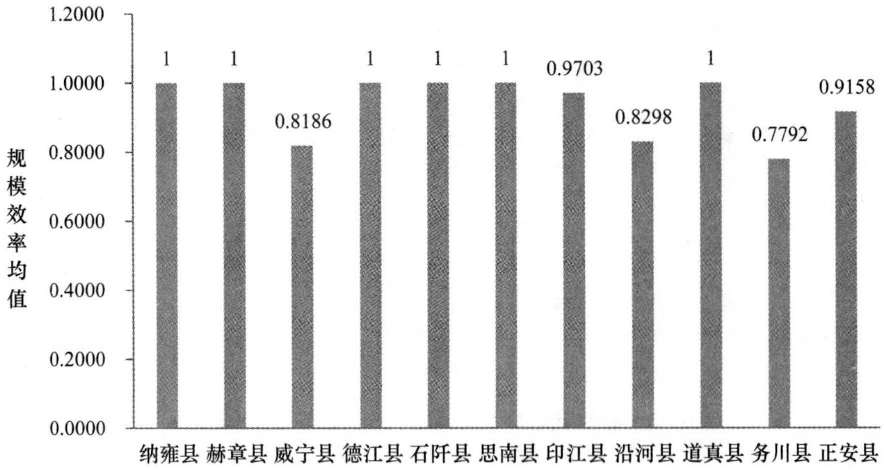

图 9－7　世界银行项目合作社区域模式规模效率均值

第十章　合作社组织运营成效分析

第一节　指标体系

合作社组织运营成效评价采用了三个一级指标，分别为经济成效、社会成效和管理成效。在一级指标下划分了二级指标，其中经济成效的二级指标包括合作社产品销售额、合作社生产运营利润；社会成效的二级指标包括合作社支付劳动力报酬金额、合作社扶贫效益（合作社支付贫困户劳动力报酬金额）、合作社对社员能力提升情况、合作社为社员提供的培训次数；管理成效的二级指标包括合作社会议举行次数（2018—2019 年）、合作社财务公开透明度、合作社管理层团结协作能力、合作社规章制度的执行情况（见表 10－1a、表 10－1b）。

客观数据指标包括：合作社的增值业务、合作社产品销售额、合作社生产运营利润、合作社支付劳动力报酬金额、合作社扶贫效益（合作社支付贫困户劳动力报酬金额）、合作社为社员提供的培训次数（每年）、合作社会议举行次数（2018—2019 年）。

主观数据指标包括：合作社对社员能力提升情况、合作社财务公开透明度、合作社管理层团结协作能力、合作社规章制度的执行情况。这些指标是根据对世界银行项目合作社社员的问卷调查中社员反馈的打分情况统计得出。问卷调查将合作社各项得分的平均值进行规格化处理，采取 1、2、3、4、5 五个级别来反映绩效分布。整个指标体系的总分为 5 分，1 分表示不好/不满意，2 分表示一般/勉强可以，3 分表示好/满意，4 分表示良好/比较满意，5 分表示优秀/非常满意（见附录一）。对于每个合作社的各项指标，采用该合作社社员的评分均值。

表 10 - 1a　**世界银行项目合作社组织运营模式成效均值**

组织运营模式	经济成效		社会成效				管理成效			
	合作社产品销售额（万元）	合作社生产运营利润（万元）	合作社支付劳动力报酬金额（万元）	合作社支付贫困户劳动力报酬金额（万元）	合作社对社员能力提升	合作社为社员提供的培训次数（每年）	会议举行次数（2018—2019 年）	合作社财务公开透明度	合作社管理层团结协作能力	规章制度的执行情况
公司带动型	19.18	1.32	13.46	5.79	3.34	2.00	3.22	3.33	3.43	3.35
能人大户带动型	72.41	4.51	28.05	10.24	3.83	2.68	2.53	3.76	3.86	3.78
村组织带动型	37.50	0.00	42.80	4.70	3.17	2.50	2.00	3.07	3.60	3.30
全农户型	38.74	13.83	16.06	2.14	3.90	2.88	8.13	3.68	3.84	3.82
混合型	4.10	0.00	78.35	10.19	3.87	5.00	2.00	3.13	3.60	4.00

表 10 – 1b　　**世界银行项目合作社组织运营成效**

合作社基本信息		经济成效		社会成效				管理成效			
组织运营模式	合作社名称	产品销售额（万元）	生产运营利润（万元）	支付劳动力报酬（万元）	支付贫困户劳动力报酬（万元）	社员能力提升	培训次数（每年）	会议举行次数（2018—2019 年）	财务公开透明度	管理层团结协作能力	规章制度执行情况
公司带动型	宏泉谷物种植合作社	0.00	0.00	0.00	0.00	3.00	2	4	3.00	3.00	3.00
	渝民蔬菜种植合作社	0.00	0.00	6.00	4.20	3.27	1	2	3.40	3.40	3.27
	天缘山空心李合作社	1.25	0.00	20.00	4.80	4.73	5	4	4.00	3.87	3.73
	国品茶叶合作社	1.50	0.00	13.00	9.10	3.87	2	2	3.80	4.20	3.93
	鹿裕种植合作社	0.00	0.00	9.20	1.84	3.73	0	4	3.60	3.80	3.53
	双鹿肉牛生态养殖合作社	0.00	0.00	8.00	4.80	3.53	3	4	4.27	4.13	3.87
	过江种养业合作社	0.00	0.00	5.00	3.00	2.00	2	3	2.80	2.60	3.20
	荞道荞麦专业合作社	0.00	0.00	20.00	12.00	3.13	2	5	2.93	2.93	3.00
	康乐中药材产业合作社	0.00	0.00	5.00	3.00	2.73	2	6	2.07	2.93	2.67
	复兴茶叶合作社	97.00	0.00	60.00	12.00	3.00	3	2	3.00	3.00	3.00

续表

合作社基本信息		经济成效		社会成效				管理成效			
组织运营模式	合作社名称	产品销售额（万元）	生产运营利润（万元）	支付劳动力报酬（万元）	支付贫困户劳动力报酬（万元）	社员能力提升	培训次数（每年）	会议举行次数（2018—2019年）	财务公开透明度	管理层团结协作能力	规章制度执行情况
公司带动型	茗星春茶叶合作社	97.00	0.00	0.00	0.00	3.00	2	2	3.00	3.00	3.00
	正和茶叶合作社	0.00	0.00	0.00	0.00	3.00	2	4	3.00	3.00	3.00
	高洞生态茶业合作社	61.29	0.00	11.00	6.60	3.33	1	4	3.47	3.33	3.53
	汇景园辣椒种植合作社	40.00	0.00	8.00	5.60	2.80	2	4	2.20	2.07	2.73
	涪洋佳禾辣椒种植合作社	0.00	0.00	6.00	3.60	3.00	1	2	3.20	3.93	3.27
	九黎风苎麻合作社	47.00	23.80	45.00	18.00	3.73	5	4	3.93	4.00	3.87
	昆泉农业生态合作社	0.24	0.00	26.00	15.60	3.87	2	2	3.93	4.07	4.00
	洞子口乡村旅游合作社	0.00	0.00	0.00	0.00	4.40	2	0	4.27	4.47	3.73
能人大户带动型	林春农林专业合作社	2.54	0.00	2.00	0.20	3.80	2	3	4.00	3.87	3.53
	龙腾磨盘蔬菜合作社	0.00	0.00	0.00	0.00	4.13	4	2	4.13	4.20	4.20
	众联果蔬种植专业合作社	1.50	0.00	70.00	17.50	4.27	6	4	4.33	4.53	4.07

续表

合作社基本信息		经济成效		社会成效				管理成效			
组织运营模式	合作社名称	产品销售额（万元）	生产运营利润（万元）	支付劳动力报酬（万元）	支付贫困户劳动力报酬（万元）	社员能力提升	培训次数（每年）	会议举行次数（2018—2019年）	财务公开透明度	管理层团结协作能力	规章制度执行情况
能人大户带动型	华丰果蔬专业合作社	113.64	0.00	38.00	5.70	3.20	15	2	3.07	3.27	3.07
	黔阳种植养殖合作社	0.00	0.00	0.00	0.00	4.67	6	2	4.20	4.53	4.33
	祥丰文化生态农业合作社	8.02	0.00	21.04	10.59	4.73	2	3	4.87	4.87	4.93
	致远生态农业合作社	41.72	0.00	73.60	10.00	3.93	0	3	4.07	4.00	4.13
	檬子树食用菌合作社	134.00	22.60	75.00	15.00	3.63	3	3	3.38	3.63	3.25
	永长核桃合作社	0.00	0.00	15.50	10.85	3.00	3	3	3.00	3.00	3.00
	生态乌蒙农业种养殖合作社	16.24	0.00	15.00	10.50	3.60	2	4	3.00	3.40	3.13
	勤发现代生态农业合作社	20.10	0.00	22.18	8.87	3.80	0	2	3.60	3.73	3.93
	庆丰种植养殖合作社	0.00	0.00	10.00	9.00	3.07	2	2	3.00	3.00	3.00
	毛姑农业合作社	0.00	24.00	40.00	38.40	3.87	3	3	3.13	3.33	3.00

续表

合作社基本信息		经济成效		社会成效				管理成效			
组织运营模式	合作社名称	产品销售额（万元）	生产运营利润（万元）	支付劳动力报酬（万元）	支付贫困户劳动力报酬（万元）	社员能力提升	培训次数（每年）	会议举行次数（2018—2019年）	财务公开透明度	管理层团结协作能力	规章制度执行情况
能人大户带动型	印江土鸡养殖合作社	57.00	13.00	5.80	0.46	4.13	3	4	4.00	3.80	4.00
	志兴种养殖合作社	0.00	0.00	0.00	0.00	4.33	1	2	4.07	4.13	4.07
	硐口新农业发展合作社	0.00	0.00	10.00	8.00	4.13	0	3	4.20	4.53	4.47
	利众马铃薯种销合作社	960.00	10.00	0.00	0.00	2.67	1	0	3.00	3.20	2.60
	茂盛天麻种植专业合作社	0.00	0.00	8.00	1.36	2.40	1	1	1.87	2.60	2.27
	德江武陵天麻农民专业合作社	93.74	20.87	60.00	12.00	4.20	2	1	4.53	4.40	4.27
	长龙天麻农民专业合作社	220.00	36.00	90.00	27.00	4.47	2	3	4.60	4.67	4.87
	薯来康甘薯专业合作社	0.00	0.00	30.00	6.00	3.73	2	1	3.47	3.93	3.80
	江丰农作物种植合作社	1.50	0.00	25.00	7.50	3.20	2	2	3.00	3.20	3.07
	富康花椒种植合作社	0.00	0.00	35.00	8.75	4.87	1	1	4.40	4.93	4.60

续表

合作社基本信息		经济成效		社会成效				管理成效			
组织运营模式	合作社名称	产品销售额（万元）	生产运营利润（万元）	支付劳动力报酬（万元）	支付贫困户劳动力报酬（万元）	社员能力提升	培训次数（每年）	会议举行次数（2018—2019年）	财务公开透明度	管理层团结协作能力	规章制度执行情况
能人大户带动型	古寨茶叶种植合作社	0.00	0.00	60.00	15.00	4.27	0	1	3.87	4.20	4.00
	集泓生态茶叶农民合作社	6.12	0.00	36.74	8.00	3.00	2	3	3.13	3.20	3.00
	鑫钰源兴隆生态茶叶合作社	11.50	0.00	61.93	13.93	3.73	3	3	3.53	3.93	3.73
	源丰生态农业合作社	87.60	32.13	58.98	27.13	4.13	2	3	4.80	4.07	4.27
	张家坝绿峰茶叶合作社	37.40	12.00	6.20	1.18	4.60	3	4	3.67	3.80	3.67
	楠星富民茶叶合作社	80.69	9.60	56.00	25.20	4.70	4	2	4.50	4.40	5.00
	王家沟农林综合开发合作社	0.00	0.00	10.46	3.20	3.93	3	2	3.80	4.13	3.60
	和鑫茶叶生产合作社	859.65	0.00	13.04	1.33	4.47	3	2	4.33	4.13	4.73
	星可原农业开发合作社	0.00	0.00	35.96	18.68	4.00	3	3	4.33	4.33	3.93
	本庄土罐罐茶产业合作社	0.00	0.00	20.00	0.00	3.87	2	1	4.07	4.07	3.67

续表

合作社基本信息		经济成效		社会成效				管理成效			
组织运营模式	合作社名称	产品销售额（万元）	生产运营利润（万元）	支付劳动力报酬（万元）	支付贫困户劳动力报酬（万元）	社员能力提升	培训次数（每年）	会议举行次数（2018—2019年）	财务公开透明度	管理层团结协作能力	规章制度执行情况
能人大户带动型	黄土乡农特产品农民专业合作社	60.46	0.00	36.00	26.15	3.33	8	11	3.80	3.80	3.80
	梅花山魔芋专业合作社	0.00	0.00	45.00	31.50	3.87	3	3	4.20	4.33	4.20
	欣禾魔芋合作社	0.00	0.00	13.00	11.44	3.40	2	2	3.47	3.27	4.29
	营塘魔芋专业合作社	0.00	0.00	11.00	8.94	3.73	2	2	3.33	3.13	3.13
	长坪魔芋专业合作社	0.00	0.00	11.50	10.35	3.07	2	2	3.00	3.00	3.07
	金种魔芋合作社	82.98	0.00	0.00	0.00	3.40	1	2	3.27	3.40	3.53
	梨银惠诚种植合作社	0.00	0.00	0.00	0.00	4.07	1	1	4.33	4.33	4.13
村组织带动型	农绿种植合作社	30.00	0.00	25.60	0.39	4.20	2	2	4.00	4.93	4.60
	大屯兆豐茶叶合作社	45.00	0.00	60.00	9.00	2.13	3	2	2.13	2.27	2.00

续表

合作社基本信息		经济成效		社会成效				管理成效			
组织运营模式	合作社名称	产品销售额（万元）	生产运营利润（万元）	支付劳动力报酬（万元）	支付贫困户劳动力报酬（万元）	社员能力提升	培训次数（每年）	会议举行次数（2018—2019年）	财务公开透明度	管理层团结协作能力	规章制度执行情况
全农户型	食全食美蔬菜生产合作社	0.00	0.00	6.00	0.48	3.33	1	3	3.27	3.33	3.60
	洞口桥果蔬合作社	0.00	0.00	0.24	0.24	4.73	4	25	4.53	4.60	4.80
	精诚绿壳蛋鸡合作社	38.00	38.00	2.00	2.00	4.93	2	4	4.87	4.93	4.80
	木林种养业合作社	23.16	0.00	0.00	0.00	3.93	1	4	3.40	3.40	3.40
	缠溪梨坪中蜂养殖合作社	6.58	10.20	22.80	1.82	2.93	3	10	2.67	3.73	3.13
	洋溪茶叶合作社	160.31	19.44	23.84	3.58	3.80	4	5	3.73	3.70	3.80
	白元兴农茶叶合作社	81.00	43.00	57.00	4.56	3.47	3	8	3.47	3.53	3.47
	姚溪志飞茶叶农民合作社	0.90	0.00	16.60	4.46	4.07	5	6	3.47	3.47	3.53
混合型	松竹梅农业生态种养合作社	4.10	0.00	78.35	10.19	3.87	5	2	3.13	3.60	4.00

第二节　经济成效

经济成效采用两个衡量指标：合作社产品销售情况（2019 年）、合作社生产运营利润（2019 年）。

世界银行项目合作社的产品销售额中，能人大户带动型最高，销售额为 72.41 万元；全农户型和村组织带动型的产品销售额相差无几，分别为 38.74 万元和 37.50 万元；第四是公司带动型，销售额为 19.18 万元；混合型的销售额最低，为 4.10 万元（见表 10－2 和图 10－1）。

生产运营利润中，第一是全农户型，利润为 13.83 万元；第二是能人大户带动型，利润为 4.51 万元；第三是公司带动型，利润为 1.32 万元；村组织带动型和混合型暂无利润。

对经济成效的分析表明，能人大户带动型合作社的经济表现最好，产品销售能力最强，生产运营利润也比较高；其次是全农户型合作社，销售能力与村组织带动型十分接近，而获得的利润最高，可能因为农户和村干部对当地具有传统优势的产业与市场有较长时间了解，同时人力成本较低，所以获得较好的经济收益。公司带动型合作社在理论上应该能带来更好的市场营销能力，但在实践中销售能力和利润都相对较差，可能与大多数公司对合作社经营不够重视，而更关心的是世界银行资助与政府支持有关。经济表现最不好的是混合型，由于这个类型只有一家进行蚕桑种植和加工的合作社，可能存在统计偏差，其管理层中存在村干部，同时社员中存在作为团体社员的科技员。

表 10－2　　**世界银行项目合作社组织运营模式经济成效**

组织运营模式	经济成效	
	合作社产品销售额（万元）	合作社生产运营利润（万元）
公司带动型	19.18	1.32
能人大户带动型	72.41	4.51
村组织带动型	37.50	—
全农户型	38.74	13.83
混合型	4.10	—

注：—表示无利润。

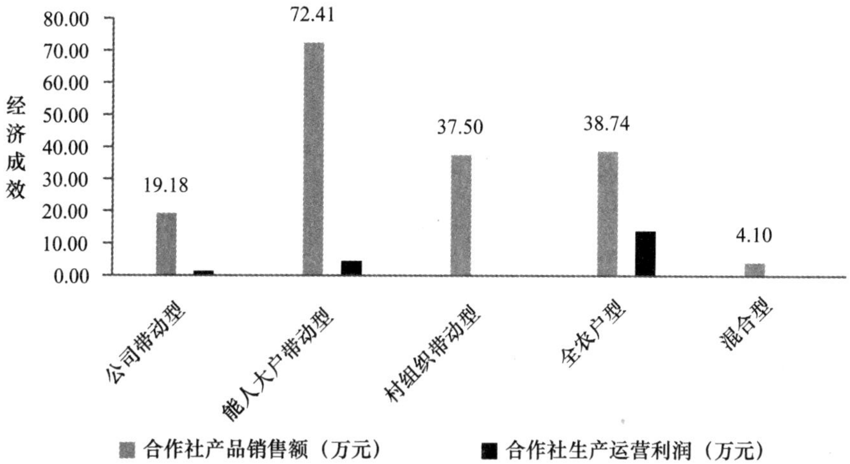

图 10-1　世界银行项目合作社组织运营模式经济成效

第三节　社会成效

社会成效采用三个衡量指标：合作社支付劳动力报酬金额（万元）、合作社扶贫效益（合作社支付贫困户劳动力报酬金额）（万元）、合作社对社员能力提升意愿、合作社为社员提供培训次数（每年）。

在支付劳动力报酬方面，混合型向普通社员劳动力支付的劳动力报酬金额远高于其他类型，为 78.35 万元，其中向贫困户劳动力支付报酬 10.19 万元，与能人大户带动型接近；村组织带动型支付劳动力报酬为 42.80 万元，居第二位，其中向贫困户支付的劳动力报酬为 4.70 万元，居第四位；能人大户带动型支付劳动力报酬为 28.05 万元，居第三位，其中向贫困户支付的劳动力报酬为 10.24 万元，与混合型并列第一；公司带动型支付劳动力报酬为 13.46 万元，居第四位，其中向贫困户支付的劳动力报酬为 5.79 万元，居第三位；最后是全农户型，支付劳动力报酬为 16.06 万元，其中向贫困户支付的劳动力报酬为 2.14 万元。综合来看，能人大户带动型和混合型的扶贫效应较为显著，向贫困劳动力支付的报酬较高。其次是村组织带动型和公司带动型。

在能力建设方面，五种组织运营模式下的社员在问卷调查中反馈的满意度相差不大，评分均值位于 3.17—3.90，都呈现为比较满意。由于合作社在组织社员种养殖、加工农产品、召开社员大会和开展培训等活动中，进行了技术指导和先进理念宣传，所以社员在知识水平、技术能力、观念意识等各方面都比在加入合作社之前有了长足进步，个人发展能力得到有力加强。

在向社员开展的系统性培训客观数量上，混合型进行的培训最多，每年5次；其他四种类型相差不大，介于2—3次。

总体而言，在社会成效方面，混合型的综合表现最好，尤其在支付劳动力报酬方面明显优于其他模式，但由于这个类型只有一家合作社，可能存在统计偏差。村组织带动型和能人大户带动型在社会成效方面表现较好。公司带动性和全农户型的社会成效表现较为接近（见表10-3和图10-2a、图10-2b）。

表10-3　**世界银行项目合作社组织运营模式社会成效**

组织运营模式	社会成效			
	合作社支付劳动力报酬金额（万元）	合作社支付贫困户劳动力报酬金额（万元）	合作社对社员能力提升	合作社为社员提供的培训次数（每年）
公司带动型	13.46	5.79	3.34	2.00
能人大户带动型	28.05	10.24	3.83	2.68
村组织带动型	42.80	4.70	3.17	2.50
全农户型	16.06	2.14	3.90	2.88
混合型	78.35	10.19	3.87	5.00

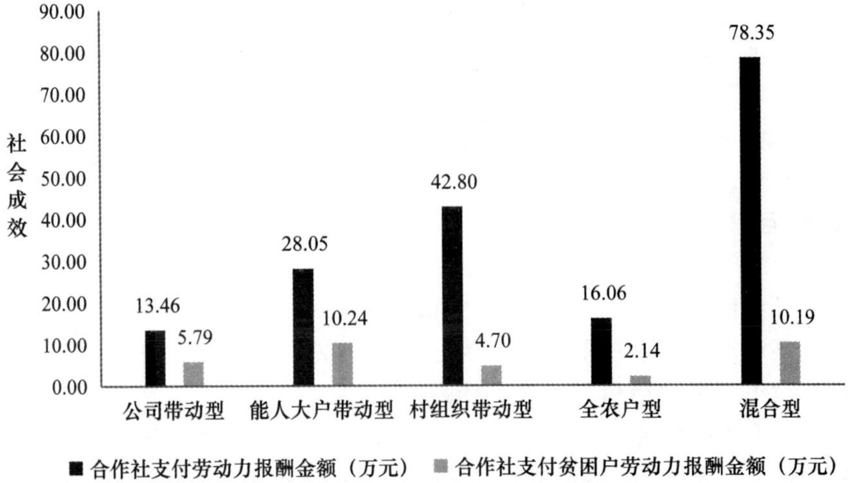

图10-2a　世界银行项目合作社组织运营模式社会成效（一）

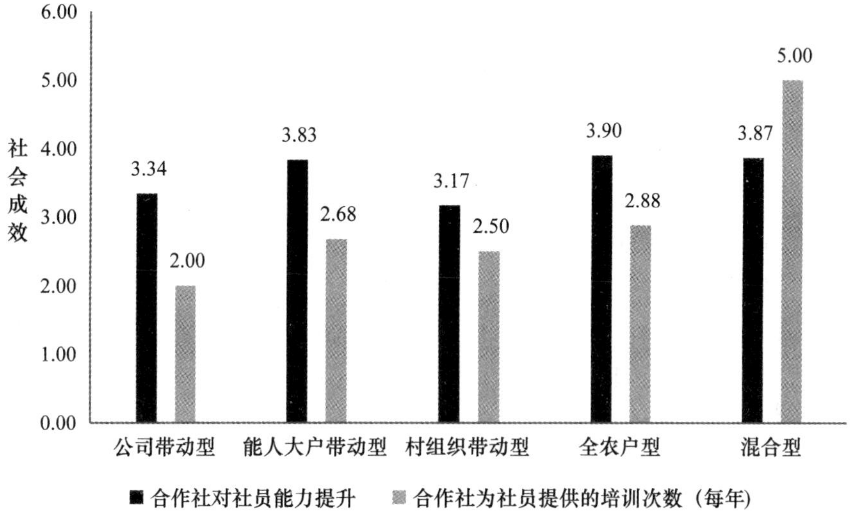

图 10－2b　世界银行项目合作社组织运营模式社会成效（二）

第四节　管理成效

管理成效采用四个衡量指标：会议举行次数（2018—2019 年）、合作社财务公开透明度、合作社管理层团结协作能力、规章制度执行能力（见表 10－4 和图 10－3a、图 10－3b、图 10－3c、图 10－3d）。

在 2018—2019 年举行的会议方面，全农户型举行的社员会议最多，平均 8.13 次；其次是公司带动型，平均 3.22 次；再次是能人大户带动型，平均 2.53 次；最后，村组织带动型和混合型都是平均 2.00 次。

在财务公开透明度方面，五种组织运营模式的合作社社员反馈的满意度都比较高，集中在 3.07—3.76 的范围内。其中，第一是能人大户带动型，得分 3.76；第二是全农户型，得分为 3.68；第三是公司带动型，得分为 3.33；第四是混合型，得分为 3.13；最后是村组织带动型，得分为 3.07。统计结果表明，在世界银行项目办公室的指导和监督下，受世界银行项目扶持的合作社的财务管理工作做的比普通合作社规范很多，实际过程中，世界银行项目采用了统一的财务上报软件，制定了严格的财务汇报制度，要求各合作社以规范化的形式定时上报财务情况，并通过宣传栏、社员大会等方式向社员公开财务情况。这些措施有力地促进了世界银行项目合作社的财务制度现代化建设，提高了财务公开的透明度，为社员了解和参与合作社事务奠定基础。

在社员对管理层团结协作能力的反馈中，五种组织运营模式的得分都比较接近，集中在3.43—3.86的范围内。其中，能人大户带动型和全农户型得分最高并十分接近，分别为3.86和3.84；其次，村组织带动型和混合型的得分均为3.60；最后，公司带动型的得分为3.43。统计结果可见，各合作社的管理层相对来说对合作社发展运营事务的意见较为一致。不过，在实地调查中发现，大多数合作社的管理层比较松散，管理职责主要集中在理事长或少数两三个人身上，实际中，理事长和大户的影响力也比较大，社员缺乏有效监督机制，社员包括管理层其他人员认为合作社是理事长或大户的合作社，对理事长和大户的决策不太关心，也很少表达异议。

在规章制度的执行方面，五种组织运营模式的得分也很接近，集中在3.30—4.00的范围内，社员反馈均为比较满意。其中，混合型唯一一家合作社社员满意度最高，得分为4.00；第二是全农户型，得分为3.82；第三是能人大户带动型，得分为3.78；第四是公司带动型，得分为3.35；最后是村组织带动型，得分为3.30。统计结果表明，世界银行项目预先从总体设计好比较完整的合作社章程框架、再由各级地区世界银行项目办公室督促合作社制定规章制度细节并加以执行的措施是有效的，相比传统合作社，世界银行项目合作社由于多了各级世界银行项目办公室的大力支持和密切监管，制度执行上会更加规范化。

总体而言，在管理成效上，全农户型的表现最好，其次是能人大户带动型，再次是村组织带动型，混合型和公司带动型比较接近，可能和混合型唯一一家合作社中也存在公司社员有关系。

表10－4　**世界银行项目合作社组织运营模式管理成效**

组织运营模式	管理成效			
	会议举行次数（2018—2019年）	合作社财务公开透明度	合作社管理层团结协作能力	规章制度的执行情况
公司带动型	3.22	3.33	3.43	3.35
能人大户带动型	2.53	3.76	3.86	3.78
村组织带动型	2.00	3.07	3.60	3.30
全农户型	8.13	3.68	3.84	3.82
混合型	2.00	3.13	3.60	4.00

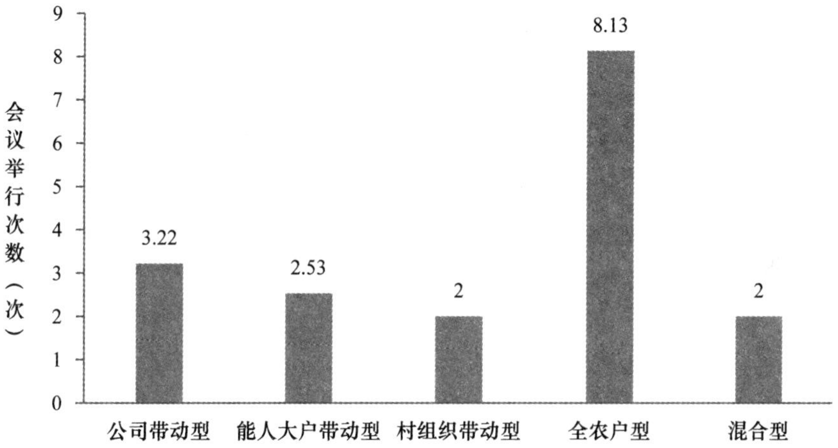

图 10－3a 世界银行项目合作社组织运营模式管理成效（一）

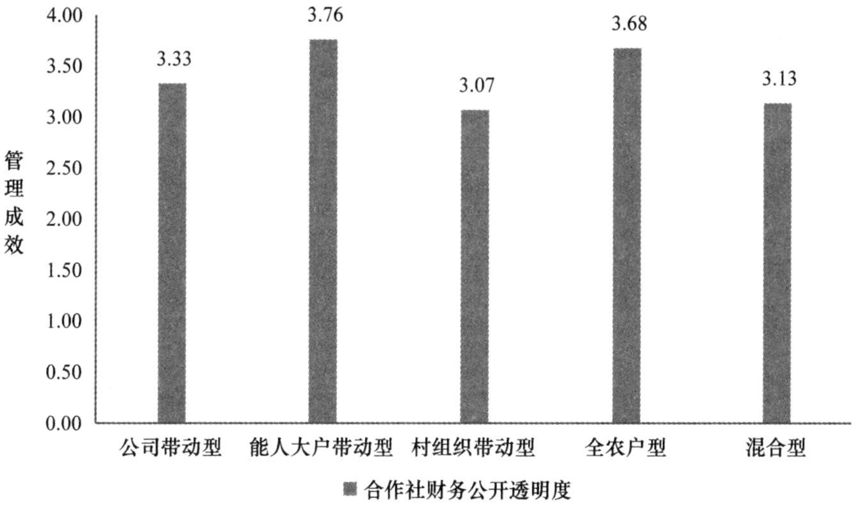

图 10－3b 世界银行项目合作社组织运营模式管理成效（二）

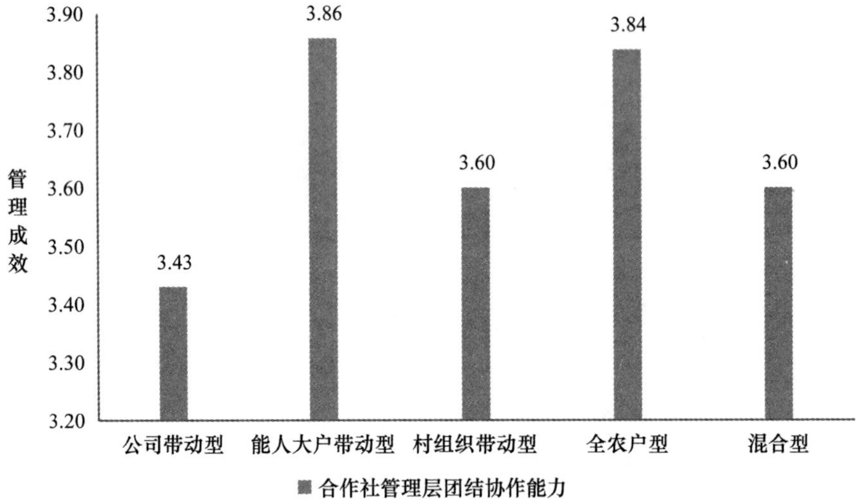

图 10－3c 世界银行项目合作社组织运营模式管理成效（三）

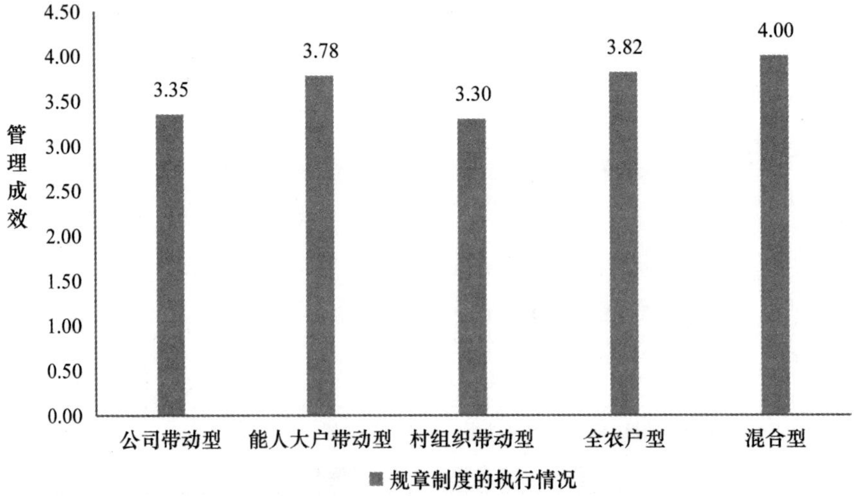

图 10－3d 世界银行项目合作社组织运营模式管理成效（四）

第十一章　合作社产业发展模式成效分析

第一节　指标体系

合作社产业发展模式成效分析采用了三个一级指标，分别为经济成效、社会成效和管理成效。在一级指标下划分了二级指标，其中经济成效的二级指标包括合作社产品销售额、合作社生产运营利润；社会成效的二级指标包括合作社支付劳动力报酬金额、合作社扶贫效益（合作社支付贫困户劳动力报酬金额）、合作社对社员能力提升情况、合作社为社员提供的培训次数；管理成效的二级指标包括合作社会议举行次数（2018—2019年）、合作社财务公开透明度、合作社管理层团结协作能力、合作社规章制度的执行情况。

客观数据指标包括：合作社产品销售额、合作社生产运营利润、合作社支付劳动力报酬金额、合作社扶贫效益（合作社支付贫困户劳动力报酬金额）、合作社为社员提供的培训次数（每年）、合作社会议举行次数（2018—2019年）。

主观数据指标包括：合作社对社员能力提升情况、合作社财务公开透明度、合作社管理层团结协作能力、合作社规章制度的执行情况。这些指标是根据对项目合作社社员的问卷调查中社员反馈的打分情况统计得出。问卷调查将合作社各项得分的平均值进行规格化处理，采取1、2、3、4、5五个级别来反映绩效分布。整个指标体系的总分为5分，1分表示不好/不满意；2分表示一般/勉强可以；3分表示好/满意；4分表示良好/比较满意；5分表示优秀/非常满意。对于每个合作社的各项指标，采用该合作社社员的评分均值（见表11-1a、表11-1b）。

表 11 - 1a

世界银行项目合作社产业发展模式成效均值

产业发展模式	经济成效		社会成效				管理成效			
	合作社产品销售额（万元）	合作社生产运营利润（万元）	合作社支付劳动力报酬金额（万元）	合作社支付贫困户劳动力报酬金额（万元）	合作社对社员能力提升	合作社为社员提供的培训次数（每年）	会议举行次数（2018—2019年）	合作社财务公开透明度	合作社管理层团结协作能力	规章制度的执行情况
种植业	17.64	2.22	22.02	7.51	3.84	3.10	3.90	3.68	3.83	3.72
养殖业	17.82	8.74	6.94	2.44	3.99	1.86	4.43	3.92	4.10	3.96
农产品加工业	78.39	5.17	28.64	9.40	3.55	2.41	2.93	3.49	3.60	3.58
生态旅游业	0.00	0.00	0.00	0.00	4.40	2.00	0.00	4.27	4.47	3.73

表 11－1b　**世界银行项目合作社产业发展模式成效**

基本信息			经济成效		社会成效				管理成效			
产业发展模式	产业发展模式亚型	合作社名称	产品销售额（万元）	生产运营利润（万元）	支付劳动力报酬（万元）	支付贫困户劳动力报酬（万元）	社员能力提升	培训次数（每年）	会议举行次数（2018—2019 年）	财务公开透明度	管理层团结协作能力	规章制度执行情况
1	1.1	宏泉谷物种植合作社	0.00	0.00	0.00	0.00	3.00	2	4	3.00	3.00	3.00
		渝民蔬菜种植合作社	0.00	0.00	6.00	4.20	3.27	1	2	3.40	3.40	3.27
		林春农林专业合作社	2.54	0.00	2.00	0.20	3.80	2	3	4.00	3.87	3.53
		龙腾磨盘蔬菜合作社	0.00	0.00	0.00	0.00	4.13	4	2	4.13	4.20	4.20
		食全食美蔬菜生产合作社	0.00	0.00	6.00	0.48	3.33	1	3	3.27	3.33	3.60
	1.2	天缘山空心李合作社	1.25	0.00	20.00	4.80	4.73	5	4	4.00	3.87	3.73
		众联果蔬种植专业合作社	1.50	0.00	70.00	17.50	4.27	6	4	4.33	4.53	4.07
		华丰果蔬专业合作社	113.64	0.00	38.00	5.70	3.20	15	2	3.07	3.27	3.07
		黔阳种植养殖合作社	0.00	0.00	0.00	0.00	4.67	6	2	4.20	4.53	4.33
		祥丰文化生态农业合作社	8.02	0.00	21.04	10.59	4.73	2	3	4.87	4.87	4.93
		农绿种植合作社	30.00	0.00	25.60	0.39	4.20	2	2	4.00	4.93	4.60
		洞口桥果蔬合作社	0.00	0.00	0.24	0.24	4.73	4	25	4.53	4.60	4.80

续表

基本信息			经济成效		社会成效				管理成效			
产业发展模式	产业发展模式亚型	合作社名称	产品销售额（万元）	生产运营利润（万元）	支付劳动力报酬（万元）	支付贫困户劳动力报酬（万元）	社员能力提升	培训次数（每年）	会议举行次数（2018—2019年）	财务公开透明度	管理层团结协作能力	规章制度执行情况
1	1.3	国品茶叶合作社	1.50	0.00	13.00	9.10	3.87	2	2	3.80	4.20	3.93
		鹿裕种植合作社	0.00	0.00	9.20	1.84	3.73	0	4	3.60	3.80	3.53
		致远生态农业合作社	41.72	0.00	73.60	10.00	3.93	0	3	4.07	4.00	4.13
		檬子树食用菌合作社	134.00	22.60	75.00	15.00	3.63	3	3	3.38	3.63	3.25
		永长核桃合作社	0.00	0.00	15.50	10.85	3.00	3	3	3.00	3.00	3.00
		生态乌蒙农业种养殖合作社	16.24	0.00	15.00	10.50	3.60	2	4	3.00	3.40	3.13
		勤发现代生态农业合作社	20.10	0.00	22.18	8.87	3.80	0	2	3.60	3.73	3.93
		庆丰种植养殖合作社	0.00	0.00	10.00	9.00	3.07	2	2	3.00	3.00	3.00
		毛姑农业合作社	0.00	24.00	40.00	38.40	3.87	3	3	3.13	3.33	3.00

续表

基本信息			经济成效		社会成效				管理成效			
产业发展模式	产业发展模式亚型	合作社名称	产品销售额（万元）	生产运营利润（万元）	支付劳动力报酬（万元）	支付贫困户劳动力报酬（万元）	社员能力提升	培训次数（每年）	会议举行次数（2018—2019年）	财务公开透明度	管理层团结协作能力	规章制度执行情况
2	2.1	印江土鸡养殖合作社	57.00	13.00	5.80	0.46	4.13	3	4	4.00	3.80	4.00
		志兴种养殖合作社	0.00	0.00	0.00	0.00	4.33	1	2	4.07	4.13	4.07
		精诚绿壳蛋鸡合作社	38.00	38.00	2.00	2.00	4.93	2	4	4.87	4.93	4.80
	2.2	双鹿肉牛生态养殖合作社	0.00	0.00	8.00	4.80	3.53	3	4	4.27	4.13	3.87
		硐口新农业发展合作社	0.00	0.00	10.00	8.00	4.13	0	3	4.20	4.53	4.47
		木林种养业合作社	23.16	0.00	0.00	0.00	3.93	1	4	3.40	3.40	3.40
	2.3	缠溪梨坪中蜂养殖合作社	6.58	10.20	22.80	1.82	2.93	3	10	2.67	3.73	3.13
3	3.1	过江种养业合作社	0.00	0.00	5.00	3.00	2.00	2	3	2.80	2.60	3.20
		荞道荞麦专业合作社	0.00	0.00	20.00	12.00	3.13	2	5	2.93	2.93	3.00
		利众马铃薯种销合作社	960.00	10.00	0.00	0.00	2.67	1	0	3.00	3.20	2.60

续表

基本信息			经济成效		社会成效				管理成效			
产业发展模式	产业发展模式亚型	合作社名称	产品销售额（万元）	生产运营利润（万元）	支付劳动力报酬（万元）	支付贫困户劳动力报酬（万元）	社员能力提升	培训次数（每年）	会议举行次数（2018—2019年）	财务公开透明度	管理层团结协作能力	规章制度执行情况
3	3.2	康乐中药材产业合作社	0.00	0.00	5.00	3.00	2.73	2	6	2.07	2.93	2.67
		复兴茶叶合作社	97.00	0.00	60.00	12.00	3.00	3	2	3.00	3.00	3.00
		茗星春茶叶合作社	97.00	0.00	0.00	0.00	3.00	2	2	3.00	3.00	3.00
		正和茶叶合作社	0.00	0.00	0.00	0.00	3.00	2	4	3.00	3.00	3.00
		高洞生态茶业合作社	61.29	0.00	11.00	6.60	3.33	1	4	3.47	3.33	3.53
		汇景园辣椒种植合作社	40.00	0.00	8.00	5.60	2.80	2	4	2.20	2.07	2.73
		涪洋佳禾辣椒种植合作社	0.00	0.00	6.00	3.60	3.00	1	2	3.20	3.93	3.27
		九黎风苎麻合作社	47.00	23.80	45.00	18.00	3.73	5	4	3.93	4.00	3.87
		昆泉农业生态合作社	0.24	0.00	26.00	15.60	3.87	2	2	3.93	4.07	4.00
		茂盛天麻种植专业合作社	0.00	0.00	8.00	1.36	2.40	1	1	1.87	2.60	2.27

续表

基本信息			经济成效		社会成效				管理成效			
产业发展模式	产业发展模式亚型	合作社名称	产品销售额（万元）	生产运营利润（万元）	支付劳动力报酬（万元）	支付贫困户劳动力报酬（万元）	社员能力提升	培训次数（每年）	会议举行次数（2018—2019年）	财务公开透明度	管理层团结协作能力	规章制度执行情况
3	3.2	德江武陵天麻农民专业合作社	93.74	20.87	60.00	12.00	4.20	2	1	4.53	4.40	4.27
		长龙天麻农民专业合作社	220.00	36.00	90.00	27.00	4.47	2	3	4.60	4.67	4.87
		薯来康甘薯专业合作社	0.00	0.00	30.00	6.00	3.73	2	1	3.47	3.93	3.80
		江丰农作物种植合作社	1.50	0.00	25.00	7.50	3.20	2	2	3.00	3.20	3.07
		富康花椒种植合作社	0.00	0.00	35.00	8.75	4.87	1	1	4.40	4.93	4.60
		古寨茶叶种植合作社	0.00	0.00	60.00	15.00	4.27	0	1	3.87	4.20	4.00
		集泓生态茶叶农民合作社	6.12	0.00	36.74	8.00	3.00	2	3	3.13	3.20	3.00
		鑫钰源兴隆生态茶合作社	11.50	0.00	61.93	13.93	3.73	3	3	3.53	3.93	3.73
		源丰生态农业合作社	87.60	32.13	58.98	27.13	4.13	2	3	4.80	4.07	4.27

续表

基本信息			经济成效		社会成效				管理成效			
产业发展模式	产业发展模式亚型	合作社名称	产品销售额（万元）	生产运营利润（万元）	支付劳动力报酬（万元）	支付贫困户劳动力报酬（万元）	社员能力提升	培训次数（每年）	会议举行次数（2018—2019年）	财务公开透明度	管理层团结协作能力	规章制度执行情况
3	3.2	张家坝绿峰茶叶合作社	37.40	12.00	6.20	1.18	4.60	3	4	3.67	3.80	3.67
		楠星富民茶叶合作社	80.69	9.60	56.00	25.20	4.70	4	2	4.50	4.40	5.00
		王家沟农林综合开发合作社	0.00	0.00	10.46	3.20	3.93	3	2	3.80	4.13	3.60
		和鑫茶叶生产合作社	859.65	0.00	13.04	1.33	4.47	3	2	4.33	4.13	4.73
		星可原农业开发合作社	0.00	0.00	35.96	18.68	4.00	3	3	4.33	4.33	3.93
		本庄土罐罐茶产业合作社	0.00	0.00	20.00	0.00	3.87	2	1	4.07	4.07	3.67
		黄土乡农特产品农民专业合作社	60.46	0.00	36.00	26.15	3.33	8	11	3.80	3.80	3.80
		梅花山魔芋专业合作社	0.00	0.00	45.00	31.50	3.87	3	3	4.20	4.33	4.20
		欣禾魔芋合作社	0.00	0.00	13.00	11.44	3.40	2	2	3.47	3.27	4.29
		营塘魔芋专业合作社	0.00	0.00	11.00	8.94	3.73	2	2	3.33	3.13	3.13

续表

基本信息			经济成效		社会成效				管理成效			
产业发展模式	产业发展模式亚型	合作社名称	产品销售额（万元）	生产运营利润（万元）	支付劳动力报酬（万元）	支付贫困户劳动力报酬（万元）	社员能力提升	培训次数（每年）	会议举行次数（2018—2019年）	财务公开透明度	管理层团结协作能力	规章制度执行情况
3	3.2	长坪魔芋专业合作社	0.00	0.00	11.50	10.35	3.07	2	2	3.00	3.00	3.07
		金种魔芋合作社	82.98	0.00	0.00	0.00	3.40	1	2	3.27	3.40	3.53
		梨银惠诚种植合作社	0.00	0.00	0.00	0.00	4.07	1	1	4.33	4.33	4.13
		大屯兆豐茶叶合作社	45.00	0.00	60.00	9.00	2.13	3	2	2.13	2.27	2.00
		洋溪茶叶合作社	160.31	19.44	23.84	3.58	3.80	4	5	3.73	3.70	3.80
		白元兴农茶叶合作社	81.00	43.00	57.00	4.56	3.47	3	8	3.47	3.53	3.47
		姚溪志飞茶叶农民合作社	0.90	0.00	16.60	4.46	4.07	5	6	3.47	3.47	3.53
		松竹梅农业生态种养合作社	4.10	0.00	78.35	10.19	3.87	5	2	3.13	3.60	4.00
4	4.0	洞子口乡村旅游合作社	0.00	0.00	0.00	0.00	4.40	2	0	4.27	4.47	3.73

备注：一、产业发展模式：1. 种植业；2. 养殖业；3. 农产品加工业；4. 生态旅游业。

二、产业发展模式亚型：1.1 蔬菜种植；1.2 水果/干果种植；1.3 经济作物种植；2.1 禽类养殖；2.2 畜类养殖；2.3 其他养殖；3.1 蔬菜加工；3.2 经济作物加工；4.0 生态旅游。

第二节　经济成效

经济成效采用两个衡量指标：合作社产品销售情况（2019 年）、合作社生产运营利润（2019 年）。

世界银行项目合作社中，农产品加工业的产品销售收益远高于其他产业发展模式，平均 78.39 万元。种植业和养殖业的产品销售额持平，均为 17.7 万元左右。养殖业的生产运营利润平均 8.74 万元，是种植业利润的 4 倍。农产品加工业的生产运营利润为 5.17 万元。生态旅游业暂无产品销售和运营利润（见表 11－2）（见图 11－1）。

表 11－2　　**世界银行项目合作社产业发展模式经济成效**

产业发展模式	经济成效	
	合作社产品销售额（万元）	合作社生产运营利润（万元）
种植业	17.64	2.22
养殖业	17.82	8.74
农产品加工业	78.39	5.17
生态旅游业	0.00	0.00

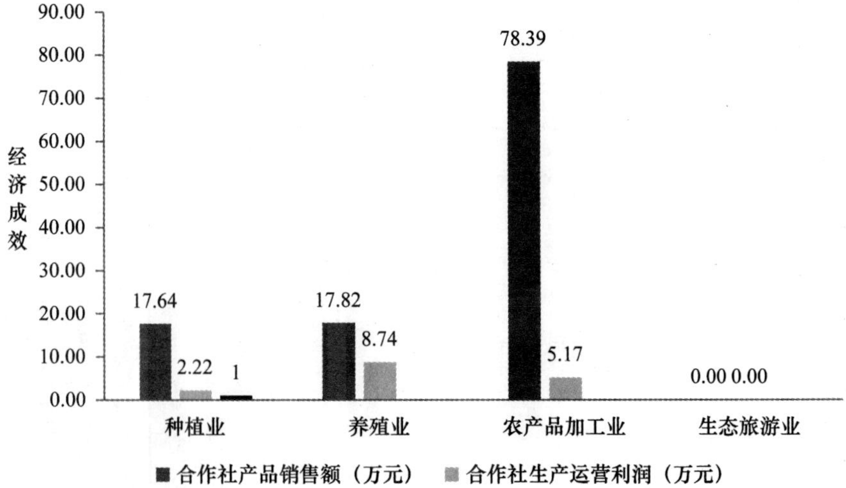

图 11－1　世界银行项目合作社产业发展模式经济成效

对经济成效的分析表明，随着产业链的延伸，农产品在传统种养殖环节之后加入加工环节，将有效提高产品附加值，增加产品品种，增强产品的市场竞争力，拓宽销售渠道。传统种养殖业由于社员对种植技术比较熟悉，通常当地已有悠久的特色农产品种养殖历史，产品产量和质量比较稳定，经济效益也比较明显，其中养殖业由于产品销售价格高，利润也更高。旅游业只有一家合作社，由于旅游业成本较高、回收周期较长，并且在实地调查中发现，合作社管理层对长远发展缺乏清晰认识，管理运营能力差，导致暂无产品销售收入。

第三节　社会成效

社会成效采用三个衡量指标：合作社支付劳动力报酬金额（万元）、合作社扶贫效益（合作社支付贫困户劳动力报酬金额）（万元）、合作社对社员能力提升意愿、合作社为社员提供培训次数（每年）。

在支付劳动力报酬方面，农产品加工业向普通社员劳动力和贫困户劳动力支付的劳动力报酬金额都是最高的，分别为 28.65 万元和 9.40 万元；其次是种植业，支付劳动力报酬为 22.02 万元，其中向贫困户支付的劳动力报酬为 7.51 万元；第三是养殖业，支付劳动力报酬为 6.94 万元，其中向贫困户支付的劳动力报酬为 2.44 万元；最后是生态旅游业，向普通社员和贫困户支付的劳动力报酬均为 0（见表 11－3）。

综合来看，农产品加工业是贫困地区社员收入提高的最佳途径，扶贫效应最好。由于农产品种植环节对劳动力的需求比较大，同时种植业有比较稳定的收益，所以能够维持较高的劳动力支付水平，扶贫效益也很显著。唯一一家从事旅游业的合作社由于管理能力差无运营收入，不存在支付劳动力报酬的情况，无扶贫效益。

在能力建设方面，四种产业发展模式下的合作社社员在问卷调查中反馈的满意度相差不大，评分均值位于 3.55—4.40，都呈现为比较满意。由于合作社在组织社员种养殖、加工农产品、召开社员大会和开展培训等活动中，进行了技术指导和先进理念宣传，所以社员在知识水平、技术能力、观念意识等各方面都比在加入合作社之前有了长足进步，个人发展能力得到有力加强。

关于合作社向社员开展的系统性培训，四种产业发展模式也相差不大，每年基本2—3次，鉴于世界银行项目区位于贫困边远地区，社员文化水平较低，合作社有必要加大培训的力度，增加培训次数，并采取奖惩机制来鼓励社员积极参与培训。尤其是加工环节涉及的技术含量较高，对人才培养的需求更加急迫，急需合作社与培训提供方紧密合作，制定更具有针对性、更切合实际、更能显示实效的培训内容，为合作社可持续发展做好人才储备。

总体而言，在社会成效方面，农产品加工业和种植业这两种产业发展模式综合表现最好，尤其在支付劳动力报酬方面明显优于其他模式，扶贫效益最为显著；生态旅游业唯一一家合作社由于暂无销售收入和利润，对劳动力报酬的支付为零，但在能力建设方面表现较好，社员反馈比较满意（见图11－2a、图11－2b）。

表11－3　**世界银行项目合作社产业发展模式社会成效**

产业发展模式	社会成效			
	合作社支付劳动力报酬金额（万元）	合作社支付贫困户劳动力报酬金额（万元）	合作社对社员能力提升	合作社为社员提供的培训次数（每年）
种植业	22.02	7.51	3.84	3.10
养殖业	6.94	2.44	3.99	1.86
农产品加工业	28.64	9.40	3.55	2.41
生态旅游业	0.00	0.00	4.40	2.00

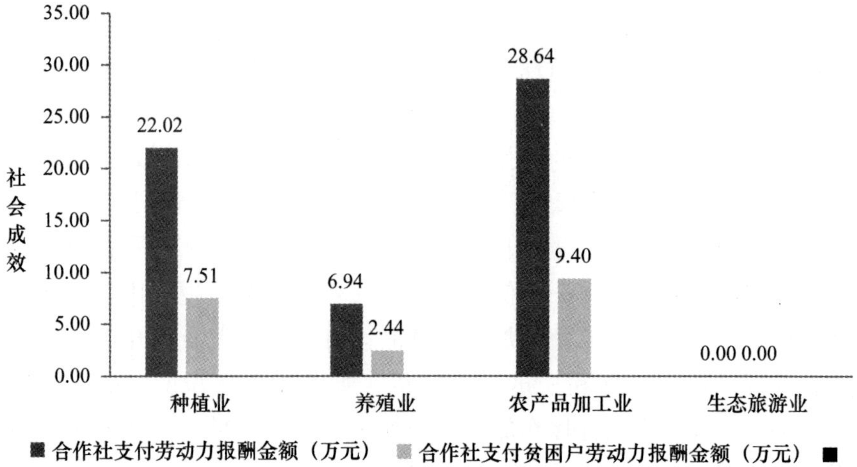

图11－2a　世界银行项目合作社产业发展模式社会成效（一）

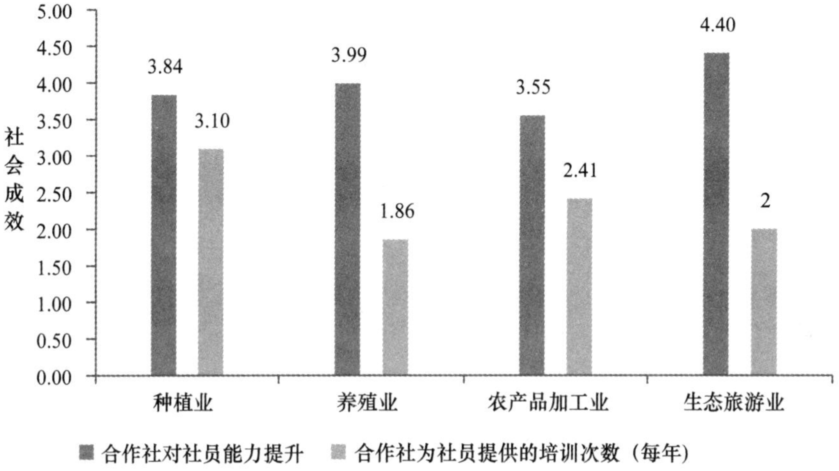

图 11－2b　世界银行项目合作社产业发展模式社会成效（二）

第四节　管理成效

管理成效采用四个衡量指标：会议举行次数（2018—2019 年）、合作社财务公开透明度、合作社管理层团结协作能力、规章制度执行能力（见表 11－4 和图 11－3a、图 11－3b、图 11－3c、图 11－3d）。

在 2018—2019 年举行的会议方面，从事养殖业的合作社举行的社员会议最多，平均 4.43 次；种植业其次，平均 3.90 次；农产品加工业第三，平均 2.93 次；生态旅游业最后，为 0。通过实地考察了解到，由于动物养殖环节对外界环境的要求较高，受气候、疾病、饲料等影响较大，风险较大，产业发展过程波动较大，因此合作社召开会议向社员通报发展情况、进行技术指导的次数较多，社员之间需要互通信息的情况较多；种植业受到外部环境的影响也比较大，所以召开会议次数也比较频繁；农产品加工业由于加工环节在室内进行，受外部因素影响较少，生产过程比较稳定，需要通报的意外情况较少。

在财务公开透明度方面，四种产业发展模式的合作社都表现的比较好，问卷调查中社员反馈的满意度都比较高，集中在 3.49—4.27 的区间内。其中，得分最高的是生态旅游业，唯一一家合作社得分 4.27；其次是养殖业，平均得分为 3.82；第三是种植业，平均得分为 3.68；最后是农产品加工业，平均得分为3.49。

在社员对管理层团结协作能力的反馈中，四种产业发展模式的得分都比较接近，处于3.60—4.47的范围内。其中，生态旅游业得分最高，为4.47；其次是养殖业，得分为4.10；第三是种植业，得分为3.83；最后是加工业，得分为3.60。

表11－4　世界银行项目合作社产业发展模式管理成效

产业发展模式	管理成效			
	会议举行次数（2018—2019年）	合作社财务公开透明度	合作社管理层团结协作能力	规章制度的执行情况
种植业	3.90	3.68	3.83	3.72
养殖业	4.43	3.92	4.10	3.96
农产品加工业	2.93	3.49	3.60	3.58
生态旅游业	0.00	4.27	4.47	3.73

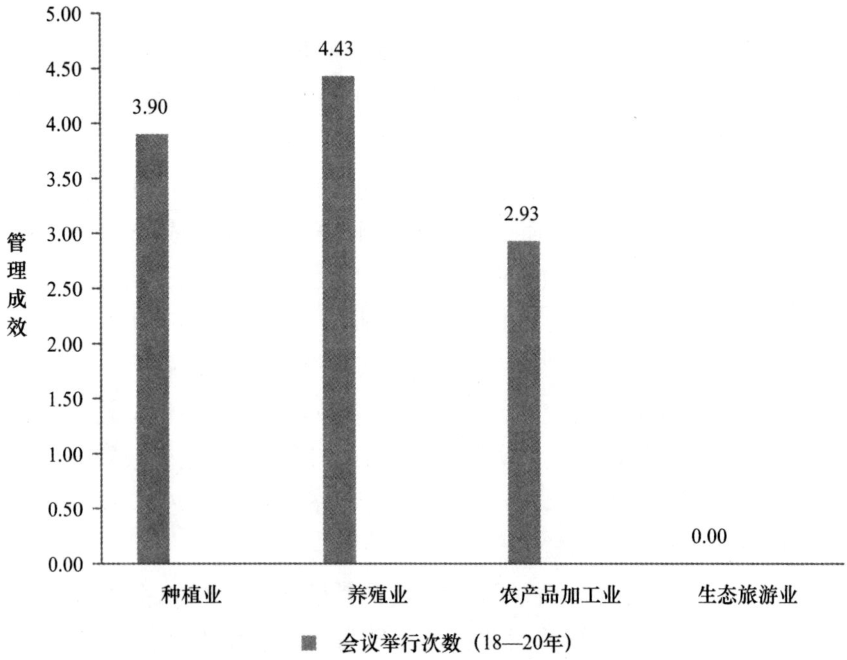

图11－3a　世界银行项目合作社产业发展模式管理成效（一）

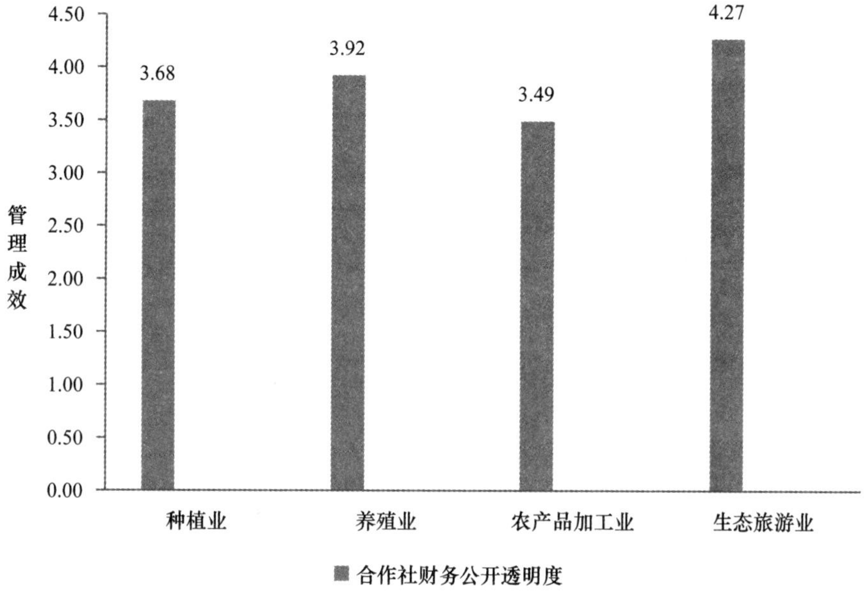

图 11－3b　世界银行项目合作社产业发展模式管理成效（二）

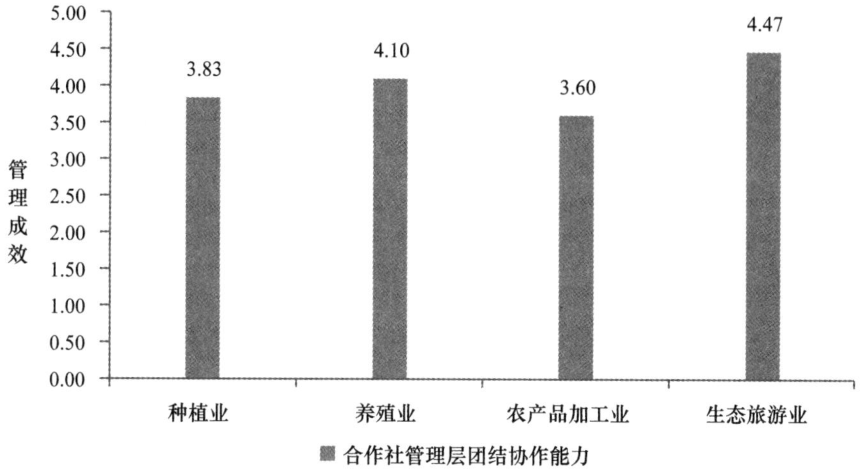

图 11－3c　世界银行项目合作社产业发展模式管理成效（三）

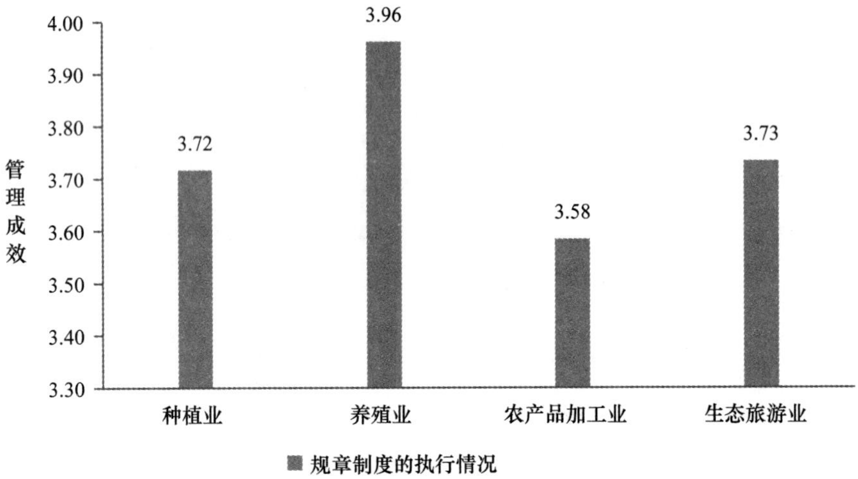

图 11-3d　世界银行项目合作社产业发展模式管理成效（四）

在规章制度的执行方面，四种产业发展模式的得分也很接近，处于 3.58—3.96 的范围内，社员反馈均为比较满意。其中，从事养殖业的合作社社员满意度最高，平均得分为 3.96；其次是从事旅游业的唯一一家合作社，得分为 3.73；评分十分接近的是从事种植业的合作社，平均得分为 3.72；最后是从事农产品加工业的合作社，平均得分为 3.58。

总体而言，在管理成效方面，种植业、养殖业、农产品加工业这三种产业发展模式的总和表现都比较好，社员反馈比较满意。生态旅游业由于只有一个合作社，可能存在统计偏差，尽管 2018—2019 年没有召开过社员会议，但在主观数据指标上社员反馈均为比较满意。

第十二章 合作社产业发展模式亚型发展成效分析

第一节 指标体系

合作社产业发展模式亚型的发展成效分析采用了三个一级指标，分别为经济成效、社会成效和管理成效。在一级指标下划分了二级指标，其中经济成效的二级指标包括合作社产品销售额、合作社生产运营利润；社会成效的二级指标包括合作社支付劳动力报酬金额、合作社扶贫效益（合作社支付贫困户劳动力报酬金额）、合作社对社员能力提升情况、合作社为社员提供的培训次数（每年）；管理成效的二级指标包括合作社会议举行次数（2018—2019 年）、合作社财务公开透明度、合作社管理层团结协作能力、合作社规章制度的执行情况。

客观数据指标包括：合作社的增值业务、合作社产品销售额、合作社生产运营利润、合作社支付劳动力报酬金额、合作社扶贫效益（合作社支付贫困户劳动力报酬金额）、合作社为社员提供的培训次数（每年）、合作社会议举行次数（2018—2019 年）。

主观数据指标包括：合作社对社员能力提升情况、合作社财务公开透明度、合作社管理层团结协作能力、合作社规章制度的执行情况。这些指标是根据对世界银行项目合作社社员的问卷调查中社员反馈的打分情况统计得出。问卷调查将合作社各项得分的平均值进行规格化处理，采取 1、2、3、4、5 五个级别来反映绩效分布。整个指标体系的总分为 5 分，1 分表示不好/不满意；2 分表示一般/勉强可以；3 分表示好/满意；4 分表示良好/比较满意；5 分表示优秀/非常满意。对于每个合作社的各项指标，采用该合作社社员的评分均值（见表 12 - 1）。

表 12－1　**世界银行项目合作社产业发展模式亚型综合成效**

产业发展模式	产业发展模式亚型	经济成效		社会成效				管理成效			
		合作社产品销售额（万元）	合作社生产运营利润（万元）	合作社支付劳动力报酬金额（万元）	合作社支付贫困户劳动力报酬金额（万元）	合作社对社员能力提升	合作社为社员提供的培训次数（每年）	会议举行次数（2018—2019年）	合作社财务公开透明度	合作社管理层团结协作能力	规章制度的执行情况
种植业	蔬菜种植	0.51	0.00	2.80	0.98	3.51	2.00	2.80	3.56	3.56	3.52
	水果/干果种植	22.06	0.00	24.98	5.60	4.36	5.71	6.00	4.14	4.37	4.22
	经济作物种植	23.73	5.18	30.39	12.62	3.61	1.67	2.89	3.40	3.57	3.44
养殖业	禽类养殖	31.67	17.00	2.60	0.82	4.47	2.00	3.33	4.31	4.29	4.29
	畜类养殖	7.72	0.00	6.00	4.27	3.87	1.33	3.67	3.96	4.02	3.91
	其他养殖	7.49	2.04	9.36	3.78	3.68	1.67	4.93	3.70	3.96	3.76
农产品加工业	蔬菜加工	320.00	3.33	8.33	5.00	2.60	1.67	2.67	2.91	2.91	2.93
	经济作物加工	58.80	5.32	30.29	9.75	3.63	2.47	2.95	3.54	3.65	3.64
生态旅游业	生态旅游	0.00	0.00	0.00	0.00	4.40	2.00	0.00	4.27	4.47	3.73

第二节　经济成效

经济成效采用两个衡量指标：合作社产品销售情况（2019 年）、合作社生产运营利润（2019 年）。

在世界银行项目合作社产品销售额方面，9 种产业发展模式亚型中，蔬菜加工的销售额最高，为 320 万元，但是由于从事蔬菜加工的合作社仅有 3 家，其中两家的销售额均为 0，只有一家马铃薯合作社销售额是 960 万元，因此，可能存在统计偏差；其次是经济作物加工，销售额为 58.80 万元，几乎是第三名的 2 倍；第三名是禽类养殖，销售额是 31.67 万元；第四名经济作物种植和第五名水果/干果种植的销售额十分接近，分别为 23.73 万元和 22.06 万元，是第六名和第七名的 3 倍左右；第六名畜类养殖和第七名其他养殖（蜜蜂）也很接近，分别为 7.72 万元和 7.49 万元；第八名是蔬菜种植，销售额为 0.51 万元；最后是生态旅游，销售额为 0（见表 12－2）。

表 12－2　　世界银行项目合作社产业发展模式亚型经济成效

产业发展模式	产业发展模式亚型	经济成效	
		合作社产品销售额（万元）	合作社生产运营利润（上一年度）（万元）
种植业	蔬菜种植	0.51	0.00
	水果/干果种植	22.06	0.00
	经济作物种植	23.73	5.18
养殖业	禽类养殖	31.67	17.00
	畜类养殖	7.72	0.00
	其他养殖	6.58	2.04
农产品加工业	生态蔬菜加工	320.00	3.33
	经济作物加工	58.80	5.32
旅游业	生态旅游	0.00	0.00

在合作社生产运营利润方面，第一名是禽类养殖，利润为 17 万元；第二名为经济作物加工，利润为 5.32 万元；第三名为经济作物种植，利润为 5.18 万元；第四名为蔬菜加工，利润为 3.33 万元；第五名为其他养殖（蜜蜂），利润为 2.04 万元；蔬菜种植、水果/干果种植、畜类养殖、

生态旅游四种亚型暂时无利润（见表 12－2）。

总体而言，农产品加工业模式整体经济成效最好，尤其是经济作物加工亚型，从事的合作社数量最多，普遍经济效益都比较高；其次是禽类养殖亚型，市场很大，成本较小，容易形成规模化，土鸡和鸡蛋等产品受消费者欢迎程度高，销售收益大，利润也高；再次是水果/干果种植，市场价格较高，消费者欢迎程度也高，但生长周期比较长，项目建设期比较长，需要一定时间才能看到明显经济效益（见图 12－1a、图 12－1b）。

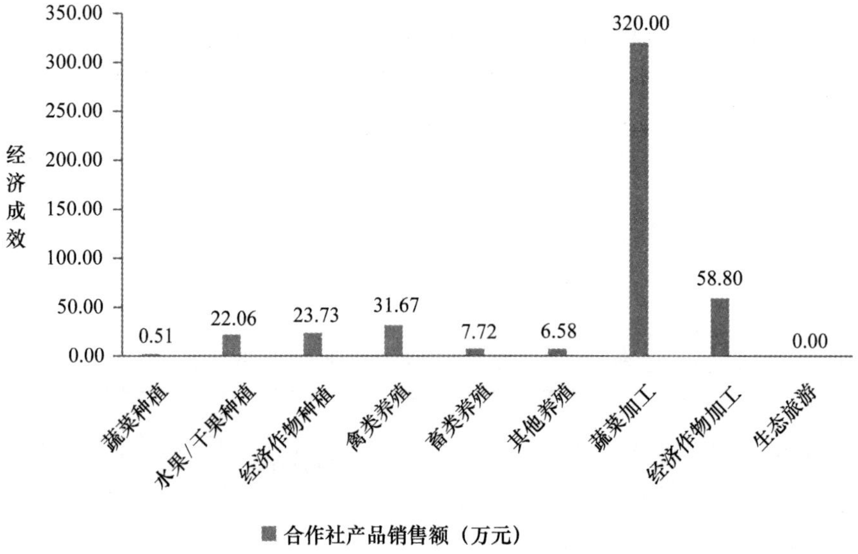

图 12－1a　世界银行项目合作社产业发展模式亚型经济成效（一）

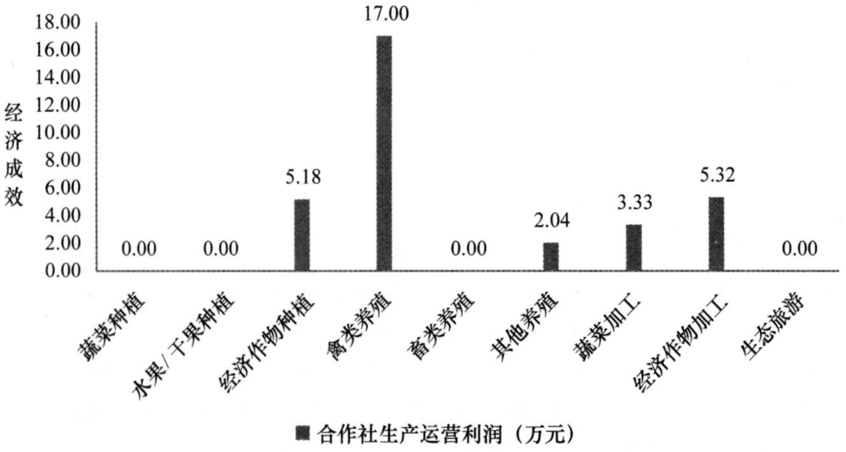

图 12－1b　世界银行项目合作社产业发展模式亚型经济成效（二）

第三节　社会成效

社会成效采用三个衡量指标：合作社支付劳动力报酬金额（万元）、合作社扶贫效益（合作社支付贫困户劳动力报酬金额）（万元）、合作社对社员能力提升意愿、合作社为社员提供培训次数（每年）。

在合作社支付劳动报酬方面，经济作物种植、经济作物加工和水果/干果种植三个亚型表现最好，集中在24.98万—30.39万元的区间里，是第四名的3倍左右，其中，经济作物的种植和加工非常接近，都略高出30万元；第四名为其他养殖（蜜蜂），支付金额为9.36万元；第五名是蔬菜加工，支付金额为8.33万元；第六名是畜类养殖，支付金额为6.00万元；第七名蔬菜种植和第八名禽类养殖十分接近，支付金额分别为2.80万元和2.60万元；最后是生态旅游，支付金额为0。

在合作社对贫困户的劳动力报酬支付方面，趋势与对社员的支付基本一致，也是经济作物种植、经济作物加工和水果/干果种植三个亚型表现最好。第一名为经济作物种植，支付金额为12.62万元；第二名是经济作物加工，支付金额是9.75万元；第三名是水果/干果种植，支付金额为5.60万元；第四名为蔬菜加工，支付金额为5.00万元；第五名是畜类养殖，支付金额为4.27万元；第六名是其他养殖（蜜蜂），支付金额为3.78万元；第七名蔬菜种植和第八名禽类养殖十分接近，支付金额分别为0.98万元和0.82万元；最后是生态旅游，支付金额为0。

在合作社对社员的能力提升方面，社员反馈十分满意的有三个亚型，分别是：第一名禽类养殖，评分均值为4.47；第二名生态旅游，评分均值为4.40；第三名水果/干果种植，评分均值为4.36。社员反馈比较满意的有五个亚型，分别是：第四名畜类养殖，评分均值为3.87；第五名其他养殖（蜜蜂），评分均值为3.68；第六名经济作物加工，评分均值为3.63；第七名经济作物种植，评分均值为3.61；第八名蔬菜种植，评分均值为3.51。社员反馈不太满意的有一个亚型，为第九名蔬菜加工。

在合作社为社员提供的培训方面，第一名是水果/干果种植，年均培训次数为5.71；第二名是经济作物加工，年均培训次数为2.47；第三名有三个，年均培训次数都为2.00，分别为蔬菜种植、禽类养殖、生态旅游；第六名也有三个，年均培训次数均为1.67，分别为经济作物种植、其他养殖（蜜

蜂)、素材加工;第九名是畜类养殖,年均培训次数为1.33。(见表12-3)

总体而言,在社会成效方面,综合表现最好的第一梯度包括三个亚型,分别是水果/干果种植、经济作物加工、经济作物种植;第二梯度包括三个亚型,分别是其他养殖(蜜蜂)、畜类养殖、蔬菜加工;第四梯度包括两个亚型,分别是蔬菜种植和禽类养殖;表现最差的是生态旅游(见图12-2a、图12-2b、图12-2c、图12-2d)。

表12-3　**世界银行项目合作社产业发展模式亚型社会成效**

产业发展模式	产业发展模式亚型	社会成效			
		合作社支付劳动力报酬金额(万元)	合作社支付贫困户劳动力报酬金额(万元)	合作社对社员能力提升	合作社为社员提供的培训次数(每年)
种植业	蔬菜种植	2.80	0.98	3.51	2.00
	水果/干果种植	24.98	5.60	4.36	5.71
	经济作物种植	30.39	12.62	3.61	1.67
养殖业	禽类养殖	2.60	0.82	4.47	2.00
	畜类养殖	6.00	4.27	3.87	1.33
	其他养殖	9.36	3.78	3.68	1.67
农产品加工业	生态蔬菜加工	8.33	5.00	2.60	1.67
	经济作物加工	30.29	9.75	3.63	2.47
生态旅游业	生态旅游	0.00	0.00	4.40	2.00

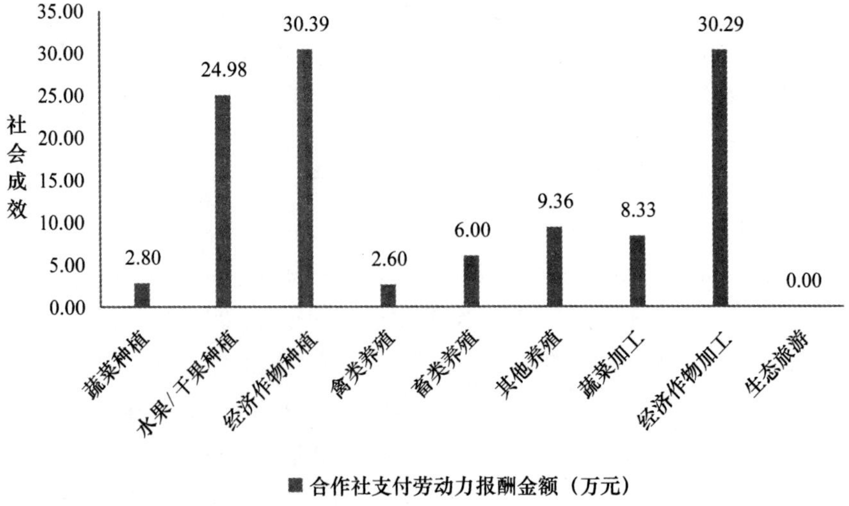

图12-2a　**世界银行项目合作社产业发展模式亚型社会成效(一)**

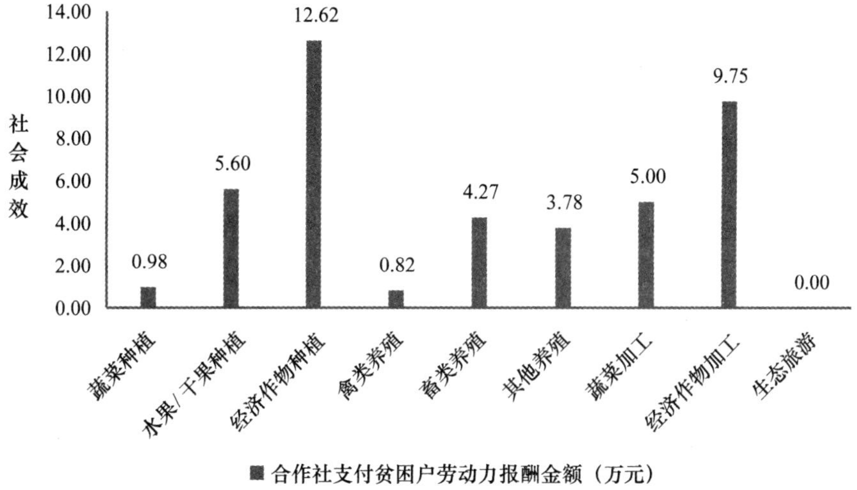

图 12－2b　世界银行项目合作社产业发展模式亚型社会成效（二）

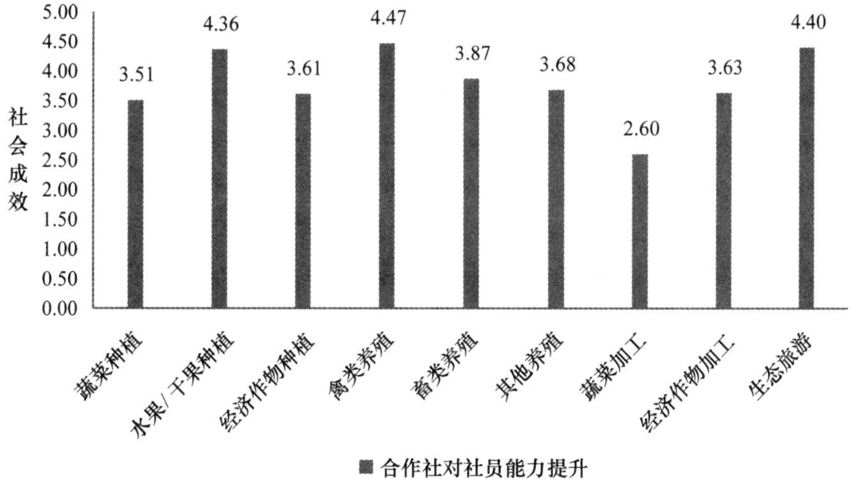

图 12－2c　世界银行项目合作社产业发展模式亚型社会成效（三）

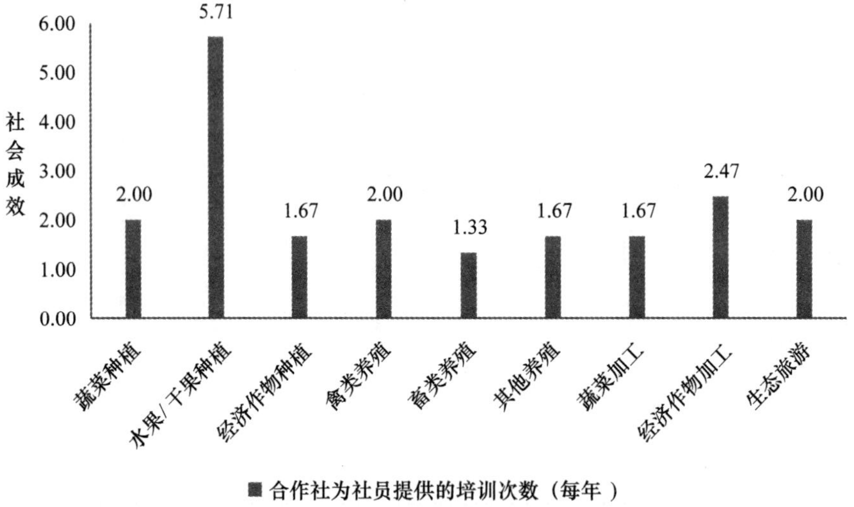

图 12-2d 世界银行项目合作社产业发展模式亚型社会成效（四）

第四节 管理成效

管理成效采用四个衡量指标：会议举行次数（2018—2019 年）、合作社财务公开透明度、合作社管理层团结协作能力、规章制度执行能力。

在 2018—2019 年合作社举行的会议次数方面，第一名是水果/干果种植，年均培训次数为 6.00；第二名是其他养殖（蜜蜂），年均培训次数为 4.93；第三名是畜类养殖，年均培训次数为 3.67；第四名是禽类养殖，年均培训次数为 3.33；第五名是经济作物加工，年均培训次数为 2.95；第六名是经济作物种植，年均培训次数为 2.89；第七名是蔬菜种植，年均培训次数为 2.80；第八名是蔬菜加工，年均培训次数为 2.67；最后是生态旅游，年均培训次数为 0。

在合作社财务公开透明度方面，社员反馈感到十分满意的三个亚型包括禽类养殖、生态旅游、水果/干果种植，评分均值分别为 4.31、4.27、4.14；社员反馈感到比较满意的五个亚型包括畜类养殖、其他养殖（蜜蜂）、蔬菜种植、经济作物加工、经济作物种植，评分均值分别为 3.96、3.70、3.56、3.54、3.40；社员反馈不太满意的一个亚型为蔬菜加工。

在合作社管理层团结协作能力方面，社员反馈感到十分满意的四个亚型包括生态旅游、水果/干果种植、禽类养殖、畜类养殖，评分均值分别为4.47、4.37、4.29、4.02；社员反馈感到比较满意的五个亚型包括其他养殖（蜜蜂）、经济作物加工、经济作物种植、蔬菜种植、评分均值分别为3.96、3.65、3.57、3.56、3.40；社员反馈不太满意的一个亚型为蔬菜加工。

在合作社规章制度的执行情况方面，社员反馈感到十分满意的两个亚型包括禽类养殖、水果/干果种植，评分均值分别为4.29、4.22；社员反馈感到比较满意的五个亚型包括畜类养殖、其他养殖（蜜蜂）、生态旅游、经济作物加工、蔬菜种植、经济作物种植，评分均值分别为3.91、3.76、3.73、3.64、3.52、3.44；社员反馈不太满意的一个亚型为蔬菜加工（见表12－4）。

总体而言，在管理成效方面，会议举行次数指标对于不同亚型，差别较大，表现最好的两个亚型是水果/干果种植和其他养殖（蜜蜂），其他亚型相差不大，年均会议次数在3次左右。另外三个指标（财务公开透明度、管理层团结协作能力、规章制度的执行情况）在八个亚型上的差别大不，社员评分均值都在3.5以上，反馈为比较满意和十分满意；相较而言，蔬菜种植的社员在三个指标上的满意度都比较低，位于2.67—2.91（见图12－3a、图12－3b、图12－3c、图12－3d）。

表12－4　**世界银行项目合作社产业发展模式亚型管理成效**

产业发展模式	产业发展模式亚型	管理成效			
		会议举行次数（2018—2019年）	合作社财务公开透明度	合作社管理层团结协作能力	规章制度的执行情况
种植业	蔬菜种植	2.80	3.56	3.56	3.52
	水果/干果种植	6.00	4.14	4.37	4.22
	经济作物种植	2.89	3.40	3.57	3.44
养殖业	禽类养殖	3.33	4.31	4.29	4.29
	畜类养殖	3.67	3.96	4.02	3.91
	其他养殖	4.93	3.70	3.96	3.76
农产品加工业	蔬菜加工	2.67	2.91	2.91	2.93
	经济作物加工	2.95	3.54	3.65	3.64
生态旅游业	生态旅游	0.00	4.27	4.47	3.73

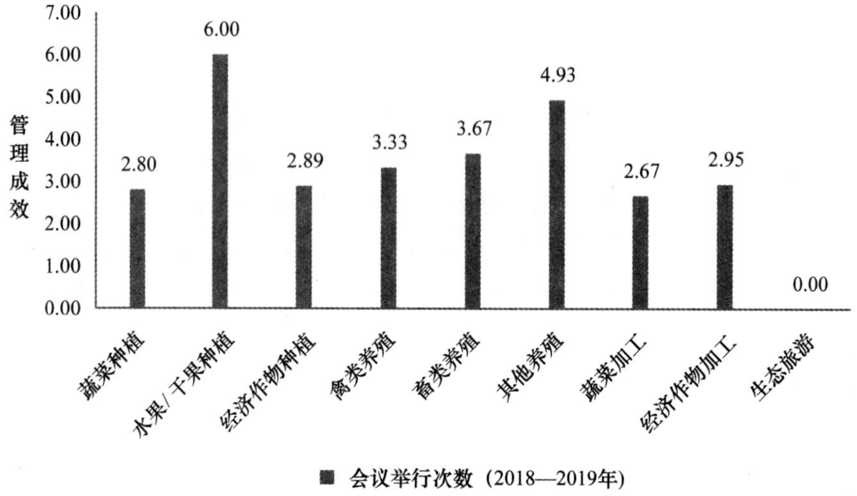

图 12－3a　世界银行项目合作社产业发展模式亚型管理成效（一）

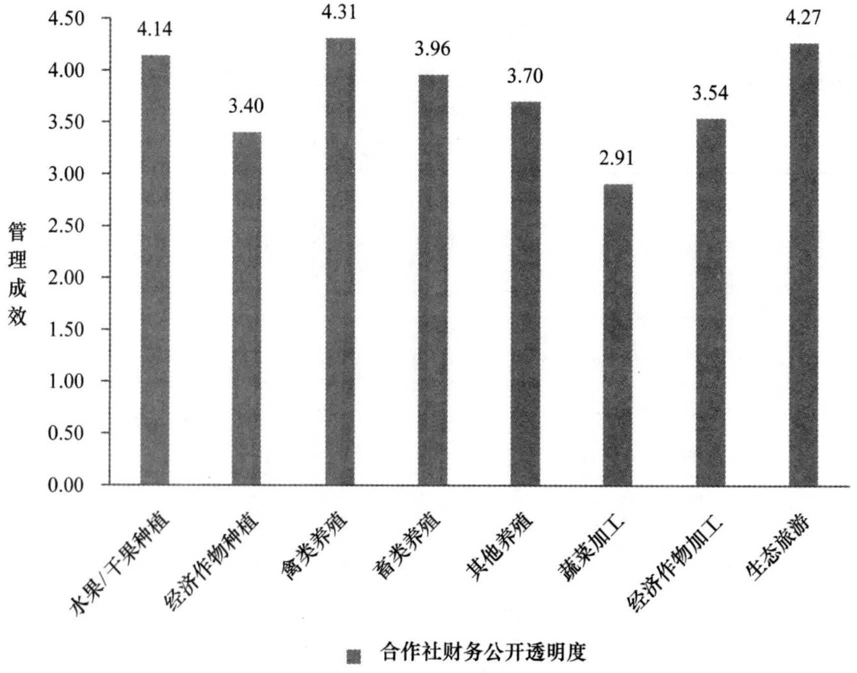

图 12－3b　世界银行项目合作社产业发展模式亚型管理成效（二）

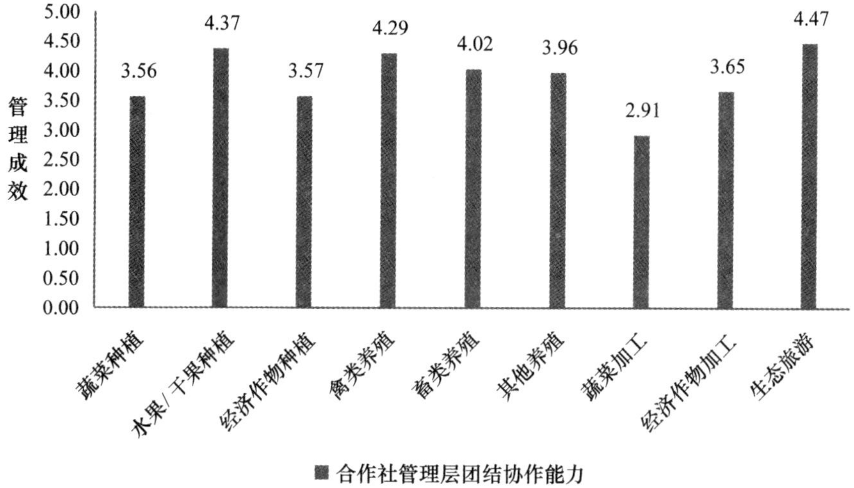

图 12－3c　世界银行项目合作社产业发展模式亚型管理成效（三）

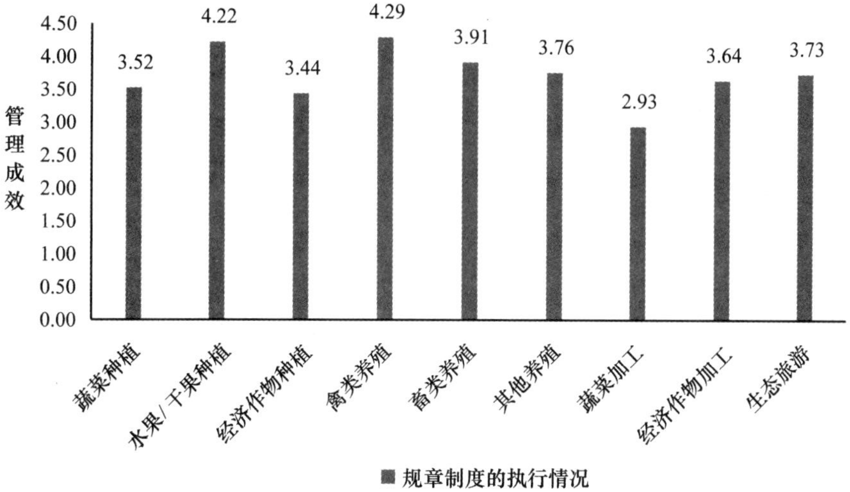

图 12－3d　世界银行项目合作社产业发展模式亚型管理成效（四）

第十三章　合作社总体成效分析

合作社总体成效分析采用了三个一级指标，分别为经济成效、社会成效和管理成效。在一级指标下划分了二级指标，其中经济成效的二级指标包括合作社产品销售额、合作社生产运营利润；社会成效的二级指标包括合作社支付劳动力报酬金额、合作社扶贫效益（支付贫困户劳动力报酬金额）、合作社对社员能力提升情况、合作社为社员提供的培训次数；管理成效的二级指标包括合作社会议举行次数（2018—2019 年）、合作社财务公开透明度、合作社管理层团结协作能力、合作社规章制度的执行情况。

客观数据指标包括：合作社产品销售额、合作社生产运营利润、合作社支付劳动力报酬金额、合作社扶贫效益（合作社支付贫困户劳动力报酬金额）、合作社为社员提供的培训次数（每年）、合作社会议举行次数（2018—2019 年）。

主观数据指标包括：合作社对社员能力提升情况、合作社财务公开透明度、合作社管理层团结协作能力、合作社规章制度的执行情况。这些指标是根据对世界银行项目合作社社员的问卷调查中社员反馈的打分情况统计得出。问卷调查将合作社各项得分的平均值进行规格化处理，采取 1、2、3、4、5 五个级别来反映绩效分布。整个指标体系的总分为 5 分，1 分表示不好/不满意；2 分表示一般/勉强可以；3 分表示好/满意；4 分表示良好/比较满意；5 分表示优秀/非常满意。对于每个合作社的各项指标，采用该合作社社员的评分均值。

第一节　经济成效

经济成效采用三个衡量指标：合作社产品销售情况（2019 年）、合作社生产运营利润（2019 年）、合作社增值业务。

一　合作社产品销售情况

世界银行项目69个合作社里，经营至2020年初并存在产品销售的合作社有40个，占据比例为58%；无产品销售的合作社有29个，占据比例为42%（见表13－1）。

表13－1　**世界银行项目合作社产品销售统计**

合作社产品的销售情况	合作社数量（个）	百分比（%）
有	40	58
无	29	42

二　合作社生产运营利润

世界银行项目69个合作社里，具有生产运营利润的合作社有15个，占据比例为22%；无生产运营利润的合作社有54个，占据比例为78%（见表13－2）。

表13－2　**世界银行项目合作社生产运营利润统计**

合作社生产运营利润情况	数量（个）	百分比（%）
有	15	22
无	54	78

第二节　社会成效

社会成效采用三个衡量指标：合作社支付劳动力报酬金额（万元）、合作社扶贫效益（合作社支付贫困户劳动力报酬金额）（万元）、合作社对社员能力提升意愿、合作社为社员提供培训次数（每年）。

一　合作社支付劳动力报酬金额

世界银行项目69个合作社里，有支付劳动力报酬金的合作社有58个，占比84%；没有支付劳动力报酬金的合作社有11个，所占比例为16%（见表13－3）。

表 13－3　世界银行项目合作社支付劳动力报酬统计

合作社支付劳动力报酬情况	个数（个）	百分比（%）
有	58	84
无	11	16

二　合作社扶贫效益（支付贫困户劳动力报酬金额）

世界银行项目 69 个合作社里，支付贫困户劳动报酬金的合作社有 57 个，占比 83%；未支付贫困户劳动报酬金的合作社有 12 个，所占比例为 17%（见表 13－4）。

表 13－4　世界银行项目合作社扶贫效益统计

合作社扶贫效益情况	个数（个）	百分比（%）
有	57	83
无	12	17

三　合作社对社员能力提升情况

问卷调查中，针对社员能力提升情况，合作社社员的平均打分值 A 的范围划分为：$A<2$，$2\leqslant A<3$，$3\leqslant A<4$，$4\leqslant A\leqslant 5$。统计结果显示：范围为 $A<2$ 的无合作社，范围为 $2\leqslant A<3$ 的有 7 个合作社，范围为 $3\leqslant A<4$ 的有 39 个合作社，范围为 $4\leqslant A\leqslant 5$ 的有 23 个合作社（见表 13－5 和图 13－1）。所占比例具体为：$A<2$ 的为 0，$2\leqslant A<3$ 占 10%，$3\leqslant A<4$ 占 57%，$4\leqslant A\leqslant 5$ 占 33%（见图 13－2）。

表 13－5　世界银行项目合作社社员能力提升打分统计

合作社对社员能力提升的平均值	合作社个数（个）
$A<2$	0
$2\leqslant A<3$	7
$3\leqslant A<4$	39
$4\leqslant A\leqslant 5$	23

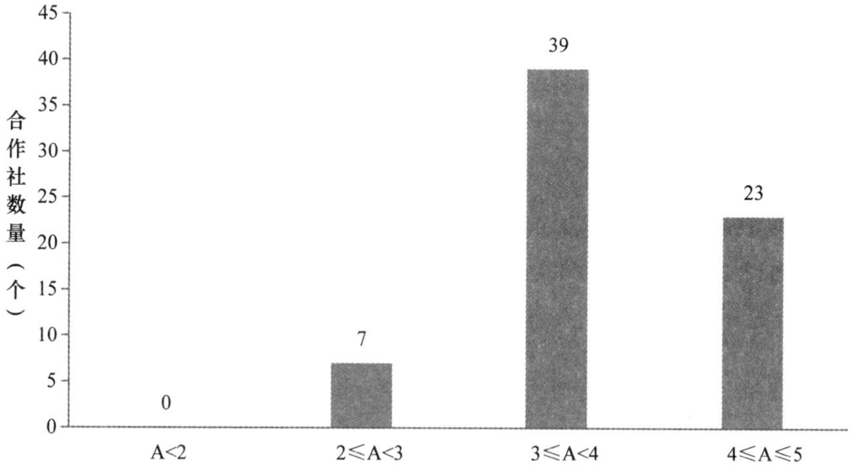

图 13－1　世界银行项目合作社社员能力提升打分统计

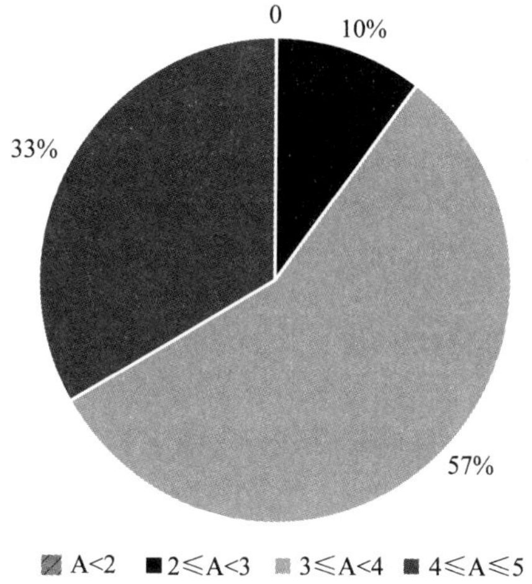

图 13－2　世界银行项目合作社社员能力提升打分占比

四　合作社为社员提供培训次数

根据世界银行项目合作社为社员提供的培训次数调查，培训次数为 0 的合作社有 5 个，所占比例为 7%；培训次数为 1 次的有 11 个，所占比例为 16%；培训次数为 2 次的有 26 个，所占比例为 38%；培训次数为 3 次的有 15 个，所占比例为 22%；培训次数为 4 次的有 4 个，所占比例为6%；培训次数为5次的有4个，所占比例为6%；培训次数为6次的有2个，所占比例为3%；培训次数为8次的有1个，所占比例为1%；培训次数为15次的有1个，所占比例为1%（见表13－6和图13－3、图13－4）。

表13－6　　世界银行项目合作社社员培训次数统计

合作社为社员提供培训次数（次）	合作社数量（个）
0	5
1	11
2	26
3	15
4	4
5	4
6	2
8	1
15	1

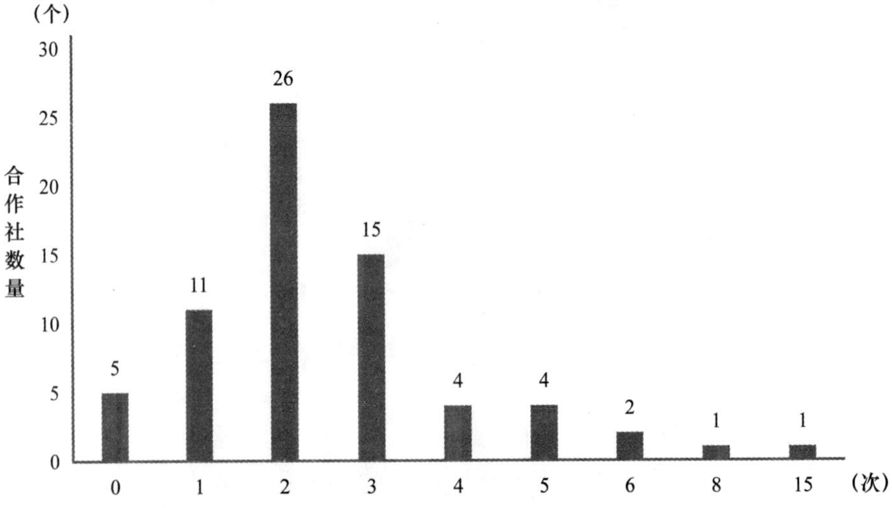

图13－3　世界银行项目合作社社员培训次数统计

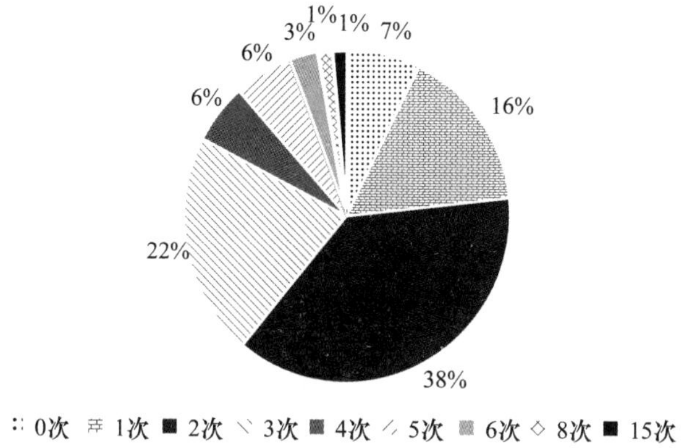

图 13－4　世界银行项目合作社社员培训次数占比

将合作社为社员提供的培训次数划分为＜3 和≥3 两个范围时：培训次数小于 3 次的有 42 个，所占比例为 61%；培训次数大于等于 3 次的有 42 个，所占比例为 39%（见表 13－7 和图 13－5）。由此可见，大部分合作社开展培训的次数较少，后期需要加大为合作社社员提供高水平培训力度，持续关注人才队伍的培养情况，为合作社可持续发展提供人才支撑。

表 13－7　　　世界银行项目合作社社员培训次数范围统计

合作社为社员提供的培训次数	合作社数量（个）	占比（%）
＜3	42	61
≥3	27	39

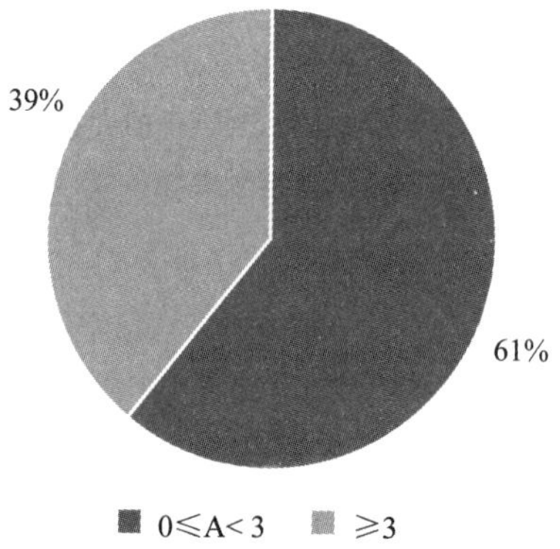

图 13－5　世界银行项目合作社社员培训次数范围占比

第三节　管理成效

管理成效采用四个衡量指标：会议举行次数（2018—2019 年）、合作社财务公开透明度、合作社管理层团结协作能力、规章制度执行能力。

一　会议举行次数

根据2018—2019 年世界银行项目合作社的会议举办情况统计，全年度没有举办会议的有 2 个合作社，举办会议 1 次的有 7 个合作社，举办会议 2 次的有 23 个合作社，举办会议 3 次的有 15 个合作社，举办会议 4 次的有 14 个合作社，举办会议 5 次的有 2 个合作社，举办会议 6 次的有 2 个合作社，举办会议 8 次的有 1 个合作社，举办会议 10 次的有 1 个合作社，举办会议 11 次的有 1 个合作社，举办会议 25 次的有 1 个合作社（见表 13 - 8）。世界银行项目合作社开会次数占比情况如图 13 - 6。

表 13 - 8　　世界银行项目合作社开会次数统计（2018—2019 年）

会议举行次数（2018—2019 年）（次）	合作社数量（个）
2	23
3	15
4	14
1	7
0	2
5	2
6	2
8	1
10	1
11	1
25	1

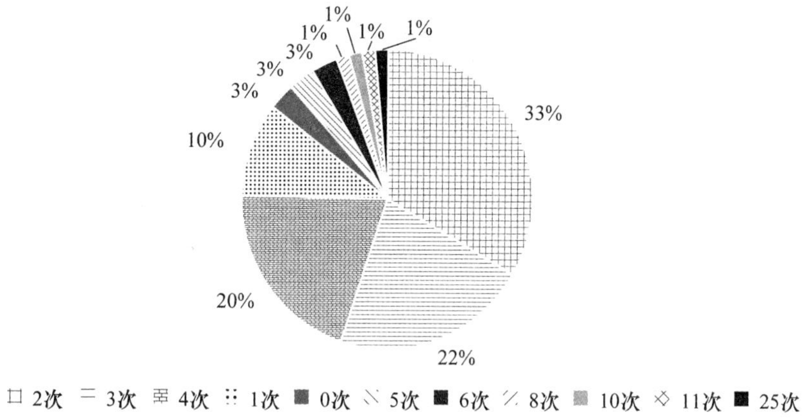

图 13－6　世界银行项目合作社开会次数占比（2018—2019 年）

将合作社会议举行次数划分为＜2、＝2、＝3、＝4、≥5 五个范围时，统计情况如下：不足 2 次的有 9 个合作社，2 次的有 23 个合作社，3 次的有 15 个合作社，4 次的有 14 个合作社，大于等于 5 次的有 8 个合作社。根据统计结果，可以看出，2018—2019 年，合作社举行会议的次数多集中在 2—4 次，合作社在后期可以根据自己的实际情况酌情分配会议举行的次数（见表 13－9 和图 13－7）。

表 13－9　世界银行项目合作社开会次数范围统计（2018—2019 年）

会议举行次数（次）	合作社个数（个）	占比（%）
＜2	9	13
＝2	23	33
＝3	15	22
＝4	14	20
≥5	8	12

二　合作社财务公开透明度

在社员对合作社财务公开透明度的评分反馈中，评分均值范围在 1≤A＜2 的有 1 个合作社，占比 1%；均值范围在 2≤A＜3 的有 6 个合作社，占比 9%；均值范围在 3≤A＜4 的有 37 个合作社，占比 54%；均值范围在 4≤A≤5 的有 25 个合作社，占比 36%（见表 13－10 和图 13－8）。

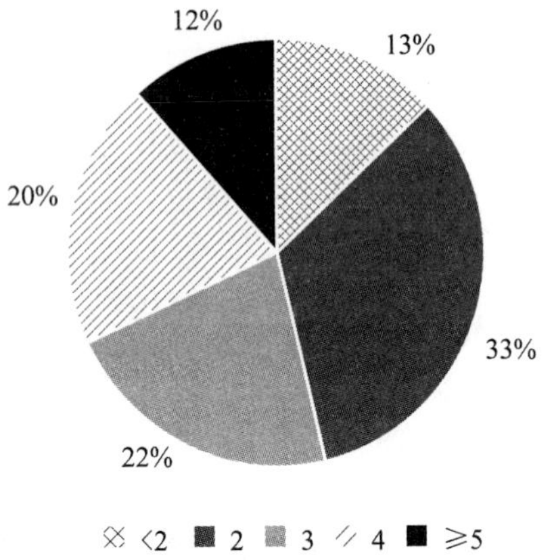

图 13 - 7 世界银行项目合作社开会次数范围占比（2018—2019 年）

表 13 - 10 世界银行项目合作社财务透明度打分统计

合作社财务公开透明度	合作社计数（个）	占比（%）
1≤A<2	1	1
2≤A<3	6	9
3≤A<4	37	54
4≤A≤5	25	36

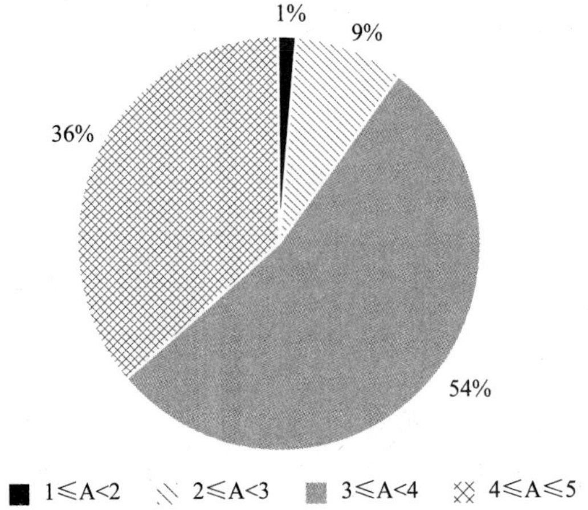

图 13 - 8 世界银行项目合作社财务透明打分占比

三　合作社管理层团结协作能力

在社员对合作社管理层团结协作能力的反馈中，评分均值在 1≤A<2 范围的合作社的个数为 0；2≤A<3 的合作社的个数为 6 个，百分比为 9%；3≤A<4 的合作社的个数为 36 个，百分比为 52%；4≤A≤5 的合作社的个数为 27 个，百分比为 39%；≥3 的有 63 个合作社，所占比例为 91%（见表 13-11 和图 13-9）。

表 13-11　　世界银行项目合作社管理层团结协作能力打分统计

合作社管理层团结协作能力	合作社个数（个）	占比（%）
1≤A<2	0	0
2≤A<3	6	9
3≤A<4	36	52
4≤A≤5	27	39

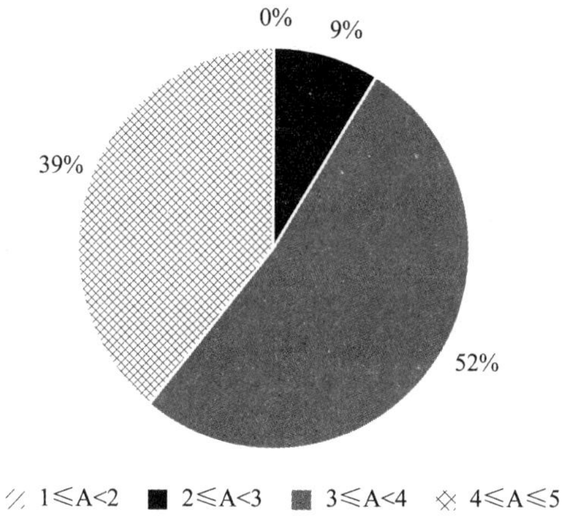

图 13-9　世界银行项目合作社管理层团结协作能力打分占比

四　合作社规章制度执行能力

在社员对合作社规章制度执行能力的反馈中，评分均值在 1≤A<3 范围的合作社的个数为 5，百分比为 7%；3≤A<4 的合作社的个数为 42 个，百分比为 61%；4≤A<5 的合作社的个数为 22 个，百分比为 32%；≥3

的有 64 个合作社，所占比例为 93%（见表 13－12 和图 13－10）。

表 13－12　世界银行项目合作社规章制度执行能力打分统计

规章制度的执行情况	合作社计数（个）	占比（%）
1≤A＜3	5	7
3≤A＜4	42	61
4≤A≤5	22	32

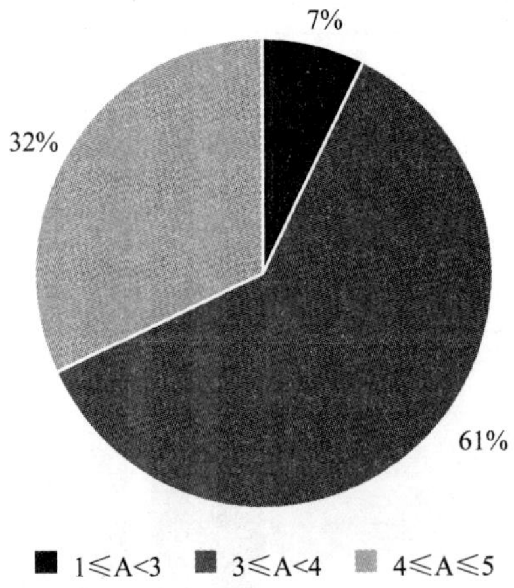

图 13－10　世界银行项目合作社规章制度执行能力打分占比

第四节　综合分析

从经济成效、社会成效、管理成效三个方面来看，世界银行项目合作社发展运营成效的综合分析如下所述。

一　经济成效

世界银行项目合作社中，58% 的合作社进行了产品销售，但仅有 22% 的合作社开始盈利，49% 的合作社有增值业务。总体经济表现情况不是很好，但有超过五分之一的合作社已经开始具有自我发展能力。由于项目区内不同合作社的成立时间有早晚之别，大多数农产品的建设期比较长，有 3 年以上，而世界银行项目的建设期是五年，所以截至 2020 年 6 月底，大部分合作社尚处在探索建设阶段。其中，一些合作社刚建成项目，尚未开始投产销售；一些合作社遇到天灾或其他意外事件，遭受财产和设备损失，导致产品生产延期；还有一些合作社已做好产品开始销售产品，但由于市场开发能力较弱，不善经营，尚未盈利，需要更多时间锻炼成长；半数合作社无增值业务，生产内容仍为传统种养殖产业，实地调查发现，在具有增值业务的合作社中，大多数还处于初级加工阶段，产品比较单一，加工比较简单，附加值不高，需要对产业链延伸进行深入探索，加大培训学习力度，提高产品技术含量，增强市场竞争力。

二 社会成效

世界银行项目合作社中，84%的合作社向社员支付了劳动力报酬，83%的合作社向贫困户社员支付了报酬，有效提高了社员的收入水平，尤其对贫困户的重点关注取得了显著的扶贫效益。在分红机制中，大多数合作社有设置5%的合作社纯利润作为公益资金，除全体社员分红之外，为贫困户额外提供垫底资金，大部分合作社在尚未获得盈利的情况下，仍然向贫困户提供劳动力报酬，有力保障了贫困社员的生活水平，增强了贫困人群在当地社区的社会地位和话语权，促进了社会稳定。

在社员的能力建设方面，为社员提供培训次数有3次以上的合作社占39%，但社员对能力提升情况感到比较满意（问卷调查中评分均值为3分以上）的合作社占比高达90%，结合实地调查情况，说明虽然合作社向全体社员提供的系统性培训机会较少，但平时在田间实地提供技术指导、召开社员会议、举办宣传活动等事务中普及了知识教育，大力提高了社员对合作社章程、企业运营过程的认知、生产有机绿色农产品和操作机器设备等多方面的技术水平，有助于社员的自我能力发展。

三 管理成效

世界银行项目合作社在2018—2019年召开社员会议的次数主要集中在2—4次，举办5次会议以上的合作社只占12%。实地调查中得知，大多数合作社倾向于在管理层人员中召开小会，讨论合作社管理运营事务，而召开社员大会时，社员参与积极性不高，对合作社管理和发展事务不是很关心，也不太了解，主要关注点在年终分红情况上。所以合作社需要加强社员会议的召开力度，向社员通报合作社各项事务进展情况和存在问题，并开设收集社员反馈的渠道，提升社员参与积极性。

由社员在问卷调查中的反馈可知，大多数社员对合作社财务公开透明度感到比较满意，评分均值在 3 分以上的合作社占比高达 90%。实地调查证明，合作社经常通过宣传栏、社员大会等渠道向社员公布财务状况，尤其是社员最关心的分红情况方面表现最好。同时，大多数社员感到比较满意的还有合作社管理层团结协作能力和合作社规章制度执行能力的情况，评分均值在 3 分以上的合作社占比分别为 91% 和 93%。

案例篇

第十四章　合作社组织运营模式案例

第一节　公司带动型（公司 + 农户 + 合作社）

正安县属于山区农业大县，境内海拔高差较大，立体农业气候明显，气候温和，四季分明，雨量充沛，无霜期长，土壤呈弱酸性，矿物质含量丰富，山地、河谷、盆地交错，天然隔离条件好，病虫害较少发生且容易防治，工业污染和农业污染很少，十分适合优质茶叶生长。

正安县政府从2006年开始把产业发展重点目标定位为白茶产业，广泛动员农户参与白茶种植和加工，每年使用县财政资金从浙江省安吉县引进优质白茶种苗，发放给农户种植。由于自然环境和气候比安吉县更适宜白茶生长，经多年经验积累和技术改进，正安县生产的白茶品质比安吉白茶更加突出，经中国农业科学院茶叶研究所检测，茶叶氨基酸含量高达9.1%，比安吉白茶高出3%左右，营养价值更好，口感更鲜爽，市场竞争优势十分明显。

为促进茶产业在正安县的进一步发展，受世界银行项目资助成立了复兴茶业农民专业合作社并成功运营。

一　合作社基本情况

1. 注册日期

2015年3月11日。

2. 成立背景

项目区于2006年开始发展茶产业，以白茶为重点对象，从福建省安吉县采购白茶种苗，在项目区动员农户广泛种植，到2010年9月开始投产，在申请加入世界银行项目时，有新老茶园总面积2000亩，年产鲜叶1000吨。在本合作社成立前，林溪村村支书带领村民建立了一个8名社员的茶叶合作社和一家属于村集体经济的茶叶加工厂，该合作社通过流转农户的茶园，给付茶园租金，自主经营管理茶园、收购、加工、销售茶叶，但加工设备简陋，加工能力远不能满足全村茶叶产量，管理和销售能力也十分落后。

3. 业务活动

合作社主要从事茶叶的生产管理、加工、销售。主要经营范围为依法组织采购、供应成员种植茶叶所需的农业生产资料；组织社员从事产品的储藏、加工和销售；引进新技术、新品种；开展与茶叶有关的技术培训、技术交流和信息咨询服务；提供其他社员所需的服务。

4. 成员组成

合作社成立时成员共204户，农民成员202户，非农民成员2户，其中团体社员1户，贫困户34户，贫困户社员占项目区贫困户的比例为39.08%。

理事会成员5人，包括理事长1人，副理事长2人，理事2人。监事会成员5人，包括监事长1人，副监事长2人，监事2人。

5. 股权结构

注册资产总额为329.83万元，其中公司资产折资入股110.15万元，农户以茶园入股219.28万元，现金0.4万元；入股茶园总计422.2亩，其中老茶园308.7亩，新茶园113.5亩。

6. 投资情况

合作社总投资766.6万元，主要建设内容有办公楼、加工厂、机器设备、冷库、运输车、变压器、配套基础设施（包括道路、水池和管网）、人员工资、有机肥料、有机农药、实体店、市场开发、技术支持、培训等。其中，投资计划书批复716.6万元，2017年由于洪灾造成加工厂和机器设备受损严重，为修复加工厂和机器设备而增加投资50万元。

7. 管理模式

合作社实行两种管理模式：（1）对137户社员的160亩茶园进行集中式管理，实施统一化的种苗采购、茶园种植、管护、采摘、加工、销售；（2）对16户社员的720亩茶园进行分散式管理，农户自行对茶园进行种植、管护和采摘，由合作社提供技术指导、收购、加工和销售。

8. 分红模式

合作社收益中的10%用于合作社发展基金，5%用于贫困户帮扶，85%用于社员分红，其中，加入集中管理模式的社员按照入社股权比例分红，老茶园为每亩6000元，新茶园为每亩3000元；加入分散式管理模式的社员按照被合作社收购的茶青量占销售收入的比例进行分红，白茶茶青最高等级价格为每斤 100 元，绿茶茶青最高等级为每斤 60 元。复兴合作社基本情况见表 14 - 1。

表 14 - 1　复兴合作社基本情况

类别	合作社基本信息
成立时间	2015 年 3 月
注册资金（万元）	329.83
总投资（万元）	766.6
初期社员数（户）	204
生产内容	白茶和绿茶的种植与加工
入股茶园（亩）	422.2
市场	贵州省、浙江省
管理模式	集中管理：合作社统一种植、管护、采摘、加工、销售； 分散管理：农户自行种植、管护、采摘，合作社统一收购、加工、销售
分红模式	集中管理部分按入股比例，分散管理部分按茶青收购量

二　合作社发展运营情况

1. 合作社发展运营过程

复兴合作社是世界银行贷款贵州农村发展项目成立的第一家农民专业合作社。由于合作社成立时已有多年种植管护的老茶园，因此注册次年即开始盈利，运营管理情况良好，市场盈利逐年上升。但 2017 年由于雨水集中水位暴涨，导致洪灾期间加工厂和机器设备受损严重，未实现盈利。

合作社自成立以来，积极开展宣传动员活动，广泛吸收社员，从 2015 年成立时的 204 户社员发展至 2020 年的 226 户，涵盖的贫困户从 34 户发展到 75 户，茶园种植规模从 422.2 亩增加至 725 亩。

合作社除使用全国享誉的“正安白茶”公共品牌外，还注册了自己的商标名牌“林溪翠峰”，建立了 1 个线上销售点（微信公众号）和 2 个实体店，并经常通过外出考察开发潜在市场，已签订 15 张订单，与贵州省现代物流集团下属子公司贵州省生产资料服务责任有限公司开展了规模较大的产品代销合作，签订了 500 万元合同。

2020 年实现产值 200 万元，销售额 120 万元，盈利金额 30 万元，分红金额 18 万元，劳务费发放金额 70 万元，收购茶青金额 104 万元，预计年产值可达到250万元、年销售额可达到250万元。

合作社聘用了1名技术专家，自身常驻3名技术人员。目前聘请第三方培训机构举办了3次社员技术管理培训，规模分别为300人、400人和200人；组织社员参加正安县扶贫办举办的大型培训1次；开展了1次50人赴湄潭县、凤冈县和遵义市黄金芽基地进行考察交流的活动；并于全年不定期对社员进行田间手把手技术指导（见表14－2）。

表14－2 **复兴合作社发展运营情况**

<table>
<tr><th colspan="3">类别</th><th>合作社基本信息</th></tr>
<tr><td rowspan="4">社员变化</td><td rowspan="2">初期社员数量（户）</td><td>总数（户）</td><td>204</td></tr>
<tr><td>贫困户（户）</td><td>34</td></tr>
<tr><td rowspan="2">现有社员数量</td><td>总数（户）</td><td>226</td></tr>
<tr><td>贫困户（户）</td><td>75</td></tr>
<tr><td rowspan="2">种植规模变化（亩）</td><td colspan="2">原种养规模</td><td>422.2</td></tr>
<tr><td colspan="2">现种养规模</td><td>725</td></tr>
<tr><td rowspan="8">2020年经营状况（万元）</td><td colspan="2">现产值</td><td>200</td></tr>
<tr><td colspan="2">销售额</td><td>120</td></tr>
<tr><td colspan="2">盈利金额</td><td>30</td></tr>
<tr><td colspan="2">分红金额</td><td>18</td></tr>
<tr><td colspan="2">劳务费发放金额</td><td>70</td></tr>
<tr><td colspan="2">收购茶青金额</td><td>104</td></tr>
<tr><td colspan="2">预计年产量</td><td>250</td></tr>
<tr><td colspan="2">预计年销售额</td><td>250</td></tr>
<tr><td colspan="3">合作社注册商标及品牌</td><td>林溪翠峰</td></tr>
<tr><td rowspan="3">合作社销售渠道（个）</td><td colspan="2">网络</td><td>1</td></tr>
<tr><td colspan="2">实体店</td><td>2</td></tr>
<tr><td colspan="2">订单</td><td>15</td></tr>
<tr><td colspan="3">合作社获得荣誉</td><td>贵州省世界银行项目第一家合作社</td></tr>
<tr><td rowspan="2">技术支持（人）</td><td colspan="2">聘用专家</td><td>1</td></tr>
<tr><td colspan="2">自身技术人员</td><td>3</td></tr>
</table>

为确保项目顺利实施，建立对周边环境和社会的友好度，合作社在发展运营过程中采取了以下措施。

环境保障措施：一是茶园管理中投入物采用有机农药、有机肥料；二是加工中不需要水，只有部分清洁用水，通过现有沉淀池过滤后就可排放；三是加工环节略有噪音，通过厂区绿化隔离带可以降低音量，避免夜间加工生产；四是生产过程中有少量茶叶残渣，通过发酵腐熟后返回茶园作肥料施用。

社会保障措施：一是合作社办公楼的建设用地是在村办公室原址上拆后结合村办公楼修建，不涉及新占地，其他基础设施方面的建设用地数量不多，并由村民自愿贡献；二是项目区受益人群除普通社员外，包括贫困人口 75 户。

2. 合作社社员满意度

为深入了解合作社社员对合作社发展运营的看法和满意度，调研组对合作社社员进行了问卷调查，设计了《世界银行项目合作社主观评价打分表》（见附录一），分发给各合作社由社员进行填写。问卷设计了 6 个一级指标和 48 个二级指标，涉及合作社的管理能力、设施建设、运营能力、社员收益、社会影响、社员满意度六个方面。每个指标采取五级打分以反映绩效分布：1 分表示不好/不满意；2 分表示表现一般/勉强可以；3 分表示好/满意；4 分表示良好/比较满意；5 分表示优秀/非常满意。

根据合作社反馈的答卷结果进行统计分析，复兴合作社社员对加入合作社后生产成本评分均值为 2.00 分，表示勉强可以；对合作社的其他各项指标评分均值为 3.00 分，表示满意（见附录二）。

三　合作社效益分析

1. 经济社会效益

复兴茶业农民专业合作社产生的经济效益十分显著。由于白茶的白化期对生长环境要求严苛，仅发生在 23℃ 左右的清明节前后 20 余天，所以春季为采茶忙季，除长期定居在村里的年老体弱社员外，村里大多数青壮年劳动力平时在城镇务工，到采茶季赶回村里进行茶青采摘，在务工收入的基础上，可以增加春季茶青销售所获得的收入以及合作社给社员分发的红利。

在合作社成立之前，农户自行种植、管护、销售茶青，由于过于分散，市场议价能力低，销售渠道极不稳定，完全依赖到村子里来进行收购的外地商贩，天气恶劣时收购活动会受到严重影响。合作社成立之后，由合作社统一收购社员采摘的茶青，为社员建立了长期稳定的收购渠道，强化了产品品牌效应，拓展了市场销售，大幅提高了社员的经济收入。

2. 社会效益

合作社每年抽取收益的5%作为贫困帮扶资金，让贫困户在获得通过售卖茶青给合作社带来的收入之外，还能获得帮扶资金发放的保底收入，有效带动贫困户脱贫致富，扶贫效益显著。

为增强社员自身业务能力、开阔社员的视野和思路，合作社聘有技术专家和第三方培训机构，全年不定期为全体社员提供实地技术指导、技术管理培训讲座、外地考察交流等能力建设活动，为社员和合作社的可持续性发展打下坚实基础。

合作社重大事务通过社员大会进行公布，并采用一人一票制进行民主选举和决策，采购和财务程序也逐步规范化，完善了资料分类归档，并通过宣传栏和会议等渠道将合作社的运营情况向社员通报，提高了合作社运作过程的透明性和公平性，让社员增强了民主决策、现代化管理、公平化分红的意识。

3. 周边地区带动效益

合作社对发展周边地区的带动作用也十分明显，将当地白茶收购的市场价格从每亩2000—3000元推高到5000—6000元，提高了村民销售茶青的收入，激励了更多村民参与茶园建设和管护，并在合作社内部为附近村民提供了生产、加工、管理、财务等领域的劳务就业机会，世界银行资金投资修建的基础设施也给村民提供了各种生活便利，其中，硬化道路的增加让村民出行更为方便，水池建成后保障了周边居民生活工作用水的品质，改善了公众健康情况。

4. 生态环境效益

由于优质白茶的生产对肥料和杀虫剂等材料的要求严格，合作社统一采购品质优良的有机肥料和杀虫剂，并不定期巡查社员茶园，严禁使用除草剂，努力打造有机白茶的品牌效应，减少了化肥、除草剂、重金属等多种污染源，有效提高了耕地质量和土壤健康，并减少了氨挥发、硝酸盐淋洗和一氧化二氮等温室气体的排放，改善了地下水循环系统，增加了茶树绿化面积，美化了自然环境，生态效益显著。

第二节　公司带动型特例（合作社＋农户＋合作社）

遵义市被誉为“中国辣椒之都”，虾子辣椒专业市场为全国最大的辣椒专业市场，而务川县距遵义虾子辣椒专业市场200公里，为务川县辣椒销售提供了一定的市场渠道。务川县位于平均海拔1000米的山区，工业污染少，气候温和，雨量充沛，无霜期长，空气清新，水质清澈，土壤微量元素丰富，山地盆地交错天然隔离条件好，病虫害少且容易防治，十分适合优质辣椒生产。务川县辣椒种植历史源远流长，辣椒已成为全县传统优势作物，作为和黔北辣椒产业带的核心区，种植主要品种有大椒、朝天椒、皱椒、菜椒等，其中尤以“朝天椒”独具特色，驰名海内外。

随着食用辣椒的人群越来越多，尤其是火锅美食业、以辣椒为原料的食品加工业和化工工业的迅猛发展，使辣椒具有极其广阔的市场前景。务川县政府把辣椒产业作为扶贫产业发展重点目标，着力“扩规模、强基础、引龙头、强品牌”，坚持质量兴椒、绿色兴椒，集聚产业要素，升级产业发展方式，全力推进绿色发展、提质增效。

为促进辣椒产业在务川县的进一步发展，受世界银行项目资助成立了汇景园辣椒种植专业合作社并成功运营。

一　合作社基本情况

1. 注册日期

2017年12月21日。

2. 成立背景

合作社成立时，务川县辣椒种植面积已达8万亩，年总产值达5亿元，带动贫困户2315户，辣椒俨然已成为务川农业发展支柱产业，在推进脱贫攻坚、推进农村经济发展中发挥着巨大作用。但本地仍以传统种植为主，农户分散种植，未形成规模化优势，同时加工设备简陋落后，加工能力薄弱，远不能满足市场需求。

3. 业务活动

合作社主要从事辣椒种植，初、深加工，销售。在分水镇中坝村（贫困村）、三星村（贫困村）新建辣椒种植面积1320亩，年加工5000吨泡椒初、深加工厂一座（与涪洋佳禾辣椒种植农民专业合作社抱团发展）（签订合作协议），产品销售全国。

4. 成员组成

合作社成立时社员共266户；建档立卡贫困户社员170户，占项目区贫困户比例82.93%（项目区为中坝村、三星村，共有贫困户205户）。

2017年12月21日，合作社通过召开社员大会选举产生合作社理事会成员7名；选举产生合作社监事会成员5名。

5. 股权结构

合作社注册资金和总股金均550万元，合作社出资总额550万元，其中团体社员以现金入股出资154万元，占合作社出资总额28%；农民社员265户用1320亩土地经营权折价入股396万元（按10年计算，300元/年·亩），占合作社出资总额的72%。共5500股，每股1000元，一是现金股份，团体社员现金入股154万元认购1540股，占股28%；二是土地经营权折价入股，建档立卡贫困农户社员170户以10年土地经营权折价入股264万元认购2640股，占股48%；95户普通社员以10年土地经营权折价入股132万元认购1320股，占股24%。

6. 投资情况

合作社计划总投资622.96万元，主要建设内容有办公用房、加工厂、机器设备、冷库、窖池、回水池、水泵、运输车、变压器、辣椒种子、有机肥料、人员工资、配套基础设施、实体店、市场开发、产品认证、技术支持、培训等。

7. 管理模式

合作社实行“合作社+农户+团体社员（合作社）”的经营模式。团体社员云群种植专业合作社提供种植技术和管理技术，并指导汇景园合作社组织社员进行辣椒种苗栽种、管护及泡椒加工厂新建筹备等工作，并与汇景园合作社形成“订单收购”的协议，同时负责开发泡椒初级、深级加工产品，与合作社共同创建品牌，拓展销售渠道。此外，为提高合作社的组织化程度和社员的参与度，汇景园合作社不定期组织社员进行辣椒种植技术培训和核心区及集中连片区的生产劳动，并根据工作量实行量化计入分红。合作社社员学习到生产管理技术后可向合作社申请自行发展辣椒产业，合作社先对社员的土地进行评估，核算出单价后以10年经营权折价后计入该社员股份，然后发放相应生产物资给社员发展，社员将辣椒种植成熟后将原料销售给合作社加工，合作社则按照辣椒保底价与市场价格相结合收购社员辣椒。以分水镇为中心辐射周边，大力引领及发展社员，全面发展企业订单收购、合作社组织生产、农民翻身变股民的经营模式。

8. 分红模式

合作社产生效益后提取总利润的10%作为合作社滚动发展资金（购买合作社发展所需的辣椒种子、肥料及支付专卖店租金、审计费用等），剩余90%按照出资情况进行股份分红，其中团体社员股份占比28%，全体农户社员股份占比72%，农户社员分红方式实行交易额返还结合股份分红，按8∶2分配，即80%部分按所交售合作社辣椒原材料的交易额比例分红，20%部分按照农户社员土地经营权折价入股比例分红。汇景园辣椒合作社基本情况见表14－3。

表14－3　**汇景园辣椒合作社基本情况**

类别	合作社基本信息
成立时间	2017年12月
注册资金（万元）	550
总投资（万元）	622.96
初期社员数（户）	266
生产内容	辣椒种植和加工
入股土地（亩）	1320
管理模式	农户自行种植、管护、采摘，合作社统一收购、加工、销售
分红模式	团体社员和全体农户社员按股份比例分红，个体农户社员实行交易额返还结合股份分红，按8∶2分配

二　合作社发展运营情况

1. 合作社发展运营过程

通过世界银行项目的实施，以合作社新建的1320亩原生态辣椒种植区及年加工能力5000吨泡椒厂作为示范，可大幅提高经济效益，增加项目区农户收入。

2018年新建辣椒种植面积1320亩和年加工能力5000吨泡椒加工厂，进行品牌创建和市场开发的建设，拟在辣椒种植粗具规模时建成稳定的销售渠道，进而开发附加值较高的产品，利用合作社提留利润，购买发展所需的辣椒种子、肥料及支付专卖店租金、审计费用等，引导有创业意识的村民横向延伸辣椒产业链。

截至2020年6月，合作社社员共有266户，其中管理层人员12人。拥有土地面积1320亩，流转土地资金为39.6万元，合作社出资金额达396万元，可用营运资本15万元，上年产品销售总额40万元，每年支付劳动报酬金额8万元，已进行2次培训，动用培训经费0.5万元（见表14－4）。

表14－4　**汇景园辣椒合作社发展运营情况**

类别	合作社发展运营信息
所在市	遵义市
所在县区	务川县
所在村（社区）	过江社区
管理层人数（人）	12
成员总数（户）	266
合作社累计投资（万元）	429.55
土地面积（亩）	1320
流转土地资金（万元）	39.6
合作社出资总额（万元）	396
上年合作社产品销售总额（万元）	40
合作社增值业务（是/否）	是
可用营运资本（万元）	15
合作社每年支付劳动力报酬金额（万元）	8
培训次数（次）	2
培训金额（万元）	0.5

为确保项目顺利实施，建立对周边环境和社会的友好度，合作社在发展运营过程中采取了以下措施。

环境保障措施：合作社在病虫害防治方面已制定科学合理的管理计划，辣椒病虫害采取生物防治为主，从生物与环境的整体观点出发，本着预防为主的指导思想和安全、有效、经济、简便的原则，因地制宜，把病虫害危害控制在经济阈值以下；设施建设以及合作社生产经营过程中所产生的少量污水将通过污水处理池解决，不会对生态环境产生影响。

社会保障措施：合作社办公用房建设用地以农户折价入股方式建设使用；泡椒初、深加工厂房与涪洋佳禾辣椒种植农民专业合作社抱团发展，统一建设初、深加工厂房；项目区受益人群除普通社员外，包括建档立卡贫困户社员170户（占项目区贫困户比例82.93%）。

2. 合作社社员满意度

根据问卷调查反馈答卷统计分析，汇景园辣椒种植专业合作社社员感到最为满意的6个指标为：（1）合作社统一提供的肥料、种子等物资情况，评分均值为3.73；（2）合作社发展目标建立实施情况，评分均值为3.60；（3）合作社的土地流转利用情况，评分均值为3.47；（4）合作社建设中的社员参与度，评分均值为3.40；（5）合作社的外出考察交流情况，评分均值为3.40；（6）合作社规章制度的建立情况，评分均值为3.33。社员感到最不满意的6个指标为：（1）合作社管理层处理事务的效率，评分均值为1.33；（2）合作社的管理者能力，评分均值为1.60；（3）加入合作社对能力的提升，评分均值为1.80；（4）合作社的监测评估机制，评分均值为2.00；（5）合作社管理层团结协作能力，评分均值为2.07；（6）合作社按交易量分配利润的相关情况，评分均值为2.07。

三　合作社效益分析

1. 经济效益

辣椒属于一次投入、多年收益的产业，种植周期短，市场销路广，比一般农作物收益更高，产业见效更快，并且农户投入不大，劳动强度不高，解决了老人、妇女、贫困户的就业问题。

汇景园合作社选择贵州省云群种植专业合作社作为合作伙伴，形成“订单收购”的协议，增强合作社的技术支持，并加快合作社的产品开发和市场拓展。由于合作方拥有自主知识产权的辣椒（蔬菜）食品加工工艺技术的发明专利，别具特色风味、口感的产品拥有一定的市场竞争优势。

项目实施前，传统辣椒种植农户过于分散，管理能力弱，市场议价能力低，销售渠道不稳定。合作社成立之后，加强了对种植、管护、加工、销售各环节的技术指导和规范管理，形成了规模化效应，为社员建立了稳定的收购渠道，打造了产品品牌效应，提升了产品品质，大幅提高了社员的经济收入。

2. 社会效益

合作社每年抽取一定收益作为贫困帮扶资金，让贫困户在按入股比例和销售额获得分红之外，还能获得帮扶资金发放的保底收入，有效带动贫困户脱贫致富，扶贫效益显著。

合作社不定期聘请专业人士进行能力建设培训，向全体社员传授技术管理知识，并聘请专家到田间地头对社员进行实地教学，县项目办也开展了规模较大的培训讲座，组织社员到外地进行参观考察，培养了一批青壮年知识人才，为合作社的可持续性发展打下坚实基础。

合作社重大事务通过社员大会进行公布，并采用一人一票制进行民主选举和决策，采购和财务程序也逐步规范化，完善了资料分类归档，并通过宣传栏和会议等渠道将合作社的运营情况向社员通报，提高了合作社运作过程的透明性和公平性，使社员增强了民主决策、现代化管理、公平化分红的意识。

3. 周边地区带动效益

合作社带动了周边社区和村镇的农户共同参与发展辣椒种植和加工产业，形成规模化效应，并通过示范作用提升了整个产业的规范化管理，推广了种植加工技术，强化了地区公共品牌效应，拓宽了辣椒市场销售渠道，推高了辣椒市场销售价格，推动当地辣椒产业链上下游做大做强。同时，合作社为附近村民在生产经营管理过程中提供了就业岗位，并刺激了当地运输行业和其他相关服务业的增长，促进地方经济和社会健康发展。

4. 生态环境效益

合作社大力打造绿色无公害产品，强化了种植加工过程的监管，督促社员使用无污染的有机肥料和有机农药，逐步淘汰除草剂，减轻了化肥、除草剂、重金属等多种化工和农业污染，有效提高了耕地质量和土壤健康，并减少了氨挥发、硝酸盐淋洗和一氧化二氮等温室气体的排放，改善了地下水循环系统，大幅提升了生态环境服务价值。

第三节　能人大户带动型（能人大户+农户+合作社）

魔芋是含优质可溶性膳食纤维食物之一，不仅有效吸收胆固醇和胆汁酸，还有防治肥胖、三高、糖尿病等功效，产品应用于食品工业、化学工业、医药保健、农业生产、石油钻探等方面，因其特殊的结构和物性被称为“保健食品和工业味精”，魔芋制作的食品被世界卫生组织定为十大保健品之一。

近年来全世界每年生产魔芋精、微粉总量约为25000吨，其中，我国年产量约为15000吨，日本年产量约为6500吨，东南亚地区年产量约为3500吨。中国已经超越日本成为世界第一大魔芋原料生产大国。目前，中国已经形成了集种植业、粗加工、精深加工为一体的年产值约300亿人民币的魔芋产业链。纳雍县确立发展魔芋产业的战略后，广泛开展魔芋种植和加工，带动了魔芋生产大规模发展，全县当前商品魔芋干片、精粉主要销往四川、云南、广西、广东等省地，少部分还销往国外，供不应求。

为进一步促进魔芋产业的发展，世界银行项目在纳雍县帮扶梅花山魔芋专业合作社成功运营。

一　合作社基本情况

1. 注册日期

2017年9月。

2. 成立背景

合作社成立之前，纳雍魔芋种植面积达1.8万亩以上，鲜魔芋总产量为3.5万吨。但项目区农户分散种植，规模效应差，无龙头企业带动，普遍存在无技术标准的种植习惯，缺乏对良种繁育、品种改良的培育，难以形成标准化、规模化生产，产品价值不高。由于种植比较粗放，生产效率低，加之没有加工厂，农民都是卖初级产品，同时，由于没有向外的营销渠道，产品都是销往产地周边的乡镇。

3. 业务活动

魔芋良种扩繁、种植、加工及销售；组织收购、销售及同类生产经营者的产品，引进新技术、新品种，开展技术培训、技术交流及咨询服务，经济服务。

4. 成员组成

合作社已经发展社员454户，贫困户社员176户，占项目区贫困户数的比例为63.54%，占社员总数的38.77%。能人大户1户，占合作社成员0.22%。经成员大会选举产生理事会成员5名（选举理事长1名，副理事长1名，理事3名，贫困户1名），监事会成员5名（选举监事长1名，副监事长1名，监事3名，贫困户1人）。随着项目的实施进展，将发展更多的农户尤其是贫困户和少数民族加入合作社中，逐步提高贫困户社员的比例。

5. 股权结构

纳雍县库东关乡梅花山魔芋专业合作社于2017年9月注册，合作社原始股本金438.97万元，按1500元/股，共2926.5股。其中，能人大户入股货币资金100万元，占股22.78%。农户社员以2326.48亩土地10年的经营权入股，折价338.97万元，占股77.22%。

农户社员以土地经营权入股2326.48亩土地，期限为10年，根据魔芋种植3年必须休耕轮作的特性，结合当地实际情况，对入股的2326.48亩土地，按3年轮作一次，每次轮作1/2土地面积计算，其经营权按300元/亩·年的1/2计算，即为150元/亩·年。农户入股土地的10年经营权，有5年由合作社统一使用，有5年由社员自己使用（农户自由使用期间不种植魔芋），合作社和农户轮流使用土地。由于合作社是新成立的，无任何债务及贷款。

6. 业务关系

合作社通过引进魔芋行业的高级技术人才，先进的种植、加工技术，以及规范、高效的管理经验、组建专门的市场营销团队，技术环节将由贵州省农科院、毕节市农科所、纳雍县农牧局组成技术顾问小组指导从引进良种到良种培育、科学种植以及魔芋初加工的整个环节，技术专家下到田间地头，对合作社社员进行示范和培训，提高科技化种植技术。魔芋种植统一由合作社进行，分别建立育种基地和大田种植，育苗、种植、采收、加工、销售等环节统一由合作社组织实施，加工的产品重点是魔芋精粉。

大户以自身的市场营销优势资源，带领合作社，根据销售市场行情，统一对鲜芋进行初加工，生产魔芋干片、魔芋精粉等产品再销售，延长魔芋加工产业链，增加利润水平、提高合作社的市场竞争能力；目前已与贵州威宁鼎诚魔芋科技有限公司签署销售协议。

7. 投资情况

总投资1398.97万元，其中，世界银行贷款资金950万元，能人大户投资100万元。投资主要用于办公用房、种植基地、加工厂、机器设备、农用车、叉车、冷库、种子储藏间、变压器、污水处理池、安防、市场开发、检测实验室、技术支持、风险防范等。

8. 管理模式

项目采用“能人大户 + 农户 + 合作社”的经营模式，本着“服务成员、共谋发展、入社自愿、退社自由、平等地位、民主管理、利益共享、风险共担”的原则，从种植到加工到销售均采取现代化的运营管理模式。对 2326.48 亩种植基地采取工厂化管理，合作社组织项目区农户统一耕作、统一施肥、统一除草、统一收获、统一加工、统一销售，实现统一化管理，有效增加项目地农民就业，提高农户收入。在生产经营过程中，优先保障贫困农户、妇女、少数民族的参与权。合作社的组织安排将严格遵循现代企业管理制度建立管理架构。合作社管理部门包括技术、生产、销售、财务、办公室等部门，各部门每年制订工作计划，经合作社理事会批准后执行。在统一安排生产的情况下，按照与相应产品订购协议，产品统一由合作社销售出去。

9. 分红模式

预计到 2026 年，项目累计毛利润为 1704 万元，按 20% 提取后续发展资金 340.8 万元后，可分配利润 1363.2 万元。由于合作社是紧密型的合作社，所有生产销售等都由合作社统一运行，分配方式如下：能人大户占合作社股权的 22.78%，可分配利润为每年 310.54 万元；农户社员按股权比例可分配利润 1052.66 万元，平均每户每年将增加收入 0.23 万元（不包含在生产基地劳动获得的工资性收入）。梅花山魔芋合作社基本情况见表 14－5。

表 14－5　**梅花山魔芋合作社基本情况**

类别	合作社基本信息
成立时间	2017 年 9 月
注册资金（万元）	438.97
总投资（万元）	1398.97
社员数（户）	454
生产内容	魔芋种植与加工
管理模式	集中管理：统一耕作、统一施肥、统一除草、统一收获、统一加工、统一销售
分红模式	合作社盈利中提取按 20% 作为后续发展资金，剩余 80% 由社员按占股比例进行分红

二　合作社发展运营情况

1. 合作社发展运营过程

2016 年 11 月，纳雍县项目办抽派工作人员组建工作指导组，库东关乡人民政府成立以乡长为组长、驻村领导付琳为副组长、乡村两级 10 名干部为成员的工作专班，进入农户家中做宣传动员工作，到梅花、下厂、李子三个村组织召开群众会 19 场，上门走访交流 21 次。历经近三个月的宣传动员，最终得到广大农户的支持，合作社的组建得以顺利进行。2017 年 9 月 6 日，纳雍县库东关乡梅花山魔芋专业合作社由工商部门批准并正式挂牌成立，注册资金 438.97 万元。目前，合作社共有社员 454 户（其中，贫困户社员 243 户），合作社项目区覆盖库东关乡梅花、下厂、李子三个一类贫困村八个村民组；以魔芋种植加工销售为一体，提供魔芋种植技术咨询服务（见表 14－6）。

表 14－6　梅花山魔芋专业合作社发展运营情况

类别	合作社发展运营信息
所在市	毕节市
所在县区	纳雍县
所在村	库东关乡梅花、下厂、李子三个村
管理层人数（人）	10
成员总数（户）	454
合作社累计投资（万元）	1000
土地面积（亩）	0
流转土地资金（万元）	0
合作社出资总额（万元）	448.70
上年合作社产品销售总额（万元）	512.53
合作社增值业务（是/否）	否
可用营运资本（万元）	7
合作社每年支付劳动力报酬金额（万元）	45
培训次数（次）	3
培训金额（万元）	2.4

截至2020年6月，世界银行总投资997.6万元，用于实施30个子项目，已经全部实施完成，并实现100%报账。平时与市、县项目办及时沟通，为合作社发展中急需项目争取资金，2020年获得90万元的资金支持，用于建设魔芋种子库房，完善了合作社发展所缺功能。

合作社通过深入研究，反复研讨，明确了合作社实行“社员土地入股，合作社集中种植”的运营模式；属于集中生产经营的密集型合作社，主要以魔芋种植及加工为主，在打造好示范点种植的基础上带动社员及周边农户、乡镇进行种植，合作社收购加工。2020年，在保持原种植面积1030亩的基础上，新增种植面积330亩。目前已试生产出魔芋精粉并包装销往市场。

合作社在运营中不断总结经验，结合实际制定合作社内部管理制度，对合作社会议召开、财务管理、运营管理等方面制度进行明确。目前，累计召开社员大会5次，监理事会14次。在财务管理方面，有专门的财务人员和出纳，建立《物资出入库台账》及《农产品销售台账》，并使用金碟财务软件系统进行财务管理，做到日清月结、按月公示，所有报账票据均实行监事长和理事长双签字报销制度，并在社员大会上公布财务收支情况。

合作社讲求方法精心运作，如期实现盈利分红。合作社总占股为100%（其中，大股东持股占比22%，一般社员持股占比35%，贫困户社员持股占比为43%）。合作社分配方式是利益盈利分配70%，留存30%提取公积金、公益金及风险金。合作社紧盯目标，盈利分红有计划。2020年初制订盈利行动计划，对合作社管理层人员进行分工，按月进行调度，确保盈利行动计划的顺利实施。梅花山魔芋合作社资产总计为1676.06万元，其中固定资产原值为533.09万元，固定资产净值为454.22万元，流动资产为925.17万元。目前，已完成销售收入512.53万元，预计2020年底实现销售收入1000万元，实现盈利分红300万元左右。

为确保项目顺利实施，建立对周边环境和社会的友好度，合作社在发展运营过程中采取了以下措施。

环境保障措施：一是魔芋种植管理中投入物采用生石灰、有机肥料；二是加工中没有加入其他化学制剂，不产生有污染的水，只有部分清洁魔芋用水，通过现有沉淀池过滤后就可排放；三是加工环节略有噪音，通过厂区绿化隔离带可以降低音量，避免夜间加工生产；四是生产过程中有少量魔芋残渣，通过发酵腐熟后返回魔芋地作肥料用。

社会保障措施：合作社办公楼、仓储、厂房的建设用地是经村民、村委会同意修建，其他基础设施方面的建设用地数量不多，并由村民自愿贡献。项目区贫困户参加合作社的成员比例为60%以上。

技术保障措施包括：聘请贵州省农科院生物技术研究所魔芋专家作为合作社基地建设技术指导，为合作社的产业发展规划、高产栽培、病虫害防控等提供技术支撑，同时，跟实践经验丰富的威宁县哈喇河乡鼎诚种养殖专业合作社形成战略合作关系，鼎诚合作社在魔芋种植、加工生产的关键时期，派出技术人员对本合作社提供现场指导。

2. 合作社社员满意度

为深入了解合作社社员对合作社发展运营的看法和满意度，调研组对合作社社员进行了问卷调查，设计了《世界银行项目合作社主观评价打分表》（见附录一），分发给各合作社由社员进行填写。问卷设计了6个一级指标和48个二级指标，涉及合作社的管理能力、设施建设、运营能力、社员收益、社会影响、社员满意度六个方面。每个指标采取五级打分以反映绩效分布：1分表示不好/不满意；2分表示一般/勉强可以；3分表示好/满意；4分表示良好/比较满意；5分表示优秀/非常满意。

根据合作社反馈的答卷结果进行分析，库东关乡梅花山魔芋专业合作社社员对合作社评分最高几项指标为：（1）合作社市场开拓能力，评分均值为4.53，（2）合作社对贫困人口的接纳度和合作社的问题与冲突解决机制，评分均值为4.47。社员对合作社评分最低几项指标为：（1）加入合作社后生产成本，评分均值为3.27，（2）合作社按交易量分配利润相关情况，评分均值为3.6，（3）合作社带动就业情况，评分均值为3.8。

三　合作社效益分析

1. 经济社会效益

合作社多渠道筹措资金对周边魔芋进行收购加工获取利润，由合作社监理事会成员贷款，合作社出息，待产品销售时还取贷款。合作社抓好魔芋种子脱水脱毒处理，确定种子销售营销方案，多方寻找客户，从而在种子销售上获得更高的利润。合作社还打破季节性生产的瓶颈，充分利用好生产加工设备，开辟土豆片销售市场，利用现有设备对土豆片进行烘烤加工，从而获取利润。为社员建立了长期稳定的收购渠道，保障社员收入稳定增长。

2. 社会效益

参加合作社的农户、能人大户是合作社的直接受益者。合作社前期项目发展，使合作社成员发展魔芋产业收入明显增加，176 户贫困户彻底脱贫。在项目期结束时，合作社外延扩大，逐渐发展成为新的农业经营主体，精心做好种植示范和加工合作，农户的收入明显提升，持续稳定的合作社发展给参与的社员带来利益的同时，通过直接合作社带动和生产就业带动，使项目区 80% 以上的农户实现逐年脱贫致富。合作社通过召开社员会，选举工作积极、思想先进、有创业经验的年轻同志。市场考察一方面提升了合作社管理层的管理能力，另一方面也为合作社产品增加了销售机会。合作社内部能力培训，培养了一批技术知识水平较高的社员人才。

3. 周边地区带动效益

在项目实施的过程中，合作社传播先进的种植技术和管理经验，通过合作社魔芋基地的辐射带动，到 2020 年，总共带动种植基地周边 400 多户农户参魔芋种植，种植面积达到 3000 亩以上。合作社为这部分农户提供了稳定的魔芋销售渠道；通过项目的实施，有效提高了周边农户的组织化程度，提高魔芋种植水平。

4. 生态环境效益

魔芋种植已有效固土保肥，绿化环境，使生态环境与农业生产处于良性循环状态，促进了农村经济结构的调整，推进了农业产业化进程，促进少数民族地区农耕文化的传承以及保护自然生态环境的进一步改善。

第四节 村组织带动型（村组织 + 农户 + 合作社）

思南县辖属铜仁市，地处乌江中下游的核心地带和武陵山区的腹地，海拔 340—1481 米，气候属亚热带季风气候，冬无严寒，夏无酷暑，境内除乌江干流外，共有大小溪流 601 条，呈网络状遍布全县。思南县空气清新湿润，无工业污染，气候温和，水资源丰富，十分适合发展绿色无污染有机农产品。

为促进生态有机农业在思南县的进一步发展，受世界银行项目资助成立了思南县农绿种植农民专业合作社。

一　合作社基本情况

1. 注册日期

2018 年 8 月 20 日。

2. 成立背景

项目区优质水果有“三红柚”和“水晶葡萄”，2018 年全县种植面积近 5000 亩，主要分布在邵家桥镇、塘头镇、孙家坝镇。“三红柚”是十分理想的营养保健型优质水果，富含高抗氧化力能促进和保护前列腺功能的番茄红素，能促进和保护微血管循环，并含有镁、钙、铜等 10 多种对人体有益的矿质营养元素，具有调节人体新陈代谢，降血压舒心、祛痰润肺、消食醒酒，利尿通便，降血脂、血糖和降火消炎等多种营养保健功能。水晶葡萄外表呈浅绿色，含有丰富的营养物质，对神经衰弱和过度疲劳均有补益作用，用水晶葡萄酿造的葡萄酒为一种低度饮料，含有十几种氨基酸和丰富的维生素 B12 和维生素 P，更具有味甘、性温、色美、善“醉”、易醒、滋补、养人等特点，经常少量饮用，有舒筋活血、开胃健脾、助消化、提神等功效。

然而此前，“三红柚”和“水晶葡萄”种植农户普遍管理意识较差，没有技术支撑，缺乏管理，产量较低。种植户没有自己的品牌，没有销售渠道，产业链短，特别是初加工和保鲜环节严重缺乏，经济效益不明显。

3. 成立目的

合作社组织农户进行规模化种植，投入技术援助，不断提高产量。健全产品加工环节，形成“产、加、销”一体化，增加产品附加值，提高经济效益，打造项目区“三红柚”“水晶葡萄”的品牌效应，提升社员及项目区农民特别是妇女、少数民族、贫困户产业发展的能力，带动社员脱贫致富。

4. 业务活动

主要从事果蔬种植、农产品加工、包装、运输、冷冻、贮藏，苗木培育、销售等。

5. 成员组成

合作社共有社员 301 户，其中，有建档立卡贫困户社员 66 户 252 人占项目区贫困户 66 户的 100%。

理事会成员 7 名，于 2018 年 8 月 11 日召开社员大会选举产生。监事会成员 3 名，于 2018 年 8 月 11 日召开社员大会选举产生。

6. 投资情况

项目总投资370万元，其中，申请世界银行支持310万元，合作社自筹60万元。主要建设内容包括办公用房、钢架棚、气调保鲜库、变压器、机器设备、冷藏运输车、包装间、市场开发、绿色产品认证、技术支持、培训、市场开发、人员工资等。

7. 管理模式

合作社采取“村组织＋农户＋合作社”的管理运营模式，实施集中管理，统一开展种植管理、采摘、加工、包装、销售，即“生产在社、经营在社”，完成农产品安全溯源体系建设，建立标准化“三红柚”和“水晶葡萄”气调保鲜库，申请绿色产品认证，提升项目区产品的竞争力。

8. 分红模式

合作社产品销售后，提取税后利润的10%作为公积金，用于扩大生产和服务；5%作为公益金，其中，3%用于社员福利，2%用于贫困社员及项目区贫困户生产生活扶持；5%作为风险金，用于社员生产遭受重大损失的补贴；按可供分配利润的100%进行股份分红。农绿种植合作社基本情况见表14－7。

表14－7　**农绿种植合作社基本情况**

类别	合作社基本信息
成立时间	2018年8月20日
总投资（万元）	370
初期社员数（户）	301
生产内容	果蔬种植、农产品加工、包装、运输、冷冻、贮藏，苗木培育、销售等
市场	铜仁市
管理模式	集中管理：统一开展种植管理、采摘、加工、包装、销售，即“生产在社经营在社”
分红模式	合作社提取税后利润的10%作为公积金，5%作为公益金，5%作为风险金，剩余80%由全体社员按股份占比分红

二　合作社发展运营情况

1. 合作社发展运营过程

合作社自成立以来，大力实施宣传动员，加强管理运营，优化社员结构，截至 2020 年 6 月，合作社社员总数有 267 户，拥有土地面积为 586.25 亩，流转土地资金为 17.59 万元，累计投资 289.9 万元，合作社出资 60 万元，上一年产品销售总额为 30 万元，可用营运资本为 50 万元，每年支付劳动力报酬 25.6 万元，向社员开展 2 次培训（见表 14 - 8）。

表 14 - 8 **农绿种植合作社运营情况**

类别	合作社发展运营信息
所在市	铜仁市
所在县区	思南县
所在村	渔溪沟村
管理层人数（人）	7
成员总数（户）	267
合作社累计投资（万元）	289.9
土地面积（亩）	586.25
流转土地资金（万元）	17.59
合作社出资总额（万元）	60
上年合作社产品销售总额（万元）	30
合作社增值业务	否
可用营运资本（万元）	50
合作社每年支付劳动力报酬金额（万元）	25.6
培训次数	2

为确保项目顺利实施，建立对周边环境和社会的友好度，合作社在发展运营过程中采取了以下措施。

环境保障措施：（1）项目选址方面，不属于生态红线和重点区域，满足环境管理平台的子项目筛选标准和环境管理平台的地点筛选标准；（2）病虫害防治方面，已开展包括环境评估并建立了病虫害防治管理计划框架，通过本地环境评估审批；（3）污水处理方面，项目涉及的包装、贮藏车间建成后，将产生少量废水，并主要来自公厕，污染因子为 CODcr、

BOD5、悬浮物等，通过修建污水净化池（化粪池）进行有效处理后达标排放，对周围环境影响极小。计划新建沉淀池100立方米，分级沉淀处理后外排；（4）环境垃圾方面，包装、冷藏过程中会产生少量垃圾，计划购置垃圾桶5个，对垃圾进行分类收集，由镇垃圾车统一定期清运。

社会保障措施：（1）项目实施不涉及改变生态环境，不存在土地征收问题，相关工程项目建设用地由镇政府、村委会共同解决，于2018年8月出具土地使用证明，不涉及征地的问题；（2）项目区有建档立卡贫困户66户，合作社有贫困户社员66户，占项目区建档立卡贫困户的100%；（3）合作社加强能力建设和培训，通过集中培训、现场观摩、外出考察等形式，每年组织开展合作社管理人员培训、同行人培训和农民实用技术培训。

2. 合作社社员满意度

为深入了解合作社社员对合作社发展运营的看法和满意度，调研组对合作社社员进行了问卷调查，设计了《世界银行项目合作社主观评价打分表》（见附录一），分发给各合作社由社员进行填写。问卷设计了6个一级指标和48个二级指标，涉及合作社的管理能力、设施建设、运营能力、社员收益、社会影响、社员满意度六个方面。每个指标采取五级打分以反映绩效分布：1分表示不好/不满意；2分表示一般/勉强可以；3分表示好/满意；4分表示良好/比较满意；5分表示优秀/非常满意。

根据合作社反馈的答卷结果进行分析，农绿种植合作社社员感到最为满意的8个指标为：（1）合作社的档案资料保管情况、合作社带动脱贫情况，评分均值都为5.00；（2）合作社发展目标建立实施情况、合作社规章制度的建立情况、合作社管理层团结协作能力、合作社办公设备、合作社带动产业情况、合作社带动就业情况，评分均值都为4.93。社员感到最不满意的5个指标为：（1）加入合作社后生产成本，评分均值为3.00；（2）合作社的盈利情况，评分均值为3.27；（3）合作社的社员分红情况，评分均值为3.40；（4）合作社财务计划，评分均值为3.87；（5）合作社提供的生产技术，评分均值为3.93（见附录二）。

三 合作社效益分析

1. 经济效益

合作社组织分散的农户进行统一种植、管理、包装和销售，在项目区形成规模化效应，打造绿色有机产品，提高产品附加值，增加产品的市场竞争力，拓宽市场销售渠道，有效提高社员收入。项目全部投产后，可使合作社社员户均年增收高于7000元。

2. 社会效益

合作社通过开展培训和聘请技术专家实地指导等能力建设活动，增强社员的知识技术水平，增强自身发展能力。社员大会一人一票的民主决策制度和财务情况公开透明化促进了社员的公平意识，合作社大力宣传动员，努力吸收贫困户、妇女和少数民族成为社员，提高了弱势群体的话语权和收入水平。

3. 周边地区带动效益

合作社通过扩大规模效应、创建产品品牌、开拓市场销售等措施，形成区域性示范作用，不仅直接让社员增收致富，还能带动邻村邵家桥镇朱池坝、先锋等村100户水果种植户发展绿色水果产业以及相关的运输业、服务业等产业上下游，让更多农户增收致富。

4. 生态环境效益

合作社在种植管理过程中，为完成绿色有机产品认证，只使用有机肥料，不使用农药和化肥等有害物质。同时，水果种植可以保持水土流失，增加森林覆盖率。绿色生产模式对生态环境十分友好，能够有效提高耕地质量，促进生态系统的良好循环和健康生长。

第五节　全农户型（农户+合作社）

印江县洋溪镇区位优势明显。地处印江县南部，梵净山西麓，交通便捷，临近杭瑞高速和安江高速四个匝道口，其中安江高速龙塘坳收费站离洋溪集镇仅7公里。且地处梵净山至石阡温泉旅游线上，到江口、石阡车程在30分钟内，到铜仁1小时，到贵阳2小时。气候、环境良好。洋溪小气候明显，夏无酷暑，冬无严寒，气候属亚热带温暖季风气候，土壤疏松，土层深厚，土壤有机质含量高，含多种微量元素；境内山高雾浓，空气清新，植被良好，森林覆盖率达76%，溪水清澈，具有发展有机茶得天独厚的自然条件。

洋溪是全县茶产业发展重点镇，属省级印江县湄坨现代生态茶产业高效农业示范园区。自2007年以来，全镇发展茶园16000亩，涉及15个村

1900多农户。全镇现有加工企业15家，其中市级龙头企业2家，小微企业6家，加工作坊7家，2015年全镇茶叶总产量120吨，总产值2500万元，茶叶已成为洋溪镇农民脱贫致富和农业增收的主要渠道。

为进一步促进茶产业的发展，世界银行项目在印江县帮扶洋溪茶叶专业合作社成功运营。

一　合作社基本情况

1. 注册日期

2016年10月17日。

2. 成立背景

要实现茶叶产业化发展，关键在于企业，特别是龙头企业的带动。此前，印江县茶叶产业加工经营企业数量少、规模小，而且综合功能差。现有茶叶加工生产线落后、老化，上不了规模、档次。因此，扶持茶叶加工企业发展，对促进印江茶产业发展极其重要。印江土家族苗族自治县洋溪茶叶专业合作社在发展茶叶生产、加工、销售的同时，也认识到，要使合作社真正走上农业产业化经营快速发展的轨道，必须进一步提高自己的加工能力和清洁化加工水平，提高茶园单产，加强合作社与成员的利益联结，从而带动更多农户发展，促进当地茶农增收和茶叶产业化发展。

3. 业务活动

合作社主要从事茶叶的生产、加工、销售。主要经营范围为依法组织采购、供应成员种植茶叶所需的农业生产资料；组织社员从事产品的加工、储藏和销售；引进新技术、新品种；开展茶叶有关的技术培训、技术交流和信息咨询服务。

4. 成员

项目涉及洋溪村、双龙村和冷水村三个村，覆盖13个行政村，现有茶园面积1500余亩。共有社员332户，其中建档立卡贫困户118户，项目核心村80.5%的贫困户加入了合作社。合作社重大事项通过召开社员大会、理事会、监事会进行决策，2020年，召开理事会3次、监事会2次，召开社员代表大会2次、社员大会2次。

5. 股权结构

合作社资产总额为910万元，其中，124户社员现金入股，金额

105.67万元，占11.61%；用茶园经营权折价入股264户，入股价值763.63万元（茶园按500元/亩·年，10年的经营权计算），占83.92%；改组前合作社评估资产中国家投入40.69万元，占4.47%。农户入股茶园面积1527.27亩，最多的占2.8%，最少的占0.15%，无新植茶园。264户农户土地入股每100元为一股，股份为76363股，现金入股每100元为一股，股份为10567股，总计原始股份为86930股。

6. 业务关系

合作社主要从事茶园经营和管理。茶树种植苗的来源可委托有资质单位实行询价采购，茶青实行统一采摘或收购，统一加工，产品主要销售到印江县、铜仁市、贵阳、北京及广东区域。

7. 投资情况

项目总投资463.76万元，2017年合作社获批世界银行贷款资金345.3万元，2019年12月再获县级奖励资金200万元，累计获得世界银行项目资金545.3万元。截至2020年6月，合作社投资进度达到100%，原项目资金完成提款报账234.9万元，报账率68.03%；县级奖励资金正在实施中，2020年12月底完成全部投资计划和报账。主要建设内容包括办公用房、茶叶加工厂、机器设备、农用物资、管理用房、运输车、变压器、检测费、市场开发、培训、工资等。

8. 管理模式

一是由合作社按公司运作模式统一组织社员或非社员进行茶园建设、管护、采摘等生产工作；二是统一购买肥料、农药等农用物资统一使用；三是统一加工；四是组织人员统一销售；五是理事会、监事会按章程规定履行职责；六是世界银行项目投资的工程、货物按世界银行采购的相关规定执行，其他项目投资按合作社的项目投资管理制度执行，并成立专门的采购小组负责，由监事会负责采购监督。

9. 分红模式

合作社第一次分红是社员采摘茶青交售合作社所得茶青支付款；合作社统一收购、加工、销售，合作社当年经营扣除生产成本和各种费用以及提留各项基金后所剩盈余部分进行第二次分红，第二次分红按现金和土地折价入股比例进行分配，其中土地折价入股部分按茶青交售量（额）占90%，土地占10%进行分配；现金分红按入股现金的100%进行分配。洋溪茶叶专业合作社基本情况见表14－9。

表 14 - 9　　洋溪茶叶专业合作社基本情况

类别	合作社基本信息
成立时间	2016 年 10 月 17 日
注册资金（万元）	910
累计完成投资（万元）	545.3
社员数（户）	332
生产内容	茶叶种植与加工
市场	印江县、铜仁市、贵阳、北京及广东区域
管理模式	集中管理：统一建园、统一管护、统一采摘、统一加工、统一销售
分红模式	合作社盈利中提取按 10% 作为合作社公积金，剩余社员分红中：土地折价入股部分按茶青交售量（额）占 90%，土地占 10% 进行分配；现金分红按入股现金的 100% 进行分配

二　合作社发展运营情况

1. 合作社发展运营过程

合作社于 2012 年获批市级农业产业化经营重点龙头企业和市级扶贫龙头企业，2013 年 4 月注册“净合”商标，同年 8 月通过食品生产许可认证，2016 年申报认证获有机茶园转换面积 513 亩。现合作社茶园总面积 1527.27 亩，有生产技术指导人员 5 名，加工技术人员 3 名，管理人员 4 名，季节工 120 人，采茶工约 800 人。2015 年合作社名优茶茶青产量 15 吨，大宗茶茶青产量 125 吨，年加工成品茶 30 吨，产值 230 万元。

合作社现有固定资产 383.2 万元，流动资产 202.95 万元。截至 2020 年 6 月，合作社经营收入 180.2 万元，经营成本 156.3 万元。2018—2019 年，合作社茶叶总产量 96 吨，销售金额 283.6 万元，茶青收购 40 余万元，贫困户茶青收入近 20 万元，社员务工工资共计 14.9 万元。新扩展低端茶叶销售市场 1 个。2020 年，计划完成生产各类干茶 25 吨，产值 200 万元，但因疫情影响，低端茶叶出口市场受冲击很大，合作社通过对茶叶市场进行调研分析后，决定调整出口茶绿片为生产中低端红茶。截至 2020 年 6 月，已完成生产干茶 12 吨，总产值达 227 万元。预计 2020 年销售总额 180.2 万元，较去年同期增长 46 万元；社员茶青收入 120.3 万元，贫困户参加务工 65 人次，务工收入 7.8 万元。

合作社社员第一笔收入是茶青交易款；第二笔收入是分红，在可分配利润中，60%作为茶青交易量分红，30%作为现金股分红，10%作为茶园股分红。2018 年，向社员分红 3 万元，2019 年分红 2.5 万元，2020 年底预计分红 5 万元。

合作社采取“专家授课 + 机械化松根除草演示 + 现场机采演示”等模式，让社员及项目区茶农掌握机械采摘、机械化松根除草技术及茶园冬管修枝技术，提高茶叶秋冬季管护水平，提高茶叶质量和产量。2018 年以来，共举办社员培训 6 次，参训人员 1500 余人次。加强管理人员培训，提升管理水平。2018 年以来，开展合作社管理人员培训 20 人次，外出考察 15 人次，极大地拓宽了管理人员的视野，提升了管理层人员的知识储备，为合作社后续发展提供了人才支撑（见表 14 - 10）。

表 14 - 10　**洋溪茶叶合作社发展运营情况**

类别	合作社发展运营信息
所在市	铜仁市
所在县区	印江县
所在村	洋溪村
管理层人数（人）	10
成员总数（户）	332
合作社累计投资（万元）	459.30
土地面积（亩）	1527.27
流转土地资金（万元）	734.63
合作社出资总额（万元）	699.13
上年合作社产品销售总额（万元）	160.31
合作社增值业务（是/否）	是
可用营运资本（万元）	18.32
合作社每年支付劳动力报酬金额（万元）	23.84
培训次数（次）	6

为确保项目顺利实施，建立对周边环境和社会的友好度，合作社在发展运营过程中采取了以下措施。

环境保障措施：一是按照有机茶生产标准采用生物农药、有机肥；二是加工中不需要水，只有部分清洁用水，通过现有沉淀池过滤后就可排放；三是加工环节略有噪音，通过厂区绿化隔离带美化环境，降低噪声，用采购低噪声的设备、采用隔声、消声、吸声、隔振等措施可以降低音量，避免夜间加工生产；四茶叶加工企业生产过程中的固体废物为茶末、茶梗、茶渣、废弃包装物，茶末粉尘集中收集打包后回收利用，茶梗、茶渣在厂区内统一收集后，由当地环卫站定期收集处理或通过发酵腐熟后返回茶园作肥料施用，废弃包装物由将外卖废品回收公司收回再利用。

社会保障措施：在土地方面，项目执行中涉及土地租用，由合作社流转村集体土地，使用无争议；项目直接覆盖农户 332 户，其中，贫困户 118 户；在能力建设和培训方面，进行同行人培训，通过对同行的经验学习、交流，完善对合作社的经营管理。

2. 合作社社员满意度

根据合作社反馈的答卷结果进行分析，洋溪茶叶专业合作社社员对合作社档案资料保管情况、合作社的财务计划、合作社规章制度的建立情况评分均值为 3. 93 分；对合作社发展目标建立实施情况、合作社的贫困户占服情况、合作社收购社员产品的价格满意度，评分均值为 3. 87 分，是答卷中评分较高的几项，表示满意。而对合作社专业人才聘请情况，评分均值为 3. 2 分，也表示满意。

三　合作社效益分析

1. 经济效益

合作社规范管理，提升合作社管理水平。严格按照合作社财务管理制度，聘请了专职的出纳、会计、保管人员各 1 名，使用项目专用财务软件做账，定期向社员公示，健全了各项管理制度，促进了合作社管理水平和经营效益的提高，确保合作社的财产安全。管理水平的提高，进一步提升了合作社生产效率，拓展了盈利空间。

合作社通过调整产品结构，增加合作社销售收入。通过调整产品结构，合作社总产值超额完成 2020 年初计划。产品销售渠道采取中低端茶叶产品与从事茶叶行业的大公司合作，实行订单生产。产品除省内销售外，主要销往北京、广东、福建等地。通过调整产品结构，为社员建立了长期稳定的收购渠道，保障社员收入稳定增长。

合作社完善利益联结，激发社员的内生动力。合作社社员第一笔收入是茶青交易款；第二笔收入是分红，在可分配利润中，60%作为茶青交易量分红，30%作为现金股分红，10%作为茶园股分红。2018年，向社员分红3万元，2019年分红2.5万元，2020年底预计分红5万元。通过合作社带动，解决了社员就近就业的难题，促进了社员增收，极大地激发了农户内生动力。

2. 社会效益

合作社在实施世界银行项目时结合“精扶贷”政策，充分使用“精扶贷”政策，降低合作社融资成本，增加贫困户的现金股份，加大贫困户分红返利，实现增收脱贫。贫困户“精扶贷”入股签订三方合同，即贫困户与信用社签订贷款合同；合作社与信用社签订担保合同，且在贷款期内由合作社按期结算利息；合作社与贫困户签订还款合同，贷款期限到后由合作社还清贷款。为了保证贫困户的利益，合作社给贫困户“精扶贷”股金按每年5%保底分红，保底分红不受合作社亏损影响。贫困户除5%保底分红外，还按现金入股参与第二次分红。有效带动贫困户脱贫致富，扶贫效益显著。

合作社加强能力建设，培育合作社人才队伍。一是加强社员培训，提升社员生产技能。按照贴近生产、实在管用的原则，合作社采取“专家授课+机械化松根除草演示+现场机采演示”等模式，让社员及项目区茶农掌握机械采摘、机械化松根除草技术及茶园冬管修枝技术，提高茶叶秋冬季管护水平，提高茶叶质量和产量。二是加强管理人员培训，提升管理水平。2018年以来，开展合作社管理人员培训20人次，外出考察15人次，极大地拓宽了管理人员的视野，提升了管理层人员的知识储备，为合作社后续发展提供了人才支撑。

3. 周边地区带动效益

合作社对发展周边地区的带动作用也十分明显，合作社间接带动186户705人。吸引越来越多的农户加入合作社，使组织化程度越来越高，覆盖范围越来越广，带动更多的农户走上致富的道路，并具有可复制性。

4. 生态环境效益

合作社统一采购品质优良的有机肥料和杀虫剂，并不定期巡查社员茶园，严禁使用除草剂，减少了化肥、除草剂、重金属等多种污染，增加了绿化面积，改善了土壤质量和地下水系统，美化了自然环境，生态效益显著。

第六节　混合型（科技园+村干部+农户+合作社）

思南县位于武陵山脉与大娄山山脉之间。受构造、岩性以及乌江水系控制，呈现峰丛山地，缓丘谷地、河谷、石林等多种地貌形态。气候温和，空气清新，水资源丰富，无工业污染，生态屏障多，病虫害规模小，适合发展经济作物产业。县政府依托喀斯特地貌特色优势，采取立体种植模式和第一二三产业融合发展，开发蚕桑农旅项目，吸纳农民参与发展观光式、体验式、休闲式现代农业，培育蚕桑农耕文化品牌，多渠道助力村富民强。

为进一步推动蚕桑产业的发展，世界银行项目在思南县帮扶松竹梅农业生态种养专业合作社并成功运营。

一　合作社基本情况

1. 注册日期

2015 年 5 月 27 日。

2. 成立背景

种植桑树经营桑叶副产品是贫困地区脱贫致富有效而快捷的途径。县政府紧扣关于加快桑蚕优势产业发展的战略，把握世界银行项目的机遇，依靠科技，强化服务，努力壮大蚕桑产业，让社员全面脱贫，实现同步小康。

项目区内的贵州省思南县蚕桑科技园是一家集中统一经营管理的科技型企业，是集科研、生产、销售于一体的专门围绕桑树及其延伸产品，产业科技化程度较高的资深企业（一棵树企业），成为思南县探索蚕桑发展模式的科技实体。有各类专业技术人员 26 人，其中教授 2 人，高中级职称获得者 16 人，有从事蚕桑研究 30 年，全省知名的蚕桑专家；是贵州大学、贵州理工学院、铜仁学院的教学实践基地，是商务部、科技部、财政部项目支持单位，也是中国科协、财政部科普惠农兴村先进单位、贵州绿色生态标杆企业、市级重点农业产业化龙头企业、市级扶贫龙头企业、食品安全生产示范企业、重合同守信用单位。生产的产品“桑缘春”牌蛾公酒、桑叶茶分别获得国家发明专利，获得贵州省商务厅放心酒称号，2015

年 12 月获贵州著名商标称号。但科技园产品只有商标，无品牌效应，价值链短，没有形成全产业链。

3. 成立目的

通过实施世界银行贷款项目，进一步优化项目区产业结构，推动优质产业向着规模化、标准化、产业化方向发展，通过公司的带动形成产、加、销良性循环模式，吸纳更多的贫困户、妇女、少数民族都参加到项目的建设中来，并通过项目的实施，来提高群众综合素质、科学技术水平和产业发展能力，促进项目区农业增效、农民增收，达到共同富裕，实现同步小康。

4. 业务活动

主要从事茶叶、蚕桑、水果等种植、加工、储藏、销售；农业技术咨询、种植模式探索、技术转让、乡村休闲旅游观光等农户所需要的各项服务。

5. 成员组成

2016 年 9 月 12 日，合作社召开了社员大会，对原合作社进行了改组，选举产生了新的合作社理事会成员 7 人和监事会成员 7 人，其中贫困户 4 名。

合作社改组后有 423 户社员，项目区有贫困户 131 户，其中入社贫困户 86 户，占项目区贫困户数的 65.6%。

6. 股权结构

合作社现有股金 1082.36 万元，每股按 100 元计算，共有 10.8236 万股。其中（1）422 户普通社员用土地 1524.9 亩经营权入股，按 300 元/亩·年，入股期限 20 年，共折合股金 914.94 万元，折合 9.1494 万股，占 84.5%；（2）团体社员贵州省思南县蚕桑科技园以桑葚养生酒加工流水线设备一套（第三方评估价值 137.42 万元）和现金 30 万元入股（现金入股可以根据合作社前期发展需要陆续投入），折合 1.6742 万股，占 15.5%。

合作社采取组织农户开荒种桑、管理桑园，通过思南县蚕桑科技园提供技术进行桑树种植和桑园管理，将生产出来的桑叶按照贵州省思南县蚕桑科技园的要求进行出售获得利益；另外，思南县蚕桑科技园将桑葚养生酒加工流水线设备一套入股到合作社，因为该套设备是合作社在初加工桑葚酒过程中必需的设备，公司采取入股的形式，既满足了合作社生产的需要，又减少了合作社设备的投入，项目投产后根据以上股东持股比例实行按股份分红。目前，合作社既无内债也无外债，运行情况正常。

7. 投资情况

合作社共投资586.6万元，其中，申请世界银行贷款536.6万元；合作社团体社员股金30万元，合作社自筹20万元。主要建设内容包括办公用房、生产基地、加工厂、机器设备、运输车、冷藏车、农用物资、市场开发、技术支持、检测费用、工资等。

8. 管理模式

合作社采取“科技园+村干部+农户+合作社”的运作模式，组织农户开荒种桑、管理桑园，通过思南县蚕桑科技园提供技术进行桑树种植和桑园管理，将生产出来的桑叶按照贵州省思南县蚕桑科技园的要求进行出售获得利益。在发展运营过程中，成立生产、管理、采购等小组，进行统一管理、生产。项目投产后，由合作社统一进行产品初加工后，由贵州省思南县蚕桑科技园统一精加工、统一包装、统一品牌、统一贮藏、统一销售。

9. 分红模式

合作社将生产出来的桑叶按照贵州省思南县蚕桑科技园的要求进行出售获得利益。其中，收益中10%用于合作社发展基金，剩余90%根据社员持股比例进行分红。松竹梅农业生态合作社基本情况见表14－11。

表14－11　**松竹梅农业生态业合作社基本情况**

类别	合作社基本信息
成立时间	2015年5月27日
注册资金（万元）	300
总投资（万元）	586.6
初期社员数（户）	423
生产内容	茶叶、蚕桑、水果等种植、加工、储藏、销售
入股茶园（亩）	无
市场	贵州省和邻省
管理模式	集中管理：合作社组织社员统一进行生产、管理、技术支持、产品初级加工，之后由科技园进行统一精加工、包装和销售
分红模式	收益中10%用于合作社发展基金，剩余90%根据社员持股比例进行分红

二　合作社发展运营情况

1. 合作社发展运营过程

合作社以桑树种植，桑叶茶、桑葚、桑叶蛋白生产、销售、旅游观光等为主，架起农民与企业、农民与市场之间的桥梁，为社员提供产前、产中、产后服务，推动农业产业向高效农业和现代农业方向发展，改变传统蚕桑产业栽桑、养蚕、卖蚕茧的模式，成为栽桑、卖桑叶为主的全新的简化模式，把蚕农的种桑养蚕风险转嫁给合作社，努力打造成为省级蚕桑科技示范园和蚕桑旅游观光一体化示范基地。

截至2020年6月，合作社实现累计投资484.89万元，其中合作社出资总额为30.12万元。合作社拥有土地面积1137亩，流转土地资金为34.11万元，上年合作社产品销售实现4.1万元，具有增值业务，可用营运成本为20万元，每年支付劳动力报酬78.35万元，共举办5次培训，使用培训金额3.5万元（见表14－12）。

表14－12　　**松竹梅农业生态种养合作社发展运营情况**

类别	合作社发展运营信息
所在市	铜仁市
所在县区	思南县
所在村	覃家坝村
管理层人数（人）	5
成员总数（户）	423
合作社累计投资（万元）	484.89
土地面积（亩）	1137
流转土地资金（万元）	34.11
合作社出资总额（万元）	30.12
上年合作社产品销售总额（万元）	4.1
合作社增值业务（是/否）	是
可用营运资本（万元）	20
合作社每年支付劳动力报酬金额（万元）	78.35
培训次数（次）	5
培训金额（万元）	3.5

2020年底蚕桑进入丰产期后，可以年均实现纯利润1024.7万元，按照规定合作社发展再生产提留20%后，按照股份分红，普通社员每户可以年平均分红1.89万元，每亩桑园年均纯收入可以达到6841元，1名团体社员可以分红120万元。

为确保项目顺利实施，建立对周边环境和社会的友好度，合作社在发展运营过程中采取了以下措施。

种植蚕桑生产基地选址于思南经济开发区双塘产业园，区域地势平坦，厂址周围未见有古树名木和文物保护点，项目所在地属于乡村生活区域。为增加社会影响力，吸纳广泛的少数民族、妇女、贫困户参与到项目中来，保障其经济来源，其中，贫困户86户，占项目区贫困户数的65.6%。并对他们进行能力建设和培训。

2. 合作社社员满意度

据合作社反馈的答卷结果进行统计分析，社员对合作社最为满意的方面，包括合作社提供的生产技术，打分均值为4.80；合作社对产品质量的保证与监督情况，打分均值为4.73；合作社带动产业情况，打分均值为4.60。

社员感到最不满意的方面，包括合作社的社员分红情况，打分均值为2.07；合作社的盈利情况，打分均值为2.40；合作社的农户收益情况，打分均值为2.53。

三　合作社效益分析

1. 经济效益

近年来，思南县一直在调整农业产业结构上不断探索。根据实践经验，土地、劳动力资源相对充裕，经济发展相对缓慢的地区，发展桑蚕业比较效益突出。桑蚕亩产值在4000—5000元，比较效益远远高于种植粮食作物，不失为当前思南农业产业结构调整的理想产业之一。蚕桑种植、蚕丝加工、产品研发于一体的全产业发展模式带来了较为客观的经济效益，为推动县域经济发展作出了贡献。

2. 社会效益

合作社设立以来，吸纳了很多的贫困户、妇女、少数民族都参加到项目的建设中来。通过扶持农户自发建立以市场为导向的农民专业合作社，主要以“公司+合作社+农户”形式开展实施。这种形式直接带动更多农户参与桑蚕产业，实现增收。社会效益非常显著。

3. 周边地区带动效益

辐射带动周边村寨及部分乡镇。据测算，松竹梅合作社将带动龙家坝村、黄家湾村、但家寨村、高庄村、饶家坝村、小岩关村等，计1500户农户，参与桑树种植开发中来，其中，贫困户380户，贫困人口1550人。项目的实施，将打造省级蚕桑科技示范园，也将带动山地高效农业产业发展。同时带动交通、旅游、餐饮等相关服务行业的同步发展，其间接经济效益、社会效益不可小视。

4. 生态环境效益

合作社项目涉及的生产加工车间、综合楼、厕所等建设，会产生少量废水，但通过修建污水净化池（化粪池）进行有效处理后达标排放，对周围环境影响极小。加工重点采用物理防治和生物防治方法，避免施用农药，严格按照病虫害防治计划表实施。其桑园建设和桑叶产品均不会产生污染物，租赁的桑葚酒生产线废水排放对周围环境影响较小并进入工业园区排水系统网，不会引起周围环境的变化，几乎没有废物产生。其次，桑树为多年生木本植物，枝繁叶茂，碧绿葱葱，一年栽桑多年受益，既能保持水土、又能美化环境的理想植物。因此，带来的生态环境效益显著。

第十五章　合作社产业发展模式案例

第一节　种植产业型

遵义市道真县平均海拔1380米，最高海拔1940米，是贵州对接重庆的重要窗口之一。专业合作社蔬菜种植以大白菜、甘蓝等品种为主，具有高山夏秋蔬菜新鲜、高产、无污染、病虫害少、无添加等优点。项目区位于道真县洛龙镇东北面，距道真县城67公里，距重庆市武隆县城34公里，距重庆市区175公里，道武公路横贯其中，具有一定的区位优势。

为促进道真县的有机蔬菜产业进一步发展，受世界银行项目资助成立了龙腾磨盘蔬菜专业合作社。

一　合作社基本情况

1. 成立背景

大塘村蔬菜于2011年开始规模化种植，以“大户能人＋农户”的形式种植为主，通过近几年的发展，带动当地农民常年种植蔬菜3500余亩。尽管当地农户种植蔬菜有一定的经验和基础，但也存在许多不足。一是农民组织化程度不高，规范化和标准化种植程度低；二是农户市场意识不强，无品牌效应，商品率不高；三是无项目支撑，产业基础设施薄弱，设施农业不健全；四是缺乏现代农业种植技术，多年种植单一品种，导致土壤大面积坏死；五是无加工环节，产品附加值低。

2. 注册日期

合作社于2015年3月进行注册，于2019年8月进行变更。

3. 业务活动

合作社主要从事高山冷凉性蔬菜的种植和销售等。

4. 社员构成

合作社成立之初有社员110户，其中贫困户社员31户，占项目区贫困户的46.3%，后来通过引进能人大户以现金入股，再次发动项目区群众，现有社员292户1024人，其中贫困户101户，占项目区贫困户的80.16%。现合作社于2019年4月26日召开社员代表大会，举手表决产生了理事会成员5人，监事会成员5人。

5. 投资情况

基础设施投资共345.3万元，其中新建红薯粉淀粉和红薯粉加工厂房2200平方米，投资180.4万元；厂区水电安装，投资18万元；安装地磅1个，投资15万元；厂区污水处理，投资20万元，合作社采后处理场维修，投资17.4万元；为考虑蔬菜的特殊性，建300立方米的保鲜冷库及配套产冰机盒、中转箱，投资69.5万元，同时配备冷藏车1辆，投入资金25万元。

6. 管理模式

合作社采取“集中种植+社员散户种植”合作社统一销售的模式，针对该项目区长期单一种植甘蓝、大白菜同科类作物，造成项目区大面积耕地产生根瘤病，无法种植甘蓝、大白菜等品种，合作社通过入股资金新办200亩多品种实验基地，对实验成功的品种发动社员自行种植，合作社统一销售。合作社计划新办红薯淀粉和红薯粉加工厂一座2200平方米，配套加工设备。建立后，合作社示范种植+社员种植红薯，合作社统一种植标准，向社员提供种苗，合作社收购社员生产的红薯进行加工包装后销售。

7. 分红模式

合作社通过社员自行种植的产品直接销售和粗精加工产品的销售以及合作社集中种植的产品销售，所产生的可分配盈余为合作社所有，实行入股分红。每年可分配盈余提留公积金20%（其中90%用于生产再投入或扩大生产，10%用于风险防范）；每年可分配盈余的80%用于入股分红：其中5%用于贫困户社员家庭，按当年家庭人口数进行分红，现金入股的能人大户按照占股比例分成29.34%，社员按交易量分红占股60.66%，社员按原始股（土地入股）分红占股5%（现金入股的能人大户不再占股分成）。龙腾磨盘蔬菜专业合作社基本情况见表15-1。

表 15－1　龙腾磨盘蔬菜专业合作社基本情况

类别	合作社基本信息
成立时间	2015 年 3 月 11 日
注册资金（万元）	170.44
总投资（万元）	401.9
初期社员数（户）	110
生产内容	主要进行绿色蔬菜种植、包装和销售
入股土地（亩）	602.2
市场	贵州省
管理模式	集中管理：合作社统一种植、管理、加工、销售 分散管理：农户自行种植、管理，合作社统一收购、加工、销售
分红模式	每年可分配盈余提留公积金 20%，其余 80% 用于入股分红

二　合作社发展运营情况

1. 合作社发展运营过程

合作社主要从事高山冷凉性蔬菜的种植和销售等。合作社蔬菜种植以大白菜、甘蓝等品种为主，具有高山夏秋蔬菜新鲜、高产、无污染、病虫害少、无添加等优点。合作社根据市场需求，通过宣传、发动后，与社员签订生鲜蔬菜、红薯等品种的订单种植合同，并对其生产出来的产品由合作社按照当期市场价格进行收购、包装和市场开发销售。

合作社内有专门的生产发展组、产品销售组、采购组、物资管理组和车间管理组。生产发展组负责组织和指导社员按照技术要求和时间规范种植、管理、采收蔬菜；产品销售组负责了解市场价格，对合作社产品进行销售；采购组负责合作社所需物资的采购、项目采购、财务管理等；物资管理组负责对合作社固定资产物资的管理；车间管理组负责对合作社收购的产品进行加工、包装等工作。

为确保项目顺利实施，建立对周边环境和社会的友好度，合作社在发展运营过程中采取了以下措施。

环境保障措施：以生态农业的思想指导项目设计，综合考虑地方环境、资源等情况，综合农民意愿，以适宜发展、可持续发展为基础，以经济增收为目的，以环境保护为基本准则，实现经济与环境的协调发展。从整体和长远效益来看，项目建设有利影响时间长、受益区广、累积效应强，故从环境保护的角度而言，该项目的建设在环境上是可行的。并按环境影响评价要求做好环评批复文件。

社会保障措施：改变用途的土地涉及合作社红薯粉加工厂厂房占地，这部分用地由县国土、环保部门现场核实，不在规划的红线范围内，村民自愿按照国家标准出让给合作社，合作社利用入股资金购买使用。龙腾磨盘蔬菜专业合作社发展运营情况见表15－2。

表15－2　　龙腾磨盘蔬菜专业合作社发展运营情况

类别	合作社发展运营信息
所在市	遵义市
所在县区	道真仡佬族苗族自治县
所在村	大塘村、鹰咀村
管理层人数（人）	10
成员总数（户）	292
合作社累计投资（万元）	401.93
土地面积（亩）	602.2
流转土地资金（万元）	12.04
合作社出资总额（万元）	50
上年合作社产品销售总额（万元）	0
合作社增值业务（是/否）	否
可用营运资本（万元）	1
合作社每年支付劳动力报酬金额（万元）	0
培训次数（次）	0
培训金额（万元）	0

2. 合作社社员满意度

根据合作社反馈的答卷结果进行分析，龙腾磨盘合作社社员最满意几项：（1）合作社办公设备购置情况，评分均值为4.33，（2）合作社生产环境，评分均值为4.27；社员最不满意几项为：（1）合作社按交易量分配利润的相关情况，评分均值为3.53，（2）合作社产品的品牌影响力、合作社盈利情况、合作社社员分红情况，评分均值为3.67（见附录二）。

三　合作社效益分析

1. 经济效益

合作社以生产高山绿色蔬菜为主，在完善基础设施的同时建立红薯粉加工工厂，延长产品产业链，增加产品附加值。红薯粉生产工厂的建立在解决社员红薯储存问题的同时，收购红薯也增加了农民的收入，实现了红薯产业的升级。合作社绿色蔬菜和红薯粉的产业，是一条符合市场的好道路，可以推广到全市甚至是全省，为省、市、县的经济发展作出贡献。

2. 社会效益

合作社将产品直接销往市场，减少中间商环节，保证种植户获取最大利益。通过培训，项目区农户可以掌握现代农业种植技术，强化生产技能，提高管理能力。合作社提高了项目区农户的认知度，特别是增强项目区妇女对社会环境、市场销售渠道、现代科技能力等的了解。合作社增加了就业渠道，可解决项目区具有劳动能力的贫困户长期稳定就业，为现行脱贫攻坚事业奠定基础。

3. 周边地区带动效益

合作社项目实施后，除直接带动 292 户社员 1024 人增收外，间接受益者将是社会消费群体，能吃上放心绿色蔬菜，同时可解决当地 40 人以上就业，维护社会稳定。合作社盈利后，会吸引越来越多的农户加入合作社，组织化程度越来越高，覆盖范围越来越广，带动更多的农户走上致富的道路，并具有可复制性。

4. 生态环境效益

合作社目前主要进行绿色蔬菜的生产，绿色食品生产模式化学氮肥、化学磷肥、化学钾肥投入量相较于普通生产模式有着大幅度的减少。绿色食品生产模式能够有效提高耕地质量、促进土壤健康，且减排效果显著，大幅提升生态系统服务价值。

第二节　养殖产业型

铜仁市印江县气候温和，年均气温 16.8℃，年均日照时数 1269 小时，全年无霜期 299 天；土地资源丰富，田、土面积大，处于缓坡地带，有利于优质草类植物的种植；森林覆盖面广，为土鸡提供广阔的运动场所，激发土鸡野性，提高肉、蛋质量和竞争力，保证市场占有率；交通便利，项目区所在村与其他非项目村之间有一条主要交通干道，有利于产品运输；水源充足，有山泉水流出，能保证土鸡饮水安全。

为促进土鸡生态养殖产业在印江县的进一步发展，受世界银行项目资助成立了印江土鸡养殖专业合作社。

一 合作社基本情况

1. 成立背景

项目区具有土鸡养殖的自然环境优势，同时，贵州省农科院在项目所在村进行定点帮扶，可为土鸡养殖提供防疫等相关技术保障；此前农户已有一定的林下养殖经验，养殖积极性高等优势。但当地以零星散养为主，养殖方式（未种草）落后，投入成本高，设施建设不齐全。养殖户组织化程度低，缺乏技术指导，以传统养殖方式为主，市场占有份额小，增收途径少。管理方式、管理标准、防疫意识以及养殖规范化、标准化程度低。养殖发展配套设施落后，产业发展缓慢。

2. 注册日期

2017 年 2 月 7 日。

3. 业务活动

主要从事土鸡生态养殖产业发展，销售土鸡及土鸡蛋等业务。

4. 社员构成

合作社成立时有社员 202 户，其中精准贫困户 58 户，占项目区贫困户的 65.9%。通过全体社员大会选举产生理事长 1 人、副理事 2 人、理事成员 2 人、监事长 1 人、副监事 2 人、监事成员 2 人。

5. 股权结构

合作社注册资产 178.925 万元。社员现金入股 40.925 万元，其中社员现金入股最多的 5 万元，最少的 250 元。现金入股主要根据社员经济条件及个人意愿自行确定入社金额，多数社员是用土地（将土地折算成现金）作为入社方式加入合作社，土地入股 460 亩，期限 10 年，每亩每年 300 元，折合 138 万元，合作社社员以土地和现金入股，共 17892.5 股，现金入股 4092.5 股、土地入股 13800 股。

6. 投资情况

合作社总投资 537.25 万元。主要投资内容为办公用房、鸡苗和相关材料购买、孵化厂、饲料加工厂、冷藏库、技术专家聘请、包装厂、储藏室、市场开发、技术援助、培训等。

7. 管理模式

合作社统一购买鸡苗和相关材料发放给社员，并进行规划土地种草，社员自行养殖，合作社进行监督指导，从社员手中收购产品，与公司、企业等签订订单合同，统一包装、销售、打造品牌。

8. 分红模式

合作社通过确立品牌、加工包装、销售后所得利润，提取公益金10%作为发展基金用于合作社扩大再生产，提取公积金15%作为应对自然灾害、帮助受灾群众发展（恢复）生产等，扣除合作社管理费用以后，其余利润按60%交易量、10%土地入股量和30%现金入股量向社员返还、分配盈余。印江土鸡养殖专业合作社基本情况见表15－3。

表15－3　　印江土鸡养殖专业合作社基本情况

类别	合作社基本信息
成立时间	2017年2月
注册资金（万元）	178.93
总投资（万元）	537.25
初期社员数（户）	202
生产内容	土鸡饲养和鸡蛋生产
入股土地（亩）	460
市场	贵州省、广东省、上海市
管理模式	分散管理：合作社发放鸡苗、饲料等材料，社员种草自行养殖，合作社从社员手中收取产品，与公司、企业等签订订单合同，统一包装、销售、打造品牌
分红模式	销售后所得利润中，10%用于合作社发展基金，15%用于应对自然灾害、帮助受灾群众发展（恢复）生产，扣除合作社管理费用以后，其余利润按60%交易量、10%土地入股量和30%现金入股量向社员返还、分配盈余

二　合作社发展运营情况

1. 合作社发展运营过程

合作社自成立以来，积极宣传，广泛吸纳周边村民加入合作社成为社员，从 2017 年成立时的 202 户社员增加到 2020 年的 239 户。合作社累计投资 537.25 万元，其中合作社出资了 40.93 万元，建立了标准化避雨棚，便于土鸡遮风避雨、粪便排放，并完善了土鸡养殖产业发展相关附属设施，形成规模化、标准化、生态化养殖。

由于原有一定的生产能力，合作社在建设期第一年产生生产收入，在 2019 年通过销售生态土鸡和鸡蛋，获得 57 万元收益，支付劳动力报酬金额为 5.8 万元，扶持农户 202 户 658 人增收致富，其中包括精准贫困户 58 户 224 人。

截至 2020 年 6 月，合作社可用营运资本为 15 万元，向全体社员开展了 3 次技术培训，使用培训金额 0.12 万元（见表 15－4）。

表 15－4　**印江土鸡养殖专业合作社运营情况**

类别	合作社发展运营信息
所在市	铜仁市
所在县区	印江县
所在村	板溪村
管理层人数（人）	10
成员总数（户）	239
合作社累计投资（万元）	537.25
土地面积（亩）	460
流转土地资金（万元）	13.8
合作社出资总额（万元）	40.93
上年合作社产品销售总额（万元）	57
合作社增值业务（是/否）	否
可用营运资本（万元）	15
合作社每年支付劳动力报酬金额（万元）	5.8
培训次数（次）	3
培训金额（万元）	0.12

为确保项目顺利实施，建立对周边环境和社会的友好度，合作社在发展运营过程中采取了以下措施。

环境保障措施：（1）饲养过程中产生的污水、垃圾、粪便，按无公害食品要求将污染物放入储粪池中，覆土厚1米、发酵，用作农田和林木施肥，在饲养过程中加入淋石粉等吸附剂，减少臭气排放；（2）合理建设圈舍，要求圈舍空气通风好，符合畜牧场建设要求；（3）及时清扫、清除饲养过程中产生的粪便等废弃物；（4）按照生态养殖标准进行规划、设计，每亩耕地饲养鸡苗100羽，鸡粪自然降解还肥于土，对环境污染程度小。

社会保障措施：（1）项目建设中，没有涉及需要改变土地用途的情况，有自愿调节土地使用方式的情况，并备有完善的土地使用相关手续备查。（2）项目初期直接覆盖农户202户。其中精准贫困户58户，占项目区贫困户的65.9%；（3）通过培养项目管理人员和合作社辅导员及合作社社员在项目实施过程中的技术管理水平，保证项目健康、有序发展，形成特色产业。

2. 合作社社员满意度

根据合作社反馈的答卷结果进行分析，印江土鸡养殖专业合作社社员感到最为满意的5个指标为：（1）合作社的土地流转利用情况，评分均值为4.87；（2）合作社的创建对当地基础设施的改善情况，评分均值为4.87；（3）合作社的加工设备购置及运行情况，评分均值为4.53；（4）合作社对社员能力提升情况，评分均值为4.13；（5）合作社提供的培训，评分均值为4.13。社员感到最不满意的5个指标为：（1）加入合作社后生产成本，评分均值为3.60；（2）合作社产品的品牌影响力，评分均值为3.67；（3）合作社的农户收益情况，评分均值为3.67；（4）合作社的财务计划，评分均值为3.73；（5）合作社产品品牌在当地的口碑，评分均值为3.73（见附录二）。

三　合作社效益分析

1. 经济社会效益

项目实施前，传统养殖业农户过于分散，管理能力弱，市场议价能力低，销售渠道不稳定。合作社成立之后，加强了对养殖、管护、加工、销售各环节的技术指导和规范管理，形成了规模化效应，为社员建立了稳定的收购渠道，打造了产品品牌效应，提升了产品品质，大幅提高了社员的经济收入。

1. 社会效益

合作社积极鼓励贫困户、少数民族和妇女的参与，提高了弱势群体的话语权和收入，促进了社会均衡发展。合作社的现代化、规范化管理和社员大会一人一票制的民主选举机制，增强了合作社运营的透明性和公平性，提高了社员民主决策、现代化管理、公平化分红的意识。能力建设活动培养了一批技术管理人才，为合作社的可持续发展打下坚实基础。

2. 周边地区带动效益

合作社带动了周边社区和村镇的农户共同参与生态养殖产业，形成规模化效应，并通过示范作用提升了整个产业的规范化管理，强化了地区公共品牌效应，拓宽了市场销售渠道，推高本地销售价格，推动产业链上下游做大做强。同时，合作社为附近村民在生产经营管理过程中提供了就业岗位，并刺激了当地运输行业和其他相关服务业的增长，促进地方经济和社会健康发展。

3. 生态环境效益

合作社进行土鸡的林下生态养殖，能充分利用当地丰富的林地资源，降低生产成本，缓解耕地紧张的压力。合作社投放无公害饲料，不人为制造生长环境，不使用促生长激素，让土鸡根据自然生长发育规律成长，啄食虫子对农业病虫害起到一定的防护作用，对土地的抓刨动作能起到松土作用，鸡粪随机洒落地里，增加有机营养物质的含量，改善土壤质量。通过自然界物质循环系统，当地的环境生态平衡得以保持。

第三节　初加工产业型

铜仁市沿河县海拔平均 1000 米左右，年均气温 13—18℃，年降水量 1050—1220 毫米，年日照 1100—1400 小时。气候温暖湿润，水热同期，光温同步，适宜多种动物、植物、微生物等生物生长、发育和繁衍。同时由于铜仁市地处山区，天然隔离条件好，病虫害不易蔓延，适合优质有机农作物生长。

沿河县是贵州省“9 + 3”脱贫攻坚重点县和铜仁市“9 + 2”脱贫攻坚产业扶贫重点县。为了能让农村贫困地区可持续发展，产业扶贫作为造血式扶贫的一大举措受到了县委政府高度重视。合作社作为农村农业发展的重要载体，备受各界关注，但合作社在运营过程出现管理不规范、缺乏基础支持、信息封闭、基础设施薄弱等问题，造成这些问题的最根本原因是资金的缺乏。为解决这一问题，政府积极引进世界银行贷款贵州农村发展项目扶贫资金发展现代化农民专业合作社。

世界银行资金注入前，项目区已有众多农户从事花生种植，为促进花生产业在沿河县的进一步发展，世界银行项目帮扶已成立的黄土乡农特产品农民专业合作社发展壮大。

一　合作社基本情况

1. 注册日期

2008 年 6 月 25 日。

2. 成立背景

沿河县以官舟镇为中心每年花生种植面积可达了 3000 多亩，合作社改组之前有注册商标“麻阳河”，还有多种奖证等。项目区有得天独厚的地理优势，多年来都有花生种植史，大多数社员都有种植经验。合作社与县农牧科技局、贵州省农科院农产品研究中心、农科院油料研究所签订产品研发合同和技术指导协议，并派遣有关专家对合作社“珍珠花生”产业发展项目重大技术问题进行技术改进，对项目实施提供管理全程跟踪指导。

3. 业务活动

合作社主要从事珍珠花生种植、花生生产加工、花生销售等。多年来，合作社采取统一种子供应、统一田间管理、统一技术服务、统一产品回收、统一加工销售“五统一”模式，积极建立原料生产基地，配备专业技术人员对花生建设管理全程跟踪指导。合作社在官舟镇、黑水镇建设有花生种植示范基地 2300 亩，通过“合作社 + 基地 + 农户”模式将 325 户农户结成利益共同体。合作社 2011 年被认定为铜仁市农业产业化经营重点龙头企业；2009 年合作社珍珠花生基地通过国家农业部产地无公害认定，产品获无公害认证，合作社注册的“麻阳河”商标被认定为“贵州省著名商标”、珍珠花生地理标志认证、地理标志保护产品、贵州省十大优质特色粮油产品、全国百家专业合作社百个农产品品牌、全国农民专业合作社示范社。

4. 成员组成

合作社成员共 325 户，其中，建档立卡贫困户 162 户，占项目区总贫困户的 73.97%。

沿河县黄土乡农特产品农民专业合作社 2017 年 3 月改组，合作社改组前的一切债权债务由黎仕斌理事长自行负责解决，2017 年 3 月 5 日通过全体社员大会选举产生理事长，理事会成员 5 人，其中贫困户 2 人；监事会成员 5 人，其中贫困户 2 人。

5. 股权结构

合作社自改组之日起，所有投入资产归改组后的全体成员所有，合作社目前主要以 10 年土地经营权、加工厂区用地折资及大户现金入股，具体如下。

合作社原始资产总额为 310 万元，其中，农户土地按 10 年每亩 1000 元入股，共计 2300 亩，折资 230 万元，占资产总额的 74.19%；大户现金入股 80 万元，占 25.81%。原始股每股按 1000 元计算，共计 3100 股。

黎仕斌一户用其官舟镇新场村 5 亩土地的 10 年经营权共折资 5000 元入股合作社，用于合作社厂房、办公楼等的建设用地。同时，其改组前原合作社所有的“麻阳河”商标提供给现有合作社长期免费使用。

6. 投资情况

合作社建设共投入 17.7 万元。其中，建合作社办公用房 100 平方米，资金 15 万元；办公设备一套，资金 1.5 万元；办公设备一套，资金 1.2 万元。

7. 管理模式

合作社部分实行分散式管理，由农户自行进行花生种植、管护和收取，由合作社提供技术指导、收购、加工和销售。部分实行紧密式管理，从花生的种子的购买、种植、收货到加工和销售都由合作社进行统一管理。

8. 分红模式

合作社盈利中取 10% 提留用作合作社发展基金，理事长的股份分红按 25% 分配，剩余部分的 80% 按社员交易额的比例分红，20% 按土地入股的比例分红（见表 15 – 5）。

表 15 – 5　**黄土乡农特产品农民专业合作社基本情况**

类别	合作社基本信息
成立时间	2008 年 6 月
注册资金（万元）	266.74

续表

类别	合作社基本信息
总投资（万元）	787.92
初期社员数（户）	325
生产内容	珍珠花生
入股土地（亩）	2300
市场	贵阳、铜仁等省内城市以及重庆、湖南等毗邻地区
管理模式	分散管理：农户自行种植、管护、采摘，合作社统一收购、加工、销售 集中管理：从种子的选取、种植、加工到销售都由合作社统一管理
分红模式	合作社盈利中取10%提留用作合作社发展基金，理事长的股份分红按25%分配，剩余部分的80%按社员交易额的比例分红，20%按土地入股的比例分红

二　合作社发展运营情况

1. 合作社发展运营过程

2017年8月，合作社获得世界银行批复资金787.92万元。从2018年上半年开始正式转型重建，设立生产、销售、财务、产品研发、采购、质检、安全生产等部门，明确专人负责，现已完成加工厂房、库房及加工设备等建设，完成投资761.41万元，占计划96.93%。2020年取得追加资金88万元，所有资金预计2021年3月全面到位。

加入世界银行项目后，合作社大力开展宣传活动、广泛吸纳成员，现有社员325户，其中，建档立卡贫困户247户，覆盖官舟镇3个行政村37个村民组。黄土乡农特产品农民合作社发展运营情况见表15-6。

经过发展运营，合作社开发出纯香花生、卤制花生、花生油等多种产品，成功销往多地市场。其中，花生油荣获贵州省十大优质特色粮油产品，珍珠花生深受苏州消费者欢迎，2020年8月，贵州省领导在苏州铜仁“梵净山珍”展销中心考察时对合作社产品给予高度评价。在全体社员的共同努力下，先后被国家授予“国家级农民专业合作社示范社”“全国百强合作社”“百强农产品品牌”等荣誉称号。

为确保项目顺利实施，建立对周边环境和社会的友好度，合作社在发展运营过程中采取了以下措施。

环境保障措施：一是对生产基地产生的秸秆等农业生产废弃物实行资源化利用，采取就地挖坑堆积发酵作为肥料；二是在生产基地施用有机肥、实行病虫害绿色防控，减少化肥农药施用量，减轻农业面源污染；三是对加工所产生的“废水”实行过滤沉淀处理，可作绿化用水；四是“废渣”实行集中掩埋发酵防渗漏作为肥料处理，设备修理产生的“废渣”集中封闭存放，交付有关单位处理，并做好登记；五是生活产生的油烟使用抽油烟机且烟囱高于屋顶。

社会保障措施：建设用地方面，合作社加工厂和办公用房的建设用地按国家有关规定使用并办理相关用地手续；能力建设和培训方面，通过聘请专家做生产、加工技术培训，和同行之间的经验交流，使社员能力在各方面都得到提升；社员反馈方面，建立投诉、抱怨机制意见箱，理事会、监事会原则上每季度集中一次，研究解决合作社发展相关问题和社员建议意见。

表 15 – 6　**黄土乡农特产品农民合作社发展运营情况**

类别	合作社发展运营信息
所在市	铜仁市
所在县区	沿河县
所在村	新场村
管理层人数（人）	10
成员总数（户）	325
合作社累计投资（万元）	812.55
土地面积（亩）	0
流转土地资金（万元）	0
合作社出资总额（万元）	310
上年合作社产品销售总额（万元）	60.46
合作社增值业务（是/否）	是
可用营运资本（万元）	955.92
合作社每年支付劳动力报酬金额（万元）	36
培训次数（次）	8
培训金额（万元）	5.68

2. 合作社社员满意度

根据合作社反馈的答卷结果进行分析，黄土乡农特产品合作社社员感到最为满意的5个指标为：（1）合作社规章制度的建立情况，评分均值为3.93；（2）合作社的财务计划，评分均值为3.87；（3）合作社的档案资料保管情况，评分均值为3.87；（4）合作社规章制度的执行情况，评分均值为3.80；（5）合作社的财务公开透明程度，评分均值为3.80。社员感到最不满意的7个指标为：（1）合作社的创建对当地基础设施的改善情况，评分均值为2.93；（2）合作社带动脱贫情况，评分均值为3.13；（3）加入合作社对能力的提升，评分均值为3.13；（4）合作社的加工设备购置及运行情况，评分均值为3.20；（5）合作社办公设备，评分均值为3.20；（6）合作社产品的品牌影响力，评分均值为3.20；（7）合作社提供的服务，评分均值为3.20（见附录二）。

三　合作社效益分析

1. 经济社会效益

通过项目实施，合作社集中收购、加工、销售农产品形成规模化效应，建立属于自己的品牌，打开全国各地的市场。合作社社员除合作社收购产品获得收入外，还能获得稳定分红，经济收入得到显著提升。

1. 社会效益

项目实施后，主要的受益人将是新改组的合作社及其全体社员，包括贫困户、妇女和少数民族，推动了当地经济发展和社会进步。

2. 周边地区带动效益

合作社雇用周边居民，付给劳动报酬，解决了当地多人就业问题，同时合作社推动当地农产品的市场价格，增加了周边村民的收入，通过示范效应，促进了公众对于现代化管理的意识。

3. 生态环境效益

合作社打造有机农产品，使用生物农药、有机肥料与绿色防控技术，防止因喷药造成农药危害，对生产基地产生的秸秆等农业生产废弃物实行资源化利用，采取就地挖坑堆积发酵作为肥料，减少对环境的污染破坏，改善了当地环境和土壤质量。

第四节　深加工产业型

德江县属于山区农业大县，地貌以丘陵和山地为主，海拔高差较大，立体农业气候明显，全年气候温和，夏季凉爽，雨量充沛，无霜期长，土壤矿物质含量丰富，山地、河谷、盆地交错，天然隔离条件好，病虫害较少发生且容易防治，工业污染和农业污染很少，拥有丰富的天麻用材林，具备优质天麻生长的环境优势。

德江县被誉为“中国天麻之乡”，是天麻的主产区，已获国家地理保护标志称号，也是贵州省37个中药材发展重点县之一。德江天麻产品含天麻素0.36%以上，比中国药典规定含量高0.06%。项目区生产的天麻产品天麻素含量0.72%，比中国药典规定含量高0.42%，且无农药残留、无重金属等，具有人工大棚天麻和其他天麻产地无可比拟的优势。全县每年种植天麻20万平方米以上，年生产鲜天麻30万千克，开发了天麻酒、天麻茶、天麻咀嚼片等10余个产品。

为促进天麻产业在德江县的进一步发展，利用世界银行项目资金成立了长龙天麻农民专业合作社并成功运营。

一　合作社基本情况

1. 注册日期

2016年2月1日。

2. 成立背景

项目区种植农户达200余户，每年种植天麻3万余平方米，年生产鲜天麻4.5万千克，产品在外省销售供不应求，颇具知名度。但由于交通不便、种植零散、技术落后等原因，合兴镇天麻单产每平方米仅有1.5千克左右，与标准生产值2—4千克/平方米相差甚远。种植农户使用简易的烘烤房用煤零星加工，不仅不节能，还污染环境，加工产品质量较低。县内没有萌发菌、蜜环菌生产厂家，种植农户从施秉、大方购买菌种，投入成本较高。产量低、产品质量不高、投入大成为了项目区天麻产业发展的瓶颈。

3. 成立目的

统一种植技术，实现规范化种植，提高种植产量，延长产业链。对产品进行商标注册、统一包装和品牌推广，打造项目区天麻优势品牌。健全产品加工环节，形成“产、加、销”一体化，增加产品附加值。建立菌种场和标准化的蜜环菌、萌发菌生产线，弥补德江天麻种植原种需求。提升社员及项目区农民特别是妇女、少数民族、贫困农户产业发展的能力，带动社员脱贫致富。

4. 业务活动

主要从事天麻种植、加工、销售和萌发菌、蜜环菌培育。每年天麻种植2万平方米以上、菌种生产25万瓶以上，主要经营区域为德江县及周边地区。

5. 成员组成

合作社成立时共有社员218户。建档立卡贫困户105户，占项目区贫困户的39.47%。

合作社于2016年1月19日通过召开社员大会，选举产生理事会成员5名与监事会成员5名。

6. 股权结构

合作社注册资金60万元，社员以责任山林地、现金两种方式入股：一是林地入股1300亩，入股年限10年，每亩折算为股金400元，共计52万元；二是现金入股8万元。

总股份和总股金：社员入股总股金60万元，按400元/股计算，合作社原始股份共1500股。其中，一般社员入股林地975亩折算为股金39万元，入股现金6万元，共计入股股金45万元，占总股金的75%，占总股份1125股；大户入股林地325亩折算为股金13万元，入股现金2万元，共计入股股金共15万元，占总股金的25%，占总股份375股。

合作社入股最高股金15万元，占总股金25%；入股最少股金400元，折算股份为1股，占总股份的0.067%，占总股金的0.067%。

7. 投资情况

合作社总投资770.68万元，主要建设内容有办公用房、加工厂、机器设备、冷库、运输车、变压器、配套基础设施、人员工资、有机肥料、有机农药、实体店、市场开发、技术支持、培训等。

8. 管理模式

合作社采取“合作社+集中种植示范区+农户”的经营管理模式：合作社与社员签订入股协议、项目实施合同协议、产品收购合同协议、为民服务协议等，利润按交易量和股份分成方式组织实施。种植环节实行统一与分散相结合的管理模式：（1）统一管理模式中，建立集中种植基地，由合作社统一组织种植，统一管理；（2）分散管理模式中，社员在自己的林地上分散种植，产品统一交合作社加工、销售。在生产、加工、销售环节实行“五统一”，即：统一技术、统一品牌、统一标准、统一销售、统一经营。

9. 分红模式

合作社提取毛利润的5%作为公积金，用于扩大生产和服务。5%作为公益金，其中，一半用于社员福利、一半用于贫困社员及项目区贫困户生产生活扶持。5%作为风险金，用于社员生产遭受重大损失的补贴。剩余85%为总体社员分红，包括天麻和菌种两种产品收益，其中，天麻产品部分，由社员将采挖的鲜天麻统一交给合作社，合作社按协议将天麻统一加工、包装，再统一销售，产生的纯利润，70%按交易量向社员返还，30%按社员股权分红；菌种产品部分，合作社生产两菌产生的纯利润中，70%按天麻交易量向社员返还，30%按社员股权分红（见表15－7）。

表15－7　**长龙天麻农民专业合作社基本情况**

类别	合作社基本信息
成立时间	2016年2月
注册资金（万元）	60
总投资（万元）	770.68
初期社员数（户）	218
生产内容	天麻的种植和加工
入股土地（亩）	1300
市场	全国各地
管理模式	集中管理：合作社统一种植、管护、采挖、加工、销售 分散管理：农户自行种植、管护、采挖，合作社统一收购、加工、销售
分红模式	70%按交易量向社员返还，30%按社员股权分红

二　合作社发展运营情况

1. 合作社发展运营过程

长龙天麻农民专业合作社是德江县世界银行项目重点打造的示范项目点。合作社自成立以来，积极开展宣传动员活动，广泛吸收社员，从2016年成立时的218户社员发展至2020年的344户，涵盖的贫困户从105户发展到305户。

2016年8月，经市级批复，合作社获得世界银行贷款资金568.28万元；2020年，再获省级增量资金250万元，县级追加资金69.3万元，累计获得项目资金 887.58 万元。截至 2020 年 9 月底，合作社采购进度完成 100%，提款报账 749 万元，占计划投资的 90%。

为延长产业链，将产品生产向精深加工发展，合作社于 2018 年 12 月决定在单纯发展天麻种植加工的基础上，利用项目支持的优势，延伸开展食用菌研发、育种、种植和销售，扩宽了合作社增收渠道，取得了显著成效。

合作社于 2018 年下半年开始投产，当年即产生效益，合作社利润的 70% 作为交易量分红，30% 按股本金分红，实现了多销售多分红，充分激发了农户的内生发展动力。两年来，社员除天麻种植、食用菌种植交易收入外，合作社还分红 51.5 万元，极大地增强了社员和合作社的凝聚力。此外，合作社就近吸纳在家社员到合作社务工，累计用工达 2 万人次，累计支付劳务工资 200 多万元，为社员增加了收入。长龙天麻农民专业合作社发展运营情况见表 15－8。

表 15－8　**长龙天麻农民专业合作社发展运营情况**

类别	合作社发展运营信息
所在市	铜仁市
所在县区	德江县
所在村	茶园村
管理层人数（人）	10
成员总数（户）	344
合作社累计投资（万元）	770.68
土地面积（亩）	1300
流转土地资金（万元）	11.46
合作社出资总额（万元）	76
上年合作社产品销售总额（万元）	220
合作社增值业务（是/否）	是
可用营运资本（万元）	10
合作社每年支付劳动力报酬金额（万元）	90
培训次数（次）	2

为确保项目顺利实施，建立对周边环境和社会的友好度，合作社在发展运营过程中采取了以下措施。

环境保障措施：

（1）大气保护措施。项目不使用燃煤锅炉，皆使用电、液化气等清洁能源，既节约资源，也不会产生废气，对外环境影响较小。在生产运输中，会产生一定的汽车尾气，但对沿线水稻、蔬菜等农作物生长不会产生影响。

（2）污水处理措施。天麻加工、清洗和菌种场两菌生产产生的废水，通过沉淀池沉淀后农灌或外排，不会形成污水。

（3）水土保护措施。天麻采挖后马上回填覆土压实，在坑穴内种植菌材树苗，既防止水土流失又可恢复植被。在冲洗场地建设沉砂池，加工中冲洗下来的泥土沉入沉砂池之后，定期清理，并恢复到山林中。

（4）废弃物处理措施。天麻栽培时产生的菌种瓶等固体废物，合作社将定期收集，运至附近生活垃圾场统一处理。

（5）森林保护措施。在准备菌材时，严禁社员砍伐断头树，提倡用树枝，通过人工种植等办法，完全能够解决菌材问题。

（6）噪声污染防治。天麻种植是在野外，周边基本没有人群聚集，不会产生噪音；天麻加工及菌种场生产车间建在离农户居住地较远的地方，噪声非常小，对环境不会造成明显影响。

（7）化肥、农药、农膜。天麻仿野生规范化栽培技术，不施用农药、化肥，不使用地膜等，不会造成环境污染。

社会保障措施：

（1）项目实施主要在林地，不涉及改变林地用途的行为。社员以自己的林地和现金入股，在自己的林地上劳作，不存在林地征收问题。

（2）合作社受益人群除普通社员外，还包括贫困户 305 户。

2. 合作社社员满意度

根据合作社反馈的答卷结果进行分析，长龙天麻合作社社员感到最为满意的 5 个指标为：（1）合作社发展目标建立实施情况，评分均值为 4.93；（2）合作社规章制度的建立情况，评分均值为 4.93；（3）合作社的自然资源条件和生产力，评分均值为 4.93；（4）合作社规章制度的执行情况，评分均值为 4.87；（5）合作社的档案资料保管情况，评分均值为 4.73。社员感到最不满意的 5 个指标为：（1）合作社带动脱贫情况，评分均值为4.13；（2）合作社带动就业情况，评分均值为4.13；（3）合作社的外出考察交流情况，评分均值为4.27；（4）合作社统一提供的肥料、种子等物资情况，评分均值为4.27；（5）合作社产品的加工环境，评分均值为4.27（见附录二）。

三　合作社效益分析

1. 经济效益

传统农户分散种植和自行销售时，市场议价能力低，销售渠道不稳定，经济收入较低。合作社为社员建立了长期稳定的收购渠道，统一加工、包装和销售，将简单的种植业链延伸到加工业，大大提升了产品竞争能力，形成规模化效应，拓展了市场销售，大幅提高了社员的经济收入。

2. 社会效益

合作社积极吸纳弱势群体入社，提高了弱势群体的社会地位和自我发展能力，扶贫效益显著。受益人群包括贫困户344户。贫困户在通过售卖鲜麻给合作社带来的收入之外，还额外获得合作社扶持资金的保底收入，家庭收入增幅明显。合作社为社员提供的能力建设活动，包括技术培训和外出考察等，增强了社员的知识技术水平，开拓了眼界，为社员和合作社的可持续性发展打下坚实基础。

3. 周边地区带动效益

合作社发挥示范作用，辐射带动合兴镇300余户发展天麻产业，栽种天麻4万平方米，并对项目区所有天麻种植户进行技术培训，提升了农户技术水平。同时，合作社推高了当地新鲜天麻的收购价格，增加了种植户收益。合作社打造的品牌效应和规模化效应，也吸引了更多商家进入村子，增加了村民在产业链上下游的就业机会，包括运输业、餐饮业以及相关服务业。世界银行资金投资修建的基础设施也给村民提供了生活便利。

4. 生态环境效益

合作社组织带动农户参与优质有机天麻的种植，打造绿色有机产品品牌，督促社员使用有机化肥和农药，不收购使用除草剂的鲜麻，有效减少了农业污染，改良了土壤结构，提高了土壤肥力和生物活性，增加了绿化面积，改善了环境生态系统。

第五节　生态旅游产业型

思南县辖属铜仁市，地处乌江中下游的核心地带和武陵山区的腹地，海拔340—1481米，气候属亚热带季风气候，冬无严寒，夏无酷暑，境内水资源丰富，除乌江干流外，共有大小溪流601条，均以乌江为排泄基准面呈网络状遍布全县。思南县山清水秀，风景宜人，乡韵浓郁，民风淳朴，旅游资源十分丰富，自古以来是附近市民休闲旅游的首选地。

2016年3月，《贵州省旅游条例》发布，提出鼓励城镇和乡村居民，利用自有住宅依法从事餐饮、住宿、土特产等旅游经营。2016年8月，《铜仁市全域旅游实施方案》出台，提出按照“园区景区化、农旅一体化”创建理念，把铜仁打造成一个“没有围墙、没有门票、主客共享、居旅相宜”的山水田园大景区。2016年9月，《思南县新型城镇化建设意见》出台，提出围绕“乡村景观化”目标要求，坚持“一寨一景、一村一韵”建设原则，打造一批“唤起乡愁、留住乡貌”的美丽乡村，把城郊接合部和集镇周边田园，打造成观光休闲体验农业基地。

为促进生态旅游业在思南县的进一步发展，利用世界银行项目资金成立了洞子口乡村旅游专业合作社。

一　合作社基本情况

1. 注册日期

2016年9月23日。

2. 成立背景

项目区拥有洞子口景区，属于思南乌江腾龙峡国家级旅游度假区项目之一。区内坐落着300多年历史的转阁古寨，有保存完整的20余栋吊脚木楼，受国家保护的几百年参天古树随处可见，寨内土特产品丰富，包括酸豇豆、酸茄子、酸辣椒等濮菜系列，还有藤编、竹编等工艺制作。喀斯特地貌形成洞子口峡谷，峭壁上有悬崖古道，山谷中溪水从天然洞穴一穿而过，留有古代石碾坊遗迹和清朝乾隆时期的石碑，还有一条旧思南府通往凤冈方向的陆上油盐古道。洞子口水库由两条山间溪水、一条从洞中涌出的清泉一年四季不断地汇入，水资源丰富，水库水域面积300亩，湖区无环境污染和人为破坏，湖面清澈如镜。项目区虽然旅游资源丰富，但并未得到开发，加上基础设施简陋，农民思想意识落后，无人牵头管理，生产经营投入严重不足，经济效益基本不明显，资源优势没能转化为经济优势。

3. 成立目的

合作社依托洞子口景区的自然生态优势，整合项目资金和民间文化资源，为社员修建作坊、购买设备、提供产业培训和技术服务，在景区经营乡村土特产品以及藤编、竹编等系列的加工和销售，作为服务载体引领项目区贫困户尽快脱贫致富，打造出区域化、规模化、产业化的知名品牌。

4. 业务活动

主要从事生态旅游开发，进行乡村土特产品的加工和销售，包括濮菜系列、手工食物、藤编和竹编产品、果蔬园林绿化等经济开发，同时开展家禽、牲畜、水产品的养殖和销售，并提供农村农业科技技术咨询、培训、服务。

5. 成员组成

2017 年 12 月，合作社重新改组，有社员 52 户，其中，精准扶贫建档立卡贫困社员 51 户，非贫困户 1 户。

2017 年 12 月 20 日，合作社召开社员大会选举产生理事会成员 5 人、监事会成员 3 人；财务 1 人，出纳 1 人。

6. 投资情况

合作社总投资 336 万元，主要建设内容有办公用房、乡村土特产品、藤编和竹编等工艺品、游船、钓鱼、古寨步道、停车场、市场开发、技术支持、培训等（见表 15 - 9）。

表 15 - 9　**洞子口乡村旅游专业合作社基本情况**

类别	合作社基本信息
成立时间	2016 年 9 月 23 日
总投资（万元）	336
初期社员数（户）	52
生产内容	生态旅游开发，土特产品加工，藤编竹编工艺品制作
入股土地（亩）	15
市场	铜仁市

续表

类别	合作社基本信息
管理模式	集中管理：合作社将景区部分设施租赁给旅游公司委托经营，对社员提供加工坊和设备、培训、技术指导、产品检测、代销等服务； 分散管理：农户自行进行土特产品的加工、藤编和竹编工艺品的制作，可自行销售，也可交由合作社代销
分红模式	合作社从旅游设施租赁费中获取的收益用于合作社正常营运开支和发展生产，为每家经营加工的贫困户预留2000—5000元的流动资金，为社员代销产品获得的收益扣除管理费外全归社员

7. 管理模式

合作社采取“公司+农户+合作社”的经营管理模式。由于合作社初期缺乏经营管理人才，所以以租赁形式实行委托经营管理，把项目区的水库、游船、码头、钓鱼、停车场等设施租给思南县润丰旅游投资开发有限公司，合作社每年将租赁费的收益用于合作社正常营运开支和发展生产。社员自主经营项目包括乡村土特产的加工和藤编竹编工艺品的制作，产品可自行销售，也可由合作社统一检测、统一包装、部分代售，仅收取社员一定合理的卫生和管理费用。合作社为社员无偿修建土特产加工坊和设备，提供培训、技术指导、产品检测、信息分享等服务。

8. 分红模式

合作社成立初期，由一名大户（法定代表人）投资35万元作为营运费，用于合作社的正常营运开支。项目加工坊和设备修建完成后，合作社计划为每家经营加工的贫困户预留2000—5000元的流动资金，以便采购原材料或产业转型和升级使用。合作社从旅游设施租赁费中获取的收益用于合作社正常营运开支和发展生产，为社员代销产品的收益扣除管理费后全归社员所有。

二　合作社发展运营情况

1. 合作社发展运营过程

合作社自成立以来，积极宣传，广泛吸纳周边村民加入合作社成为社员，从2017年成立时的52户社员增加到2020年的152户。合作社累计投资119.51万元，其中合作社出资35万元，建立了古寨步道、停车场、游船等旅游设施以及乡村土特产品加工坊。

截至2020年6月，合作社可用营运资本为50万元，向全体社员开展了2次技术培训（见表15－10）。

表15－10　　洞子口乡村旅游合作社运营情况

类别	合作社发展运营信息
所在市	铜仁市
所在县区	思南县
所在村	转阁村
管理层人数（人）	8
成员总数（户）	152
合作社累计投资（万元）	119.51
土地面积（亩）	15
流转土地资金（万元）	0.45
合作社出资总额（万元）	35
上年合作社产品销售总额（万元）	0
合作社增值业务（是/否）	否
可用营运资本（万元）	50
合作社每年支付劳动力报酬金额（万元）	0
培训次数（次）	2

为确保项目顺利实施，建立对周边环境和社会的友好度，合作社在发展运营过程中采取了以下措施。

环境保障措施：（1）接待中心、景区厕所、农家乐（餐馆）产生的少量废水，通过修建污水净化池进行有效处理，用于景区绿化和果菜园灌溉；（2）基础设施建设产生的固体废弃物按照管理规定清运到指定地点进行处理；（3）日常生活垃圾通过设置垃圾站进行收集，并委托环卫部门每天清运至思南县城市生活垃圾填埋场进行卫生填埋；（4）实行测土配方施肥，同时推广物理防治和生物防治方法，避免面源污染。

社会保障措施：（1）项目执行中涉及土地征占的供电设施、垃圾处理站、土特产销售中心3项，由村里和社员调节土地，即协调用地；（2）项目直接覆盖受益人群为152户农户；（3）通过培养项目管理人员和合作社辅导员及合作社社员在项目实施过程中的技术管理水平，保证项目健康、有序发展，形成特色产业（见表 15 - 10）。

2. 合作社社员满意度

根据合作社反馈的答卷结果进行分析，洞子口乡村旅游专业合作社社员感到最为满意的 5 个指标为：（1）合作社的档案资料保管情况，评分均值为 4.53；（2）合作社的监测评估机制，评分均值为 4.53；（3）合作社管理层团结协作能力，评分均值为 4.47；（4）合作社的问题与冲突解决机制，评分均值为 4.47；（5）合作社的管理者能力，评分均值为 4.47。社员感到最不满意的 5 个指标为：（1）合作社的社员分红情况，评分均值为 1.13；（2）合作社的盈利情况，评分均值为 2.07；（3）合作社的农户收益情况，评分均值为 2.80；（4）合作社的贫困户占股情况，评分均值为 3.20；（5）合作社发展目标建立实施情况，评分均值为 3.33（见附录二）。

三　合作社效益分析

1. 经济效益

合作社整合了项目区的自然风景与人文文化资源，开发生态旅游产业，同时进行乡村土特产品的加工和藤编竹编工艺品的制作，并促进了当地服务业和交通运输等行业的发展，延长了产业链，增加了产品附加值，打造了旅游品牌效应，增加了游客以及在项目区的消费，为社员提供了长期稳定的收入增长途径，为当地经济发展作出贡献。

2. 社会效益

合作社积极鼓励贫困户参与，对贫困户进行了精准扶贫，促进了社会均衡发展。合作社的运营管理增强了社员对民主决策和现代化管理的意识。技术支持和培训等活动培养了一批技术管理人才，增强了当地农户的技术知识水平，为合作社的可持续发展打下坚实基础。

3. 周边地区带动效益

合作社带动了周边社区和村镇的农户共同参与乡村旅游产业，形成规模化和产业化效应，并通过示范作用提升了整个产业的规范化管理。项目覆盖转阁村、白家坳村，共计 17 个村民小组 660 户，其中贫困户 73 户。同时，通过土特产加工间接带动非项目村 1816 户，其中贫困户 309 户。此外，合作社在发展运营过程中为附近村民提供了就业岗位，并刺激了当地服务业的增长，促进地方经济和社会健康发展。

4. 生态环境效益

合作社充分发挥了景区生态环境资源的优势，深化了村民对于“绿水青山就是金山银山”生态文明可持续发展观的理解，促进了当地政府和居民保护生态环境的主观能动性，使自然环境和生态系统得到持续改善。

第十六章　合作社区域分布案例

第一节　正安县

一　正安县概况

1. 自然地理

正安县位于贵州省北部遵义市的东北部，是渝南、黔北经济文化的重要交汇区域，素有“黔北门户”之称。北接重庆市南川区，东北毗邻道真县、务川县，东南与凤冈县和湄潭县交界，南靠绥阳县，西北与桐梓县接壤。截至2017年底，行政区域面积2595平方公里，辖20个镇（乡、街道）。

正安县属喀斯特地貌地区，境内高山、丘陵、盆坝、阶地等地貌皆有。东部以中山台丘地貌为主，山体多为单石山，中部以低山、丘陵、盆坝地貌为主，西部则是典型的中山峡谷地貌。境内最高海拔高程1838米，最低海拔高程448米，平均海拔高程1200米。中亚热带湿润季风气候。气候温和，四季分明，雨量充沛，无霜期长。年均温度为16.14℃，极端最高温度38.8℃，极端最低温度零下6.2℃。年均降雨量1076毫米。无霜期平均290天，最长337天（1973年），最短246天（1990年）。境内河流属乌江水系，主要有芙蓉江、清溪河等大小河流393条。

2. 社会经济

截至2017年底，正安县常住人口为38.82万人，比2016年增加0.1万人。年末户籍总人口656518人，其中，城镇人口202592人，乡村人口453926人，家庭户均人口3.6人，人口密度253人/平方公里。分布有仡佬族、苗族、土家族、布依族、回族、壮族等23个少数民族。

2017年，正安县城镇居民人均可支配收入26659元，增加2424元，增长10.0%；农村人均可支配收入9189元，增加896元，实际增长10.8%。正安县实现地区生产总值1006382万元，按可比价格计算，比2016年增长15.5%。分产业看，第一产业完成增加值286398万元，同比增长6.8%；第二产业完成增加值222100万元，同比增长15.9%；第三产业完成增加值497884万元，同比增长21.1%。人均地区生产总值25958元，同比增长16.1%。三次产业结构占生产总值的比重分别为：第一产业为28.4%；第二产业为22.1%；第三产业为49.5%。

第一产业

2017年，正安县农、林、牧、渔业总产值496372万元，按可比价格计算，同比增长6.76%。其中，农业总产值297054万元，增长8.78%，林业总产值49553万元，同比增长2.69%，畜牧业总产值129877万元，同比增长2.25%，渔业总产值4864万元，同比增长7.31%，农林牧渔服务业总产值15024万元，同比增长23.18%。全年粮食种植面积65319公顷，增加99公顷；烤烟和油菜籽种植面积分别为3467公顷、11136公顷；蔬菜种植面积20552公顷。

第二产业

2017年，正安县规模以上工业企业完成总产值555828万元，同比增长45.2%。规模以上工业企业完成工业增加值170109万元，同比增长13.8%。规模以上工业企业79家，完成销售产值540319万元，产销率97.2%，前四位产品包括：精制茶、吉他、果汁和蔬菜汁饮料、水泥。

第三产业

2017年，正安县社会消费品零售总额完成242244万元，比2016年增长10.4%。分城乡看：城镇消费品零售总额为108956万元，同比增长11.3%，乡村消费品零售总额为133288万元，同比增长9.7%。分行业看：批发业完成28003万元，同比增长9.7%；零售业完成177204万元，同比增长10.4%；住宿业完成4799万元，同比增长11.9%；餐饮业完成32237万元，增长11.1%。

二　合作社基本情况

正安县属于山区农业大县，境内海拔高差较大，立体农业气候明显，气候温和，四季分明，雨量充沛，无霜期长，土壤呈弱酸性，矿物质含量丰富，山地、河谷、盆地交错，天然隔离条件好，病虫害较少发生且容易防治，工业和农业污染很少，十分适合优质茶叶生长。

县政府从2006年开始把产业发展重点目标定位为白茶产业，广泛动员农户参与白茶种植和加工，每年使用县财政资金从浙江省安吉县引进优质白茶种苗，发放给农户种植。由于自然环境和气候比安吉县更适宜白茶生长，经多年经验积累和技术改进，正安县生产的白茶品质比安吉白茶更加突出，经中茶所检测，茶叶氨基酸含量高达9.1%，比安吉白茶高出3%左右，营养价值更好，口感更鲜爽，市场竞争优势十分明显。

为促进茶产业在正安县的进一步发展，受世界银行项目资助成立了茗星春茶业种植专业合作社。

1. 注册日期

2016年9月14日。

2. 成立背景

项目区于2008年开始发展茶产业，到2010年9月开始投产。世界银行项目启动初期，村里有新老茶园总面积1253.5亩，其中投产白茶园52亩，刚投产茶园1000亩，未投产茶园201.5亩，年产鲜叶8250公斤；基地种植全是白茶，品质优良。茶园基地范围内无加工厂，全部依靠县内其他茶叶加工企业收购茶青，茶农处于利益的最低端，议价能力弱，销售不稳定，每年采摘的茶青极易造成浪费。

3. 业务活动

合作社主要从事茶叶的生产管理、加工、销售。主要经营范围为依法组织采购、供应成员种植茶叶所需的农业生产资料；组织社员从事产品的储藏、加工和销售；引进新技术、新品种；开展与茶叶有关的技术培训、技术交流和信息咨询服务；提供其他社员所需的服务。

4. 成员组成

合作社成立时成员共240户，其中8个组建档立卡贫困户71户，加入合作社25户，占项目区贫困户比例为35.2%。

理事会成员5人，包括理事长1人，副理事长2人，理事2人。监事会成员5人，包括监事长1人，副监事长1人，监事3人。

5. 股权结构

资产总额为266.74万元，茶园1253.5亩，农民成员中大户1户，面积52亩，入股经营权按10年计算，农户茶园折价241.34万元，占90.48%；公司现金入股15万元，占5.62%；大户茶园折价10.4万元，占3.9%；按投产状况折资分别如下：投产白茶园按每亩2200元，刚投产每亩2000元。经营5年后，根据茶叶长势，由社员大会讨论可重新折价。

6. 投资情况

合作社注册资金 266.74 万元，世界银行项目批复投资总额为 750 万元，2017 年改选理事长，个人入股 100 万元。主要建设内容有办公楼、加工厂、机器设备、冷库、运输车、变压器、配套基础设施（包括机耕道和管网）、人员工资、有机肥料、有机农药、实体店、市场开发、技术支持、培训等。

7. 管理模式

合作社实行分散式管理，由农户自行对茶园进行种植、管护和采摘，由合作社提供技术指导、收购、加工和销售。

8. 分红模式

合作社收益中 15% 用于合作社发展基金，5% 用于公益服务和贫困户帮扶，80% 用于社员分红，合作社成立早期曾按照入社茶园面积进行分红，但存在有人采摘不便等问题，因此很快改为按照被合作社收购的茶青量占销售收入的比例进行分红（见表 16－1）。

表 16－1　**茗星春茶叶种植专业合作社基本情况**

类别	合作社基本信息
成立时间	2016 年 9 月 14 日
注册资金（万元）	266.74
总投资（万元）	850
初期社员数（户）	240
生产内容	白茶和绿茶的种植与加工
入股茶园（亩）	1253.5
市场	贵州省、浙江省、福建省、广东省
管理模式	分散管理：农户自行种植、管护、采摘，合作社统一收购、加工、销售
分红模式	按茶青收购量占销售收入的比例进行分红

三　合作社发展运营过程

1. 合作社发展运营情况

茗星合作社现为省级扶贫龙头企业。合作社前期运营比较困难，经过三年整合优化后，于 2020 年开始正常运营并获得销售盈利，计划于年底进行社员分红。

合作社通过宣传渠道和社员活动，影响力不断扩大，规模也在不断发展壮大，从2016年成立时的240户社员发展至2020年的305户，涵盖的贫困户从25户发展到71户，茶园种植面积保持在1253.5亩。合作社使用全国享誉的“正安白茶”公共品牌，建立了1个实体店，并经常通过外出考察开发潜在市场，已签订15张订单。

2020年前10月实现产值235万元，销售额275.3万元，盈利金额36万元，分红金额10万元，劳务费发放金额46.14万元，收购茶青金额215.76万元，预计年产值可达到235万元、年销售额可达到310万元。

合作社聘用了2名技术专家，自身常驻5名技术人员。目前举办了3次200人以上的社员技术管理培训，组织社员参加正安县扶贫办举办的大型培训1次，开展了2次10—39人赴湄潭县、凤冈县和浙江省进行考察交流的活动，并于全年不定期对社员进行田间手把手技术指导（见表16－2）。

表16－2　茗星春茶叶种植专业合作社发展运营情况

类别			合作社发展运营信息
社员变化	初期社员数量（户）	总数	240
		贫困户	25
	现有社员数量（户）	总数	305
		贫困户	71
种植规模变化（亩）		原种养规模	1253.5
		现种养规模	1253.5
2020年经营状况（万元）		现产值	235
		销售额	275.3
		盈利金额	36
		分红金额	10
		劳务费发放金额	46.14
		收购茶青金额	215.76
		预计年产量	235
		预计年销售额	310
合作社注册商标及品牌			无

续表

类别		合作社发展运营信息
合作社销售渠道（个）	网络	0
	实体店	1
	订单	15
合作社获得荣誉		省级扶贫 龙头企业
技术支持（人）	聘用专家	2
	自身技术人员	5

为确保项目顺利实施，建立对周边环境和社会的友好度，合作社在发展运营过程中采取了以下措施。

环境保障措施：合作社监督社员在茶园管护过程中使用有机肥料和有机农药，并广泛宣传除草剂的污染性和危害性；加工厂将生产污水经过收集处理后再排放，避免夜间加工生产产生噪音。

社会保障措施：合作社办公楼的建设用地由项目区村民小组调整土地修建，其他基础设施方面的建设用地数量不多，并由村民自愿贡献；项目区受益人群除普通社员外，包括贫困人口 71 户。

2. 合作社社员满意度

根据合作社反馈的答卷结果进行统计分析，合作社社员对合作社管理层处理事务的效率评分均值为 4.00 分，表示比较满意；对合作社建设中的社员参与度和加入合作社后生产成本评分均值为 2.00 分，表示勉强可以；对合作社的盈利情况和合作社的社员分红情况评分均值为 1.00 分，表示不满意；对合作社的其他各项指标评分均值为 3.00 分，表示满意（见附录二）。

四　合作社效益分析

1. 经济效益

合作社的成立为外出务工的劳动力提供了在采茶忙季返乡参加茶青采摘、增加收入的机会。由于茶叶种植和采摘的劳动强度不大，妇女和老人也容易加入，提高了家庭整体收入。所有社员可同时获得茶青销售收入以及合作社分红。同时，合作社改变了农户自行议价的分散格局，建立了统一收购的稳定渠道，并通过规模效应和打造自有品牌来增强产品的市场竞争力。

2. 社会效益

合作社具有显著的扶贫效应，大量吸收贫困户入社，并用一部分收益作为专门的贫困户帮扶资金，为贫困户提供销售茶青之外的保底收入，切实带动贫困户脱贫致富。合作社的民主议事机制规定，重大事务通过召开社员大会进行一人一票制的投票决策，强化了社员的民主和公平观念。合作社向全体社员开展的培训讲座、实地指导、参观学习等活动，大大提升了社员的技术水平和自我发展能力，并为合作社的可持续发展储备了人才。

3. 周边地区带动效益

合作社的规模化效应和品牌效应明显促进了本地白茶的销售，提高了收购价格，惠及大量周边地区从事白茶种植的农户。合作社的自身发展为附近村民提供了生产、加工、管理、财务等领域的劳务就业机会。此外，项目投资修建的水池改善了当地居民的用水条件，促进了公众健康。

4. 生态环境效益

合作社吸引了大量农户建设茶园，为当地社区增加了绿化面积。同时，为了打造优质白茶的品牌，合作社为社员统一采购质量优良的有机肥料和杀虫剂，并严禁社员使用除草剂，减少了化肥、除草剂、重金属等多种污染源，有效提高了耕地质量和土壤健康，并减少了氨挥发、硝酸盐淋洗和一氧化二氮等温室气体的排放，改善了空气和地下水的质量，生态效益显著。

五　合作社存在的问题

1. 新茶生产周期较长

由于茶叶生产周期为3—5年，对于新建茶园，存在3年以上的建设期，需要大量资金、人力投入前期茶园的种植和管护，第四年后才能开始有成熟的茶青可供采摘、销售、盈利。在漫长的茶叶生长期间，不确定因素较多，风险较大，合作社需要更优惠的政策和较强的抗风险能力。

2. 加工厂效率较低

茶青采摘后第二天新鲜程度就会大打折扣，加工出的成茶品质会极大下降，必须当天进行加工，因此需要在短期雇用大量熟练技术人员，而春季属于采茶忙季，技术人员比较短缺。现有加工厂的场地较小、机器设备较简陋，限制了茶叶加工的规模和成品产量。

3. 质量控制难统一

目前合作社有大量社员选择分散式管理模式，农户自由度较高，但在种植、管护和采摘过程中，存在所用肥料、杀虫剂、除草剂、采摘部位和手法等不符合有机茶品质的要求，质量参差不齐，并容易形成面源型农业污染。加工厂尚未建立质量追溯系统或监控系统，难以保障加工过程的质量控制。

4. 社员主动性不高

很多社员对合作社提供了长期稳定收购渠道而感到满意，但缺少参与合作社发展运营事务的积极性，主人翁意识淡薄，不主动了解合作社运营模式，尤其是对如何提高合作社管理水平、改进产品质量、扩大发掘市场等关键问题没有想法，只关心自己茶青能卖出多少和分红能拿多少，大量事务依靠理事长和副理事长解决。此外，不少社员把品质最好的前期鲜叶留给商贩或亲朋好友，把合作社作为保底措施。

5. 人才缺乏

由于地处偏远山区，村民文化教育水平较低，合作社难以吸收到技术水平和管理水平较高的人才，通过自身能力建设活动培养人才的时间较长，社员参加培训课程的积极性较低，对培训内容的吸收消化能力较弱，培训内容不够具有针对性，培训次数比较少，效率也比较低。在茶园进行实地技术指导的效果较好，但指导人数较分散、指导内容不够系统。

6. 管理机制不健全

合作社只设有理事会和监事会，缺少专职的财务部、销售部、技术部等，责任分派较混乱，大多数事务由理事长安排处理，部分社员认为合作社是理事长一人的公司。监事会发声极少，很难发挥监督管理作用。合作社缺乏收集和处理社员反馈意见的渠道。茗星合作社尚未建立宣传栏或其他固定的信息公布渠道。

六　发展建议

1. 制定优惠政策

合作社发展初期由于管理运营水平较低，农产品生长周期较长，风险较大，资金较难争取，政府制定数量更多、力度更大的扶持奖励政策对合作社的生存发展至关重要，优惠政策可将产业发展与合作社培育协同推进，通过财政资金引导，使合作社与当地市场、企业、学校、科研机构、社会组织等建立多方合作关系，并鼓励社会资金注入具有产业发展优势的合作社，增强合作社的抗风险能力和发展能力。

2. 加强合作社机制建设

规范的制度建设是合作社良好运营发展的重要基础，政府应加强对合作社的指导和监管，促进合作社建立健全现代管理机制和利益联结机制，尤其是议事规则、财务管理、生产管理、销售管理、收益分配五个核心制度的建设，并定期通过制度建设、治理架构、治理机制、财务机制、分配机制等指标对合作社的规范程度进行评估，避免社员大会的民主决策机制被虚置、重大事务被管理层或大户操纵把持等问题，鼓励合作社建立专职部门，采取专人负责制。

3. 加强人才培养

合作社可用部分收益建立人才基金，大力吸引高水平人才，并着力加强社员能力建设，建立奖励惩罚机制，充分调动社员对培训的积极主动性，同时从自身实际情况及产业发展模式出发，和培训机构共同商定培训内容，开展科技知识、管理能力、商业运营等全方位、系统化的培训课程，并嵌入多种形式的互动模式，吸引广大社员参加，扩大知识面，促进能力建设，从而实现合作社整体可持续性运营。

4. 提升透明性和积极性

在合作社内建立有效的宣传机制和实时通报渠道，如宣传栏和入户讲解等方式，让社员充分了解各项规章制度、利益分配机制、事务决策情况，定期公开合作社运营、财务收支、利益分配等情况，提升合作社事务的透明度。将生产和运营各环节的工作量与报酬进行量化，按劳计酬，提高普通社员参与合作社事务的主动积极性。

5. 鼓励集中管理模式

合作社的实践表明集中管理模式比分散管理模式更有利于产业链的全程管理和产品品质把控，合作社可大力加强宣传动员活动，并划拨部分收益鼓励、吸引社员加入集中管理模式，加强对种植、管护、采摘过程的监管，共同打造优质产品、加强品牌效应、拓展开发市场。

第二节　务川县

一　务川县概况

1. 自然地理

务川仡佬族苗族自治县位于贵州省东北部遵义市内，东与德江县、沿河土家族自治县相连，西与正安县、道真仡佬族苗族自治县毗邻，南与凤冈县接壤，北与重庆市的武隆区、彭水苗族土家族自治县交界。截至2017年底，行政区域面积2777平方公里，辖11镇2乡81村，总人口47万人。

务川县位于云贵高原东北部向四川盆地过渡的斜坡地带，总体地势为西高东低，北高南低。区内一般海拔在650—1000米，最高峰位于涗水镇的笋子山，海拔1743米；最低点在红丝乡洪渡河出口，海拔325.3米。区内地貌类型根据其成因可分为溶蚀地貌区、溶蚀—侵蚀地貌区和侵蚀地貌区三大类。气候属亚热带高原湿润季风气候，山体气候特征明显。年平均气温15.5℃，年平均无霜期280天，日照率年平均为23%。雨量充沛，年降雨量1271.7毫米。境内河流均属长江流域乌江水系，支流是洪渡河流域。区内共有河流288条，总长1086公里。其中，集雨面积大于50平方公里的河流有13条，20—25平方公里的23条，10—20平方公里的2条，小于10平方公里的有248条。

2. 社会经济

截至2017年底，务川县常住人口32.31万人。城镇化率43.85%。年末户籍总人口47.55万人，其中，乡村人口35.44万人，少数民族人口45.64万人。境内共生活着25个民族，其中仡佬族、苗族为主的少数民族人口占总人口的95.9%。

2017年，务川县地区生产总值69.07亿元，同比增长11.9%。按产业分，第一产业增加值22.85亿元，同比增长7.0%；第二产业增加值15.39亿元，同比增长16.3%，其中工业增加值5.89亿元，同比增长13.2%；第三产业增加值30.83亿元，同比增长13.6%，其中交通运输、仓储和邮政业增加值6.55亿元，同比增长6.5%，批发和零售业增加值2.29亿元，同比增长8.4%，住宿和餐饮业增加值2.13亿元，同比增长6.4%，金融业增加值4.25亿元，同比增长27.0%，房地产业增加值2亿元，同比增长5.6%，其他服务业增加值12.65亿元，同比增长18.0%。全县人均地区生产总值为 21400 元，增加 2936 元。

第一产业

2017 年，务川县全年完成农林牧渔业总产值 387421 万元，同比增长 7.0%。其中，农业 226846 万元，林业 25167 万元，牧业 118121 万元，渔业 3249 万元，农林牧渔服务业 14038 万元。全年农林牧渔增加值 228513 万元。其中，农业 146504 万元，林业 18196 万元，牧业 61097 万元，渔业 2716 万元。全年粮食作物种植面积 55481 公顷，减少 1044 公顷；油料种植面积 9675 公顷，减少 237 公顷，其中油菜籽种植面积 6492 公顷，减少 66 公顷；烤烟种植面积 6291 公顷，减少 733 公顷；蔬菜种植面积 11296 公顷，增加 963 公顷。

第二产业

2017 年，务川县全年完成工业总产值 25.84 亿元，增长 29.9%；全部工业企业实现增加值 5.89 亿元，同比增长 13.2%，其中，规模以上工业企业 29 家，实现增加值 6.85 亿元，同比增长 12.7%，高技术制造业增加值占规模以上工业增加值比重为 6.2%。其中，国有企业 6281 万元，同比下降 10.5%，股份制企业 60791 万元，同比增长 32.9%，其他企业 1428 万元，同比增长 57.3%；国有控股企业 9097 万元，同比下降 16%；私营企业 34848 万元，同比增长 76.6%；非公有企业 58877 万元，同比增长 38.7%；大中型工业企业 6072 万元，同比增长 27.6%。轻工业完成增加值 27899 万元，同比增长 61.3%，重工业完成增加值 411601 万元，同比增长 11%。

第三产业

2017 年，务川县社会消费品销售总额实现 696824 万元，增长 22.19%。全社会消费品零售总额实现 155694.3 万元，同比增长 11.43%。分城乡看，城镇消费品零售额实现 88745 万元，同比增长 7.00%；乡村消费品零售总额实现 66949.3 万元，同比增长 17.91%。分行业看，批发业实现 29560 万元，同比增长 18.86%；零售业实现 80854.3 万元，同比增长 7.32%；住宿餐饮业实现 45280 万元，同比增长 14.89%。全年网络零售额 429.32 万元，同比增长 653.9%。500 万元以上项目完成投资 74.39 亿元，同比增长 23.7%。其中工业投资 15.75 亿元，同比增长 22.00%，产投占比为 18.8%。房地产开发完成投资 12.44 亿元，同比增长 21.94%。

二　合作社基本情况

辣椒食用营养丰富、口味独特，是人们喜爱的蔬菜之一，产值和效益居蔬菜作物之首。辣椒产业已成为贵州省产业化水平相对较高的特色优势产业之一，常年栽培面积500万亩左右，约占中国的20%，产值150亿元左右；辣椒加工企业近200家，产值约100亿元。加工产品多样，主要有油辣椒、泡椒、豆瓣酱、糍椒、辣椒酱、糊辣椒、干辣椒七大系列共50余个品种，其中油辣椒加工产品国内市场占有率70%。

遵义市被誉为"中国辣椒之都"，虾子辣椒专业市场为全国最大的辣椒专业市场，而务川县距遵义虾子辣椒专业市场200公里，为务川辣椒销售提供了一定的市场渠道。务川县位于平均海拔1000米的山区，工业污染少，气候温和，雨量充沛，无霜期长，空气清新，水质清澈，土壤微量元素丰富，山地盆地交错天然隔离条件好，病虫害少且容易防治，十分适合优质辣椒生产。务川县辣椒种植历史源远流长，辣椒已成为全县传统优势作物，作为和黔北辣椒产业带的核心区，种植主要品种有大椒、朝天椒、皱椒、菜椒等，其中尤以"朝天椒"独具特色，驰名海内外。

随着食用辣椒的人群越来越多，尤其是火锅美食业、以辣椒为原料的食品加工业和化工工业的迅猛发展，使辣椒具有极其广阔的市场前景。因此，县政府把辣椒产业作为扶贫产业发展重点目标，着力"扩规模、强基础、引龙头、强品牌"，坚持质量兴椒、绿色兴椒，集聚产业要素，升级产业发展方式，全力推进绿色发展、提质增效。

在世界银行项目资金的扶持下，针对辣椒产业发展，务川县成立了涪洋佳禾辣椒种植农民专业合作社。

1. 注册日期

2017年12月20日。

2. 成立背景

项目区具有多年辣椒种植基础，辣椒产业已成为本地农业发展支柱产业，在推进脱贫攻坚、推进农村经济发展中发挥着巨大作用。辣椒不仅是鲜食蔬菜，更是调味佳品和重要的天然色素、制药原料和其他工业原料。市场需求量大，销售前景好。但辣椒种植农户没有管护技术和管理经验，产量不高，而且散户种植没有形成辣椒产业发展链条，没有通过初、深加工，附加值不高。也没有打造品牌效应和建立销售渠道，经济效益不高。

3. 业务活动

合作社主要从事辣椒的精深加工、栽培及销售。目前已与国内外多家知名品牌企业已达成产品供销合作经营意向协议，已基本建立起产品营销网络，产品市场前景广阔乐观。

4. 成员组成

合作社成立时成员共382户；建档立卡贫困户社员306户，占项目区贫困户比例83.61%（项目区为前进村、珍珠村、当阳村，共有贫困户366户）。

2017年12月19日通过召开社员大会选举产生合作社理事会成员7名，建档立卡贫困户2名；选举产生合作社监事会成员5名，其中建档立卡贫困户2名。

5. 股权结构

合作社的注册资金100万元，总股金为820万元。一是现金入股，团体社员投入现金246万元，占股30%。二是土地经营权折价入股，合作社381户社员用1914亩土地经营权折资574万元，占股70%。

6. 投资情况

合作社计划总投资725.12万元，主要建设内容有办公用房、加工厂、机器设备、运输车、消防设施、辣椒种子、肥料、人员工资、产业保险、商标注册、绿色无公害产品认证、实体店、市场开发、技术支持、培训等。

7. 管理模式

合作社实行“合作社+团体社员+农户”的经营模式，形成“五统一保”模式运行。即由合作社组织统一育苗、统一年度种植计划、统一技术指导服务、统一病虫害防治、统一种植管护标准、保价回收。为提高合作社的组织化程度和社员的参与度，合作社将不定期组织社员进行辣椒种植技术培训和核心区及集中连片区的生产劳动，并根据与合作社的鲜椒交易额实行量化计入分红。在用工比例上保证贫困人口占比40%以上，同时贫困人口报酬在同工种基础上提高10%。

8. 分红模式

合作社提取10%作为合作社滚动发展资金，用于购买发展所需的辣椒种子、肥料及支付专卖店租金、审计费用等。剩余90%按照出资情况进行股份分红，其中团体社员股份占比30%；全体农户社员股份占比70%，农户社员分红方式实行交易额返还结合股份分红，按8:2分配，即80%部分按所交售合作社辣椒原材料的交易额比例分红，20%部分按照农户社员土地经营权折价入股比例分红（见表16－3）。

表16－3　**涪洋佳禾辣椒种植农民专业合作社基本情况**

类别	合作社基本信息
成立时间	2017年12月20日
注册资金（万元）	100
总投资（万元）	725.12
初期社员数（户）	382
生产内容	辣椒种植和加工
入股土地（亩）	1914
管理模式	合作社组织统一育苗、统一年度种植计划、统一技术指导服务、统一病虫害防治、统一种植管护标准、保价回收
分红模式	团体社员和全体农户社员按股份比例分红，个体农户社员实行交易额返还结合股份分红，按8:2分配

三　合作社发展运营情况

1. 合作社发展运营过程

通过世界银行项目的实施，对产品进行初加工、统一包装和品牌推广，提高辣椒品牌竞争力。健全产品加工环节，形成“产、加、销”一体化，增加产品附加值，提高经济效益，增加项目区农户收入。

2019年完成年产1000吨干辣椒加工生产线建设，并投入使用，建设从育苗到采摘的一条完整、科学的辣椒种植经济链。农户以合作社代工、土地入股分红、就业务工、农户自行种植四种模式同合作社产生利益联结，多举措、多渠道地发动农户。利用合作社提留利润，购买发展所需的辣椒种子、肥料及支付专卖店租金、审计费用等，充分调动农户发展辣椒产业的积极性。

截至2020年6月，合作社共有社员382户，其中管理层人员7人。拥有土地面积1914亩，流转土地资金为57.42万元，合作社出资金额达574.2万元，已支付劳动报酬金额6万元，已进行1次培训。由于加工厂生产线建设完成较晚，运营时间较短，目前暂未稳定盈利（见表16－4）。

表 16－4　　涪洋佳禾辣椒种植农民专业合作社发展运营情况

类别	合作社发展运营信息
所在市	遵义市
所在县区	务川县
所在村	当阳村
管理层人数（人）	7
成员总数（户）	382
合作社累计投资（万元）	437.34
土地面积（亩）	1914
流转土地资金（万元）	57.42
合作社出资总额（万元）	574.2
上年合作社产品销售总额（万元）	0
合作社增值业务（是/否）	是
可用营运资本（万元）	0
合作社每年支付劳动力报酬金额（万元）	6
培训次数（次）	1

为确保项目顺利实施，建立对周边环境和社会的友好度，合作社在发展运营过程中采取了以下措施。

环境保障措施：合作社位于务川县涪洋工业园区内，园区配套有污水处理池、生产便道等基础设施；进行加工厂房建设以及合作社生产经营过程中所产生的少量污水将通过污水处理池解决，不会对生态环境产生影响；项目实行无公害种植，可以减少农业点源和面源污染，不利影响为临时性、可逆的，通过采取合理的水土保持措施和环境保护措施，使被影响的生态环境得到一定的恢复，在一定程度上改善了区域生态环境质量；在合作社办公用房建设方面，施工期产生的污废水、噪声、废气、固体废物等对环境的影响，采取相应措施后得到减免，并随着工程竣工而结束。

社会保障措施：合作社办公楼、加工厂房建设用地属务川县涪洋镇工业园区，土地手续齐全，目前已与园区签订土地协议；受益人群除普通社员外，包括建档立卡贫困户社员 306 户（占项目区贫困户比例 83.61%）。

2. 合作社社员满意度

涪洋佳禾辣椒种植农民专业合作社社员感到最为满意的6个指标为：（1）合作社管理层团结协作能力，评分均值为3.93；（2）合作社的检测评估机制，评分均值为3.93；（3）合作社的财务计划，评分均值为3.80；（4）合作社的档案资料保管情况，评分均值为3.73；（5）合作社带动产业情况，评分均值为3.73；（6）合作社的外出考察交流情况，评分均值为3.73。社员感到最不满意的6个指标为：（1）合作社的自然资源条件和生产力，评分均值为2.87；（2）合作社建设中的社员参与度，评分均值为2.93；（3）合作社发展目标建立实施情况，评分均值为3.00；（4）合作社产品的加工环境，评分均值为3.00；（5）合作社对社员能力提升情况，评分均值为3.00；（6）推荐身边人加入合作社，评分均值为3.00（见附录二）。

四　合作社效益分析

1. 经济效益

辣椒种植具有周期短、市场销路广、投入不大、产业见效快等优点，能切合当地农户的实际需求。在合作社成立前，传统种植农户过于分散、市场议价能力弱、销售渠道不稳定。合作社成立后，建成了集种植、管护、加工、销售于一体的全产业链，为社员提供了技术指导和规范管理，形成了规模化的效应，丰富了产品品种，增强了竞争力，拓展了市场销售，增加了社员收入。

2. 社会效益

合作社社员中有306户贫困户，占项目区总体贫困户的比例高达83.61%，在当地的扶贫效应十分显著。合作社每年在收益中抽取一部分作为扶贫资金，让贫困户社员在按入股比例和销售额获得分红之外，还能从合作社获得稳定的保底收入。合作社开展的能力建设培训为社员开阔了眼界、增强了学习能力、提高了技术水平，为合作社的可持续性发展奠定基础。合作社定期召开社员大会，公布合作社进展，对重大事项的决策采用一人一票的投票制，采购和财务程序也逐步规范化，提高了合作社运营的透明性和公平性。合作社在提高女性社员和少数民族社员的收入同时，也提升了其家庭地位，促进了社会公平。

3. 周边地区带动效益

合作社的成功运营，吸引了周边地区的大量农户加入辣椒产业，形成规模化效应，增强了整个区域辣椒产品的市场竞争力，并通过示范作用促进了整个产业的规范化管理，推广了种植加工技术，为附近村民提供了销售、财会、加工等就业岗位，并推动了运输业、餐饮业等上下游相关产业的发展，推动了整个区域的经济社会发展。

4. 生态环境效益

合作社大力打造绿色无公害产品，强化了种植加工过程的监管，督促社员使用无污染的有机肥料和有机农药，逐步淘汰除草剂，大大减少了土壤中的污染物，有效提高了耕地质量，改善了地下水循环系统，大幅提升了生态环境服务价值。

五　合作社存在问题

1. 建设期风险较大

由于辣椒在种植期间比较依赖气候环境，种植区域大多位于旱坡地，排灌、交通等基础设施较差，容易遭受干旱、暴雨、冰雹等恶劣气候的影响，抵抗自然灾害的能力较弱。合作社前期也需要大量资金、人力投入，逐步提升管理能力和技术水平，在建设期不确定因素较多，风险较大，合作社需要更优惠的政策支持和更充足的资金注入，增强抗风险能力。

2. 品质控制较难

社员在辣椒种植、管护和采摘阶段进行分散种植，合作社难以对肥料、杀虫剂、除草剂、管护方法、采摘标准等进行严格的统一监管，导致收购产品时质量参差不齐，有部分产品不符合绿色无公害农产品的要求。

3. 管理机制不够健全

由于合作社领导在管理事务上的话语权过强，监事会不能有效起到监督作用，除社员大会外，信息公布渠道较单一，管理运营过程不够透明，加上社员文化教育水平低、主人翁意识薄弱，社员缺乏参与合作社发展运营事务的积极性。

4. 人才队伍短缺

合作社地理位置偏远，山区交通设施不便，经济社会发展缓慢，村民文化教育水平较低，难以吸引外地高水平人才。合作社开展的培训课程不够系统，内容较零散，开展次数比较少，达到的培训效果也不够好，人才培养效率低。

六　发展建议

1. 延伸产业链

目前合作社的产品以初级加工为主，技术水平不高，市场竞争力不强。建议合作社延长产业链，向精深加工发展，提高技术含量，丰富产品线，研究制作附加值更高的精细产品，如辣椒碱和辣椒精油等，大力拓展市场渠道，增加线上销售，打造自有品牌。

2. 加强集中管理

由于集中管理模式可以对辣椒的种植、采摘、加工整个产业过程进行统一管理，有利于产品品质把控，合作社应使用部分收益作为奖励资金吸引社员加入集中管理模式，全面执行绿色食品标准化生产，进行全程品质管控，促进区域化布局、产业化经营、标准化生产和市场化发展，增强绿色无公害产品的生产能力和市场竞争力。

3. 加强人才培养

人才储备是合作社发展壮大的基础，合作社应大力引进人才，可使用部分收益作为资金为人才提供奖励，为人才晋升管理层提供绿色通道。同时，大力开展社员能力建设活动，制定系统性的、有实用性的技术、管理、销售方面的培训内容，建立奖励惩罚机制，激发社员参与活动的积极性。

4. 完善合作社机制建设

科学合理的机制是合作社良好运营的保障，合作社应针对目前存在问题不断完善制度建设，增加向社员公布合作社运营、财务收支、利益分配等事务的次数，提高合作社运营过程的透明度和公平性，设置奖励措施鼓励社员献言献策，增强社员的主人翁意识。政府应加强对合作社的监督管理，制定指标对合作社表现进行定期评估，设立热线和网络平台等投诉渠道，防止合作社被管理层或大户操纵，切实促进合作社健康发展。

第三节　威宁县

一　威宁县概况

1. 自然地理

威宁彝族回族苗族自治县地处贵州省西北部，位于东经103°36′—

104°45′，北纬26°36′—27°26′之间，西、南、北三面分别与云南省接壤，是云贵川三省的交通要冲。威宁彝族回族苗族自治县县域总面积6295平方公里。

威宁彝族回族苗族自治县平均海拔2200米，是贵州省面积最大、海拔最高的县。境内乌蒙山脉贯穿东西，其间屹立着四座2800米以上的高峰；县境中部开阔平缓，四周低矮，峰壑交错，江河奔流，是“四江之源”（即乌江、横江的发源地，牛栏江的西源、东源，珠江的北源）。

气候属亚热带季风性湿润气候，年日照时数1812小时，无霜期180天，年降雨量926毫米，年温差小，日温差大，冬暖夏凉，夏季平均气温18℃。低纬度、高海拔、高原台地的地理特征，使这里的光能资源和风力资源为贵州之冠，威宁县城也因年平均日照数为1812小时而被气象学界命名为“阳光城”。气候特点是四季分明、春暖风和、冬无严寒、夏无酷暑、雨量充沛、雨热同季、湿度较大、季风气候明显、无霜期长、垂直差异较大，立体气候明显。

2. 社会经济

2016年，威宁彝族回族苗族自治县完成地区生产总值（GDP）215.15亿元，比2015年增长14.1%。人均地区生产总值达16908元，比2011年增加10647元，比2015年增加2026元。全县地区生产总值占全市的比重由2011年的10.61%提高到2016年的13.23%。威宁彝族回族苗族自治县地区生产总值中，第一产业增加值71.83亿元，比2015年增长6.0%；第二产业增加值55.34亿元，比2015年增长14.6%；第三产业增加值87.98亿元，比2015年增长20.2%。三次产业结构从2015年的36∶26∶38调整为33∶26∶41。2016年，威宁彝族回族苗族自治县完成财政总收入24.67亿元，比2015年增长15.5%，其中，一般公共财政预算收入10.01亿元，比2015年增长13.6%。财政总支出75.69亿元，比2015年增长7.8%，其中，一般公共财政预算支出67.18亿元，比2015年增长7.4%。财政八项支出合计46.56亿元，比2015年增长12.2%。税收收入15.06亿元，比2015年增长13.3%。

第一产业

2016年，威宁彝族回族苗族自治县完成农业总产值114.38亿元，比2015年增长11.6%，实现增加值76.06亿元，比2015年增长6.0%。其中，种植业增加值47.50亿元，比2015年增长6.5%；林业增加值3.11亿元，比2015年增长10.0%；畜牧业增加值21.11亿元，比2015年增长8.0%；渔业增加值0.11亿元，比2015年增长4.0%；农业服务业增加值4.23亿元，比2015年增长13.3%。2016年，威宁彝族回族苗族自治县农作物种植面积19.98万公顷，比2015年增长0.4%。其中，粮食作物种植面积9.44万公顷，比2015年增长2.0%；蔬菜种植面积2.39万公顷，比2015年增长10.0%；中药材种植面积0.65万公顷，比2015年增长12.8%；年末果园面积0.73万公顷，比2015年增长18.0%。威宁彝族回族苗族自治县粮食总产量49.76万吨，比2015年增长0.7%。水果、蔬菜、中药材产量分别达3.91万吨、29.36万吨、2.78万吨，分别比2015年增长20.0%、20.0%、19.0%。

第二产业

2016年，威宁彝族回族苗族自治县完成全部工业总产值142.04亿元，比2015年增长7.2%，实现增加值41.48亿元，比2015年增长12.7%。其中，规模以上工业企业64户，完成总产值94.1亿元，比2015年增长7.2%，实现增加值27.48亿元，比2015年增长14.1%。2016年，威宁彝族回族苗族自治县全社会建筑业增加值13.86亿元，比2015年增长20.7%，其中资质以上建筑业企业11个，共实现总产值3.57亿元，比2015年增长141.1%。

第三产业

2016年，威宁彝族回族苗族自治县完成全社会固定资产投资300亿元，比2015年增长20.3%，其中，500万元以上固定资产投资175.62亿元，比2015年增长20.9%；在草海综合治理方面的投资11.53亿元。2016年，威宁彝族回族苗族自治县完成社会消费品零售总额32.72亿元，比2015年增长13.0%，其中，城镇消费品零售额26.91亿元，比2015年增长13.5%；乡村消费品零售额5.81亿元，比2015年增长10.7%。威宁彝族回族苗族自治县批发业商品销售额23.76亿元，比2015年增长15.5%；零售业商品销售额44.53亿元，比2015年增长17.5%；住宿业营业额0.69亿元，比2015年增长18.5%；餐饮业营业额5.17亿元，比2015年增长25.0%。

二　合作社基本情况

威宁县气候温和，空气湿润，土壤呈微酸性，自然条件有利于荞麦的种植和生长，有50%以上的土地适宜种植荞麦，素有“荞乡”之称，当地百姓有种植和食用苦荞的习惯，往往利用种植马铃薯后的土地空闲时段，粗放种植苦荞，近年来苦荞播种面积达15万亩以上，每年的荞麦总产量在2万吨以上，而可种植面积更是空间广阔，可达百万亩以上，是中国南方苦荞生产的重要基地。威宁苦荞的加工至少已有600多年的历史，荞酥是进献给明代开国皇帝朱元璋的贡品（当时荞酥被明朝庭称颂为“南方贵物”），苦荞系列产品以其物美价廉、极高的营养和药用价值得到了许多中外客商的青睐，具有广阔的消费市场。

为促进荞麦产业在威宁县进一步发展，世界银行项目扶持成立了荞道荞麦专业合作社。

1. 注册日期

2016年10月。

2. 成立背景

项目区荞麦产业具有悠久的传统，在长期种植和加工过程中，农户积累了丰富经验，但同时也存在粗栽弃管、广种薄收、加工粗糙等问题：项目区苦荞种植呈零星分散状态，普遍存在粗放的种养习惯，缺乏对良种的培育，难以形成标准化、规模化生产，农户经济收入微薄；荞麦产品加工环节严重脱节，加工设备欠缺，荞麦食品质量不符合国家质量要求，市场发育不健全，产品价值不高，无法解决农民售卖苦荞的后顾之忧，农民的经济收入不能保障。

3. 业务活动

威宁县荞道荞麦专业合作社主要从事荞麦的种植、收储、加工和销售。经营范围为苦荞麦的种植、初加工及销售；引进新技术、新品种，开展技术培训、技术交流及咨询服务。

4. 成员组成

合作社成员主要来自威宁县板底乡雄英村：成立时有社员304户，社员中：贫困户146户，占合作社社员总数的48.2%，占项目区贫困户总数的49.32%；社员均以土地入股，连片土地约700亩，较零散的约300亩，土地进行丈量和登记，入股后由合作社统一种植和管理。合作社通过社员大会选举产生理事会和监事会，理事会成员 5 名，其中，贫困农户代表 1 名；监事会成员 5 名，其中，贫困农户代表 1 名。

5. 股权结构

股权设立情况：注册资本为 230 万元，其中农户 1000 亩土地折价 150 万元（折价计算方式：1000 × 150 × 10 = 150 万元），占 65.22%；4 个自然人出资 80 万元，占 34.78%，共计出资 230 万元。按 200 元/股计，共 11500 股，其中，农户占 7500 股，贫困户 3650 股，自然人占 4000 股。合作社建设的所有资产由全体社员共有，能人大户、公司入股的货币资金一次性进入合作社账户。合作社是新成立的，未发生经营，尚无业务收入及利润，无任何债务及贷款。

6. 投资情况

合作社苦荞种植及加工项目总投资 980 万元。其中合作社建设 17.7 万元，合作社发展投资 28.27 万元，附加值增加 525 万元，市场考察和开发 186 万元，技术支持 44 万元，其他活动投资 80 万元，备用金 99.03 万元。

7. 管理模式

合作社实行两种管理模式：（1）对部分社员的荞麦种植进行集中式管理，实施统一化的种苗采购、种植、管护、加工、销售；（2）对部分社员进行分散式管理，农户自行对荞麦进行种植、管护和采摘，由合作社提供技术指导、收购、加工和销售。

8. 分红模式

合作社收益中提取 10% 的公积金，用于扩大服务或弥补亏损，提取 10% 的公益金，用于文化、福利事业，提取 5% 的教育基金，用于社员培训，提取 5% 的风险基金，用于社员生产、营销遭受重大经济损失的补贴。其余 70% 收益用于按股分红（见表 16 - 5）。

表 16 - 5　**荞道荞麦专业合作社基本情况**

类别	合作社基本信息
注册时间	2016 年 10 月
注册资金（万元）	230
总投资（万元）	980
初期社员数（户）	304

续表

类别	合作社基本信息
生产内容	荞麦
市场	云贵川、长江三角洲、珠江三角洲、京津地区
管理模式	集中管理：合作社统一种植、管护、加工、销售 分散管理：农户自行种植、管护，合作社统一收购、加工、销售
分红模式	收益中提取30%作为各类基金，剩余70%收益用于按股分红

三 合作社发展运营情况

1. 合作社发展运营过程

合作社将入社土地进行整理、改良、引进优良苦荞品种。对入社的农户（社员）实行规范化管理、技术培训，让部分人成为合作社里有技术能机械化耕种的社员，对缺乏劳动力的土地进行机械化栽种；合作社统一品种，统一技术培训，统一生产技术规程，统一农资（肥料等）供应，统一产品检测，统一标识使用；合作社投入资金建立深加工生产线，统一进行荞麦系列产品的深加工，不具备生产线的其他工艺荞麦产品可以委托企业（签订代加工协议）进行加工；合作社的深加工产品以统一商标，通过市场销售渠道的建设及与行业龙头企业合作，将产品销售往云贵川、长江三角洲、珠江三角洲、北方京津等城市及地区。

截至2020年6月，合作社社员总数达275户，入股土地面积为1000亩，累计投资729万元，可用营运资本为40万元，每年支付劳动力报酬20万元，开展1次培训，使用培训金额3万元（见表16－6）。

为确保项目顺利实施，建立对周边环境和社会的友好度，合作社在发展运营过程中采取了以下措施。

环境保障措施：项目在进行生产设施建设时，没有大型的土建，厂房以租用改造为主，对环境的影响小；苦荞麦种植以无公害和有机种植为标准，可以使用有机生物肥料，严格管控化肥和农药的使用，防范对环境的影响。苦荞生产加工对环境影响分析和相关措施：（1）清洗苦荞，冲洗设备的废水：通过沉淀后循环使用，对外环境无影响；（2）噪声影响：在有噪声的设备上，安装橡胶减振垫，给电动机等安装隔音装置，减少噪声对环境的影响；（3）经过政府管理部门许可使用的锅炉，产生一定的烟尘，粉尘、废渣：安装锅炉降尘设备，废渣由当地的环保砖厂回收利用，减小对外环境的影响；（4）固体废物少，苦荞生产过程中产生的碎屑可分级出售。

社会保障措施：项目暂不存在土地征用情况，苦荞种植为合作社农户自愿以土地折价成股份参与项目建设，项目加工厂、仓库用地为合作社向本地企业租赁使用的，并有完备的手续备查；合作社成立时优先扶持项目区建档立卡的贫困农户入社，占比为49.32%。

表16－6　　荞道荞麦合作社发展运营情况

类别	合作社发展运营信息
所在市	毕节市
所在县区	威宁县
所在村	雄英村
管理层人数（人）	10
成员总数（户）	275
合作社累计投资（万元）	729
土地面积（亩）	1000
合作社出资总额（万元）	150
上年合作社产品销售总额（万元）	0
合作社增值业务（是/否）	是
可用营运资本（万元）	40
合作社每年支付劳动力报酬金额（万元）	20
培训次数（次）	1
培训金额（万元）	3

2. 合作社社员满意度

根据合作社反馈的答卷结果进行分析，荞道荞麦专业合作社社员感到最为满意的5个指标为：（1）合作社的监测评估机制，评分均值为3.33；（2）合作社的贫困户占股情况，评分均值为3.33；（3）合作社收购社员产品的价格满意度，评分均值为3.27；（4）合作社规章制度的建立情况，评分均值为3.20；（5）合作社统一提供的肥料、种子等物资情况，评分均值为3.20。社员感到最不满意的5个指标为：（1）合作社的外出考察交流情况满意度，评分均值为2.33；（2）合作社按交易量分配利润的相关情况，评分均值为2.40；（3）合作社的财务计划，评分均值为2.53；（4）合作社的土地流转利用情况，评分均值为2.53；（5）合作社生产环境，评分均值为2.53。

四 合作社效益分析

1. 经济效益

合作社目前社员入社的土地有1000亩，种植的荞麦通过合作社加工项目，将初级产品变身为精加工产品，提高了荞麦的市场接受度和附加值，逐渐形成品牌效应，此发展过程中，还会对项目区的农户进行多种培训，提高农民的组织化程度。通过产品的加工销售，实现产品销售收入年均1175万元，年均利润330万元；扶持项目区300户增收，社员户均每年可实现利润分配为5018元，帮助项目区146户贫困户脱贫。

2. 社会效益

合作社发展过程中重视农户的能力建设，在培养培训中特别向贫困人口、少数民族和妇女倾斜。项目实施中，5年累计聘请技术专家100人次，5年累计组织同行培训60次。

3. 周边地区带动效益

在项目开展期间，由于龙头企业的带动，实施全产业链打造和经营，会产生大量就业机会。按照项目投资计划，将产生10余个的生产和管理岗位的需求，新建深加工基地将产生50—60个工作岗位需求（全部使用项目区的劳动力），在建设市场销售渠道等方面，将培养20—30人的销售人员（同样优先录用项目区的农户）。通过打造威宁苦荞品牌，壮大苦荞产业，扩大影响力，产生更大的原料需求，辐射带动松散合作的农户种植荞麦，合作社负责保价回收，可以吸引带动更多农户致富。

4. 生态环境效益

苦荞麦种植以无公害和有机种植为标准，使用有机生物肥料，严格管控化肥和农药的使用，减少对生态环境的污染，改善土壤质量，提升环境质量。

五 合作社存在的问题

1. 能依法创办和管理合作社的明白人才仍比较缺乏

农民专业合作社的创建、运营和发展不同于一般企业，成员需要具有合作精神、合作意识、合作知识和合作传统，这些是十分重要的。目前合作社的牵头人，大多是农村干部和专业大户，多数属于传统农民，学历不高，缺乏专业知识，文化素质低，对农民专业合作社的认知程度较低，适应市场经济的意识和能力不强，既懂技术又会管理、市场开拓能力强的复合型人才更是缺乏，而且由于农业是弱势产业，许多专业和技术人才并不愿意投身合作社，因此缺乏专门的管理人才和技术骨干。

2. 标准化生产程度低

由于农民的文化素质低下，受长期以来传统的农业生产方式方法的影响，农业的市场经济意识缺乏，部分社员对实施农业标准化生产的作用概念模糊，认识和理解不透，主动积极的参与意识和观念不强。

3. 品牌意识淡薄

由于目前的合作社仍是靠小分队作战，凭个人人际关系和产品本身的口碑来取得消费者的信赖，没有着力打造一个合作社共有的形象品牌，对市场的调查不足，信息不够畅通，营销人才缺乏，尽管这些专业合作社都有自己的销售网络与销售渠道，但从总体来看，还缺乏一个整体的网络销售平台，缺少强有力的品牌形象，价格易受中间商操纵，抵御市场风险的能力还比较薄弱，尽管多数合作社在章程中都规定了自己的产品“品牌”，但通过注册的商标太少，产品的知名度低，在一定程度上影响合作社发展。

4. 经营理念不强

合作社多是在“能人”效应下发展起来的，由于根深蒂固的“人治”传统和集体经济管理模式的惯性影响，在实际操作中多以个人权威来维持，甚至仅靠朴素的感情来维系，管理机构的作用很难发挥。农民专业合作社是互助性经济组织，既要坚持以服务为主，又应该按企业经营模式开展经营活动。只有纳入企业经营机制，合作社才能有经济实力，才能不断发展壮大，才能有活力。但目前合作社真正以企业经营模式运行的太少，多数只开展产前的农资供应、产中的技术指导等无偿服务，缺乏从事农产品加工销售经营的合作，没有经营活力。

5. 农民自主参与和民主管理程度不足

大多数合作社在设立时，只有少数出资较多的成员通过工商登记成为合作社的股东，大多数农民成员都没有通过工商登记成为合作社的合法股东，这一方面受到股东人数限制的影响，但更主要的是由于合作社多由大户或者龙头企业发起设立，农民自主参与程度低，而且大多数农民成员资金困难，有的对加入合作社还心存疑虑，仅通过交纳少量“会费”甚至不交纳任何费用就成为合作社的“社员”。这样少数股东身份的成员完全可以控制合作社，导致合作社难以建立起有效的内部治理机制，也无法真正实现全体成员共同参与的民主管理模式。

六 发展建议

1. 健全农民专业合作社的法律法规制度，强化合作社的内部管理机制

农民专业合作社的健康发展离不开法律，凡发展有农民专业合作社的国家多或少都颁布有关合作社的法律法规。其将农民专业合作社定位于一种法人或特定法人，可以享受到类似于法人的权利和义务，像公司、企业一样开展经营和日常运作，具有经营自主权。同时规定合作社应该有自己的章程，并到工商、税务等部门登记。我国《农民专业合作社法》已经于2006年10月31日出台，但这部法律的有关规定是原则性的，与现有的法律也有一些不一致的地方。因此还需要进一步完善合作社法律法规，制定地方实施细则，因地制宜地推动合作社的发展。除了国家层的立法，还要建立健全与合作社的组织章程、管理制度、风险调节机制相关的法律法规，将农民专业合作社的建立、发展和管理纳入正规化、规范化、制度化和法制化的轨道，做到有法可依，促进农民专业合作社健康发展。

2. 确保农民的主体地位，通过培训教育提高农民的素质

通过国际农业合作社的实践可知，各国农业合作社都在工作中实践着合作社的“民办、民管、民受益”普遍原则，坚持自立、自愿、民主、公平、合作和为社员服务的正确方向，坚持农民在合作社的主体地位。我国的国情决定了我国农民专业合作社领办人多元化的特征，但是随着合作社的发展，政府及相关部门更多的是给合作社提供指导，而不干预合作社的内部管理。在市场经济体制条件下，农民是具有自主身份的经济个体，要使合作社真正能够得到维持和发挥作用，就必须调动农民自身的积极性。虽然在合作社发展初期，由于合作社没有具体的模板和现成的例子可以借鉴，政府应该对合作社的建立起到直接的控制和管理作用，引导合作社健康发展，但是合作社一旦有所发展后，政府就应该不再进行具体的干涉与直接指导，而应该放手让合作社去自主经营、自我管理，保持合作社的自治性。通过培训提高农民的合作意识、对合作社的认同，增加农民对合作社的相关知识、自身主体地位的认识，才能更好地确保他们的主体地位。同时，也需要在实践中立足各地的实际情况，不断总结经验来活学活用和

完善合作社的原则，使农民专业合作社深深扎根于中国这片土壤中。

3. 加强对农民专业合作社的政策支持，给予多方支持

合作社比较独特，它是民办民管理的互助性合作组织，既像中介又像企业。因此要想发展农民专业合作社，就必须给予合作社发展的优惠条件。而国际农业合作社的发展与政府的扶持、信贷合作社的发展是分不开的。目前我国中央和地方也加大了对合作社发展的支持，在财政、税收、用地用电等方面均出台了优惠政策，总的来说给予农民和农业的切实优惠不少，但是支持的内容比较狭窄，合作社发展中遇到的许多困难没有得有效解决，政策支持有待加强。而且金融支持严重不足，是我国所有农村经济主体面临的共同难题。因此，应加强对合作社的信贷服务，充分发挥商业性、政策性、合作性和其他金融组织的互补作用，鼓励金融机构的发展，根据合作社的发展完善、信用程度等为合作社提供信贷服务。

4. 积极探索多样化的合作社形式，开展合作社之间的联合

农民合作社之间的联合是农民合作社的题中应有之义，应该给予支持和鼓励。美国农业合作社规模大、实力强大，服务功能遍布农业生产的产前、产中和产后各个环节。德国经过长期的发展、调整和整合，已形成多层级、网络型、分权式的合作社联盟体系，合作社联合是多元化、综合性的。而我国农民专业合作社小散弱，服务功能主要集中在生产环节，对于流通和市场销售等的服务才刚刚起步。规模不大，一般都只局限于一个村或一个乡范围内，跨村、乡、县甚至跨省的合作社还不多见。因此针对我国复杂多样的农业农村发展情况，应鼓励合作社跨区域发展，扩大组织规模和覆盖面，鼓励合作社之间的合作和联合，壮大合作社的实力，适时、顺势地建立具有中国特色的以农民专业合作社为基础的合作经济体系。

第四节　德江县

一　德江县概况

1. 自然地理

德江县位于贵州省东北部铜仁市的西部，有“傩戏之乡、天麻之乡、奇石之乡”之称，东邻印江县，西接遵义市凤冈县，南与思南县接壤，北部插入沿河县、务川县之间，县域总面积 2065. 57 平方公里。

德江县地处云贵高原东北部阶梯状斜缓坡面上的娄山山系与武陵山系

交界处，地势西北部高，中部较缓，东部稍低。最高为西北部与务川县交界处的羊角脑山峰，海拔1534米。最低为东部的望牌乌江渡口，海拔320米，相对高差1214米，属鄂西北中低山地貌区。境内喀斯特地貌与常态侵蚀地貌相间出现。

气候温和，雨量充沛，属中亚热带季风湿润气候区。年均气温16.0℃，最热月（7月）平均气温为26.3℃，最冷月（1月）平均气温为4.9℃；极端最高气温41.2℃，极端最低气温零下10℃；年平均积温5834.3℃，其中≥10℃的积温4244.6℃；年无霜期295天；年均降雨量1237毫米；年平均日照时数1082.2小时；年均太阳总辐射3301.6兆焦/平方米。

境内主要河流为乌江，此外还有大小河流178条，其中，河流长度在10公里以上的有31条，全长489.6公里。水能理论蕴藏量8.25万千瓦，可开发量为4.32万千瓦。2018年，德江县水资源总量13.9亿立方米。总供水量10476万吨，与上年同期比增长1.62%。其中生活用水2529万吨，增长5.3%；农业灌溉供水6995万吨，增长0.56%；工业生产供水810万吨，与上年持平；生态环境供水101万吨，与上年持平。

2. 社会经济

德江县下辖3个街道，11个镇、8个乡，2019年，常住人口35.79万人，实现地区生产总值137.4亿元，按可比价格计算比上年增长7.7%。其中，第一产业增加值32亿元，同比增长6.3%；第二产业增加值29.41亿元，同比增长6.4%；第三产业增加值75.98亿元，同比增长8.9%。第二三产业比重为76.7%。第一、二、三产业结构比为23.3∶21.4∶55.3。人均国内生产总值37887元，比上年增加4878元，同比增长10.6%。2019年末各类市场主体（不含已注销）31804户，比上年增长10.6%。其中，新登记注册各类市场主体5424户。

第一产业

2019年粮食种植面积33226公顷，比上年（下同）减少2541公顷；谷物种植面积14299公顷，减少2139公顷；豆类种植面积3124公顷，减少347公顷；薯类种植面积15804公顷，减少53公顷；油料种植面积5767公顷，减少4060公顷；烟叶种植面积2788公顷，减少120公顷，其中烤烟2685公顷，减少124公顷。全年粮食产量118911吨，比上年减少9495吨，减产7.4%。其中，夏粮产量39567吨，减产9.8%；秋粮产量79344吨，减产6.2%。全年谷物产量68467吨，比上年下降8.3%。其中，稻谷产量55914吨，下降5.5%；小麦产量4649吨，下降26.8%；玉米产量7737吨，下降14.1%；薯类（折粮）产量48241吨，下降6.1%；豆类产量2203吨，下降8.5%。

2019年油料产量10723吨，比上年（下同）下降41.7%。烤烟产量4734吨，下降0.9%。药材产量5144吨，增长35.6%。蔬菜产量281238吨，下降17.7%。茶叶产量4338吨，下降3%。水果产量84499吨，下降4.9%。全年肉类总产量24975吨，比上年下降2.2%。其中，猪肉产量17551吨，下降7.7%；牛肉产量4001吨，增长16.1%；羊肉产量2136吨，增长3.8%。禽肉产量1186吨，增长26.1%。禽蛋产量826吨，增长9.3%。年末生猪存栏149336头，减少21.2%；牛存栏88178头，增长9.3%；羊存栏127098只，减少21.8%。生猪出栏200570头，下降8.9%；牛出栏35234头，增长24.7%；羊出栏122319只，下降2.9%。全年水产品产量5702吨，比上年增长27.2%。其中养殖5586吨，增长29.2%。

第二产业

工业

2019年，德江县工业增加值14.8395亿元，增长4.8%。其中规模工业增加值9.7494亿元，增长4.4%。分经济类型看，国有企业增加值3441万元，增长28%；股份制企业增加值8.6421亿元，增长3.8%；其他经济类型增加值7632万元，下降1.7%。分行业看，非金属矿采选业增长1.2%，农副食品加工业下降3.6%，食品制造业下降39%，木材加工业下降5.9%，医药制造业增长2.3%，非金属矿物制品业增长37.5%，金属制品业下降29.2%，汽车制造业下降22.1%，电气机械和器材制造业下降5%，计算机、通信和其他电子设备制造业下降45.9%，电力、热力生产和供应业下降8.2%。全年规模以上工业企业实现利润总额2.3257亿元，同比下降20.5%。规模以上工业企业主营业务收入利润率为8.2%。资产负债率40.4%。全年建筑业增加值14.5734亿元，增长8.2%。

建筑业

2019年，德江县资质以上建筑企业实现建筑业总产值14.7023亿元，增长28.6%；竣工产值3.219亿元，下降49.7%。

第三产业

国内贸易

2019 年，德江县批发零售业增加值 10.5403 亿元，增长 5%；交通运输、仓储和邮政业增加值 2.8482 亿元，增长 6.6%；住宿和餐饮业增加值 3.7626 亿元，增长 7.5%；金融业增加值 5.5755 亿元，增长 9.5%；房地产业增加值 5.609 亿元，增长 16.1%；营利性服务业增加值 13.5592 亿元，增长 5%；非营利性服务业增加值 32.0525 亿元，增长 12.1%。

2019 年，德江县商品销售总额 123.8 亿元，同比增长 10%。其中批发业 73.2 亿元，增长 9.2%；零售业 45.9 亿元，增长 9.1%；餐饮业 3.9 亿元，增长 13.6%；住宿业 0.78 亿元，增长 5.9%。全年社会消费品零售总额 16.6 亿元，同比增长 3.6%。其中网络零售额 0.26 亿元，增长 111.18%。

房地产业

2019 年，德江县联网直报房地产企业房屋施工面积 134 万平方米，增长 52%；房屋销售面积 49.7 万平方米，增长 30.4%；房屋销售额 19.3 万元，增长 30.4%。

邮电通信

2019 年，德江县邮政业务总量 2645 万元，增长 3.9%；通信业务总量 2.6299 亿元，增长 1.2%。宽带用户 78503 户，增长 51.6%。移动电话用户 36.4 万户，增长 7.5%。固定电话 24000 户。

旅游业

2019 年，德江县接待旅游人数 902.5 万人次，同比增长 9.6%。旅游收入 79.02 亿元，增长 69.2%。

金融业

截至 2019 年末，德江县金融机构各项存款余额 138.8497 亿元，比年初增加 1.2364 亿元。其中住户存款 82.536 亿元，增加 3.5087 亿元。各项贷款余额 162.2772 亿元，增加 40.7306 亿元。其中住户贷款 67.2339 亿元，增加 8.6337 亿元。消费贷款 31.5262 亿元，增加 8.7589 亿元。非金融企业及机关团体贷款 95.0433 亿元，增加 32.097 亿元。

保险业

2019 年，德江县保费收入 2.5986 亿元，增长 9.6%。全年赔付支出 1.1562 亿元，增长 20.7%。

二　合作社基本情况

德江县属于山区农业大县，境内山峦起伏，沟谷纵横，河流深切，海拔高差大，由于受地形地貌影响，境内小区气候较多，适宜多种作物生长。全年气候温和，冬无严寒，夏无酷暑，气候温和，水热同季，雨量充沛，无霜期长，土壤矿物质含量丰富，天然隔离条件好，病虫害较少发生且容易防治，工业污染和农业污染很少，拥有丰富的天麻用材林，具备优质天麻生长的环境优势。

德江县被誉为“中国天麻之乡”，是天麻的主产区，已获国家地理保护标志称号，也是贵州省 37 个中药材发展重点县之一。德江天麻产品含天麻素 0.36% 以上，比中国药典规定含量高 0.06%。项目区生产的天麻产品天麻素含量 0.72%，比中国药典规定含量高 0.42%，且无农残留、无重金属等，具有人工大棚天麻和其他天麻产地无可比拟的优势。全县每年种植天麻 20 万平方米以上，年生产鲜天麻 30 万千克，开发了天麻酒、天麻茶、天麻咀嚼片等 10 余个产品。

为促进天麻产业在德江县的进一步发展，在世界银行项目扶持下成立了武陵天麻农民专业合作社。

1. 注册日期

2015 年 9 月 10 日。

2. 成立背景

沙溪乡种植天麻历史悠久，是生产天麻的中国地理保护标志所在地，全乡有林地 45852 亩，每年种植天麻 6 万余平方米，种植农户达 1000 余户，有丰富的种植基础和经验。经过多年发展，沙溪天麻已经形成了自己的地方产品品牌，在县内外颇具知名度。但由于交通不便、种植零散、技术落后等原因，沙溪天麻单产每平方米仅有 1 千克左右，与标准生产值 2—4 千克/平方米相差甚远。种植农户使用简易的烘烤房零星加工，不仅不节能，还污染环境，加工产品质量较低，市场销售受到制约。产量低、产品质量不高成为了沙溪天麻产业发展的瓶颈。

3. 业务活动

主要从事天麻、果树、茶叶、中药材种植、加工、销售，土特产销售及加工。

4. 成员组成

合作社成立时有社员158户，其中，建档立卡贫困户73户，占项目区建档立卡贫困户的35.27%。

合作社于2015年9月19日召开社员大会，选举产生5名理事会成员、5名监事会成员。这10名成员中，建档立卡贫困农户5名。

5. 股权结构

合作社注册资金59万元，因2015年刚成立，暂无营业和利润，没有任何贷款或债务。

社员以林地、天麻种植面积、现金三种方式入股。林地入股：按每亩折算为400元现金，作为入股10年的股金，入股林地共1100亩，折算股金44万元。天麻种植面积入股：按照50元/平方米天麻种植面积折算为现金作为股金，入股天麻种植面积2200平方米，折算股金11万元。现金入股：入股现金共4万元。

总股份和总股金：社员入股合计总股金59万元，按400元/股计算，合作社原始股份共1475股。其中，一般社员入股林地1100亩、天麻种植面积1100平方米，折算股金49.5万元，占总股金的83.9%，占总股份1237.5股；大户入股天麻种植面积1100平方米、折算为股金5.5万元，入股现金4万元，入股股金共9.5万元，占总股金的16.1%，占股份237.5股。合作社入股最高股金9.5万元，占总股金16.1%；入股最少股金400元，占总股金的0.068%。

6. 投资情况

项目总投资702.5万元，其中，申请世界银行支持428.9万元，合作社自筹273.6万元。主要建设内容有办公用房、加工厂、机器设备、冷库、运输车、变压器、配套基础设施、人员工资、有机肥料、有机农药、实体店、市场开发、技术支持、培训等。

7. 管理模式

合作社与社员签订入股协议、项目实施合同协议、产品收购合同协议、为民服务协议等，组织社员建立标准化的良种育种场，培育本地优质麻种。合作社实行集中管理与分散管理结合方式。集中管理模式：建立集中种植基地，由合作社统一种植，统一管理；分散管理模式：社员在自己的林地上分散种植，产品统一交合作社加工、销售。在加工和销售部分，合作社实行“五统一”以提供产量和质量：统一技术、统一品牌、统一标准、统一销售、统一经营。

8. 分红模式

合作社提取毛利润的10%作为公积金，用于扩大生产和提供服务；5%作为公益金，其中一半用于社员福利、一半用于贫困社员生产生活扶持；5%作为风险金，用于社员生产遭受重大损失的补贴。剩余80%由全体社员按入股比例进行分配，其中，70%按交易量向社员返还，30%按社员股权分红（见表16－7）。

表16－7　　**武陵天麻农民专业合作社基本情况**

类别	合作社基本信息
成立时间	2015年9月10日
注册资金（万元）	59
总投资（万元）	702.5
初期社员数（户）	158
生产内容	天麻、果树、茶叶、中药材种植、加工、销售，土特产销售及加工
入股土地（亩）	1100
市场	全国各地
管理模式	集中管理模式：建立集中种植基地，由合作社统一种植，统一管理 分散管理模式：社员在自己的林地上分散种植，产品统一交合作社加工、销售
分红模式	提取合作社毛利润的10%作为公积金，5%作为公益金，5%作为风险金。剩余80%由合作社全体社员按入股比例分配（其中，70%按交易量向社员返还，30%按社员股权分红）

三　合作社发展运营情况

1. 合作社发展运营过程

天麻产业是德江县世界银行项目重点打造的示范产业。合作社自成立以来，积极开展宣传动员活动，广泛吸收社员，从2015年成立时的158户社员发展至2020年的330户。

截至2020年6月，合作社出资总额为59万元，累计投资418.9万元，2019年合作社产品销售总额为93.74万元，合作社有增值业务，可用营运资本为50万元，合作社每年支付劳动力报酬金额为60万元，向社员提供了2次培训（见表16－8）。

表16－8　　武陵天麻农民专业合作社发展运营情况

类别	合作社发展运营信息
所在市	铜仁市
所在县区	德江县
所在村	舒家村
管理层人数（人）	10
成员总数（户）	330
合作社累计投资（万元）	418.9
土地面积（亩）	1100
流转土地资金（万元）	49.5
合作社出资总额（万元）	59
上年合作社产品销售总额（万元）	93.74
合作社增值业务（是/否）	是
可用营运资本（万元）	50
合作社每年支付劳动力报酬金额（万元）	60
培训次数（次）	2

合作社项目建成并全部投产后，可年产鲜天麻7.5万千克，实现393万销售收入。其中，产量的10%（0.75万千克）作为鲜天麻销售，按56元/千克价格计算可收入42万元；产量的90%（6.75千克）加工成干天麻及初加工产品销售，5千克鲜天麻烘干1千克干天麻，干天麻按260元/千克价格计算可收入351万元。

为确保项目顺利实施，建立对周边环境和社会的友好度，合作社在发展运营过程中采取了以下措施。

1. 环境保障措施

（1）水土流失及固体废弃物。天麻种植要挖掘坑穴，会对地表造成一定影响，天麻采挖后马上回填覆土压实，在坑穴内种植菌材树苗，既防止水土流失又可恢复植被。天麻栽培时产生的菌种瓶等固体废物，也会形成垃圾，合作社定期收集进行处理。在准备菌材时，会使用木材，合作社严禁社员砍伐断头树，提倡用树枝，通过人工种植等办法，完全能够解决菌材问题。加工中冲洗下来的泥土，在冲洗场地建设沉砂池，冲洗出来的泥土沉入沉砂池之后，定期清理，并恢复到山林中。产生的包装废弃物将统一回收处理。

（2）噪声污染源。天麻种植是在野外，周边基本没有人群聚集，所以噪声污染对环境不会造成影响。

（3）废水、废气、化肥、农药、农膜。天麻仿野生规范化栽培技术，不施用农药、化肥，不使用地膜等，不会产生废水废气等。在生产运输中，会产生一定的运输汽车尾气，但对沿线水稻、蔬菜等农作物的生长影响不大。

2. 社会保障措施

（1）项目实施主要在林地，不涉及改变林地用途的行为。社员以自己的林地和现金入股，在自己的林地上劳作，不存在林地征收问题。相关工程项目建设用地由镇政府、村委会共同解决，免费提供使用，不涉及征地的问题。

（2）项目区有建档立卡贫困户 207 户，合作社有贫困社员 73 户，占项目区建档立卡贫困户的 35.27%。

（3）加强能力建设和培训，定期组织开展辅导员培训、合作社管理人员培训、同行培训，学习先进的管理经验，积极培养林地问题、少数民族问题、性别问题等方面的意识，确保项目顺利实施。

2. 合作社社员满意度

根据合作社反馈的答卷结果进行分析，武陵天麻农民专业合作社社员感到最为满意的 7 个指标为：（1）合作社的财务计划，评分均值为 4.53；（2）合作社的财务公开透明度，评分均值为 4.53；（3）合作社发展目标建立实施情况，评分均值为 4.40；（4）合作社规章制度的建立情况，评分均值为 4.40；（5）合作社管理层团结协作能力，评分均值为 4.40；（6）合作社的自然资源条件和生产力，评分均值为 4.40；（7）合作社带动产业情况，评价均值为 4.40。社员感到最不满意的 7 个指标为：（1）合作社的土地流转利用情况，评分均值为 3.73；（2）合作社的盈利情况，评分均值为 3.73；（3）合作社的农户收益情况，评分均值为 3.73；（4）合作社产品的品牌影响力，评分均值为 3.80；（5）合作社的专业技术人才聘请情况，评分均值为3.87；（6）合作社的社员分红情况，评分均值为3.87；（7）合作社的贫困户占股情况，评分均值为3.87（见附录二）。

四 合作社效益分析

1. 经济效益

通过统一收购、统一加工、统一包装、统一销售，合作社加强了对产品生产过程的监管、提升了产品质量和规模，增强了产品的市场竞争力，并为社员提供了长期稳定的收购渠道，将传统种植业环节拓展到了全产业链，丰富了产品品种，增加了附加值，促进了产业可持续发展，大幅提高了社员收入。

2. 社会效益

合作社优先吸收弱势群体入社，提高了弱势群体的话语权和社会地位，其中贫困户社员数量占项目区建档立卡贫困户总体的35.27%，并为贫困户提供保底收入，为贫困户创造了稳定增收的渠道，产生了明显的扶贫效应。同时，合作社通过大力开展能力建设活动，增强了社员的学习能力和自我发展能力。

3. 周边地区带动效益

通过合作社的示范作用，辐射带动周边农户共同发展天麻产业，加速产业现代化建设，打造地区品牌效应，拓展市场销售渠道，吸引更多商家进入，带动上下游产业共同发展，促进了区域整体可持续发展。

4. 生态环境效益

为打造绿色有机产品品牌、提升产品品质，合作社制定了种植标准和收购标准，加强了对社员使用化肥和农药的监管，有效控制了农业污染，改良了土壤结构，提高了生态系统活力，改善了当地生态环境。

五 合作社存在的问题

1. 资金需要持续投入

人工栽培条件下，天麻完成一个生长周期约需 3 年时间，天麻籽种、萌发菌和蜜环菌在共生过程中常常出现问题，优质天麻种苗和菌材的购买价格较高，对土壤有机肥料的要求较严格，后续管理、附属设施的成本较高，一次性投入较大，拓展产品开发种类、延伸产业链等也需要合作社投入大量时间、精力和资金。

2. 产品品质较难控制

分散式管理模式下的社员自行种植天麻，存在使用不符合要求的肥料、农药，甚至除草剂等情况，可能造成污染，对种植地的管护过程比较杂乱，生产出的天麻品质参差不齐，部分产品不符合合作社标准、无法收购，部分收购产品质量较差、无法作为高端绿色产品销售，不利于合作社打造自己的品牌效应。一些农户会把品质好的天麻销售给其他商贩，把较差的天麻交给合作社，把合作社作为垫底措施。

3. 技术人才缺乏

山区村民文化水平较低，合作社难以吸收到技术水平和管理水平较高的人才，通过自身能力建设活动培养人才的时间又较长，社员参加培训课程的积极性较低，对培训内容的吸收消化能力较弱，培训内容不够具有针对性，培训次数比较少，效率也比较低。

4. 社员主人翁意识淡薄

大多数社员由于知识面窄，不了解对合作社的规章制度和股权结构等，也不关心合作社的运营发展，只关心合作社收购自己产品时的价格问题和年底合作社分钱多少问题。缺乏参与合作社事务的积极性，主人翁意识淡薄，只把合作社看作一条销售渠道，意识中与合作社仍是传统的简单买卖关系。

5. 管理机制不健全

大多数事务由理事长安排处理，监事会发声少，很难发挥监督管理作用。合作社的组织结构缺少专职的财务部、销售部、技术部等，责任分派较混乱，难以做到专人专事专管。合作社缺乏收集和处理社员反馈意见的渠道，合作社运营过程不够透明，不利于合作社的自我改善和长远发展。

六　发展建议

1. 延伸产业价值链

发挥“德江天麻”的公共品牌效应，打造合作社自己的绿色有机产品品牌，开发研究更多产品，对产品进行精深加工，引进多种产品加工生长线，拓宽产业结构，比如天麻胶囊、复方天麻颗粒、天麻口服液、天麻素等药品和保健食品，同时，利用德江县“天麻之乡”的地理环境优势，发展以天麻为主题的生态观光旅游产业。

2. 加强集中管理

加大宣传活动力度，提高集中管理模式的分红，吸引社员加入集中管理模式，打造统一种植、统一管护、统一采集、统一加工、统一销售的示范生产基地，形成“供、产、销一条龙”的流水线现代化生产模式，实施统一标准的有机肥料、有机农药、物理除草，严格把关产品品质，建立通过质量管控体系认证的标准化加工厂，完善产品质量追踪回溯系统，做好高端绿色有机产品，打造品牌效应。

3. 建立人才储备

加强社员能力建设，增加培训力度和频率，建立奖励惩罚机制，充分调动社员对培训的积极主动性，开展科技知识、管理能力、商业运营等全方位、系统化的培训课程。建立人才储备资金，在线上线下加大宣传力度，建立人才吸引渠道，大力吸引外地高水平人才，实现合作社可持续性发展。

4. 完善规章制度

为进一步提高合作社运营的透明度和公平性，政府应加强对合作社的指导和监管，促进合作社建立健全现代管理机制和利益联结机制，并定期通过制度建设、治理架构、治理机制、财务机制、分配机制等指标对合作社的规范程度进行评估，避免社员大会的民主决策机制被虚置、重大事务被管理层或大户操纵把持等问题，鼓励合作社建立专职部门，采取专人负责制。

5. 加大政策扶持

政府制定多种优惠政策，增强财政资金引导作用，扶持合作社发展壮大，将产业发展与合作社培育协同推进，鼓励合作社与当地市场、企业、学校、科研机构、社会组织等建立多方合作关系，鼓励社会资金注入具有产业发展优势的合作社，增强合作社的抗风险能力和发展能力。

第五节　思南县

一　思南县概况

1. 自然地理

思南县隶属于贵州省铜仁市，位于贵州省东北部，乌江中下游，辖属铜仁地区，地理坐标为东经 107°52′—108°28′，北纬 27°32′—28°10′。县境东西长 57. 6 公里，南北宽 69. 3 公里，东邻印江土家族苗族自治县、南接石阡县、西连凤冈县、北靠德江县。思南县内 4 条主要县级公路网有思南—石阡、思南—大坝场、思南—凤冈、沙沟—合朋溪等。思南县行政区域面积

2230.5 平方公里，辖 28 个乡（镇、街道），其中建制镇 17 个、街道 3 个、少数民族乡 8 个，有 489 个行政村和 37 个社区，总人口 68.45 万人。

思南县地处贵州高原向湘西丘陵过渡的大斜坡地带的北部边缘，居武陵山脉与大娄山山脉之间。河流和山脉沿这些构造线发育，乌江干流由西南角进入县境，沿北东向至塘头江口折向北流，将县境分为东西两部分，因乌江干流及其支流的强烈切割，思南县境形成东南和西北边缘高，中部乌江河谷低的“V”字形基本轮廓。东缘最高海拔 1481 米，西北部最高海拔 1302 米，而中部乌江入境处海拔 388 米，出境处海拔 340 米，相对高差达 1141 米。从地貌形态来看，思南县以山地为主，1081.71 平方公里，占 48.5%；丘陵次之，887.35 平方公里，占 39.78%；坝地较少，261.44 平方公里，占 11.72%。

气候属于中亚热带季风湿润气候，具有春夏较长，冬秋较短，夏热冬暖等特点。年平均温度 17.3℃，一月最冷，七月最热，极端最高气温为 1972 年 8 月 27 日 40.7℃，极端最低气温为 1970 年 1 月 30 日零下 5.5℃，乌江河谷一带气温较高，西北、东南及边缘地区气温较低。冬春季节较夏秋季节气温要低。思南县以东南风和偏南风为最多，风力一般 2—4 级，最大可达 8 级，最大风速每秒 18 米。年水面蒸发量 510.8—935.3 毫米。思南县属灾害性天气较多的县，主要灾害有干旱（春旱、夏旱）、冰雹、大风、倒春寒、凝冻及暴雨等。危害严重的干旱有春旱和夏旱。

思南县境内除乌江干流外，共有大小溪流 601 条，均以乌江为排泄基准面呈网络状遍布思南县，隶属长江流域乌江水系。其中：流域面积达 20 平方公里以上的河流 28 条，河道总长 535.3 公里，加上乌江思南段计 613.4 公里。境内较大的乌江支流有 7 条。

2. 社会经济

2019 年全县实现生产总值 163.25 亿元，同比增长 6.6%（按可比价计算）。其中，第一产业实现增加值 39.49 亿元，同比增长 6.1%；第二产业实现增加值 41.13 亿元，同比增长 5.1%；第三产业实现增加值 82.63 亿元，同比增长 7.8%。人均生产总值 33194 元，净增 2823 元，同比增长 9.3%。产业结构进一步优化。三次产业的结构由上年的：24.95∶25.62∶49.43 调整为 24.19∶25.19∶50.62，第二、三产业占经济总量的 75.8%。

第一产业

2019 年实现农林牧渔业总产值 66.59 亿元，同比增长 5.8%（按可比价计算），其中农业产值 41.1 亿元，同比增长 9.1%；林业产值 35426 万元，同比增长 6.8%；牧业产值 15.5 亿元，同比下降 1.8%；渔业产值 16000 万元，同比增长 3.8%；农林牧渔服务业产值 48460 万元，同比增长 5.5%。

农作物播种面积情况。2019 年农作物总播种面积 127366.2 公顷，同比增长 39.8%。其中粮食作物播种面积 50329.13 公顷，同比增长 3.6%；油料作物播种面积 15304.07 公顷，同比增长 14.4%；蔬菜播种面积 21270.73 公顷，同比增长 3.8%。全年粮食总产量 498258 吨，同比增长 136.5%，其中稻谷产量 106415 吨，同比下降 3.9%；小麦产量 3109 吨，同比下降 8.9%；玉米产量 14526 吨，同比下降 45.0%。油料产量 29531.6 吨，同比下降 37.1%；烤烟产量 1185.17 吨，同比下降 33.9%；水果产量 56395.02 吨，同比增长 38.2%。

第二产业

2019 年，全县规模工业企业达 72 家。全年规模工业增加值同比增长 3.1%。全年发电量 48.59 亿千瓦时，比上年增长 27.91%；水泥 77.42 万吨，同比下降 27.23%；大米 0.48 万吨，同比下降 2.04%；茶叶 0.1 万吨，同比下降 15.8%；塑料制品 2.31 万吨，同比下降 3.2%；大理石建筑板材 213.52 万平方米，同比下降 22.28%；商品混凝土 255.02 万立方米，同比增长 8.55%。全县规模以上工业（除思林电站外）实现主营业务收入 71.57 亿元，同比下降 16.96%，实现利润总额 3.92 亿元，同比下降 28.95%。全年实现建筑业增加值 13.83 亿元，按可比价计算，同比增长 8.9%。

第三产业

全年交通运输、仓储和邮政业实现增加值 22406 万元，按可比价计算，同比增长 6.4%。全县公路通车里程 8036.9 公里（含通村组公路），其中高速公路里程 75.45 公里。全年实现旅客运输量 3048.64 万人，旅客周转量 298633.66 万人公里，货物运输量 600 万吨，货物周转量 99000.03 万吨公里。全年邮电通信业务总量 33254 万元，同比下降 18.3%，其中电信业务总量 29849 万元，同比下降 20.2%；邮政业务总量 3405 万元，同比增长 26.5%。年末固定电话用户 9405 户，移动电话用户 460869 户，互联网用户 84582 户。

二　合作社基本情况

思南县位于武陵山脉与大娄山山脉之间。气候属于亚热带季风湿润气候，多年平均降水量 1154 毫米左右，年均气温 17.3℃、无霜期 290 天，具有春夏较长，秋冬较短，冬暖夏热的特点，在春秋季节多云或阴天气候多，有利于茶树氨基酸、咖啡因等有效成分的合成和积累，有利于茶叶的滋味和香气特征形成。茶叶是当今世界三大饮料之一，也是我国传统的出口商品，具有养生保健功能。思南县是贵州省茶产业优势生产区和全省茶叶重点生产县之一。

为促进茶产业在思南县的进一步发展，在世界银行项目扶持下成立了源丰生态农业专业合作社。

1. 注册日期

2017 年 7 月 26 日。

2. 成立背景

茶叶是当今世界三大饮料之一，也是我国传统的出口商品，具有养生保健功能。合作社具有茶饮、茶艺、茶道特色文化；产品具有多样性，有红茶、绿茶、清茶、白茶等。在发展现状及规划方面，思南县是贵州省茶产业优势生产区和全省茶叶重点生产县之一，“十三五”期间，县委政府将生态茶作为第一主导产业举全县之力着力打造，并重点围绕张家寨、香坝、大坝场“三大茶区”加快建设。“张家寨茶旅一体化景区—思南石林—思南白鹭湖—思南九天温泉”旅游线路获“2016 年度全国茶乡之旅特色路线”“2016 年度全国茶旅游精品路线”。合作社茶园基地位于思南县张家寨省级生态茶产业园区内，有面积 618 亩。

3. 成立目的

思南源丰生态农业专业合作社组建后，按照“打造茶叶全产业链”的产业化发展模式，在项目区加快发展绿茶产业，投入管理、技术服务，提高茶叶产量和质量；通过修建加工厂房和车间，采购生产加工设备，创立品牌，进行加工、包装产品，提高品质，增加产品附加值，增加农户经济收入。

4. 业务活动

主要从事茶叶、蚕桑、水果等种植、加工、储藏、销售；农业技术咨询、种植模式探索、技术转让、乡村休闲旅游观光等农户所需要的各项服务。

5. 成员组成

合作社共有社员 134 户，项目区为鹦鹉镇炉岩村，该村是三类贫困村。全村总农户有 186 户 785 人，有贫困户 74 户 287 人，其中入社贫困户 74 户，占项目区贫困户的 100%。

2017 年 7 月 28 日，通过召开社员大会选举产生理事会成员 5 名、监事会成员 5 名，任命会计 1 名、出纳 1 名。理事会和监事会中共有贫困户 3 名。

6. 股权结构

合作社总股金为 648 万元，按 1000 元/股计算，共计 6480 股，其中 133 名农民社员以 1000 元/亩・年，经营权 10 年的 534 亩投产茶园入股，折合资金 534 万元，持股 5340 股，占 82.41%；理事长邹丽以 1000 元/亩・年，经营权 10 年的 84 亩投产茶园折合资金 84 万元及现金 30 万元，共计 114 万元入股，持股 1140 股，占 17.59%。项目建成后根据以上结构按股分红。

合作社尚处于建设期，未开展经营活动，无营业额和利润，无贷款和债务。

7. 投资情况

总投入 361.24 万元，申请世界银行资金 331.24 万元，合作社自筹资金 30 万元。合作社建设方面，合作社投资共计 17.7 万元。其中，新建办公用房 100 平方米、投资 15 万元，购办公设备 1 套、投资 1.5 万元，购办公家具 1 套、投资 1.2 万元。合作社发展方面，合作社投资共计 60.17 万元。618 亩茶叶基地需茶叶追肥 100 吨、投资 38.5 万元，购生产设备 1 套、投资 2.52 万元（微耕机 4 台、1.60 万元，割草机 4 台、0.92 万元），购抽水机 1 台、投资 0.4 万元，购三轮车 3 辆、投资 3.75 万元，购生产运输车 1 辆、投资 15 万元。市场投资方面，合作社投资共计 18 万元。品牌创建 1 个、投资 8 万元，申请绿色食品证书 1 个、投资 5 万元，申请 QS 生产许可证 1 个、投资 5 万元。技术援助方面，合作社投资共计 13.03 万元。聘请技术专家 1 人、投资 8 万元（1 人 ×4 万元/年 ×2 年），会计电算化软件 1 套、投资 1 万元，审计费 3 年、投资 1.8 万元（0.6 万元/年 ×3 年），监测费 2.23 万元。

8. 管理模式

合作社采取集中的经营模式，在县项目办的管理和合作社监事会的监督下，由合作社统一组织种植管理、采摘、分级包装、储藏、销售等业务工作（见表 16－9）。

表 16－9　　源丰生态农业专业合作社基本情况

类别	合作社基本信息
成立时间	2017 年 7 月 26 日
注册资金（万元）	648
总投资（万元）	361.24
初期社员数（户）	134
生产内容	主要从事茶叶、蚕桑、水果等种植、加工、储藏、销售
入股茶园（亩）	618
管理模式	由合作社统一组织种植管理、采摘、分级包装、储藏、销售
分红模式	总收入扣除各种运行成本及提取 5% 用于公积金、5% 用于公益金、10% 用于合作社发展基金和风险基金后，盈余额按照所占股份实行按股分红

9. 分红模式

根据合作社集中管理经营模式，严格按照公开、公正、公平和透明的原则。合作社组织社员采购茶青（70 元/天・人，资金来源由合作社绿茶销售收入支付），由合作社统一加工成茶叶销售，总收入扣除各种运行成本及提取 5% 用于公积金、5% 用于公益金、10% 用于合作社发展基金和风险基金后，盈余额按照所占股份实行按股分红。

三　合作社发展运营情况

1. 合作社发展运营过程

合作社已建好集中连片的茶园 618 亩，土壤富含锌、硒，茶叶所含茶多酚、氨基酸和水浸出物高于全国平均水平，是一个全国少有的有利于名优茶生产的产茶区。合作社绿茶基地经过 3 年的艰辛劳作，茶叶长势非常良好。2018 年全园正常进入生产期。项目实施后再对茶园进行改造升级，有望提高产量，早日让农户受益，提高农民收入效益。努力增加经济效益，实现农户与合作社共同发展。通过项目实施，茶园综合产值将提高 30% 以上。

合作社的优质绿茶进入生产期实现年产茶 33 吨，销售收入 200 万元，实现利润 44.18 万元，按照规定合作社发展再生产提留后，可供分配利润 35.34 万元。参与投资入股的合作社社员，按照股份分红，预计户均实现年纯收入 2637 元，年纯收入人均增加 590 元。茶园进入丰产期，可产绿茶 80 吨，可实现纯利润 148.49 万元，合作社社员户均实现年纯收入 1.108 万元，年纯收入人均增加 2479 元。

合作社的运营，可使 74 户贫困户全部脱贫致富；贫困人口的综合素质进一步提高，掌握农业实用技术的能力进一步增强；贫困人口的生产生活条件进一步改善，农业生产抗自然环境影响的能力逐步增强，对加快脱贫致富步伐起到了积极的作用，合作社贫困发生率下降至 3% 以下。源丰生态农业专业合作社发展运营情况见表 16－10。

表 16－10　**源丰生态农业专业合作社发展运营情况**

类别	合作社发展运营信息
所在市	铜仁市
所在县区	思南县
所在村	炉岩村
管理层人数（人）	5
成员总数（户）	154
合作社累计投资（万元）	355.72
土地面积（亩）	618
流转土地资金（万元）	30.9
合作社出资总额（万元）	30.72
上年合作社产品销售总额（万元）	87.6
合作社增值业务（是/否）	否
可用营运资本（万元）	8.44
合作社每年支付劳动力报酬金额（万元）	58.98
培训次数（次）	2
培训金额（万元）	2.88

为确保项目顺利实施，建立对周边环境和社会的友好度，合作社在发展运营过程中采取了以下措施。

环境保障措施：废水、废气、固体废弃物方面，绿茶加工厂全部建成后，将产生少量废水，并主要来自公厕，污染因子为CODcr、BOD5、悬浮物等，通过修建污水净化池（化粪池）进行有效处理后用于茶园，对周围环境影响极小。项目投入运营后，项目区运输车将会增多，项目运营期废气污染源主要是汽车尾气。废气排放属无组织排放，且车辆总数有限，排放的废气量较少，对大气环境影响较小。绿茶加工厂全部建成后，将产生少量固体废物，通过袋装收集后运至垃圾收集池，集中收集后送附近乡镇生活垃圾填埋场统一处置。化肥、农膜方面，以施用有机肥和农家肥为主，辅施一定量复合肥作为追肥，农家肥通过生物发酵、腐熟后施用，同时开展测土配方施肥，避免面源污染。项目投产后重点采用物理防治（安装太阳能杀虫灯）和生物防治方法，避免施用农药，严格按照病虫害防治计划表实施。加大残留地膜的回收力度。

社会保障措施：项目覆盖合作社社员134户，贫困户74户，占项目区贫困户的100%；在能力建设方面，通过参观考察和专家培训，不断完善对合作社的经营管理，重点学习有关优质绿茶栽培、田间管理和深加工等技术，辐射带动周边非项目村农户316户1282人，其中，贫困户61户195人，提高技术水平。

2. 合作社社员满意度

根据合作社反馈的答卷结果进行分析，思南源丰生态农业专业合作社社员满意度如下，社员感到最为满意的5个指标为：（1）合作社的土地流转利用情况，评分均值为5；（2）合作社带动产业情况，评分均值为4.93；（3）合作社带动就业情况，评分均值为4.87；（4）合作社财务公开透明度，评分均值为4.8；（5）合作社带动脱贫情况，评分均值为4.73。社员感到最不满意5个指标为：（1）合作社收购社员产品价格满意度，评分均值为0；（2）合作社社员分红情况，评分均值为1.13；（3）合作社贫困户占股情况，评分均值为2.4；（4）合作社的盈利情况，评分均值为2.47；（5）合作社产品品牌影响力，评分均值为3。

四 合作社效益分析

1. 经济社会效益

我国茶叶产业发展前景好，市场空间大。全球有160多个国家有茶叶消费习惯，有20多亿人钟情于茶饮，世界绿茶贸易量以年均25%的速度增长。而合作社生产的优质绿茶，性清凉，糖类和氨基酸含量较高，香气清鲜。其加工工艺较简单，保留了茶叶中的营养成分，是最原始、最自然、最健康的茶叶。可以预计，在今后较长一段时期，产品销售市场发展潜力巨大。

2. 社会效益

合作社设立以来，吸纳了很多的贫困户、妇女、少数民族参加到项目的建设中来。直接受益农户 134 户 599 人，其中贫困农户 74 户 287 人全部受益。带动贫困人口的综合素质进一步提高，使其掌握农业实用技术的能力进一步增强；贫困人口的生产生活条件进一步改善，农业生产抗自然环境影响的能力逐步增强，对加快脱贫致富步伐起到了积极的作用，社会效益非常显著。

3. 周边地区带动效益

间接带动合作社未加入合作社的农户 55 户 198 人。辐射带动周边非项目村 316 户 1282 人，其中，贫困户 61 户 195 人。同时带动交通、旅游、餐饮等相关服务行业的同步发展，其间接经济效益、社会效益不可小视。

4. 生态环境效益

合作社绿茶加工厂全部建成后，将产生少量废水，并主要来自公厕，污染因子为 CODcr、BOD5、悬浮物等，通过修建污水净化池（化粪池）进行有效处理后用于茶园，对周围环境影响极小。其次，茶树既能保持水土、又能美化环境。因此，带来的生态环境效益显著。

五　合作社存在的问题

1. 新茶生产周期较长

由于茶叶生产周期为 3—5 年，对于新建茶园，存在 3 年以上的建设期，需要大量资金、人力投入前期茶园的种植和管护，第四年后才能开始有成熟的茶青可供采摘、销售、盈利。在漫长的茶叶生长期间，不确定因素较多，风险较大，合作社需要更优惠的政策和较强的抗风险能力。

2. 人才、技术、信息缺乏

合作社带头人在实践经验、合作精神、管理理念方面水平较低，农民入社积极性不高。合作社产品多为初级产品，加工环节少，技术含量低，标准化、规范化生产程度低，难以深度开发农产品的附加值。同时，社员思想比较保守，互相之间很少进行交流讨论，信息来源单一，不利于拓展市场。

3. 人员素质不佳

社员文化水平低下，很多社员都只有小学学历，学习新事物的主观意愿不强，不了解先进技术，不能快速掌握新型设备，很少接触高科技产品，难以提高劳动效率。

4. 政府扶持力度不够

政府的财政扶持资金偏小，合作社自身积累有限，资产总规模小，融资渠道也很单一，贷款难度大，无法满足合作社发展需要。

六　发展建议

1. 引进人才

由于农产品市场竞争较为激烈，合作社管理人员能力不够、产品生产技术含量低，亟须引进人才，合作社需要制定吸引人才的机制，当地政府需要在合作社和人才市场搭建平台。

2. 加大宣传力度

要集中开展《农民专业合作社法》和专业合作经济组织相关法律法规及配套措施宣传培训活动，让农民了解政府对合作社的扶持态度、优惠政策，熟悉合作社的创建流程、运作模式等，了解合作社成员的权利和义务，提高农民建立、参加农民专业合作社的积极性；积极组织经济能人、种植大户外出参观学习先进经验，挖掘典型、推广经验，通过示范引导，吸引更多农民参与进来。

3. 完善健全制度

合作社要在运营管理过程中认真总结经验教训，不断完善管理机制，进行规范化运营，落实民主决策，加强对管理层人员的监督，促进公平性建设，激发农户的主动积极性。当地政府要成立专门的工作组，开展常规性的技术服务和指导协调，对合作社积极鼓励发展的同时坚持建管并重，做到“在发展中规范，在规范中发展”，逐步规范和健全合作社的运行机制。

4. 提高产品质量

好的产品可以带来市场，而农民农业合作社积聚了分散的土地资源与劳动力，打造了现代农业规模化生产经营模式，在此基础上要发挥产业优势，提高产品质量，结合自身特色，打造属于自己的品牌，并且推入市场。

第六节　印江县

一　印江县概况

1. 自然地理

印江土家族苗族自治县位于贵州省东北部、铜仁市西部，地处中国十大避暑名山——梵净山西麓，是“中国名茶之乡”“中国书法之乡”“中国长寿之乡”。全县县域总面积1969平方公里，耕地面积51391.38公顷。辖1个乡13个镇3个街道办事处，共357个村民委员会17个社区居民委员会，3141个村民小组。2019年末，户籍总人口45.58万人。

印江县位于云贵高原向湘西丘陵及四川盆地过渡的斜坡地带的黔东低山丘陵区和黔东北中山峡谷之间，武陵山脉主峰梵净山位于其东部，形成东高西低，东南向西北倾斜地形地貌。境内河流属长江流域乌江水系。主要河流有印江河、车家河、乐茂江河、洋溪河、江源沟河等，地表河网较密。位于中亚热带季风湿润气候区，气候特点主要表现为季风气候明显，气候垂直差异显著，主要气候要素有明显的季节性变化。这里雨量充沛，光、热、水变化基本同步，能为各种作物，特别是一些特色经济作物提供丰富的光、热、水资源。常年平均气温16.8℃，最热月（7月）平均气温26.9℃，最冷月（1月）平均气温5.7℃，历史最高气温40.7℃，历史最低气温零下9.0℃，无霜期297天。累计年平均降水量为1110毫米，年际变化较大，是各气候因子中最不稳定的因子。常年日照时间长达1175小时，占可照时数的27%。年平均风速1米/秒，主导风向东北风。主要灾害性天气有干旱、冰雹、暴雨洪涝、雷暴。

2. 社会经济

印江县位于贵州省东北部、铜仁市西部，地处梵净山西麓。全县2019年末户籍人口45.58万人，同比增长0.3%。年末常住总人口27.56万人，比上年下降0.8%。全年人口出生率11.74‰，人口自然增长率4.4‰。新增城镇就业人员6216人，增长1.0%，城镇人口登记失业率3.3%。城镇居民人均可支配收入31142元，增长9.4%，增速排全市第5位；农村居民人均可支配收入9843元，增长10.8%，增速排全市第5位。城乡居民人均住户存款19616元，增长12.8%。

2018年，印江县实现生产总值（GDP）101.42亿元，比上年增长

10.5%，增速排全市第4位，其中，第一产业实现增加值30.29亿元，增长7.0%；第二产业实现增加值19.54亿元，增长9.3%；第三产业实现增加值51.59亿元，增长12.8%。产业结构由上年的27.9∶18.6∶53.5调整为29.9∶19.2∶50.9。人均生产总值35888元（以常住人口计算），净增2600元，按2018年人民币对美元平均汇率折合5423美元。

第一产业

2018年，印江土家族苗族自治县完成农林牧渔业总产值500634万元，比上年增长7.0%。其中，农业产值294504万元，增长7.5%；林业产值47855万元，增长16.1%；畜牧业产值131849万元，增长4.3%；渔业产值7176万元，下降0.5%；农林牧渔服务业产值19250万元，增长4.0%。全年实现农林牧渔业增加值314892万元，增长6.9%。2018年，印江土家族苗族自治县农作物总播种面积54349公顷，减少7605公顷。其中，粮食播面21851公顷，减少5035公顷；油料播面8193公顷，减少1633公顷。全年粮食总产量201046吨，比上年下降16.8%。

第二产业

2018年，印江土家族苗族自治县实现全部工业增加值12.69亿元，比上年增长7.0%，其中，规模以上工业增加值增长6.3%。按轻重工业分，轻工业增长7.1%；重工业增长5.4%。按经济类型分，国有企业增长6.7%；股份制企业增长6.3%；其他经济类型企业增长8.4%。2018年，印江土家族苗族自治县规模以上工业企业实现营业收入374232万元，增长12.0%；实现营业税金及附加2420万元，增长25.3%。工业产品产销率为98.1%，比上年下降0.4个百分点。

第三产业

2018年，印江土家族苗族自治县建筑业实现增加值6.85亿元，增长20.8%。全县有联网直报建筑企业9个，实现建筑业总产值60083万元，同比增长40.4%；营业收入49320万元，增长19.6%；税金及附加3502万元，增长55.2%。2018年，印江土家族苗族自治县交通运输和邮政业实现增加值92442万元，比上年增长12.1%。年末固定电话数2651部，移动用户27.74万户，固定互联网宽带接入用户4万户。2018年，印江土家族苗族自治县完成社会消费品零售总额165695万元，比上年增长8.4%，增速排全市第3位。截至2018年底，印江土家族苗族自治县金融机构存款余额1426735万元，比上年末增长12.6%，增速排全市第1位，其中，住户存款余额 790564 万元，增长 19.0%。金融机构贷款余额 1195329 万元，比上年末增长 21.9%，增速排全市第 6 位。

二　合作社基本情况

印江县缠溪镇气候温和，冬无严寒、夏无酷暑，年均气温 16.8℃；年均降雨量 1200—2300 毫米；年均日照时数 1269 小时，全年无霜期 299 天。森林覆盖率高达 83% 以上，蜜粉源植物种类繁多分布广泛。由于地形切割较大，高山气候明显，蜜粉源植物总体花期较长。1 月底 2 月初有零星蜜粉源植物开花，11 月底或 12 月初才基本终花，前后延续 10 个月的花期。自然环境对蜂蜜产业的发展十分有利。

蜂蜜是最传统的养生保健品，在中国作为保健品已有几千年的历史。蜂蜜有纯天然、无公害的自然品质，含有丰富的蛋白质、氨基酸、维生素、微量元素和酶类、核酸、黄酮类等 100 多种营养物质。蜜蜂饲养周期短，且蜂蜜相对于其他保健品而言，保质期长，价格较低，服用方便，适用人群较广；同时，蜂蜜在中药中起到和百药的作用，不少中药配方中都要用到蜂蜜；随着当代人们保健意识的加强，保健品也在向天然产品回归。

为促进蜂蜜产业在印江县的进一步发展，受世界银行项目资助成立了梨坪中蜂养殖专业合作社。

1. 注册日期

2018 年 6 月 22 日。

2. 成立背景

限制条件：一是由于历史的原因，项目区内农户文化水平较低，与外界沟通不畅，消息闭塞，土蜂生产的技术、管理方式落后，基本以传统方式饲养为主，蜂群发展慢，产品产量低，满足不了社会的需求。二是养殖户的组织化、规模化程度低，虽然梵净山土蜂蜜很有名气，但养殖户各自为政，包装原始简陋，卫生不达标，售价低廉，也没有产业配套设施和专业合作社引领，难以扩大销售渠道和提升产品的价值。三是缺乏资金投入，养蜂规模较小，产业化程度低，产业带动不强，产品附加值不高。

发展机会：本项目采取的蜜蜂养殖方式，是在传统养殖的基础上，采用小规模集中代养，投入技术援助，统一管理，通过修建加工车间，创建品牌，可以划分不同等级的蜂蜜，提高产量和质量，增加产品附加值，增加农户收入。

前景规划：项目的运行采用合作社带动农户的形式，组织农户饲养蜜蜂，由合作社统一聘请技术人员培训和指导，合作社统一采购生产资料。社员将生产的蜂蜜交售合作社，合作社统一组织加工、精细包装和销售，建立品牌，增加农户收入。

3. 业务活动

主要从事土峰（即中蜂）养殖，蜂蜜采收、包装、销售等业务。

4. 成员组成

合作社有社员156户，其中，2017年建档立卡贫困户146户，占总社员的94%，贫困户社员来自土坪村（二类村）28户，占该村贫困户总数的77.8%；梨坪村（二类村）39户，占该村贫困户总数的80%；方家岭村（三类村）37户，占该村贫困户总数的86%；塘房岭村（三类村）44户，占该村贫困户总数的81.1%。2018年2月2日召开社员大会选举产生了理事会、监事会。

5. 财务状况和股权确立

合作社注册资金50万元，截至2020年6月底，无贷款、无债务。社员以现金方式入股，按100元/股计算，合作社原始股5000股。入股最高股金5万元，占总股金10%，占股份500股；入股最少股金1000元，占总股金0.2%，占股份10股。合作社当年经营扣除生产成本和各种费用以及提留各项基金后所剩盈余部分按农户交售蜂蜜的交易额和现金股权分红。交易额占60%，现金股份占40%。

6. 业务关系

通过“合作社+农户”模式发展蜂蜜全产业链，按服务型合作社改组和组织生产销售。即：社员养殖中蜂，合作社按保底收购社员蜂蜜。蜂蜜由合作社采取自主经营、自负盈亏经营方式，统一技术、统一加工、统一销售。蜂产品一部分由合作社开设特色营销店、批发分销等方式，产品主要销往铜仁、贵阳、北京、上海等省内外市场。另一部分通过电子商务平台推广销售，同时通过市场考察，与企业、超市签订订单销售等。合作社获取利润后，按现金股分红和交易额分红。

7. 投资情况

合作社总投资494.4万元，其中利用世界银行贷款444.4万元，合作社自筹50万元。2018年总投资414.83万元，其中利用世界银行贷款

364.83 万元。2019 年总投资 79.57 万元，其中利用世界银行贷款 79.57 万元。投资建设内容主要包括办公用房、蜂箱、加工厂、冷藏库、机器设备、用水和消防设施、产品展示中心、市场开发、技术支持、人员工资等项目。

8. 组织安排

采用“合作社＋农户”模式发展蜂蜜全产业链，按服务型合作社改组和组织生产销售。即：社员养殖中蜂，把蜂蜜交售给合作社，合作社采取自主经营、自负盈亏经营方式，统一技术、统一加工、统一销售。生产中，推广小规模集中代养管理模式养蜂、与社员签订蜂蜜产品收购协议、技术服务协议等措施保障养蜂健康发展，合作社获取利润后，按现金股和交易额分红方式组织实施。

9. 利益共享

合作社社员参与蜜蜂饲养管理获得的劳动收入为社员个人所得，提高社员生产积极性和集体意识，保证项目有效实施、健康发展。合作社通过统一品牌、统一包装、统一销售后所得利润，在税后利润中提取 10% 作为公积金，用于合作社扩大再生产；提取 5% 作为公益金，用于贫困社员生产生活扶持；5% 用于风险基金。可分配利润按现金股和交易量分红（见表 16－11）。

表 16－11　**梨坪中蜂养殖专业合作社基本情况**

类别	合作社基本信息
成立时间	2018 年 6 月 22 日
注册资金（万元）	50
累计完成投资（万元）	494.4
社员数（户）	156
市场	铜仁、贵阳、北京、上海等省内外市场
管理模式	分散管理与集中管理结合：社员自行养蜂，自主盈亏，将蜂蜜交给合作社进行统一加工和销售
分红模式	合作社盈利提取 10% 作为公积金，5% 作为公益金，5% 用于风险基金；剩余 80% 按社员现金股和交易量进行分红

三　合作社发展运营情况

1. 合作社发展情况

合作社主要从事土峰（即中蜂）养殖，蜂蜜采收、包装、销售等业务。合作社采用“合作社＋农户”模式发展蜂蜜全产业链，按服务型合作社改组和组织生产销售。即：社员养殖中蜂，把蜂蜜交售给合作社，合作社采取自主经营、自负盈亏的经营方式，统一技术、统一加工、统一销售。生产中，推广小规模集中代养管理模式养蜂、与社员签订蜂蜜产品收购协议、技术服务协议等措施保障养蜂健康发展，合作社获取利润后，按现金股和交易额分红方式组织实施。

合作社有专门的实施小组和监督小组，负责项目实施和监督。合作社选举5名成员组成项目实施小组，由理事长任命；选举5名成员组成项目监督小组，由监事长任命。具体负责项目实施与监督。项目实施小组负责项目采购，任命会计、出纳具体负责项目财务工作。监督小组负责项目建设全过程监督。合作社饲养管理、包装、销售实行统一技术、统一品牌、统一标准、统一销售、统一经营。合作社提取税后利润的10%作为公积金，用于扩大生产和服务；5%作为公益金，用于公益事业；5%用于风险基金。社员将蜂蜜统一交售合作社，合作社统一加工，统一销售，产生的纯利润，按现金股权和交易额分配。每个季度公示财务收支状况，做到公开、透明。合作社实行理事、监事制度，随时监督合作社运营状况。项目在实施过程中遇到困难，由县扶贫办、乡政府协调解决。梨坪中蜂养殖专业合作社发展运营情况见表16－12。

表16－12　**梨坪中蜂养殖专业合作社发展运营情况**

类别	合作社发展运营信息
所在市	铜仁市
所在县区	印江自治县缠溪镇
所在村	梨坪村
管理层人数（人）	10
成员总数（户）	156
合作社累计投资（万元）	44.7

续表

类别	合作社发展运营信息
土地面积（亩）	2685. 56
流转土地资金（万元）	80. 5668
合作社出资总额（万元）	50
上年合作社产品销售总额（万元）	6. 58
合作社增值业务（是/否）	否
可用营运资本（万元）	1. 8
合作社每年支付劳动力报酬金额（万元）	28. 8
培训次数（次）	3
培训金额（万元）	0

为确保项目顺利实施，建立对周边环境和社会的友好度，合作社在发展运营过程中采取了以下措施。

环境保障措施：饲养蜜蜂，对环境污染较小，小蜜蜂很爱干净，不会产生三废污染环境。在饲养过程，加强对放蜂场地清洁管理，保持整齐干净，并适当予以绿化。远离猪、牛圈、鸡圈等。本项目采用无公害农产品生产技术。对养蜂场地进行产地环境认证，提出产地环境保护方案与措施。对农户进行技术指导，严格按照无公害农产品生产技术要求进行管理，为社会提供无公害产品，供应国内外市场。及时清理固废物，避免对环境造成污染。

社会保障措施：在土地方面，养蜂本身不涉及改变土地用途的状况，基本不占地。项目实施中如需进行相应的设施建设，应备有完善的土地使用手续。在能力建设和培训方面，合作社或项目管理经验的分享（同行培训）。主要针对合作社管理人员的组织领导能力，以及合作社辅导员在养蜂技术方面对养蜂户进行实用培训。对合作社社员养蜂技术的培训，按季节在现场培训，理论和实际操作相结合，传授先进的饲养管理方法和病敌害防控技术。也可挑选少数有文化、头脑灵活的社员外出短期参观学习，回来后辅导本地养蜂员，共同进步，共同提高，共同致富。选举合作社理事会、监事会成员各 7 人，其中，贫困户 1 人。严格按照章程规定参与项目实施和监督。

2. 合作社社员满意度

根据合作社反馈的答卷结果进行分析，印江县缠溪镇梨坪中蜂养殖专业合作社社员感到最为满意的 7 个指标为：（1）合作社生产环境，评分均值为 4.60；（2）合作社办公设备购置情况，评分均值为 4.40；（3）合作社产品的加工环境，评分均值为 4.40；（4）合作社对当地村居民的扶贫效果，评分均值为 4.13；（5）合作社带动脱贫情况，评分均值为 4.13；（6）合作社的贫困户中占股情况，评分均值为 4.13；（6）合作社的自然资源条件和生产力，评分均值为 4.13。

社员感到最不满意 5 个指标为：（1）合作社的土地流转利用情况，评分均值为 1.80；（2）合作社统一提供的肥料、种子等物资情况，评分均值为 2.20；（3）合作社的外出考察交流情况，评分均值为 2.20；（4）合作社的市场开拓能力，评分均值为 2.47；（5）合作社产品的品牌影响力，评分均值为 2.53。

四　合作社效益分析

1. 经济效益

合作社采取的蜜蜂养殖方式，是在传统养殖的基础上，采用小规模集中代养，投入技术援助，统一管理，通过修建加工车间，创建品牌，划分了不同等级的蜂蜜，提高了产量和质量，增加了产品附加值，增加了农户收入。合作社调整优化农业结构，充分发挥区域比较优势；挖掘资源利用的潜力，同时也解决了农户分散经营与大市场的矛盾，使农民按照市场需求来调整农产品生产，提升了社员及项目区农民特别是贫困农户产业发展的能力，带动社员及更多农户和贫困户脱贫致富。

2. 社会效益

合作社社员参与蜜蜂饲养管理获得的劳动收入为社员个人所得，提高了社员生产积极性和集体意识，保证了合作社的有效实施、健康发展。合作社积极吸纳弱势群体入社，提高了弱势群体的社会地位和自我发展能力，扶贫效益显著。受益人群共 167 户，其中，贫困户 153 户。贫困户在通过合作社带来的收入之外，还额外获得合作社扶持资金的保底收入，家庭收入增幅明显。合作社为社员提供的能力建设活动，包括技术培训和外出考察等，增强了社员的知识技术水平，开拓了眼界，为社员和合作社的可持续发展打下坚实基础。

3. 周边地区带动效益

合作社对发展周边地区的带动作用也十分明显，周边的农户可参与蜜源植物的种植、养蜂设施建设获得收入。在蜂蜜产业发展过程中逐步吸纳贫困户加入合作社，使项目覆盖面越来越广，带动更多农户增收致富。

4. 生态环境效益

蜜源植物种植增加了当地的植被率，起到了保持水土、绿化环境的作用。饲养蜜蜂，对环境污染较小，小蜜蜂很爱干净，不会产生三废污染环境。合作社采用无公害农产品生产技术，对养蜂场地进行产地环境认证，对农户进行技术指导，严格按照无公害农产品生产技术要求进行管理，为社会提供无公害产品，供应国内外市场，产生了良好的生态环境效益。

五　合作社存在的问题

1. 社员主人翁意识淡薄

大多数社员由于知识面窄，不了解合作社的规章制度和股权结构等，也不关心合作社的运营发展，只关心合作社收购自己产品时的价格问题和年底合作社分钱多少问题。缺乏参与合作社事务的积极性，主人翁意识淡薄，只把合作社看作一条销售渠道，意识中与合作社仍是传统的简单买卖关系。

2. 市场意识不强

合作社社员市场意识不强，无品牌效应，商品率不高。社员并没有意识到其重要性和在市场上的价值，故无有效宣传营销。品牌打造意识，宣传意识薄弱，顾客对品牌不了解，无法形成品牌效应，影响了合作社在商场上的竞争力。

3. 人才缺乏

作为一种先进的农业产业化发展模式，合作社急需具备现代农业知识与技术的人才参与到管理与生产过程中。但由于城乡生产生活环境之间存在明显差异，大多数年轻人选择去城市谋求职业发展，而留守村中的村民文化程度不高，对现代农业知识缺乏了解，并且对市场信息的反应也比较慢，因此合作社人才极其匮乏，严重制约了合作社发展。

4. 合作层次不够高

合作社所生产的农产品仍然多为初级产品、粗加工产品，精加工、深加工产品较为欠缺，生产效益有待提高。比如说，所生产的一些农产品，虽然都具备较高的品质，但在加工方面还只停留在洗净、切割上，在产品开发、包装及品牌推广上的能力不足，产品收益自然也就提不上去。

六　发展建议

1. 强化管理，尽快建立规范的管理机制

制定科学的农村合作社章程。农村合作社章程可以说是其建立与运用的“宪章”，是其存在与发展的根本，所以说科学的农村合作社章程应当包括合作社名称、地址、经营范围、管理章程等重大事项的基本指导文件。按照分权制衡的原则，进一步完善农村合作社组织机构，建立包括管理机构、监事会、民主代表大会等在内的组织体系，均衡权利分配，达到相互制约的目的，防止滥用权力。进一步完善农村合作社在资产、财务、经营及收益分配等方面的管理制度，确保其实现规范化、制度化、现代化经营。

2. 加快推进市场品牌建设

大力促进合作社的品牌化建设，规范运作提档次，政府要引导合作社根据有关规定设立理事会、监事会、成员大会或成员代表大会等法人治理机构，形成自主管理、自我发展的运行机制。健全财务管理制度和盈余分配制度，使农民专业合作社真正成为成员共同出资、利益共享、风险共担的实体型经济组织。政府要转变职能，创造条件，推动农民专业合作社打破行政壁垒，突破区域限制，按市场要求进行扩张性发展；引导和鼓励相同产业的专业合作社，在产权清晰、自愿互利的基础上进行跨区域的协作与重组，注册和使用同一产品品牌，做大品牌规模。

3. 完善规章制度

为进一步提高合作社运营的透明性和公平性，政府应加强对合作社的指导和监管，促进合作社建立健全现代管理机制和利益联结机制，并定期通过制度建设、治理架构、治理机制、财务机制、分配机制等指标对合作社的规范程度进行评估，避免社员大会的民主决策机制被虚置、重大事务被管理层或大户操纵把持等问题，鼓励合作社建立专职部门，采取专人负责制。

4. 提升透明性和积极性

在合作社内建立有效的宣传机制和实时通报渠道，如宣传栏和入户讲解等方式，让社员充分了解各项规章制度、利益分配机制、事务决策情况，定期公开合作社运营、财务收支、利益分配等情况，提升合作社事务的透明度。将生产和运营各环节的工作量与报酬进行量化，按劳计酬，提高普通社员参与合作社事务的主动积极性。

第七节　石阡县

一　石阡县概况

1. 自然地理

石阡县，隶属于贵州省铜仁市，位于贵州省东北部，铜仁市西南部，介于东经107°44′55″—108°33′47″，北纬27°17′5″—27°42′50″之间，区域总面积为2173平方公里。石阡县地处湘西丘陵向云贵高原过渡的梯级大斜坡地带，石阡县境内山峦起伏，沟谷纵横，东南高、西北低，岩溶地貌明显。石阡县属中亚热带湿润季风气候区，日照充足，气候温和，雨量丰沛，暖湿共节，无霜期长。石阡县境内地形复杂，地貌多样，山地面积占77.3%，丘陵、谷地占22.7%。地势由东南向西北逐渐斜，武陵山南支脉贯穿全县。1000米以上的山峰有127座，佛顶山系梵净山的姊妹山，主峰海拔1869.3米，为县内最高点，西北面乌江边的高滩为县内最低点。石阡县属中亚热带季风湿润气候区，年平均气温17.1℃，年降雨量1073.2毫米，年日照时数870.7小时，年无霜达250天。

2. 社会经济

综观整个县域经济发展概况，2017年，石阡县实现地区生产总值（GDP）79.0587亿元，按可比价计算，同比增长12.1%，其中，第一产业实现增加值26.1653亿元，同比增长6.5%；第二产业实现增加值11.5655亿元，同比增长13.4%；第三产业实现增加值41.3279亿元，同比增长15.3%。全县人均地区生产总值25799元（以常住人口计算），净增3912元，同比增长11.8%。全年第一产业增加值占全县地区生产总值的比重为33.1%，第二产业增加值比重为14.6%，第三产业增加值比重为52.3%。与2016年相比，第一产业比重下降2.4%，第二产业比重提高0.7%，第三产业比重提高1.7%。2018年，石阡县下辖3个街道、6个镇、10个乡。2017年，石阡县常住人口30.65万人。

在经济发展投入方面，2017年，石阡县完成500万元及以上固定资产投资70.4762亿元，同比增长22.8%。按项目建设性质来看，新建项目完成投资54.9598亿元，同比增长14.9%；续建项目完成投资12.9095亿元，同比增长260.9%；改建和技术改造项目完成投资6129万元，同比下降66.4%。按投资构成划分，建筑工程完成投资65.1604亿元，同比增长52.9%；安装工程完成投资2474万元，同比下降92.5%；设备工器具购置完成投资257万元，同比下降98.3%；其他费用完成投资3.0487亿元，同比增长178.3%。

第一产业

2017年实现农林牧渔业总产值440934万元，按可比价计算，同比增长6.5%，其中，农业产值261102万元，同比增长7.7%；林业产值24858万元，同比增长19.4%；牧业产值116481万元，同比增长3.8%；渔业产值13563万元，同比下降4.8%；农林牧渔服务业产值24931万元，同比增长3.7%。

2017年粮食作物播种面积46339公顷，同比下降2.0%；油料作物播种面积14181公顷，同比增长2.5%；蔬菜播种面积14302公顷，同比增长1.9%；茶园面积25136公顷，同比增长4.0%；果园面积7253公顷，同比增长1.5%。

2017年实现粮食总产量13.83万吨，同比下降2.3%，其中，稻谷产量4.76万吨，同比增长2.7%；油料产量2.58万吨，同比增长3.4%；茶叶产量0.91万吨，同比增长2.3%；水果产量3.4万吨，同比增长4.2%。

第二产业

在2017年，石阡县实现规模以上工业增加值10.0879亿元，按可比价计算，同比增长12.1%。全县规模以上工业企业资产总额18.2112亿元，同比增长7.0%，实现营业收入23.6348亿元，同比下降5.3%，实现利润总额1.8345亿元，同比下降10.6%，实现税金总额1528万元，同比下降26.8%。全年石材产量34.03万立方米，同比增长108.1%；精制茶3125.13吨，同比增长18.1%；白酒1503吨，同比增长17.1%。

第三产业

在第三产业方面，国内贸易：2017年，石阡县实现社会消费品零售总额12.138亿元，同比增长12.8%。按销售单位所在地分，城镇消费品零售额9.7104亿元，同比增长14.6%；乡村消费品零售额2.4276亿元，同比增长8.9%。按消费形态分，商品零售10.9848亿元，同比增长12.8%；餐饮收入1.1532亿元，同比增长12.7%。2017年，石阡县房地产开发投资完成1.994亿元，同比下降52.1%。

二　合作社基本情况

石阡县的土壤、气候非常适合种植中药材；中药材技术、加工服务基础好，发展中药材产业具有良好的未来。中药材产业链长，不仅可以制造药品，还可以制造化妆品、保健品，甚至可以利用药材基地发展观光旅游，进行药膳开发。依托丰富的中药材资源和良好气候条件，以中药材为原料的食品、化妆品、日用品等开发及产业化为立足点，积极发展康复疗养、养生养老、运动保健等产业，发展大健康产业，推进中药材产业的转型升级，是培育新的经济增长点的有效途径。石阡县已列入贵州省37个中药材产业重点县，发展各种中药材种植5万亩，

为促进中药材产业在石阡县的进一步发展，世界银行项目资助扶持了星可原农业开发专业合作社。

1. 注册日期

2014年10月27日，2016年4月1日改组。

2. 成立背景

近年来项目区抢抓贵州省大力发展中药材产业的良好机遇，以公司为支撑，把中药材作为农民脱贫致富的主导产业，中药材种植面积已发展到200亩，种植品种主要以黄精、丹参和麦冬为主，产品主要由农民直接销售到古耕农牧有限公司和贵州信邦制药发展有限公司。但项目区中药材种植零星、分散、不成规模，抵御市场和自然灾害的风险能力弱；基础设施配套不完善，项目区交通道路、水利灌溉等基础条件差；农民组织化程度低，尤其是项目区的贫困户、少数民族、妇女参与产业开发少，同时技术推广普及率低；无统一商标，无品牌，价值链短，没有形成全产业链。

3. 成立目的

通过公正和可接受的方式，探索农业现代化对产业构架重组的作用，延伸产业链，实现贫困户向产业造血扶贫方式的转变；通过公司带动形成产、加、销良性循环模式，吸纳更多贫困户、妇女、少数民族参与项目建设；强化能力培训，提高群众种植水平和产业发展能力，促进项目区农业增效、农民增收，实现共同富裕。

4. 业务活动

主要从事中药材、果蔬等经济作物种植、销售及良种供应；农产品、

农业产业化经营，农用生产物资购销、储存；畜禽水产养殖、购销与良种供应；园艺产品生产及销售；花卉、果树、绿化苗木种植及销售；旅游开发、经营管理及其配套从业服务。

5. 成员组成

合作社现有社员159户，其中，贫困户40人，占项目区建档立卡贫困户的61.5%。

通过召开社员大会选举理事长1人、理事4人，监事长1人、监事2人，会计出纳各1人。

6. 股权结构

合作社股金总额为89.48万元，按100元/股，共8948股。其中2名大户用现金入股15万元，占16.76%，727亩土地的10年经营权入股74.48万元，占83.24%（其中，333亩耕地按200元/亩·年计，折合资金66.6万元，394亩用林地按20元/亩·年计，折合资金7.88万元）。该项目投产后，根据以上投资结构，实行按股分红。最高持股1230股（理事长），占13.74%。

截至2020年6月底，合作社尚无营业额和利润，无债务。

7. 投资情况

合作社在多个方面进行了投资。合作社建设方面，新建办公用房100平方米15万元；购计算机和打印机1套1.5万元；办公家具1套1.2万元。合作社建设投资小计17.7万元。合作社发展方面，主要用于黄精基地建设投资和生产设施设备投资，共计166.2万元；附加值增加投资方面，包括电力设施设备、车辆、仓库等，共计95.9万元；服务和技术援助投资方面，聘请技术专家（可追溯体系技术援助）3年次投资1.5万元，同行的培训（经验交流）30人次投资1.5万元，产品推广2年次投资2万元，市场考察15人次投资7.5万元。服务和技术援助投资小计12.5万元。

8. 管理模式

合作社采取集中和分散兼顾的经营模式。

9. 分红模式

扣除各种成本及提留10%的法定公积金和5%的盈余公积金后的可分配利润按照公开、公正、公平的原则实行按股分红（见表16-13）。

表 16－13　星可原农业开发专业合作社基本情况

类别	合作社基本信息
成立时间	2014 年 10 月 27 日
注册资金（万元）	220
总投资（万元）	402.74
初期社员数（户）	159
生产内容	中药材、果蔬等经济作物种植、销售及良种供应
入股茶园（亩）	无
市场	贵州省
管理模式	合作社采取集中和分散兼顾的经营模式
分红模式	扣除各种成本及提留 10% 的法定公积金和 5% 的盈余公积金后的可分配利润按照公开、公正、公平的原则实行按股分红

三　合作社发展运营情况

（一）合作社发展运营过程

合作社自成立以来，积极开展宣传动员活动，广泛吸收社员。截至 2020 年 6 月，社员总数达 185 户，土地面积为 683.33 亩，流转土地资金为 34.17 万元，累计投资 375 万元，合作社出资 220 万元，可用营运资本为 335 万元，每年支付劳动力报酬 35.96 万元，开展培训 3 次（见表 16－14）。

表 16－14　星可原农业开发合作社发展运营情况

类别	合作社发展运营信息
所在市	铜仁市
所在县区	石阡县
所在村	凤凰屯村
管理层人数（人）	8
成员总数（户）	185
合作社累计投资（万元）	375
土地面积（亩）	683.33
流转土地资金（万元）	34.17

续表

类别	合作社发展运营信息
合作社出资总额（万元）	220
上年合作社产品销售总额（万元）	0
合作社增值业务（是/否）	否
可用营运资本（万元）	335
合作社每年支付劳动报酬金额（万元）	35.96
培训次数（次）	3

在县项目办的统一指导下，合作社所需肥料、种苗、耕作机械设备等货物通过货比三家进行询价采购；与省农科院建立技术指导合作关系，聘请专家进行技术培训和现场指导。除此以外，还与贵州信邦制药发展有限公司建立产品销售合作关系，实行保护价回收，当市场价低于保护价时按保护价回收，当市场价高于保护价时的按市场价回收。

为确保项目顺利实施，建立对周边环境和社会的友好度，合作社在发展运营过程中采取了以下措施。

环境保障措施：一是项目涉及的简易冷藏、加工车间、综合楼、简易交易大棚和厕所建成后，将产生少量废水，通过修建污水净化池（化粪池）进行有效处理后达标排放，对周围环境影响极小。二是固体废弃物主要为木瓜加工厂及交易市场产生的垃圾，建议在市场内设果皮厢，市场附近设垃圾中转站。三是以深施农家肥为主，辅施少量复合肥作为底肥、追肥，农家肥通过生物发酵、腐熟后施用，并开展测土配方施肥，避免面源污染。四是项目投产后重点采用物理防治和生物防治方法，避免施用农药，严格按照病虫害防治计划表实施。

社会保障措施包括：用地方面，合作社用地共计1000平方米，其中，合作社办公用房100平方米，仓库500平方米，摊凉棚300平方米。所涉用地由当地政府、村委会及合作社自行调节解决，不涉及拆迁，不涉及移民安置，没有矛盾纠纷。项目覆盖情况方面，合作社组建时，进行了充分的宣传和动员，在同等条件下，优先吸纳少数民族作为社员；在经济条件对比上，优先扶持贫困农户入社；在男女对比上，优先吸纳妇女入社。能力建设方面，整个项目实施由贵州信邦中药材发展有限公司技术支撑依托，为合作社提供技术培训和指导；项目还安排了1.5万元的资金聘请有关专家为项目实施作现场指导和培训，安排了7.5万元资金用于外出考察、学习及技术服务。通过采取一系列培训措施，社员种植和管理水平将进一步提高，自我发展能力进一步增强。

（二）合作社社员满意度

根据星可原合作社反馈的答卷结果进行分析，发现社员最为满意的指标为：（1）合作社提供的服务和合作社带动就业情况，评分均值为4.67；（2）合作社建设中的社员参与度，评分均值为4.53；（3）加入合作社对能力的提升、社员之间关系、合作社提供的培训、合作社对产品质量的保证与监督情况、加入合作社后生产成本、合作社的监测评估机制，评分均值为4.47。社员最不满意的指标为：（1）合作社的加工设备购置及运行情况，评分均值为3.67；（2）合作社的土地流转利用情况，评分均值为3.73；（3）合作社发展目标建立实施情况，评分均值为3.8。

四　合作社效益分析

1. 经济效益

贵州是中药材资源大省，也是全国中药材重要产区。星可原农业开发专业合作社作为中药材种植农民专业合作社拟订的项目区，给县域乃至周边地区提供了中药材来源，且在种植规模、产品质量、品牌打造等方面取得了重点突破。中药材产业的发展，也带动了众多人群参与到种植、收割、加工、营销的产业链中来，促进了人们的就业，也为推动农业结构调整、带动贫困农户脱贫致富作出了重要贡献，因此，经济效益十分显著。

2. 社会效益

合作社产业能够带动贫困户的参与，保障了其收入来源，是实现贫困农户脱贫致富的有效途径；此外，通过参与到合作社的运行中来，贫困人口的综合素质得到了进一步提高，掌握农业实用技术的能力进一步增强；贫困人口的生产生活条件进一步改善，农业生产抗自然环境影响的能力逐步增强，对加快脱贫致富步伐起到了积极的作用，因此，合作社也带来了良好的社会效益。

3. 周边地区带动效益

星可原农业开发专业合作社将带动周边村寨及部分乡镇，据测算，将带动中坝镇、甘溪等周边乡镇536户2251人参与中药材产业种植，实现共同致富。此外，也能吸引周边地区的人们参与到合作社的产业运行过程中，带动了周边地区的经济发展。中药材作为健康生活的必需品，其种植、加工能吸引更多市场，也带动了周边地区产业的发展，惠及了更多贫困户，使其参与到中药材的加工中来，带动周边地区效益十分明显。

4. 生态环境效益

合作社采取林药结合、草药结合、粮药结合和果药结合等方式，将种植基地与生态、旅游发展有机结合，用有限的耕地填饱肚子，使环境得到有效保护。此外，地道的中药材以及食药两用型植物是合作社重点发展品种，因此，合作社也一直秉承着“健康”和“生态”的理念，在药材的种植和加工中更加注重环境的安全，如减少化肥、除草剂、重金属等多种污染，增加了绿化面积，改善了土壤质量和地下水系统，美化了自然环境，生态效益显著。

五　合作社存在的问题

1. 受限于传统种植模式

由于种植农户多属于传统种植模式，种植水平低，管理方式粗放，缺乏对良种繁育、品种改良的培育，难以形成标准化、规模化生产。更优惠的政策和较强的抗风险能力。

2. 质量控制难统一

农民专业合作社资金大户不足，很多社员都是中小农户，收缴会费与经费的难度相对较大，另外政府内部有关部门未大力扶持农民专业合作社发展，尤其是资金方面，致使农民专业合作社欠缺发展资金，由于资金不足，不能配备先进的设备和引进新品种，影响有关经济活动有序开展，制约农民专业合作社规模扩大，无法实现既定目标。

3. 人员素质不佳

社员文化水平低下，这是农民专业合作社普遍存在的问题，很多社员都只有小学学历，没有较强的法律意识和学习意识，接受新事物的能力相对较弱。不能快速掌握新型设备与技术，无法利用高科技产品，只会操作简单的设备，导致劳动效率提升乏力。另外，社管人员工作经验不足，只有个别农民专业合作社的农产品具备科技含量，绝大部分的农民专业合作社只是简单的对农产品进行了处理，附加价值偏低，不能构成系统的产业链，影响农民专业合作社长足发展。

六　发展建议

1. 鼓励社会资金投入、制定优惠政策

合作社发展初期由于管理运营水平较低，农产品生长周期较长，风险较大，资金争取较难，政府制定数量更多、力度更大的扶持奖励政策对合作社的生存发展至关重要，优惠政策可将产业发展与合作社培育协同推进，通过财政资金引导，连接合作社与当地市场、企业、学校、科研机构、社会组织等建立多方合作关系，并鼓励社会资金注入具有产业发展优势的合作社，增强合作社的抗风险能力和发展能力。

2. 强化内部管理工作，提高发展动力

加强农民专业合作社内部制度完善工作，构建行之有效的民主管理制度和监督制度，落实一人一票制，拉近社员关系。从根本上看，目前的市场竞争可以说是人才的竞争，占据市场主体地位的是人才，要在繁杂的市场中站稳发展的脚跟，农民专业合作社必须要引入优秀的管理人员，保证农民专业合作社正常运营。同时，对农民专业合作社的整体结构进行优化，推动其健康稳定的发展，另外构建集生产、存储、物流、营销为一体的农民专业合作社，推动成员沟通与合作，实现农民专业合作社和农户间、企业间构建良好的农村经济合作体系，减少中间环节，保证农产品生产与销售等实现快速满足市场需求的目标，提高农民专业合作社盈利能力与成本控制能力。

3. 加强人员培训教育

在优化多元化的积极外部条件时还需大力提高社员的综合素养，只有加强人才培养工作，才能引入综合型人才，才会给农民专业合作社健康稳定的发展提供人才支撑。在现代化社会背景下，不但要鼓励学习意识较强的管理人员积极参与培训教育活动，还要鼓励他们组织并开展普通社员交流活动，推动经济管理表现较为突出的农民专业合作社加快发展速度，实现规模壮大的目标，加强经济管理的有效性。定期指派社员到管理较规范、规模较大的合作社中学习，了解先进的管理理念，高效的工作手段，另外鼓励社员积极参与各个高校与合作社组织并开展的交流活动，及时了解市场动态，掌握前沿的科技成果。

4. 加大资金投入力度

充足的资金是农民专业合作社健康稳定发展的必要条件，因此政府内部有关部门需要加大对农民专业合作社资金投入力度，有计划地拓展资金扶持路径。

5. 提高产品质量

好的产品可以带来市场，而农民农业合作社积聚了分散的土地资源与劳动力，打造了现代农业规模化生产经营模式，在此基础上要发挥产业优势，提高产品质量。

第八节 沿河县

一 沿河县概况

1. 自然环境

沿河土家族自治县位于贵州省黔东北，隶属铜仁市，地处黔、渝、湘、鄂四省（市）边区接合部的乌江中下游。沿河地跨东经108°03′49″—108°37′53″，北纬28°12′45″—29°05′23″，南北长98.28公里，东西宽53公里，北部东部与重庆市秀山土家族苗族自治县、酉阳土家族苗族自治县接壤，南部、西部与省内松桃苗族自治县、印江土家族苗族自治县、德江县、务川仡佬族苗族自治县相连。行政区域总面积2468.8平方公里，占贵州省省域总面积的1.4%，占铜仁市域总面积的13.7%。

沿河县地处贵州高原东北边缘斜坡、大娄山山脉和武陵山脉交错地带，乌江由南至北将沿河县分割为西北、东南两大部分，西北部属大娄山山脉，东南部属武陵山脉。有山峰8815座，平均每平方公里3.6座山。最高海拔1462米，最低海拔225米。山地占69.9%，丘陵占27%，坝地占3.1%。岩溶区占72.5%，非岩溶区占27.5%，是典型的岩溶山区。

气候属中亚热带季风湿润气候区。年均气温13—18℃，年降水量1050—1220毫米，年日照1100—1400小时。气候温暖湿润，水热同期，光温同步，适宜多种动物、植物、微生物等生物生长、发育和繁衍。

境内河流属长江流域乌江水系，有乌江及其支流洪渡河、暗溪河、白泥河、坝坨河等26条河流，河道总长548.7公里，河网密度每百平方公里22.2公里，比全省多5.1公里。乌江干流在县内流长132公里，水能理论蕴藏量99.4万千瓦。长10公里以上或集水面积20平方公里以上的25条中小河流水能理论蕴藏量9.78万千瓦。

2. 社会经济

2018 年，沿河土家族自治县实现地区生产总值 110. 18 亿元，按可比价计算，同比增长 9. 8%。分产业看，第一产业实现增加值 31. 46 亿元，同比增长6. 6%；第二产业实现增加值20. 42 亿元，同比下降0. 2%；第三产业实现增加值58. 30 亿元，同比增长 14. 7%。人均地区生产总值 24408元（以常住人口计算），净增 1625 元，按可比价计算，同比增长 9. 8%。第一产业增加值占地区生产总值的比重为28. 6%，第二产业增加值比重为18. 5%（其中工业增加值比重为9. 6%），第三产业增加值比重为52. 9%。

第一产业

2018 年，沿河土家族自治县实现农林牧渔业总产值 50. 66 亿元，按可比价计算，同比增长 6. 6%，其中，农业产值 32. 49 亿元，同比增长8. 7%；林业产值21050 万元，同比下降0. 4%；牧业产值 13. 30 亿元，同比增长 4. 8%；渔业产值 9665 万元，同比下降 3. 0%；农林牧渔服务业产值 1. 80 亿元，同比增长 4. 5%。

第二产业

2018 年，沿河土家族自治县实现工业增加值 10. 57 亿元，按可比价计算，比上年增长 2. 7%。其中，规模以上工业同比增长 2. 0%。全年规模以上工业发电量 399333 万千瓦小时，同比下降 0. 2%；混凝土 9. 81 万方，同比增长56. 7%；水泥 107. 74 万吨，同比增长 14. 0%；精制茶 879. 4 吨，同比增长 38. 6%。

2018 年，沿河土家族自治县规模以上工业企业资产总额 21. 64 亿元，同比增长 22. 4%；实现营业收入 32. 33 亿万元，同比增长 0. 1%；实现利润总额 2. 16 亿元，同比增长 28. 6%；实现税金总额 1534 万元，同比下降26. 9%。

第三产业

2018 年，沿河土家族自治县实现社会消费品零售总额 22. 99 亿元，同比增长 8. 0%。全年居民消费价格总水平比上年上涨 1. 5%。按类别分，食品类上涨 1. 4%、烟酒及日用品类上涨 0. 7%、衣着类上涨 0. 3%、生活用品及服务上涨 0. 2%、医疗保健和个人用品类上涨 2. 7%、交通和通信类上涨 2. 0%、娱乐教育文化用品及服务类上涨 3. 8%、居住类上涨0. 8%，其他用品和服务上涨 0. 8%。

二　合作社基本情况

沿河县海拔平均1000米左右，年均气温13—18℃，年降水量1050—1220毫米，年日照1100—1400小时。气候温暖湿润，水热同期，光温同步，适宜多种动物、植物、微生物等生物生长、发育和繁衍。同时由于铜仁市地处山区，天然隔离条件好，病虫害不易蔓延，适合优质有机农作物生长。

沿河县是贵州省“9+3”脱贫攻坚重点县和铜仁市“9+2”脱贫攻坚产业扶贫重点县。为了让农村贫困地区可持续发展，产业扶贫作为造血式扶贫的一大举措受到了县政府高度重视。合作社作为农村农业发展的重要载体，备受各界关注，但在合作社运营过程中出现管理不规范、缺乏基础支持、信息封闭、基础设施薄弱等问题，造成这些问题的最根本原因是由于资金的缺乏。为解决这一问题，政府积极引进世界银行贷款贵州农村发展项目扶贫资金发展现代化农民专业合作社。

为进一步推动生态种植产业在沿河县的发展，利用世界银行项目支持成立了姚溪志飞茶叶农民专业合作社（见表16-15）。

表16-15　**沿河姚溪志飞茶叶农民专业合作社基本情况**

类别	合作社基本信息
成立时间	2012年11月
总投资（万元）	787.92
初期社员数（户）	325
生产内容	茶叶
入股土地（亩）	无
市场	贵阳、铜仁等省内城市以及重庆、湖南等毗邻地区
管理模式	分散管理：农户自行种植、管护、采摘，合作社统一收购、加工、销售 集中管理：从种子的选取、种植、加工到销售都由合作社统一管理
分红模式	合作社盈利中的10%作为公积金，90%用于社员分红（其中，10%按原始股份分红，80%按交易量分红）

1. 注册日期

2012年11月。

2. 成立背景

项目区位于沿河县新景镇姚溪村，土壤呈微酸性，周围生态环境良好，土地资源丰富，具有得天独厚的自然条件。新景镇姚溪村自古以来产好茶，至今在各村寨房前屋后、田土坎上、菜园子及深山老林中仍保留有千余株古茶树；据《华阳国志》、《茶经》和《元和郡县图志》等史料记载，新景镇姚溪村产好茶的历史可溯及巴国时代，在姚溪所产茶在唐代已成为贡品，其香气清香悠长，汤色黄绿，茶汤回甘、齿间留香，品质独特。为做大做强生态茶产业，在省、市、县、镇各级政府和业务部门的领导下，2011 年 11 月起，姚溪村开始大力发展生态茶产业，2014 年 4 月部分茶园开始初投产，现有茶园总面积 1314.1 亩，当前年产鲜叶总量达 200 余吨；待幼龄茶园投产后，年产鲜叶总量可达 350 余吨，茶叶资源丰富。

3. 业务活动

合作社主要从事茶叶的生产管理、加工、销售。主要经营范围为依法组织采购、供应成员种植茶叶所需的农业生产资料；组织社员从事姚溪茶叶产品的加工与销售；开展茶叶有关的技术培训；提供其他社员所需的服务。合作社以市、县茶叶专家作技术支持，按照梵净山茶茶园管理、加工及产品标准，由合作社牵头，对茶园实行统一指导管理，统一收购茶青进行加工，产品主要销往沿河县、铜仁市、贵阳及重庆等毗邻区域。

4. 成员组成

合作社成员共 203 户，其中建档贫困户 66 户，占合作社成员的 33%，占项目区贫困户的 66%。

2016 年 8 月改组，2016 年 9 月 10 日，通过召开合作社全体社员大会，新选举产生理事会，包括理事长 1 人，理事 4 人，其中，贫困户 2 人；选举产生监事会，包括监事长 1 人，监事 4 人，其中，贫困户 2 人。

5. 股权确立

合作社各成员按照茶园面积、厂区占地面积及相应折价标准折价后，按照各社员折价的资金（或入股现金）占总资产的百分比进行股权分配，各社员持有股份情况如下：原始股份每股按 500 元计算，共计 6194.90 股，共 309.75 万元。合作社社员中，（1）贫困户用 458.2 亩茶园折资 91.64 万元，用 1.67 亩土地经营权建厂房折资 5.78 万元入股，共计 97.42 万元，占比 31.45%；（2）一般农户用茶园 840 亩折资 168 万元，用 5.85 亩土地经营权建厂房折资 20.17 元，现金入股 1 万元，共计

189.17万元，占比61.07%。（3）大户1户，土地入股15.9亩折资3.18万元、现金入股20万元，共计23.18万元，占比7.48%。

6. 投资情况

新建合作社办公用房100平方米，采购办公设备1套、办公家具1套，共投资17.7万元。提升现有生态茶园管护质量，通过大力推行绿色防控技术，保障茶叶产品质量。项目实施采购黄色黏虫板13.12万张，2017年开展产品认证及无公害茶园认证1314.1亩，共投资31.68万元。新建加工厂房700平方米，250千伏安电力设备及安装、办公区绿化建设及卫生环保设施等，共投资169万元；新建冷库建设60立方米，投资12万元；茶园采购茶叶修剪机10台、电动采茶机10台，茶用摊青槽、杀青机、揉捻机、烘干机、解块机、提香机、发酵机等茶各类设备51台，共投资62.64万元；以上项目累计投资255.14万元。建立农残快速检测实验室1个，购买农残快速检测设备2台、电脑2台、冰箱1台、冰柜1台、空调1台、试验台1套、检测试剂1批，投资10万元。新建茶叶审评室一个，购买审评器具、审评台、审评杯碗、天平等，投资1.5万元。合作社申请"姚溪千年古茶""姚溪云雾茶"茶叶商标2件，在报刊、主流茶叶网站上作宣传推广，设计姚溪茶叶专用包装，需投资20万元；在阿里巴巴网站建立合作社电商网络销售平台1个，需投资3万元，合作社考察主要市场，4年共20人次，需投资8万元；2018年、2019年、2020年分别在铜仁、贵阳、重庆建立销售门店3个，主要以精品包装进入超市、店铺装修等，需投资53万元，以上共计投资84万元。2017—2020年连续四年聘请技术专家（可追溯体系技术指导）1人/年，需投资12万元；聘请由市县茶叶专家组成的生产、加工技术指导组，每年投资5万元，4年需投资20万元；茶叶样品农残检测及内含成分检测，4年共需投资12万元；同行的培训（经验交流）4年100人次，需投资4万元；合作社4年财务审计4人次，需投资2万元；以上投资共计50万元。

7. 管理模式

合作社实行分散式管理，由农户自行进行茶叶种植、管护和采摘，由合作社提供技术指导、收购、加工和销售。

8. 分红模式

合作社盈利中的10%作为公积金，90%用于社员分红（其中，10%按原始股份分红，80%按交易量分红）。

三　合作社发展运营情况

（一）合作社发展运营过程

经过运营发展，截至2020年10月，世界银行投资592.6万元，完成投资586.54万元。完成茶叶加工厂房、办公房及加工设备等各项投资，全面进入正常运营阶段，年底可实现分红。拥有土地面积1314.1亩，流转土地资金为262.82万元，合作社出资总额为310万元，上一年产品销售总额为0.9万元，可用营运资本为3.8万元，每年支付劳动报酬金额为16.6万元，开展培训5次，使用培训金额3万元（见表16－16）。

表16－16　　沿河县姚溪志飞茶叶农民专业合作社发展运营情况

类别	合作社发展运营信息
所在市	铜仁市
所在县区	沿河县
所在村	姚溪村
管理层人数（人）	10
成员总数（户）	203
合作社累计投资（万元）	563.8
土地面积（亩）	1314.1
流转土地资金（万元）	262.82
合作社出资总额（万元）	310
上年合作社产品销售总额（万元）	0.9
合作社增值业务（是/否）	是
可用营运资本（万元）	3.8
合作社每年支付劳动力报酬金额（万元）	16.6
培训次数（次）	5
培训金额（万元）	3

为确保项目顺利实施，建立对周边环境和社会的友好度，合作社在发展运营过程中采取了以下措施。

环境保障措施：一是茶园管理中投入物严格按照铜仁市茶叶标准技术

规程，使用生物农药、有机肥料与绿色防控技术，不因喷药造成茶园农药危害；二是加工中不需要水，只有部分清洗机器用水、茶叶审评器具清洁用水及生活用水，通过建立沉淀池处理过滤后就可达到排放标准；三是加工环节略有噪音，而茶叶加工厂区距离周边农户距离较远，周围森林覆盖率高，加之绿化隔离带的建设，可以大大地降低音量，避免夜间加工生产；四是生产过程中有少量茶叶残渣，可通过集中发酵腐熟后，返回茶园作肥料施用，实现资源的循环利用。

社会保障措施：建设用地方面，合作社办公楼与厂房的建设用地是经过多次考察论证，在合作社社员的土地上修建；通过按照国家征地标准进行价值评估，以折算后的总价值入股合作社后进行分红，其他基础设施方面的建设用地数量不多，并由合作社社员自愿贡献；能力建设和培训方面，通过聘请专家理论与现场培训，和同行人之间的经验交流，使社员们在各方面都得到提升；社员反馈方面，建立投诉、抱怨机制意见箱，每月理事会、监事会最少集中一次，解决社员提出意见。

（二）合作社社员满意度

姚溪志飞茶叶合作社社员感到最为满意的5个指标为：（1）合作社按交易量分配利润的相关情况，评分均值为4.07；（2）合作社对贫困人口的接纳度，评分均值为4.07；（3）合作社对社员能力提升情况，评分均值为4.07；（4）合作社提供的培训，评分均值为4.07；（5）社员之间的关系，评分均值为4.07。社员感到最不满意的5个指标为：（1）合作社的管理者能力，评分均值为3.20；（2）合作社的专业技术人才聘请情况，评分均值为3.20；（3）合作社产品的品牌影响力，评分均值为3.20；（4）合作社的市场开拓能力，评分均值为3.27；（5）合作社对产品质量的保证与监督情况，评分均值为3.27（见附录二）。

四　合作社效益分析

1. 经济效益

通过项目实施，合作社集中收购、加工、销售农产品形成规模化效应，建立属于自己的品牌，打开全国各地的市场。合作社社员除合作社收购产品获得收入外，还能获得稳定分红，经济收入得到显著提升。

2. 社会效益

项目实施后，主要的受益人为新改组的合作社及其全体社员，包括贫困户、妇女和少数民族，推动了当地经济发展和社会进步。

3. 周边地区带动效益

合作社雇用周边居民，付给劳动报酬，解决了当地多人就业问题，同时合作社推动当地农产品的市场价格，增加了周边村民的收入，通过示范效应，促进了公众对于现代化管理的意识。

4. 生态环境效益

合作社打造有机农产品，使用生物农药、有机肥料与绿色防控技术，防止因喷药造成农药危害，对生产基地产生的秸秆等农业生产废弃物实行资源化利用，采取就地挖坑堆积发酵作为肥料，减少对环境的污染破坏，改善了当地环境和土壤质量。

五　合作社存在的问题

1. 资金短缺，发展后劲不足

政策性扶持力量有限，财政政策和税收政策对深度贫困地区农民专业合作社的发展有一定的扶持和优惠，但支持力度有限，申请程序复杂，获取难度较大。农民专业合作社所需资金主要来源靠内部成员的权益融资和自身的积累。农业项目招商引资困难。农民专业合作社从事的农业发展项目前期投入较大，投资回报期长，受市场风险较大，大多数人不看好农业项目，不愿融资到农业项目中，导致农业产业在生产过程中往往会陷入资金链断裂的情况。农民专业合作社融资难。由于农民专业合作社无稳定持续收入，农业设施抵押贷款渠道不成熟，缺乏有效的抵押物，大部分农民专业合作社无法通过农业设施抵押获取银行贷款。

2. 素质不高，缺乏专业人才

成员文化水平低。农民专业合作社成员绝大部分来自文化程度较低的农民，80%以上属于初中及以下文化水平，小农意识比较严重。负责人能力有限。农民专业合作社的负责人一般是来自村贫困地区的村支“两委”负责人或当地种养殖大户，大多是靠长期积累的经验办事，未经过专业的理论培训，知识面较窄，视野不开阔，经营管理、市场营销能力不够，难以应对复杂多变的市场竞争。专业人才数量严重不足。规模较小的合作社由成员直接进行管理，运行不规范的情况较多。受成本制约，该农民专业合作社聘请专业人才的积极性普遍不高，聘用力度不够，工资报酬没有吸引力，导致合作社缺乏懂经营管理的专业人才，严重制约农民专业合作社进一步做大做强。

3. 层次较低，合作领域不宽

生产服务单一。该农民专业合作社大多以组织销售成员种植的茶叶初加工，提供种植技术咨询、技术交流服务，供应成员所需要的农业生产资料，引进新技术、新品种的采购服务等初级合作内容为主，而加工销售、配套服务等农民企盼的、对提高农产品附加值和经济效益作用更大的合作内容比较少。产业链条短。合作社在产品生产、营销、物流等环节上的合作还比较欠缺，服务深度广度不够，缺乏合作的吸引力和凝聚力。

4. 缺乏企业带动，成效不明显

合作社本身缺乏品牌创建、市场开拓等专业人才和能力，真正发挥组织农户发展生产的作用不明显。

六　发展建议

1. 强化全产业链，提升产品质量

一是抓好规模化规范化基地建设。按照“全产业链 + 合作社 + 基地 + 能人大户 + 贫困户”模式，实行生产在户、经营在社、分散管理、统一收购加工销售、统一利润分红，抓好标准化培训，坚持标准化生产，保证原材料的品质和产量，确保社员实现增产增收。二是抓好产品的质量提升。坚持把产品质量放在首位，按照“工匠理念”不断雕琢产业链、提升附加值、塑造特色产品，把精细化管理、精致化生产逐渐融入全产业链各环节。三是抓好产品附加值提高。利用世界银行资金购置一整套先进加工设备，向现代化、规范化、规模化转型，生产加工能力大幅提升。通过食品安全、质量安全、环境安全三大体系认证，成功申报“三品一标”认证，产品附加值逐渐提升。

2. 强化品牌意识，拓展市场渠道

以市场实际需求把握发展定位，找准发挥自身产业优势、产能特点和产品属性的结合点，在品种选择、加工方式、产品定位上，既因势利导，又大胆创新，既挖掘好自身特色，又找准市场切入点，既能做好产品精细化管理能，又融入社会化分工，确保产品能够迎合市场的真实需求，全力抓好品牌打造，产品销售渠道得到极大拓展，产品在消费市场逐渐形成良好口碑。

3. 强化引领带动，守好初心使命

一是大力宣传世界银行全产业发展理念，不断提高社员知晓、参与度以及积极性、自觉性。二是大力推广种植技术，全面提升亩产量，确保合作社原材料供应充足。三是努力提升运营管理能力，积极参加各类产业培训、管理培训以及产销对接活动。四是充分发挥支部引领带动作用，与新场村党支部申请成立了联合党支部，把党建工作与合作社可持续健康发展紧密有机结合，以抓党建带动产业发展，发挥基层党支部在全产业链中的战斗堡垒作用，引导党员参与过程管理、全身心投入产业发展，发挥党员先锋模范作用。

第九节　纳雍县

一　纳雍县概况

1. 自然地理

纳雍县位于东经104°55′40″—105°38′4″，北纬26°30′60″—27°5′54″。地处贵州省西北、毕节地区东南，形如一只头西尾东，侧卧于乌蒙山系东南麓、六冲河与三岔河之间的山羊。其东南与织金、六枝，西南与水城，西北与毕节、赫章，东北与大方相连。东西相距56公里，南北相距48公里，区域总面积2452.32平方公里。

纳雍位于古黔中隆起西端，是贵州高原第二阶梯黔西山原的一部分，即云贵高原向黔中山原的过渡地带，地势西北东南高、东北西南低，境内山脉呈“L”形由西北向东南延伸。纳雍境内地貌有高中山、中山、低中山、洼地、盆地5种类型。全县气候温和，冬无严寒，夏无酷暑，年平均气温14.8℃，平均日照1439.2小时，年均降雨量1226毫米，年均雨日217天，无霜期250天，属亚热带季风气候。适宜于玉米、水稻、洋芋、烤烟、柑橘等农作物生长。

2. 社会经济

2019年末，全县户籍户数270034户，总人口1065846人，其中城镇人口434826人，乡村人口631020人。全县共有苗、彝、白、布依、回、侗、壮等22个少数民族。

2018年，纳雍县实现地区生产总值218亿元，比2017年增长11%。其中，第一产业增加值35亿元，比2017年增长7.1%；第二产业增加值

107 亿元，比 2017 年增长 10.1%；第三产业增加值 76 亿元，比 2017 年增长 13.8%；三次产业结构比为 16.1∶49.1∶34.9。人均地区生产总值为 31867 元，比 2017 年增长 10.4%。2018 年，纳雍县固定资产投资比 2017 年增长 13.7%。其中，第一产业投资比 2017 年增长 9.8%，占固定资产投资的比重为 8.6%；第二产业投资比 2017 年增长 11.2%，比重为 30.4%；第三产业投资比 2017 年增长 18.5%，比重为 61.0%。基础设施投资比 2017 年增长 8.9%。2018 年，纳雍县财政总收入 23.32 亿元，比 2017 年增长 4.25%。地方财政收入 19.05 亿元，比 2017 年增长 3.91%。一般公共预算收入 9.05 亿元，比 2017 年增长 5.07%，其中税收收入 6.70 亿元，比 2017 年增长 19.2%。

第一产业

2018 年，纳雍县农林牧渔业总体稳步向前发展，全年实现农林牧渔业总产值 57.46 亿元，实现农林牧渔业增加值 37 亿元，比 2017 年增长 7.1%，畜牧业增加值占全部农业增加值比重 22.7%。2018 年，纳雍县种植业实现产值 37 亿元，增加值 23.6 亿元，比 2017 年增长 17.4%。主要农作物种植面积小幅下滑。其中，粮食作物种植面积 9.55 万公顷，比 2017 年下降 4.3%。全年粮食产量 17.18 万吨，比 2017 年下降 51%。其中，夏粮产量 8.1 万吨，比 2017 年下降 32.4%；秋粮产量 9.09 万吨，比 2017 年下降 61%。农业结构调整效果显著，蔬菜及食用菌产量和播种面积分别比 2017 年增长 53.49%、46.91%。2018 年，纳雍县林业稳步增长。全年实现林业产值 2.9 亿元，实现增加值 2.6 亿元，比 2017 年增长 6.4%。2018 年，纳雍县全年畜牧业产值 15.13 亿元。实现畜牧业增加值 8.3 亿元，比 2017 年下降 16.2%。肉类总产量 3.85 万吨，比 2017 年增长 19%，其中，猪肉产量 2.98 万吨，比 2017 年增长 17%，牛肉产量 0.28 万吨，比 2017 年下降 18%，羊肉产量 775 吨，比 2017 年增长 29%，禽蛋产量 0.38 万吨，比 2017 年增长 22%，年末生猪出栏 33.6 万头，比 2017 年增长 14%。2018 年，纳雍县全年渔业实现产值 0.23 亿元，增加值 0.20 亿元，比 2017 年下降 13.8%。2020 年 8 月，入选农业农村部“互联网 +”农产品出村进城工程试点县名单。

第二产业

2018 年，纳雍县规模以上工业增加值 70 亿元，比 2017 年增长 10.5%，其中，煤炭增加值 39.18 亿元，比 2017 年增长 13%；电力生产增加值6.94亿元，比2017年增长4.2%；水泥增加值2.27亿元，比2017年增长8.46%。截至2018年末，纳雍县有规模以上工业能源消费企业81个，规模以上原煤生产企业28个，规模以上洗煤企业5个，规模以上配煤企业2个，规模以上火力发电企业1个。2018年，纳雍县10个资质以上建筑业企业共实现总产值7.77亿元，比2017年增长43.3%。全社会建筑业增加值16亿元，比2017年增长9%。

第三产业

2018年，纳雍县社会消费品零售总额31.95亿元，比2017年增长8.2%；限额以上消费品零售额7.48亿元，比2017年增长24.4%。按行业分，批发业13.99亿元，比2017年增长9.1%；零售业54.05亿元，比2017年增长13.2%；住宿业0.79亿元，比2017年增长7.4%；餐饮业6.75亿元，比2017年增长14.2%；年末市场主体户数30539户，比2017年增长26.1%。

二　合作社基本情况

近年来全国每年藠头总量为10万吨左右，其中，主要分布在湖南、广西、云南、贵州，每个省产量基本均衡。藠头既可食用又能入药，具有多种药理作用和保健的功能，是当前农产品中为数不多的复合型功能食品，能促进人体肌肤的血液循环，有开胃促进食欲之功能等。藠头营养丰富而且美味，广受国内外消费者的喜欢，藠头的消费市场主要集中在广东、福建、北京、上海、成都等地，年需要量在10万吨以上，同时，藠头在日本、韩国、新加坡等东南亚国家和我国台湾、香港等地区也颇受欢迎，海外市场对藠头的需求量在10万吨左右，我国目前的供应量只达到50%左右，藠头的供需关系特别突出。

纳雍县水东镇的自然条件十分适宜藠头种植。为促进藠头产业在纳雍县的发展，世界银行项目扶持当地成立了勤发现代生态农业农民专业合作社。

1. 注册日期

2017年9月。

2. 成立背景

2015年合作社法人张树永引种到水东镇试种，2016年在水东镇新民村种植藠头250亩已成功。此前纳雍县种植藠头在1000亩以上，多数情况都是农户零星种植，自给自足，剩余的少部分到相关附近的集市上进行变卖，虽然纳雍县的多数地方比较适应种植萹头，但是，由于规模比较小、没有成型的加工企业、市场渠道不通的环节，导致了萹头发展不好。

3. 业务活动

萹头良种扩繁、种植、初加工及销售；辣椒种植、初加工及销售。

4. 成员组成

项目共覆盖水东镇木城村、新民村2个村，合作社社员共178户。合作社社员贫困户146户，占项目区贫困户的72%，占合作社社员的82%。经成员大会选举产生理事会成员5名（选举理事长1名，副理事长1名，理事3名，含贫困户1名）；监事会成员5名（选举监事长1名，副监事长1名，监事3名，含贫困户1人）。随着项目的实施进展，将发展更多的农户尤其是贫困户和少数民族加入合作社中来，逐步提高贫困户社员的比例（见表16－17）。

表16－17　**勤发现代生态农业农民专业合作社基本情况**

类别	合作社基本信息
成立时间	2017年9月
注册资金（万元）	188
累计完成投资（万元）	618.98
社员数（户）	178
市场	重庆、成都、贵阳、昆明、六盘水、毕节等地
管理模式	集中管理：统一耕作、统一施肥、统一除草、统一采收、统一加工、统一销售
分红模式	合作社盈利按20%提取后续发展资金，剩余80%可分配利润按社员占股比例进行分配

5. 财务状况

纳雍县水东镇勤发现代生态农业农民专业合作社于2017年9月注册，合作社注册资本金188万元。以300元每股计算，共6266.67股，175户农户社员以400亩土地经营权折价120万元（400亩×300元/年·亩×10年）为一个入股周期，占合作社股权比例为63.83%；能人大户以68万元出资，占原始股权比例为36.17%。其中，一般农户占665.80股，贫困户占3344.87股，能人大户占2256股。能人大户的入股货币资金一次性进入合作社账户。合作社新成立，未发生经营，尚无业务收入及利润，至今无任何债务及贷款。

6. 业务关系

藠头及辣椒种植统一由合作社进行，分别建立育种基地和大田种植，育苗、种植、采收、加工、销售等环节统一由合作社组织实施，加工的产品重点是酸甜藠头、咸辣藠头及糟辣椒。从藠头、辣椒种植到加工将由纳雍县农牧局技术顾问小组主要负责。具有生产技术和管理经验，目前拥有重庆、成都、贵阳、昆明、六盘水、毕节等地的现成销售渠道。销售渠道：与四川成都溢香园食品厂签订订单合作协议。

7. 投资情况

总投资618.98万元，其中，世界银行贷款资金400.98万元，能人大户投资68万元，合作社融资150万元。资金主要来源：一是入股现金（投资款）；二是合作社年利润中提取的发展基金；三是融资。投资建设主要内容包括办公用房、育苗大棚、漂浮盘、农用车、三轮车、加工厂、机器设备、沉淀池、污水处理池、种子、营养液、化肥、检测实验室、技术支持、市场开发、人员工资等。

8. 组织安排

采用“能人大户+农户+合作社”的经营模式，本着“服务成员、共谋发展、入社自愿、退社自由、平等地位、民主管理、利益共享、风险共担”的原则，从种植到加工到销售均采取现代化的运营管理模式。对400亩种植基地采取工厂化管理，合作社组织项目区农户统一耕作、统一施肥、统一除草、统一采收、统一加工、统一销售，实现统一化管理。由合作社统一安排用工，安排栽种时间节点，支付农民工工资。有效增加项目地农民就业，提高农户收入。在生产经营过程中，优先保障贫困农户、合作社社员、妇女、少数民族的参与务工。合作社的组织安排将严格遵循现代企业管理制度建立管理架构。合作社管理部门包括技术、生产、销售、财务、办公室等部门，各部门每年制定工作计划，经合作社理事会批准后执行。在统一安排生产的情况下，按照相应产品订购协议，产品统一由合作社销售出去。

9. 利益共享

由于合作社是紧密型的合作社，所有生产销售等都由合作社统一运行，分配方式如下：合作社盈利按20%提取后续发展资金，剩余80%可分配利润按社员占股比例进行分配。其中，能人大户 3 户占合作社股权的 36. 17%，农户社员占合作社股权的 63. 83%（不包含在生产基地劳动获得的工资性收入）。

三　合作社发展运营情况

1. 合作社发展情况

合作社成立以来，紧紧把握发展机遇，截至 2020 年 6 月，社员总数达 193 户，累计投资 376. 08 万元，合作社出资 68 万元，上一年产品销售总额为 20. 10 万元，可用营运资本达 11. 45 万元，每年支付劳动报酬为 22. 18 万元，开展 1 次培训（见表 16 – 18）。

表 16 – 18　　勤发现代生态农业农民专业合作社发展运营情况

类别	合作社发展运营信息
所在市	毕节市
所在县区	纳雍县
所在村	水东村
管理层人数（人）	10
成员总数（户）	193
合作社累计投资（万元）	376. 08
合作社出资总额（万元）	68
上年合作社产品销售总额（万元）	20. 10
合作社增值业务（是/否）	否
可用营运资本（万元）	11. 45
合作社每年支付劳动力报酬金额（万元）	22. 18
培训次数（次）	1

在生产经营过程中，合作社优先保障贫困农户、合作社社员、妇女、少数民族的参与务工。合作社的组织安排严格遵循了现代企业管理制度建立管理架构。管理部门包括技术、生产、销售、财务、办公室等部门，各部门每年制定工作计划，经合作社理事会批准后执行。在统一安排生产的情况下，按照相应产品订购协议，产品统一由合作社销售出去。

为确保项目顺利实施，建立对周边环境和社会的友好度，合作社在发展运营过程中采取了以下措施。

环境保障措施：合作社以生态农业的思想指导项目设计，综合考虑地方环境、资源等情况，综合农民意愿，以适宜发展、可持续发展为基础，以经济增收为目的，以环境保护为基本准则，实现经济与环境的协调发展。种植管理中投入有机肥料，在种植过程中不施用农药、化肥等有毒有害物，属绿色无公害农产品。

社会保障措施：合作社办公楼、仓储、厂房的建设用地是经村民、村委会同意修建，其他基础设施方面的建设用地数量不多，并由村民自愿贡献。项目区贫困户参加合作社的成员比例为82%以上。

2. 合作社社员满意度

根据合作社反馈的答卷结果进行分析，纳雍县水东镇勤发现代生态农业农民专业合作社社员最满意的6个指标为：（1）合作社生产环境，指标评分均值为4.27；（2）合作社的外出考察交流情况，指标评分均值为4.20；（3）合作社的档案资料保管情况，指标评分均值为4.20；（4）合作社的管理和经营方式，指标评分均值为4.13；（5）合作社的土地流转利用情况，指标评分均值为4.13；（6）合作社规章制度的建立情况，指标评分均值为4.13。

最不满意的5个指标为：（1）合作社按交易量分配利润的相关情况，指标评分均值为3.20；（2）合作社产品的品牌影响力，指标评分均值为3.53；（3）合作社建设中的社员参与度，指标评分均值为3.53；（4）合作社管理层处理事务的效率，指标评分均值为3.60；（5）合作社的社员分红情况，指标评分均值为3.67。

四　合作社效益分析

1. 经济效益

合作社遵从“服务成员、共谋发展、入社自愿、退社自由、平等地位、民主管理、利益共享、风险共担”的原则，从种植到加工再到销售均采取现代化的运营管理模式。对400亩种植基地采取工厂化管理，合作社组织项目区农户统一耕作、统一施肥、统一除草、统一采收、统一加工、统一销售，实现统一化管理。由合作社统一安排用工，安排栽种时间节点，支付农民工工资。有效增加项目地农民就业，提高农户收入。

2. 社会效益

合作社社员参与藠头、辣椒的种植，获得的劳动收入为社员个人所得，提高了社员生产积极性和集体意识，保证了合作社的有效实施、健康发展。合作社积极吸纳弱势群体入社，提高了弱势群体的社会地位和自我发展能力，扶贫效益显著。成立初期合作社覆盖农户 175 户，其中有建档立卡贫困户 146 户。贫困户在通过合作社带来的收入之外，还额外获得合作社扶持资金的保底收入，家庭收入增幅明显。

3. 周边地区带动效益

合作社传播了先进的种植技术和管理经验，通过合作社藠头、辣椒种植基地的辐射带动，总共带动了种植基地周边 300 多户农户参与藠头、辣椒种植，种植面积达到 1000 亩以上。合作社为这部分农户提供稳定的藠头、辣椒销售渠道；通过项目的实施，能够有效提高周边农户的组织化程度，提高藠头、辣椒种植水平。

4. 生态环境效益

藠头种植有效地固土保肥，绿化环境，使生态环境与农业生产处于良性循环状态，促进了农村经济结构的调整，推进了农业产业化进程，促进了少数民族地区农耕文化的传承，促进了自然生态环境的进一步改善。

五　合作社存在的问题

1. 管理模式不规范

藠头、辣椒种植粗放、管理粗放不规范，这种管理模式上的不健全，致使民主管理、利益分配、权力约束等工作均难以落实到位，这也从根本上制约了合作社的发展。

2. 经营管理不善，缺乏专业人才

由于合作社是对所有社员的财产和物资进行管理，并且要进行资源的优化整合，所以需要专业的技术人员。但是在现有的农村合作社中大多数是由合作社内部成员自行管理，基本实行的是民办民管的形式，所以缺乏专业性，在日常经营管理以及与市场的衔接方面不够完善，对于合作社的发展缺乏长远的规划，严重影响到合作社的发展进程。

3. 品牌效果不明显

合作社的发展需要建立自己的品牌效应，通过注册商标，拓展市场份额，扩大知名度，以此促进合作社的稳定发展。但是由于合作社的经营管理体系不够健全，品牌意识较差，对于商标的注册缺乏权益保护意识，没有形成具有自身特色的产业主打，所以在与市场衔接方面缺乏信息沟通和引导，不利于合作社的长期发展。

六　发展建议

1. 完善监督体制，建立有效的农民参与机制

合作社是农民成员所有、民主控制且自行分配的一种经济联合体，其主体是农民。因此，想要保障农村合作社实现良性发展，必须建立起科学、完善的农民参与机制。建立公正、透明的信息披露制度，利用公示栏、报表、会议等多种方式，向广大社员公开各方面信息，确保社员的知情权。落实好社员的权利，确保社员有参与重大会议的权利，并享有表决权、选举权以及被选举权。建立权利救济机制，有效保障社员利益不受非法侵害，确保社员的监督权。

2. 加强技术支持

为了提高合作社的发展水平，政府应该在技术上给予一定的支持，各级涉农部门应该加大农业新产品的研发，然后在合作社中推广实施，为提高农业种植质量和产量提供有利的基础。同时，还应该给予专业技能的指导，指定农业专业管理人员和技术人员对合作社的经营管理进行指导。针对合作社的性质，在经营管理方式，与市场的信息衔接，内部体制建设以及种植技术等方面进行指导，从而促进农村合作社的健康有序发展。

3. 加快推进市场品牌建设

把专业合作社作为实施和促进“一村一品”的重要抓手，大力促进合作社的品牌化建设。规范运作提档次，政府要引导合作社根据有关规定设立理事会、监事会、成员大会或成员代表大会等法人治理机构，形成自主管理、自我发展的运行机制。健全财务管理制度和盈余分配制度，使农民专业合作社真正成为成员共同出资、利益共享、风险共担的实体型经济组织。政府要转变职能，创造条件，推动农民专业合作社打破行政壁垒，突破区域限制，按市场要求进行扩张性发展，提高核心竞争力。

第十节　赫章县

一　赫章县概况

1. 自然环境

赫章县，隶属贵州毕节市，位于贵州省西北部乌江北源六冲河和南源三岔河上游的滇东高原向黔中山地丘陵过渡的乌蒙山区倾斜地带，地处东经104°10′28″—105°01′23″、北纬26°46′12″—27°28′18″之间，东西长85.276公里，南北宽77.696公里，东邻毕节、纳雍，西连威宁，南接六盘水，北界云南省镇雄、彝良，区域面积3250平方公里，总人口79.87万人（2013年），政府驻地双河街道。县城距省会贵阳300公里，距地区行署所在地96公里。全县县域总面积3242.74平方公里。

赫章县境被舍虎梁子、结构梁子、三望坪、韭菜坪等大山分割，地势西北、西南和南部较高，东北部偏低。境内山高坡陡，峰峦重叠，沟壑纵横，河流深切。全县最高峰（也是贵州最高点）小韭菜坪海拔2900.6米，最低点刹界河海拔1230米，平均海拔996米。

赫章县县境内属长江流域的乌江水系和乌江流域，乌江水系又分六冲河和三岔河两个小流域，六冲河流域面积2130平方公里，三岔河流域面积479平方公里，总面积2609平方公里，分别占全县县域总面积的64.8%和14.8%。乌江流域的六冲河和三岔河流域总面积占全县的79.6%；境内有干流和支流19条，河道总长357公里。横江流域的洛泽河流域面积526.63平方公里，占全县面积16.2%。

赫章属暖温带温凉春干夏湿气候区，无霜期206—255天。气温日差较大，年差较小，年均温10—13.6℃，最高气温33.6℃，最低气温零下3.0℃，年总积温3650—4964℃，年均降雨量785.5—1068毫米，全年降雨量55%集中在6—8月，全年平均降水日174天，日照时数1260.8—1548.3小时。光照条件较好，太阳辐射较高。

赫章县内蕴藏着煤、铁、铅、锌等25种金属和非金属矿，截至2013年，已探明煤炭储量约57.5亿吨；铁矿石储量10.8亿吨，占贵州省已探明储量的50%；铅锌矿储量781.8万吨；铜矿储量38万吨。

赫章县县内森林、草地覆盖面积比重大，境内富集苦荞、核桃、樱桃、苦丁茶、马铃薯等多种家特产品；赫章是贵州的中药材主产区之一，有中药材上千种，其中包括茯苓、何首乌、龙胆草、续断、天麻、柴胡、独脚莲、元木香、厚朴、山楂、乌梅、半夏、升麻、淫羊霍、黄柏等。赫章县有 10 公里以上河流 17 条，落差大、流速急、水量足。可利用落差 1456 米，水力发电理论蕴藏量为 8 万多千瓦。

2. 经济环境

生产总值平稳增长，经市统计局初步核算，2019 年全县地区生产总值 142.62 亿元，比上年增长 7.3%。其中，第一产业增加值 47.65 亿元，比上年增长 5.6%；第二产业增加值 24.90 亿元，比上年增长 1.9%；第三产业增加值 70.07 亿元，比上年增长 11.1%。产业结构比为 33.41∶17.46∶49.13。按 2019 年年均常住人口 66.57 万人计算，人均生产总值 21425 元，比上年增加 1123 元。

第一产业

2019 年实现第一产业增加值 47.65 亿元，按可比价计算，比上年增长 5.6%，完成农业增加值 50.02 亿元，同比增长 5.6%，其中，畜牧业增加值 10.21 亿元，比上年下降 1.61%。

蔬菜种植面积 37.08 万亩，同比增长 0.55%；蔬菜产量 33.6 万吨，同比增长 6.77%。全年水果产量 2.93 万吨，同比增长 14.93%。烤烟种植面积 4.8 万亩，同比下降 4%；烤烟产量 5100 吨，同比下降 5.99%。

2019 年肉类总产量 3.34 万吨，比上年下降 16.9%。其中，猪肉产量 2.31 万吨，比上年下降 24.6%；牛肉产量 4028 吨，比上年增长 0.05%；羊肉产量 1944 吨，比上年下降 0.36%；禽肉产量 4177 吨，比上年增长 21.96%。年末生猪存栏 19.44 万头，比上年下降 37.75%；生猪出栏 25.67 万头，比上年下降 26.39%。

第二产业

工业生产平稳增长。2019 年，赫章县实现全社会工业增加值 19.70 亿元，按可比价计算，同比增长 2.1%。规模以上工业增加值增速完成 2.8%。全年高技术制造业增加值占规模以上工业增加值的比重为 4.2%，比 2018 年回落 0.2 个百分点。广播电视覆盖率持续上升。2019 年广播综合覆盖人口 80.41 万人，覆盖率 92.52%，电视覆盖人口 82.65 万人，覆盖率 95.10%。

第三产业

社会消费品零售总额稳定增长。2019 年完成社会消费品零售总额

267362.6 万元，比上年增长 5.6%。其中，批发业销售额完成 242803.3 万元，同比增长 11.0%；零售业销售额完成 569865.3 万元，同比增长 8.6%；住宿业营业额完成 8627.0 万元，同比增长 10.3%；餐饮业营业额完成 78078.3 万元，同比增长 15.6%。

交通运输条件持续改善。全县公路通车里程达 5556.7 公里，其中，高速公路通车里程 57.6 公里，国道通车里程 80.1 公里，省道通车里程 397.2 公里。

邮政通信业务快速增长。全年邮政业务收入 3213.64 万元，比上年增长 8.65%；通信业务收入 39008 万元（含移动、联通和电信），比上年增长 12.8%。

旅游总收入快速增长。全年实现旅游总收入 103.88 亿元，增速 38.39%。医疗卫生服务事业不断改善。根据卫生和计生部门的数据显示，2019 年全县卫生机构数 550 个，其中医院 55 个。卫生机构床位数 4265 张，其中医院 3290 张。卫生机构人员数 4058 人，其中医院、卫生院卫生技术人员 3246 人。

二　合作社基本情况

赫章县位于贵州省西北部，是毕节市“开发扶贫、生态建设”实验区的发祥地。气候温润潮湿，雨量充沛，昼夜温差大，无霜期长，森林资源丰富，土壤微量元素含量高，坡高谷深，天然隔离条件好，病虫害少，无工业污染，是生产食用菌和有机蔬菜的最佳场所之一。毗邻重庆市和四川省，交通运输具有一定的区位优势。

由于蘑菇怕热不怕冷，生长周期比较短，相对于其他蔬菜附加值更高，并且营养价值高，口味鲜美，深受消费者喜爱，市场空间大，毛姑村定下以蘑菇产业带动扶贫致富的方针，目前已形成“云上蘑菇”的品牌效应，畅销国内及韩国和东南亚等国家和地区。

为促进蘑菇产业在赫章县的进一步发展，世界银行项目支持成立了毛姑农业专业合作社。

1. 注册日期

原合作社成立于 2016 年 8 月 19 日，2017 年 12 月经过改组（吸纳当地 99 户贫困户入社），改组后合计社员 109 户。

2. 成立背景

近年来，我国的蘑菇产业以其“劳动密集和资源密集”的行业优势，

“变废为宝，点草成金，促进农业可持续发展与良性循环”的生态优势，和“美味、保健、绿色、安全”为特色的产品优势得以迅速发展。蘑菇产业已经成为很多地区农业产业结构调整中最为活跃的产业。赫章县菌类产业尚处于空白状态，但由于本地区特别适宜香菇等食用菌生长，且比市场菇类蛋白质及微量元素高出15%左右，因此市场前景十分看好，项目建成后对全县乃至周边市、区、县将具有显著辐射带动作用。

3. 业务活动

食用菌种植、初加工（主要烘干、精包装等）及销售；组织收购、销售成员及同类生产经营者的产品及附属产品，引进新技术、新品种，开展技术培训、技术交流及咨询服务、经济服务。

4. 成员组成

合作社已经发展社员共计109户。贫困户社员100户，占项目区贫困户数的比例为90%。

经选举产生理事会成员5名（贫困户1名），监事会成员5名（贫困户1名）。随着项目的实施进展，将发展更多的农户尤其是贫困户和少数民族加入到合作社中来，逐步提高贫困户社员的比例。

5. 股权结构

原始股本金1000万元，按1万元/股计算，股份总计1000股。能人大户9户，入股资金300万元（300万元属于能人大户贷款），占股30%；100户贫困户以户均6万元资金入股共计600万元（其中，乡政府出资400万元、财政帮扶资金200万元，作为贫困户入股资金），占股60%；毛姑村集体出资100万元，占股10%。

6. 投资情况

申请世界银行项目资金262.71万元。生产投资181万元，包括：生产原材料（木粉/巨菌草）、生产原材料（麦麸）、层架菇架子（出菇）。加工设施投资（附加值增加）投资42.11万元，包括：标准加工厂房投资、轻便搬运机投资、分拣台投资、震动筛选机投资、热风循环烘箱投资0.3万元、热风循环烘箱投资0.65万元、真空包装机投资、水电安装投资。其他基础设施，交易市场（直销点）投资16万元。服务和技术援助的投资19.6万元，包括聘请技术专家、产品识别检测、技术及销售员工的培训（经验交流）、考察主要市场、审计费等其他活动，食用菌无产品地理标志认证投资4万元。

7. 管理模式

合作社采用“能人大户 + 农户 + 合作社”的模式经营，采取紧密型种植为主，松散型种植为辅的两种种植方式。以发开村为中心，吸收少数民族和贫困人口相对集中又适宜食用菌及食用菌原材料（巨菌草）种植的其他村民组成为社员，合作社组织项目区农户统一耕作、统一施肥、统一除草、统一收获、统一加工、统一销售，社员按照统一技术规程进行生产，对加入农户（社员）的产品由合作社统一回收入库、销售，销售市场由本合作社负责直接监督管理。这样既可便于规模化生产、精细化管理，同时可增加项目地农民的就业。

8. 分红模式

每年预留利润的15%作滚动发展资金。其余85%的可分配利润按入股比例分红，能人大户分红30%，贫困户分红60%，毛姑村村集体占股10%（见表16－19）。

表16－19　　　　毛姑农业专业合作社基本情况

类别	合作社基本信息
成立时间	成立于2016年8月19日，改组于2017年12月
注册资金（万元）	1000
总投资（万元）	1000
社员数（户）	109
生产内容	食用菌
入股土地（亩）	无
市场	贵州省、福建省等地区
管理模式	集中管理：合作社统一种植、管护、采摘、加工、销售 分散管理：农户自行种植、管护、采摘，合作社统一收购、加工、销售
分红模式	预留利润的15%作为滚动发展资金，其余85%的可分配利润按入股比例分红

三　合作社发展运营情况

1. 合作社发展运营过程

项目区农户将自家土地流转给毛姑农业专业合作社整体打包经营，合作社引进福建越丰农业发展有限公司入驻共同建成食用菌大棚722个。在

2017 年基地建设时，100 户贫困户通过扶贫资金贷款 200 万元入股分红，以三年为期分别按照 6%、8%、10% 的比例逐年递增分成。多方利益联结共同体解决了基础设施、土地出租、股份分成、劳务收入、规模生产等难题，产业迅速壮大。

截至 2020 年 6 月，合作社社员总数为 109 户，累计投资 700 万元，合作社出资 263 万元，合作社开展了增值业务，可用营运资本为 300 万元，每年支付劳动力报酬 40 万元，开展 3 次培训（见表 16－20）。

表 16－20　**毛姑农业专业合作社发展运营情况**

类别	合作社发展运营信息
所在市	毕节市
所在县区	赫章县
所在村	毛姑村
管理层人数（人）	10
成员总数（户）	109
合作社累计投资（万元）	700
合作社出资总额（万元）	262.59
上年合作社产品销售总额（万元）	0
合作社增值业务（是/否）	是
可用营运资本	300
合作社每年支付劳动力报酬金额（万元）	40
培训次数（次）	3

为确保项目顺利实施，建立对周边环境和社会的友好度，合作社在发展运营过程中采取了以下措施。

环境保障措施：合作社项目技术保障实施符合国家相关产业政策，有利于生态环境保护和建设现代化农业。种植过程中使用有机肥料，不施用农药、化肥等有毒有害物，属绿色无公害农产品。建设期产生的噪声污染和粉尘污染微乎其微，避开休息时间和采用水雾喷淋，运营期同样采取此类办法处理，加工清洗的污水经沉淀池澄清后回到种植地作灌溉用水，灌溉用水符合国家标准再排放，加工流程无其他污染物。加工厂周边进行绿化防止噪声污染。

社会保障措施：修建办公房、仓储约需用地500平方米，建设用地是经村民、村委会同意修建，其他基础设施方面的建设用地数量不多，并由村民自愿贡献，无须征地，实施此项目无住户易地搬迁。项目区贫困户参加合作社的成员已达90%，至2020年前应达到100%。能力建设和举办各类培训，使农户（尤其是贫困户、妇女）掌握1—2门实用技术，培养一批懂技术、会经营的农村致富带头人，培养一批基层专业技术骨干人员。

2. 合作社社员满意度

根据合作社反馈的答卷结果进行分析，毛姑农业专业合作社社员最为满意的指标为：（1）合作社带动产业情况，评分均值为4.4；（2）合作社对贫困人口的接纳度，评分均值为4.2；（3）合作社带动就业情况和合作社对社员能力提升情况，评分均值为3.93；（4）合作社带动脱贫情况和合作社对产品质量的保证与监督情况，评分均值为3.6。

社员最不满意的指标为：合作社发展目标建立实施情况、合作社规章制度的建立情况、合作社规章制度的执行情况、合作社地上流转情况、合作社创建对当地基础设施的改善情况、合作社的贫困户占股情况，评分均值为3。

四　合作社效益分析

1. 经济效益

合作社完全投产后，十年总产值可达34504.2万元，净产值达12639.3万元，可分配利润达7463.7万元，合作社社员年均分红可达44782元，加上劳动力收入，社员年均增收可达59782元以上。合作社的发展使得项目区贫困人口人均纯产值年均实际增长速度达到20%以上。

2. 社会效益

合作社建设食用菌种植加工生产项目，符合国家产业发展政策；有利于发展贵州省文化产业和旅游产业的发展；有利于促进农村发展、农民增收；有利于促进特色旅游产品的开发和地方经济的发展，同时拉动其他产业的共同发展；有利于提供就业岗位，减轻社会压力；有利于促进经济社会的持续、健康、和谐发展。项目的实施建成后可直接提供50余人的就业岗位，可带动50余户贫困农民种植食用菌脱贫。

3. 周边地区带动效益

合作社所发展的蘑菇产业已经成为很多地区农业产业结构调整中最为活跃的产业，在促进农民增收、农村经济发展、财政增长，提高人民生活水平，改善膳食结构和解决农村剩余劳动力等方面发挥了巨大作用，并对促进资源开发、废物利用、环境保护、劳动就业，提高生态效益、社会效益、环境效益、经济效益均有深远的意义。而且由于本地区特别适宜香菇等食用菌生长且比市场菇类蛋白质及微量元素高出15%左右，因此更受市场欢迎。项目建成后对赫章县乃至周边市、区、县将具有很大的辐射带动作用，通过实施本项目，将示范带动周边村寨，加快发展食用菌产业配套产品并提供更多就业岗位，使农民在家就可发家致富。据测算，将间接带动周边其他村1200户，4200人，其中，贫困农户960户，贫困人口3360人。预测年均产菇量可达到2700吨以上。由于市场需求的不断扩大和加工业的蓬勃兴起，菌类产业发展呈现良好的发展势头，其市场前景十分看好。

4. 生态环境效益

合作社的菌类种植收获后，菌棒可作为农业生产有机肥使用，使生态环境与农业生产处于良性循环状态，有利于促进农村经济结构的调整，推进农业产业化进程，促进少数民族地区农耕文化的传承以及保护自然生态环境的进一步改善。

五 合作社存在的问题

1. 产品加工效率低

传统的食用菌生产方式难以适应现代市场经济，现代食用菌产业采用的是工业化的技术手段。而工业化的技术手段要求在相对可控的环境设施条件下，组织高效率的机械化、自动化作业，但是合作社生产规模有限，生产设施设备不足及不匹配，在产品加工环节缺少加工设备或不足，导致生产成本增加，加工效益较低，生产供应不足。

2. 市场发展空间有限

合作社目前的销售仅仅局限于已有的市场，且由于加工效益低下，设备不足等问题，产品的品质不稳定，不能为开设的直销点提供长久的货源保障，难以开拓新市场。同时合作社在面临市场价格波动的时候抗风险能力差，市场占有份额有限的问题。

3. 社员参与度不高

由于农民专业合作社的社员受教育水平不高，其内部的规章制度与管理办法并不十分详细，在实际的管理中就容易出现“人治”而不是“法治”，这种管理方式容易导致合作社的社员之间关系不理想，部分社员认为现有的农民专业合作社利益同成员利益关系浅薄，无法激发其内在的主观能动性。

4. 社员能力水平有限

部分社员认识能力不到位，不注重自身的发展限制了合作社的提升。社员还存在文化程度不高，接受能力较弱的问题，他们大多从事农业生产，实用技术较强，但在经营管理、市场营销等方面还不能适应市场经济和规模化的经营需求，在一定程度上制约了农民专业合作社的创新和发展。

六　发展建议

1. 增加基础设备的购置

增加基础设备的购置以及水电安装和标准厂房的建设可减少管理成本，提高农产品品质。增加更多的库存及增加产品的保鲜、保质效果，更能减少市场价格起伏对本合作社的影响，解决初加工及精加工产品供应等问题，以满足更多客户的需求。

2. 增强品牌意识

农民专业合作社需要打造属于自己的独特品牌，良好的品牌不仅能够提高农产品的附加价值，还能通过应用品牌效用加强合作社其他产品推广工作，提升农民专业合作社的知名度。在合作社以及有了自己品牌的情况下，可以通过网络平台进行大力的宣传，同时提升农产品的质量，增加客户对品牌的忠诚度与满意度。

3. 加强人才培养

对农民专业合作社理事长、带头人开展经营管理理念、标准化生产、农产品的质量管理、品牌创建、开拓农产品市场和营销以及电子商务等重要专题的多样化、专业化培训，增加合作社规模，提高人才待遇提高合作社社员凝聚力，争取那些从城市里返乡务工的人员，这些人员有从大城市学习到的经验，可以争取这部分人群帮助合作社。

4. 健全管理机制

合作社在构建服务合作机制上，应当以服务成员为宗旨，积极为成员提供农业生产资料的购买与使用，农产品的生产、销售、加工、运输、贮藏及其他相关服务，与农业生产经营有关的技术、信息、设施建设运营等服务，更好地满足成员的服务需求。

5. 推进标准化生产

引导农民专业合作社大力推进标准化生产。把标准化贯穿专业合作社生产、加工、销售的全过程。指导农户按照技术操作规程开展农业生产，健全生产档案记录和质量可追溯制度。鼓励合作社统购统销、基地直供。同时积极启动农民专业合作社“互联网+”行动。不仅帮助专业合作社开展配电脑、建网站等硬件建设，还要帮助专业合作社掌握现代信息操作手段等软件技能，推动专业合作社实现财务管理电算化、社务管理数字化、产品销售电商化。借助第三方平台，大力发展电子商务。

第十一节　道真县

一　道真县概况

1. 自然地理

道真县位于贵州省最北部，在东经107°21′—107°51′、北纬28°36′—29°13′之间，是云贵高原向四川盆地过渡的斜坡地带，西北、东北与重庆市南川区、武隆区、彭水苗族土家族自治县毗邻；西南、东南分别与正安县、务川仡佬族苗族自治县接壤。南距遵义市区180公里、贵阳市区338公里，北至重庆市区160公里，是黔中经济区连接成渝经济区的“结合部”，是黔渝开放合作的桥头堡。道真县与务川仡佬族苗族自治县、正安县、重庆市的南川区、武隆区、彭水苗族土家族自治县接壤。区域面积2156平方公里。

道真县属大娄山系中支和东支余脉，最高海拔麻抓岩1939.9米，最低海拔芙蓉江出境处317.9米。地貌以溶蚀侵蚀低山峰丛和槽谷为主，碳酸盐岩广布，属典型的喀斯特地貌。道真县属亚热带湿润季风气候，冬无严寒、夏无酷暑，气候宜人。年平均气温8—16.4℃、降雨量800—1400毫米、日照时数1076小时、无霜期270天以上。全年平均气度16.9℃，平均最高气温21.3℃，平均最低气温13.9℃。总降雨量926.8mm，最长连续降水天数9天。雨天159天，雾天1天，露天32天，霜雪天8天，结冰2天。日照时间1059.9小时，大气压936.6/

0.1hpg，平均湿度76%。

道真县矿产资源生物资源丰富，截至2014年，道真县已发现的矿藏主要有煤、油页岩、铝、铁、铅、锌、银、石膏、方解石等近20种。其中煤炭储量34811万吨，系遵义四大煤田之一。铝土矿储量上亿吨。截至2014年，道真县境内有陆栖脊椎动物400余种，其中，有黑叶猴、林麝、金钱豹、云豹4种国家一级保护野生动物，有猕猴、藏酋猴、大灵猫、穿山甲、红腹锦鸡等30余种国家二级保护野生动物。道真县境内野生植物种类达百种，有银杉、珙桐、银杏、红豆杉、华南五针杉、香樟、润楠等国家一、二级重点保护植物30余种。

2. 社会经济

全县2018年地区生产总值（GDP）70.74亿元，较上年增长9.5%。其中第一产业增加值22.71亿元，较上年增长6.7%；第二产业增加值15.89亿元，较上年增长7.2%；第三产业增加值32.14亿元，较上年增长12.5%。第一产业增加值占地区生产总值的比重为32.1%，第二产业增加值比重为22.5%，第三产业增加值比重为45.4%。人均GDP为28639元，比上年同期净增2261元。

年末户籍总人口352149人，较上年末增加1261人，其中城镇人口117471人，占总人口比重（户籍人口城镇化率）33.4%。年末常住人口24.80万人，常住人口城镇化率45.13%。全年出生人口3595人，出生率为13.7‰；死亡人口1938人，死亡率为7.37‰；自然增长人口1657人，自然增长率为6.3‰，流出人口105500人。

第一产业

农林牧渔业总产值38.33亿元，较上年增长2.5%。其中农业产值24.56亿元，较上年增长5.0%；林业产值2.39亿元，较上年下降3.5%；畜牧业产值10.02亿元，较上年下降1.5%；渔业产值0.35亿元，较上年增长0.9%。农林牧渔业增加值23.84亿元，较上年增长6.6%。其中农业增加值15.18亿元，较上年增长6.7%；林业增加值1.93亿元，较上年增长6.8%；牧业增加值5.38亿元，较上年增长5.6%；渔业增加值0.23亿元，较上年增长4.6%。

农作物播种面积6.62万公顷，比上年增加1809公顷；其中粮食作物种植面积3.20万公顷，比上年减少1365公顷；油料作物种植面积6554公顷，比上年增加1331公顷；烤烟种植面积3153公顷，比上年减少1759公顷。

粮食总产量19.94万吨，比上年减少3.90万吨，下降16.3%。其中夏粮12.41万吨，比上年减少1.13万吨，下降8.3%；秋粮7.53万吨，比上年减少2.77万吨，下降26.9%。油菜籽9458吨，比上年增加2083吨，增长28.2%。烤烟收购量5426吨，下降26.6%。茶叶3702吨，增长18.7%。肉类总产量1.97万吨，较上年下降14.4%。其中猪肉产量1.70万吨，较上年下降9.8%；牛肉产量1249吨，较上年下降30.6%；羊肉产量432吨，较上年下降38.3%；禽肉1050吨，较上年下降38.2%。大牲畜年末存栏3.45万头，较上年下降24.8%；生猪年末存栏13.88万头，较上年下降26.6%；羊年末存栏5.00万只，较上年下降14.1%；家禽年末存栏79.9万只，较上年下降1.6%。农用化肥施用量（折纯）1.18万吨，较上年增长2.0%；农药施用量306吨，较上年下降2.6%；地膜使用量398吨，较上年增长4.2%。

第二产业

规模工业企业56家，比上年减少2家，规模以上工业增加值较上年下降7.8%，分经济类型看，股份制企业增加值较上年下降15.8%；私有制企业增加值较上年下降28.9%；其他经济类型企业增加值较上年下降39.1%。高技术制造业增加值占规模以上工业增加值比重7.2%。工业总产值33.47亿元，较上年下降16.9%。其中规模以上工业产值28.71亿元，较上年下降21.8%。规模以上工业销售产值27.06亿元，较上年下降24.4%。规模以上工业企业产销率94.3%。规模以上工业企业资产合计27.80亿元，较上年增长33.4%；负债15.64亿元，较上年增长61.5%；主营业务收入24.72亿元，较上年下降30.6%；利润总额1.48亿元，较上年下降45.0%。工业用电量11488万千瓦时，较上年增长8.5%。工业税收0.41亿元，较上年增长0.2%。工业发电量72725万千瓦时，较上年下降0.3%。水泥产量69.65万吨，较上年增长0.7%。精制茶822吨，较上年增长188.4%。年末资质以上建筑业企业7个，建筑业总产值8.08亿元，较上年增长10.8%。

第三产业

房地产投资较上年增长29.4%。商品房施工面积67.28万平方米，较上年增长5.3%，其中新开工面积29.99万平方米，较上年增长77.4%。商品房销售面积44.59万平方米，较上年增长82.7%，其中期房销售面积44.59万平方米，较上年增长82.7%。房地产增加值1.51亿元，较上年增长7.2%。批发零售业增加值1.85亿元，较上年增长14.1%。其中批发业增加值1.57亿元，较上年增长18.7%；零售业增加值0.28亿元，较上年下降6.2%。住宿餐饮业增加值1.72亿元，较上年下降0.3%。其中住宿业增加值0.14亿元，较上年增长8.0%；餐饮业增加值1.58亿元，较上年下降1.0%。社会消费品零售总额15.16亿元，较上年增长7.0%。按消费类型统计，商品批发业较上年增长29.5%，零售业较上年下降18.4%，住宿业较上年增长94.9%，餐饮业较上年下降16.6%。人均社会消费品零售额6112.90元社会消费品销售总额61.57亿元，较上年下降2.7%。按消费类型统计，商品批发业较上年增长1.4%，零售业较上年下降18.4%，住宿业较上年增长8.6%，餐饮业较上年下降3.7%。交通运输、仓储和邮政业增加值4.69亿元，较上年增长6.6%。其他服务业增加值18.08亿元，较上年增长16.1%，其中营利性服务业增加值7.02亿元，较上年增长23.2%；非营利性服务业增加值11.06亿元，较上年增长11.8%。全年客货运量493万人次，较上年增长3.8%。客货运周转量82396.4万吨/公里，较上年增长28.1%，其中客运周转量247224万人/公里，较上年增长36.5%；货运量周转量57674万吨/公里，较上年增长24.9%。邮政行业业务总量2267万元，较上年增长7.0%。电信业务总量2.40亿元，较上年增长45.5%。年末移动电话22.50万户，固定宽带用户2.25万户。重点服务业营业收入0.91亿元，较上年下降22.9%。其中营利性服务业营业收入0.31亿元，较上年下降37.6%。

二　合作社基本情况、发展运营情况及效益分析

项目区位于道真县洛龙镇东北面，距道真县城67公里，距重庆市武隆县城34公里，距重庆市区175公里，道武公路横贯其中，平均海拔1380米，最高海拔1939.9米，是贵州对接重庆的重要窗口之一。专业合作社蔬菜种植以大白菜、甘蓝等品种为主，具有高山夏秋蔬菜新鲜、高产、无污染、病虫害少、无添加等优点。

为促进道真县的有机蔬菜产业进一步发展，在世界银行项目扶持下成立了龙腾磨盘蔬菜专业合作社。该合作社是道真县唯一一家列入世界银行项目的合作社，而且是种植产业发展模式中的典型案例，其基本情况、发展运营情况及效益分析在第十五章第一节已有详细阐述，请参见相关部分。

三　合作社存在的问题

1. 市场意识不强

合作社社员市场意识不强，无品牌效应，商品率不高。虽然合作社有QS认证和绿色蔬菜注册商标，但是社员并没有意识到其重要性和在市场上的价值，故无有效宣传营销。品牌打造意识、宣传意识薄弱，顾客对品牌不了解，无法形成品牌效应，影响了合作社在市场上的竞争力。

2. 合作社经营能力偏弱

合作社管理层人员对法律常识、管理知识、财务管理、风险管理等方面了解不够，管理水平较低，仍采用类似作坊的模式对合作社进行运营管理，不利于合作社的长远发展。

3. 抗风险能力弱

农产品生产的投资大、生产周期长、回报率低，遇到病虫害、干旱、洪涝、霜冻、冰雹等自然灾害时，种植和收获过程会受到较大影响，产量降低，收入减少，对市场价格也很敏感，对市场波动的抵抗力弱，应对各类风险的水平较低。

4. 人才缺失

合作社缺乏经验丰富和熟悉市场的管理人员和技术人员，由于薪资待遇比较低，很难吸引到技术和管理水平较高的人才加入，仅靠政府短时间的技术指导培训远远不能满足需要。

四　发展建议

1. 开展培训

加大培训力度，一方面，将合作社的潜在人才的能力发掘出来。对社内拥有较高学历的社员，应尽量多次组织培训，使其专业技能和综合素质进一步提升，开拓其发展空间指引其发展方向，使他们成长为合作社的中坚力量。另一方面，重视并加强人才引进。既要监督帮助合作社内部建立起完善的人才体系，又要做好人才引进计划，吸引各方面的人才。

2. 加大资金投入

充足的资金是农民专业合作社健康稳定发展的必要条件，因此政府内部有关部门需要加大对农民专业合作社资金投入力度，有计划地拓展资金扶持路径。在资金引进中，政府需要结合农民专业合作社发展现状，构建并实施系统的优惠政策，吸引更多投资商，扩大资金来源路径；在给予金融支持时，让金融部门结合农民专业合作社发展现状降低门槛，完善担保方法，促使合作社获取更加便利的金融服务。

3. 增设销售渠道

依靠合作社的主流产品有意识地进行品牌打造，注册品牌商标，建立自己独立的产品宣传网站，安排专人负责在线咨询和网络销售；在农产品推介网、淘宝、京东、微信网店等搭建自己的农产品品牌销售网络。并和省内外大型超市、农产品市场积极联络，搭建线下农产品品牌销售网络；联合物流公司、快递公司、出租车公司、客运公司进行农产品运输绿色通道合作，寻找价格低廉、运输便捷的农产品运输渠道。

4. 优化整体结构

对农民专业合作社的整体结构进行优化，推动其健康稳定的发展，构建集生产、存储、物流、营销为一体的农民专业合作社，推动成员沟通与合作，实现农民专业合作社和农户间、企业间构建良好的农村经济合作体系，减少中间环节，保证农产品生产与销售等实现快速满足市场需求的目标，提高农民专业合作社盈利能力与成本控制能力，为农民专业合作社健康稳定的发展做铺垫。

结论篇

第十七章　合作社综合评价

第一节　合作社总体效益

在世界银行项目的资金支持、技术指导和实施督促下，项目合作社在多个方面获得了长足进步。

第一，对贫困户的支持最为明显，扶贫效应十分显著，有效协助当地脱贫增收。第二，社员在加入合作社后，有了长期稳定的收货渠道，保障了增收成果，并通过延长产业链，使产品附加值提高，合作社的组织化、规模化效应为产品打造出一定的品牌效应，扩大了市场，增强了市场竞争力。第三，在合作社统一技术、统一标准、打造有机绿色产品的策略下，社员在种养殖、采摘、加工、销售的过程中接触到很多先进的技术和理念，自我发展能力得到显著提升。第四，在传统合作社向现代化企业管理进化的过程中，财务状况透明化获得了大多数社员的认同，向进一步提升公平性迈出关键的一步。第五，在借鉴世界经典模式、结合当地实际情况后，合作社制定了比较完备的规章制度，在项目实施过程中，这些规章制度能得到较好的执行，虽然还缺乏有效的监督制衡机制，但在民主议事等观念和社员互助精神的培养上，取得了一定进展。

总体而言，世界银行项目的实施，让加入合作社的贫困人群和农户获得多方面实惠，对多个农产品开展了产业链现代化建设，提高了社员能力建设水平，促进了贫困地区农户的脱贫增收，为项目区实现 2020 年全面脱贫的目标提供了切实保障。同时，合作社需要在管理运营、人才培养、延伸产业链、质量控制、打造品牌、开发市场等方面加强力度，完善内部机制，巩固扶贫攻坚成果，进一步提升管理运营的透明度和公平性，实现合作社的长远可持续发展。

第二节　合作社不同模式效益比较

一　合作社组织运营模式

从合作社发展效益的分析来看，在合作社的组织运营模式方面，能人大户带动型合作社取得的经济成效最好，社会成效和管理成效都比较好，对贫困户劳动力的支持最为有力。虽然能人大户带动型合作社的运营效率比村组织带动型略低，但由于能人大户有一定的技术、经验、资源、管理或营销能力，在当地有一定威望，社员对他们有一定信任，在他们的带领下，合作社的凝聚力、技术水平、组织秩序、管理效益也比较高，同时，由于能人大户和普通农户社员存在共同的利益诉求，希望合作社发展壮大，打造自己产品的品牌效应，能够切实推动合作社积极发展。因此，能人大户带动型合作社十分适合在农村地区推广发展，但需要完善管理监督机制防止部分能人大户压制其他社员利益。

村组织带动型合作社在经济成效、社会成效、管理成效三个方面表现都比较好，运营效率方面取得的均值最高。由于基层干部长期从事农村农业工业，对其当地的自然资源、社会人情等有着深入认识，更容易找到适合当地实际情况的特色产业进行发展，同时政府外出考察学习的机会较多，比较容易获得外界信息和政策支持，有利于合作社的规划发展，同时，村组织与普通社员的利益一致，能够有效团结社员，执行力也最强。因此，在那些缺乏能人大户的地区，村组织带动型合作社成为优先选择。

全农户型合作社的经济成效与村组织带动型合作社比较接近，社会成效表现一般，管理成效最好，但在运营效率方面均值最低。全农户型合作社的社员多数是长期从事种植业的村民，虽然拥有种植经验，但受学习能力、技术水平、获取信息能力、管理能力、资金等因素的制约，对合作社的规划没有清晰的认识，容易受到外界力量影响，忽略资源的有效利用，产业市场竞争力较弱，同时没有强力管理人才，合作社内部的凝聚力相对较差，导致运营水平和资源配置效率较低。

公司带动型合作社在经济成效、社会成效、管理成效三个方面的表现都比较差，运营效率也比较低。虽然公司为合作社提供了一定的技术支持和销售渠道，但由于大部分公司带动型合作社只是为公司提供原材料和初级加工产品，处于产业链的下游，经济效益相对较低，同时，公司对合作社的运营管理方面所投入的精力较少，更注重的是公司自身利益，甚至有部分公司借助合作社套用扶贫资金，与普通社员的利益诉求结合不紧密，导致合作社的凝聚力较弱，社员参与积极性不高。

二　合作社产业发展模式

在合作社的产业发展模式方面，从事加工业的合作社取得了最好的经济成效和社会成效，管理成效也比较好，扶贫效应也最为显著。其中，以经济作物加工亚型的综合表现最好，从事的合作社数量也最多。由于世界银行项目大力支持合作社在传统种养殖的环节之后加入加工环节，延伸了农产品产业链，增加了产品附加值，并丰富了产品品种，拓宽了销售渠道，所以极大增强了合作社产品的市场竞争力。农民专业合作社发展壮大的必然趋势，是引进和培养专业技术人才，投资先进生产设备，提高产品加工的技术含量，从粗加工向精深加工方向转变，进一步延长产业链，丰富产品线。

具体来看，经济成效方面是加工业最好，尤其是经济作物加工亚型，普遍经济效益都比较高；其次是禽类养殖亚型，市场很大，成本较小，容易形成规模化，土鸡和鸡蛋等产品受消费者欢迎程度高，销售收益大，利润也高；再次是水果/干果种植，市场价格较高，也深受消费者欢迎，但生长周期比较长，项目建设期比较长，需要一定时间才能看到明显经济效益。

在社会成效方面，综合表现最好的第一梯度包括三个亚型，分别是水果/干果种植、经济作物加工、经济作物种植；第二梯度包括三个亚型，分别是其他养殖（蜜蜂）、畜类养殖、蔬菜加工；第三梯度包括两个亚型，分别是蔬菜种植和禽类养殖；表现最差的是生态旅游。

在管理成效方面，会议举行次数指标在不同亚型上差别较大，表现最好的两个亚型是水果/干果种植和其他养殖（蜜蜂），其他亚型相差不大，另外三个指标（财务公开透明度、管理层团结协作能力、规章制度的执行情况）在八个亚型上的差别大不，社员反馈都为比较满意和十分满意。

三　综合评价

将合作社的组织运营模式和产业发展模式结合起来看，在自然环境优良、山多地窄的喀斯特山区，发展农民专业合作社最适宜的方式是组建能人大户带动型合作社，发展适合当地环境、具有市场潜力的特色经济作物加工业，也可通过林下养殖的方式发展禽蛋类产业，由当地有经验、有能力、有资源的能人大户带领全体社员共同努力，培养专业技术人才和管理人才，提高经济作物加工的技术含量和规模化生产，从初级加工向精深加工发展，扩大产品生产线，打造品牌效应，增强市场竞争力。在缺乏能人大户的地区，村组织可带领村民组建合作社，并对合作社进行积极有效的管理运营，制定适宜当地发展的优势产业规划，尽力争取政策和资金支持，大力引进和培养专业人才，在可能的条件下，建立统一管理、统一技术、统一采摘、统一加工的集中型生产基地，提高产品品质，拓展产品市场。

第三节　合作社管理运营

农民专业合作社作为提高农民组织化程度、促进农民收入增加的有效组织形式，在国内发展初期大多是由地方能人领办或者相关公司入股带动发展。世界银行项目合作社在贵州涉及地区多为贫困连片区，社员的实力不足与经济实力差异导致多数合作社都是地方大户领办或公司入股，而大户或公司由于投入资金比较大，并且部分公司对合作社的入股是地方政府进行牵头，因此，大户或公司便负担了大部分合作社的经营管理工作，而普通社员多是负责合作社的生产种植活动，出席各类培训活动。

综观多数世界银行项目合作社，管理运营普遍表现为：普通社员负责生产种植环节、合作社理事长负责组织大小事务决策与统筹、合作社利用个人资源与渠道销售合作社产品。理事长是合作社经营管理的主要负责人，合作社依赖理事长的个人管理能力与社员资本，理事长也需要合作社的项目资金进行发展。例如，德江县的三个天麻合作社，理事长对合作社的带动起着最大作用，三个理事长分别具有商业资本优势、政治资本优势、产业技术优势等。在此背景下，合作社经营管理表现为：理事长（大户）＋农户的模式。毕节地区的合作社与德江县的表现相似，都是理事长领办合作社或是公司入股合作社，合作社借用公司或大户的销售资源或管理经验进行初期发展，所以，依靠地方领办人或公司资源推动合作社发展目前是世界银行项目合作社经营管理最明显的特点。

第四节　合作社能人带动作用

依据组织发展资源依赖理论，组织的发展除了依赖于必要的物质资源和组织资源，更主要依赖于人力资源。农民专业合作社中的能人作为资本、技术和社会资源等关键要素的所有者，是带领农民“抱团”闯市场的领军人物，对合作社的发展具有重要作用。“能人”实际上成了各类农民专业合作社的理事长、理事、监事等核心成员，主导着合作社的经营和发展。

通过对调查问卷的分析，有 83.08% 的受访者认为合作社负责人对合作社发展的作用很大。因此，在一定程度上可以认为，农民专业合作社能否成功运营的关键，取决于合作社能人的带动作用。例如，德江县长龙天麻合作社的领导人长期在政府从事农业方面的工作，较一般的社员有先进的种植技术、运输设备和销售渠道，市场洞察力强，易于接受新事物，善于组织好合作社内部各种资源，调动社员的积极性，实现资源的优化配置，且能较好地把握市场中存在的机会，做出正确的决策，另辟蹊径，将合作社的发展重点放在天麻菌种的培育上。

农民专业合作社的功能之一是将分散的、小规模经营的农户组织起来，以集体购买和销售的规模效应来改善农民在市场谈判和交易中的弱势地位，降低交易费用，为社员带来更多的收益。合作社领导人通过自己的人脉关系，为社员拓展广泛的销售渠道，促进合作社的发展。特别是在项目合作社成立初期，日常运营需要投入大量资金和精力，合作社内部精英的带动作用显得极其重要。

第五节　合作社股本化

世界银行项目合作社普通社员多以土地入股，能人大户或公司以现金入股。每个地区合作社对以土地入股的社员都采取的是：一亩土地折算为 300—400 元，与合作社签订十年的土地入股协议。最后将社员个人入股资金与社员全部入股资金进行相除，得出社员个人入股比例。而目前，对于项目资金股本化的分配是：将项目资金的 20% 左右股本化给贫困社员，剩余的 80% 按照合作社社员初始入股比例分配给所有社员。在世界银行项目合作社中，入社社员多是由于经济资本不足才以土地入股，而大户或者公司以现金入股大都占了合作社的最大股份。依据当前贵州省的项目资金股本化分配情况，大户或公司实质享受了世界银行项目优惠的最大块，普通社员是在大户的利润分配下获得收入。对大户来说，当前的项目资金股本化分配有力地调动了他们的合作社发展积极性。于普通社员而言，他们加入合作社更多是想依靠大户的个人能力与资源获得收入。根据目前对世界银行项目合作社的调查，可以认为95%以上的合作社发展依靠的都是领办人或者入股的公司。针对贵州农村地区合作社发展的实际来说，当前的项目资金股本化比例是有利于合作社发展的。

第六节　合作社盈利

世界银行项目支持合作社最早的一批成立于2015年。成立最早的如威宁县的志兴种养殖合作社、正安县复兴茶业合作社、纳雍县的九黎风苎麻合作社等都不是全部实现盈利的。合作社组织的发展极为缓慢，在毕节地区、铜仁地区、遵义地区合作社的调研中，超过80%的合作社都是没有实现盈利的，而实现盈利的合作社利润也不是很高，每户社员每年所获得的分红多是百千元之间。多数没有实现盈利合作社原因可归纳为：加工设备没有到位，如九黎风苎麻合作社；生产种植周期比较长，如正安县的永长核桃合作社；没有流动资金购买生产资料，如威宁县的蛋鸡合作社，此外，大多数的合作社都认为世界银行项目投标周期与报账周期太长，对合作社后续生产加工存在极大影响，因而影响合作社是否盈利。世界银行项目对每个合作社所发展产业进行过严密考察，都以当地适宜发展的特色产业为主，因而，总体而言，世界银行项目合作社多数目前虽没有盈利收支，但随着项目的运行发展，盈利收支并不难。

第七节　合作社凝聚力

世界银行项目合作社重点为当地农户建立可持续生计，提高农民组织化程度和参与市场竞争观念，以及提升社员之间的合作参与能力。针对目前农村空心化现象，合作社涉及区域多数都是老弱妇女居多，年轻劳动力多数外出务工，合作社社员的平均年龄多在五十岁以上。在对世界银行合作社调研中发现，多数合作社社员加入合作社是由于自己年纪较大、家中刚好有闲置土地，社员对合作社的了解与参与多数时候是没有具体体现的。在合作社发展后期，合作社对社员的凝聚力成为合作社发展的重要目标。于入社社员而言，合作社的发展壮大是全体社员共同协作的结果，社员之间的沟通交流、组织发展观念不断得到提升；于持观望态度的农户而言，合作社的发展壮大会进一步吸引他们入社，尤其是外出务工的年轻劳动力，年轻劳动力的回乡对促进农村产业发展、调整农村人口比例起着重要作用。

实地调查发现，合作社对社员、项目区农户、合作社所在区域的凝聚力没有明显体现，各个地区合作社社员对合作社的参与热情并不高涨，凝聚力较难提升。在毕节地区世界银行项目合作社调研中，纳雍县的九黎风苎麻合作社从2015年成立以来，已吸纳19名外出务工青年回乡，后期加入合作社的农户为25户。从回乡与加入合作社的人数来看，苎麻合作社的组织已初见成效。由于世界银行项目多数合作社处在组织发展的初期，超过90%的合作社组织凝聚力体现最多的便是：当合作社发展越来越好时，愿意主动加入的农户就越来越多，至于吸引年轻劳动力回乡这一点，大多数合作社都体现得不明显。

第八节　项目合作社与非项目合作社比较

世界银行是一个全球性银行，对贷款对象的要求是从全球整个大局出发，所以世界银行贷款项目管理条例与中国本土其他项目管理条例有多方面的差别，世界银行项目合作社与非世界银行项目合作社也表现出许多方面的差异，主要在社员构成、财务制度、运营服务内容、管理运营模式这几方面表现出比较明显的差异。

一　社员的构成

由于世界银行贷款贵州农村发展项目属于扶贫项目，旨在对贵州省贫困地区进行农业产业结构的调整和现代化建设，加强公共基础设施的建设，提高贫困农户能力，增加贫困农户的收入。所以世界银行项目对合作社社员的组成要求比较严，社员的构成要求贫困户占社员的60%。而非世界银行项目的合作社对社员的构成没有严格要求，社员的组成主要由合作社周边的大户及公司和少数村民组成。世界银行项目的社员构成比例具有以下几个特点：（1）由于社员构成贫困户占比较多，这样会为项目区的贫困农户提供创业或者就业的机会，从而进一步解决空巢老人和留守儿童的问题，特别是留守儿童严重的地区如毕节的贫困户，更需要这样的项目把青壮年留在家乡就业或创业，从而解决留守儿童问题。（2）合作社社员中少数民族和汉族一起参与合作社，在工作中的交流促进各民族之间的文化交流，缓解各民族之间的隔阂。（3）合作社是由不同民族，不同文化程度的社员构成的，是多种思想交汇的农民组织，有利于合作社的多方向发展。此外，站在不同角度看问题使得合作社解决问题时能考虑得更全面。但是这样的社员构成也存着一定的缺陷：（1）合作社贫困户占多数，但是贫困户的文化程度较低，看问题的视野较狭窄，所以在对待合作社的管理问题时会和管理者产生较大的分歧，导致合作社的决策很难满足大多数人的意愿，降低农户参与合作社的积极性。（2）合作社原本是在同一水平的人们因有相同的创业想法、相同的价值观、人生观而在一起合伙做事，并且也能在同一平台进行平等的对话。但是世界银行项目下的合作社虽然在有重大决策时会向社员征求意见，但是由于社员的综合素质低所以多数时候还是以管理层的决策为主。社员的权利与义务没有完全地发挥出来。

二　运营服务内容

世界银行项目的合作社与非世界银行项目的合作社在运营方面也存在较大的差异，世界银行贷款贵州农村发展项目扶持的产业主要为种植业和畜牧业。而非世界银行项目的合作社发展的产业是多样化的机油种植业、养殖业、畜牧业、服装产业、经济林业、旅游业、文化业等。世界银行扶持的产业有以下几个优点：（1）从贵州的生产条件来说，贵州比较适合发展种植业和畜牧业。合作社集中发展种植业和畜牧业有利于贵州省种植业农业的快速发展。（2）与公司强强联合的合作社发展种植业和畜牧业更容易形成和巩固产业链、多业态共存的发展格局，对产业扶贫效果的提高有明显的帮助。

三　农业种植业、畜牧业和生态产业相结合

农业种植业、畜牧业和生态产业的结合使得合作社既能产生经济效益也能产生生态效益，做到了经济效益与社会效益相结合。但是其也存在缺

陷。(1) 世界银行扶持的合作社发展的种植业和畜牧业与其他行业相比抗风险能力较差，并极易受到自然灾害的影响。再加上贵州省农业保险这方面机制不够完善，导致合作社的收益受到影响从而影响农户参与合作社的积极性。(2) 世界银行合作社发展的产业比较单一，没有充分利用贵州省丰富的旅游、文化资源。

四　组织结构

世界银行为了避免扶持虚假合作社，对所扶持的合作社的组织结构也有较为严格的审核。世界银行项目扶持的合作社一般都设有社员（代表）大会、理事会、监事会。根据合作社的规模和生产经营的特点不同，部分合作社还在理事会下设有办事机构，如科技部、营销部、财务部等。但实践中一些合作社的理事会和监事会成员不是通过社员大会由“一人一票”的民主选举制度产生的，而是直接由话语权大、经济实力强的核心成员担任，普通社员难以行使决策权，使得合作社的监督机制形同虚设。

五　财务制度

世界银行贷款贵州农村发展项目是中国政府和世界银行合作开展的一个跨越不同国家、不同地区、不同行业的综合性扶贫项目。为了使世界银行贷款以及国内配套资金得到合理规范的使用，世界银行自己制定了规范项目的财务管理程序及操作方法及要求，规范项目单位财务行为，保证项目建设顺利实施，发挥项目的经济效益。因此得到世界银行扶持的合作社在财务制度方面较为严格，主要表现在以下几个方面。(1) 财务管理必须遵循的基本原则是：专款专用、专账核算和专人管理。(2) 在流动资产管理方面：合作社要对流动资产认真进行事前信用风险评估，事中跟踪履约情况，事后落实收账责任，有效降低坏账损失。合作社的项目流动资产，应按照有条件赠款协议和国家相关规定进行管理。(3) 在报账方面：合作社需要有健全的财务制度；定期接受审计，并获得令人满意的审计报告；能够立即执行多次交易；能够提供详细的账户账单；加入了声誉良好的银行间议付网络，服务收费合理。非世界银行扶持的合作社在财务制度这一方面就没有那么严格，主要表现在以下的方面：部分合作社由于财务制度不健全造成财务管理工作混乱，如白条入账、会计信息质量失真等现象屡屡发生，盈余分配方案的决定以及财务公开等重大问题缺乏民主监督，只关注费用的报销、审批，不强调资产管理、收入管理和往来款项、经济业务的监督等。

非世界银行项目的合作社为了节约成本，部分合作社没有建立专门的财务管理制度，没有聘请专业的财务人员，财务的报账也不是按照合法的财务标准，此外合作社盈余没有进行公示或返还给社员，导致社员的正当权益不能得到有效保障。但是世界银行项目合作社严格的财务制度也存在一定的缺陷，在实践和调查中发现，贵州有50%以上的县，因为采取县结算中心结算制度，导致合作社无法直接使用该笔扶持金，需要采取报账制由合作社先垫付资金使用，后经层层审批签字（农业局长、分管县长），才能到县结算中心报账。这种结算制度带来的负面影响：一是合作社农民没有垫付资金，二是签批过程中易受到各种为难，三是领导难找，四是事无巨细给领导增加工作量。这种结算制度给相对独立于政府和部门之外的农民专业合作社设置了重重障碍，有的甚至影响资金的使用。

第十八章　合作社存在的问题

影响合作社发展的因素主要分为两个层面：一个是合作社内部自身动力层面，主要包括社员的个人特征，以及集体特征；另一个是合作社外部环境层面，主要包括市场环境和政策制度环境。世界银行项目支持的合作社所存在的主要问题也是由于这两个层面的影响而产生的。

第一节　内部动力问题

世界银行所投资扶持建立的合作社，是希望通过合作社来进行农户产品的纵向一体化，也就是生产、加工、销售一体化。但是，目前所面临的问题是，许多公司借由合作社获得世界银行资金和优惠政策，农户只能担任惠顾者的角色，而非合作社的实际掌权者，合作社本身所发展的利益对于掌权者和惠顾者并非完全呈正相关。不同类型的合作社，投资人和惠顾者收益的比例不同，所获得的社会价值也不同，当投资人获得成立合作社的最大价值后，剩下的利润对于投资人来说，管理成本和时间成本大于将获利益，这时候合作社就会逐渐脱离原有的组织形式。合作社的内部管理就会逐渐转向农户的自发性行为，这时候合作社的内部自身动力就对合作社的发展显得尤为重要。

一　合作社人员观念意识落后

由于中国农民专业合作社主要位于边远地区，农民文化教育水平较低，传统习俗影响较深，世界银行项目合作社的管理模式与中国各地实际存在融合不够的情况。当国际上最经典的合作社管理模式引进中国时，由于各地经济文化和地方风俗的差异，偏理想化的合作社模式在实地开展管理运营的过程中，遇到一些矛盾冲突。

在社员的积极性方面，世界银行项目合作社在启动以后，项目区的许多农户对合作社是做什么的都不了解，甚至加入了合作社的农户也不去合作社参加活动，这样一来，合作社所制定的原则就几乎不能在实际中落实。很多社员一心想着优惠政策，缺乏奉献的意识。部分农民群众对农业合作社的性质认识不清，以为加入组织就是简单的“归大堆”、“合伙干”、争取“优惠政策”，甚至有的认为是回到“大集体”时代，怕失去生产经营自主权，不知道不清楚合作社股东的权利与义务。

合作社的管理人员问题，目前国内的法律法规对世界银行项目合作社的带头人（理事长、监事长）不能起到有效的监督作用，可能会导致滥用职权，徇私舞弊或者不接受监督的现象发生，进而违背了世界银行项目合作社的管理条例，却又不能有效地制止。个别农业规模企业作为合作社发起人，法律意识淡薄，缺乏合作意识，偏离立法初衷，成立后并没有按合作社的章程进行运作，更没有以合作社的名义开展农业生产经营活动，成为“一人合作社”或是“公司的合作社”。

二　农民参与合作社事务的动力不足

农民加入合作社是希望参与合作社的净收益大于单干的净收益。目前，合作社盈余在总体上仍然不足，大部分合作社二次分配比例比较小，有的甚至没有二次分配。农民专业合作社与社员之间缺少紧密、稳定的利益联系，虽然利益在不同程度上得到体现，但是远远低于入社的预期，影响了广大农户参与农民专业合作社的积极性和主动性，导致农民专业合作社发展缓慢，内部活力不足。

很多合作社的宣传不到位。虽然国家出台了相关法律法规，对发展农民专业合作社的重要意义、发展原则、组织管理、设立登记等都有明确规定，但由于宣传力度不够，很多干部群众不理解，就算是知道了，但对合作社本身的知识、理论和介绍不够重视，就造成社员对发展合作社的必要性和对合作社的性质与作用认识不深。据调查，各地合作社也会进行一些培训，但参加培训的人数少、培训的次数也少。从调查的不完全统计数据来看，召开社员大会时社员的到会率一般为50%—90%，召开的频率也只是合作社有需要的时候召开，并且大多数也只是一些技术性的培训。

三　缺少专业技术和管理人才

合作社普遍缺乏专业人才，尤其是经营管理人才和技术人才。形成稳定的产业链和完善合作社自我发展机制，需要专业的肯出力的人才，尤其需要品牌建立方面的人才以及农超对接方面的人才。目前很多农民合作社的经营管理者都是运销大户或者种田能手，农民社员中缺乏懂得管理、善于经营企业的职业管理者。由于农民合作社的主要成员仍然是农户，农户文化水平和素质不高，懂得种养技术的人才缺乏。

作为建设发展农村经济的合作社项目，合作社的带头人以及项目区的基层管理人员、村干部，他们的能力和素质会直接影响合作社的发展进程、当地的生产建设、经济发展以及农民的收入。当下的农民文化素质仍然普遍偏低，贵州省更是如此，农民的小农意识常常使他们只顾个人利益和眼前利益，虽然加入了合作社，但却缺乏集体行动以及共同承担风险的责任感。在这次毕节市和德江县的调查中，许多合作社的理事会成员和监事会成员都反映了这种现象，农户由于受自身文化水平的限制，对合作社的认识以及参与度不高，合作社几乎都是几个人在管理。

当前，农民专业合作社的负责人大多数都是土生土长的农村能人，他们的学历水平一般集中在小学和初中，通过毕节市威宁县志兴种养殖农民专业合作社问卷显示（不完全统计）：75%的社员只有初中文化程度，大专及以上的仅仅占2.78%。负责人或是专业大户或是技术能手，还有一些负责人为村干部和农业技术推广人员，普遍缺乏系统的管理知识和管理经验。在调查中，不少合作社负责人提到在经营管理和市场开拓方面他们显得有些力不从心，虽然村干部和合作社的理事长及监事长相比其他农户的文化水平要高，但是在合作社正式运行的过程中，由于缺乏农户的配合，再加上自己在管理合作社的时候也并不十分了解国内外优秀的合作社是如何运营的，并不能进行有效的资源整合，不能实现合作社发展可能带来的帕累托最优改进。在德江县的调研过程中，某合作社理事长向调查人员反映，“合作社没有懂市场营销方面的人员，在财政和会计方面的人才极为难请，很多人都不愿意到偏僻的山村里工作，很多人嫌工资太低，有的人觉得村里工作不体面，等等”。

四 合作社自我发展机制不完善

自我机制发展不完善，导致产业链建立的动力缺乏。农民专业合作社为社员服务以无偿服务为主，没有自主经营创收能力，导致合作社运转困难。如引进新品种、新技术的试验、示范、市场开发等工作资金严重缺乏。部分合作社运行不规范。部分专业合作社虽然依据章程设立了各项组织机构和各项制度，但还存在管理体制不健全、内部控制机制薄弱等问题，运作和管理随意性较大，社员受益小。虽然服务受益在不同程度上得到了体现，但是“管理越位、管理错位，理事不理事、监事不监事”，有章程无制度，有制度得不到落实等现象依然存在，严重制约了专业合作社带动功能的充分发挥。

由于世界银行项目合作社成立时间较短，同时缺乏专业管理人才，内部管理运营不足之处较多，一些合作社定位不清晰，其组建目的仅仅是为了获得国家资金补助和政策扶持，并没有做出进一步的规定和长远的规划。在缺乏有效的外部约束机制和内部监管部门的情况下，合作社很容易出现投机取巧行为，个别负责人会借助职务之便为自己谋私利，使广大社员权益得不到保障。实践经验表明，农民专业合作社的发展虽然将分散的农户组织起来共同面对市场竞争，但是作为新型农村合作经济组织的农民专业合作社的发展历程相对较短，在组织体制和运行机制还有诸多方面需要完善，在它没有得到完善之前，带领农民增收致富的作用不能得到充分发挥，甚至对农民缺乏足够的吸引力。但在实际中真正按照内部规章制度运行的合作社并不多；缺乏科学民主的管理和监督，日常运作往往由能人操作，容易出现内部人控制；国外农民合作社发展表明，合理的利益分配机制需要健全的财务管理制度保障。我国农民专业合作社的发展正处于成长阶段，缺乏对产品交易记录、会计记录的完整记录，没有严格的财务规章制度，财务和应运状况也不够透明公开。

五 财务会计制度不健全

一是财务制度不完善。有的合作社没有制定财务管理制度或财务管理制度不科学，与现实情况不配套、不适应，有的虽有财务管理制度，但没有按制度执行，导致合作社财务管理制度不够完善、健全与规范，而且群众监督乏力。凭证审核不严格，票据不规范。有些发票无经手人和未写明用途，无审批人审批，或者财务开支多头审批，白条、便条入账多。二是会计档案不健全，一些合作社根本没有办公场所或设置在龙头企业办公楼，会计档案资料无法集中管理，会计资料只好长期放在会计或出纳家中，一些会计人员不按规定装订发票，年终将账本和单据用报纸一包，随便乱丢，易造成账簿和凭证丢失。三是财务人员配备素质不高，会计基础工作薄弱。由于合作社业务相对有限，为了降低成本，很多合作社没有按照会计法的规定及时配备专职或兼职的会计和出纳，会计、出纳岗位由理事长、监事长或合作社社员代理，或者聘用村会计、出纳兼任，部分合作社还存在聘用的会计、出纳不具备会计从业资格，无证上岗，会计出纳相互兼任，财务无人专管的现象。

六　合作社执行力度不够

一是部分县没有实质上将世界银行项目扶贫纳入大扶贫战略与乡村振兴工作中来统筹部署、安排、检查和落实。特别是县项目办人员不足、不稳定、不专职的问题依然存在。二是有的项目办领导或人员缺乏责任担当，多一事不如少一事，不去认真研究和解决问题，开展工作较为被动，项目实施进展慢、报账率低。三是学习不够。经过多次培训和指导，县级项目办总的业务水平有所提高，但离项目实施的实际要求仍有较大差距，特别是人员经常变动，新接任人员需一个学习过程，一定程度上影响工作。四是项目工作经费不足。有的县级项目办必要的项目工作经费虽已逐步解决，但还不能确保实际预算需要。五是合作社建设理念虽得到创新、具有发展潜在优势，但短期内盈利效果不明显，也面临较大的挑战，亟须分类指导帮扶。

同时，合作社存在设备浪费情况，由于设备费相对容易申请，部分合作社产业链还不需要用大型设备，但是项目资金只能通过购买生产设备才能获取，因此，部分合作社设备买来后，一直处于闲置的状态，没有起到很好的生产作用，但是真正需要的流动生产资金非常紧缺，种植合作社，需要购买肥料、采摘果实等劳务费非常缺乏，导致产业生产过程进展缓慢。

第二节　外部环境问题

一　运营流动资金缺乏

目前合作社缺乏运营流动资金的原因主要有两方面，一方面是合作社一般是由大户联合、公司带动周边农户、有经营能力的大户带动周边农户所组建的，在这几种方式组建的合作社其运营资金主要来源于政府项目的扶贫资金、公司出资、大户出资。但是一方面由于合作社的运营需要大量的资金进行基础设施的配备，所以超过80%以上的合作社政府的项目、公司、大户所投资的资金仅仅能在基础设施的配备上，甚至有部分合作社的资金未能满足购买基础设施的需要。在这样的情形下，38.1%的合作社在完善基础设施后缺乏运营的流动资金，仅有11.2%的合作社有50万元以上的运营资金。另一方面，世界银行扶持项目的合作社的社会效益目标使合作社社员的贫困户占比在50%以上，然后贫困户主要是土地或项目资金入股合作社，所以合作社的运营的流动资金较少。

目前近半数合作社没有产品销售收入，部分合作社成员把此归咎为合作社内部资金短缺。合作社的资金大部分是由世界银行贷款而来，一部分是由公司或自然人投资入股，但是世界银行项目的建立，从目的上是为了带动贫困地区的发展，所以世界银行项目在投资建立时会限制合作社的外部投资不超过一定股份，以保障大部分农户的利益，另外就是社员以资金或者其他生产资料入股。由于缺乏资金，合作社不少业务活动无法正常开展，致使合作社自我发展动力不足。对外部投资的限制，农户本身的人力资本、生产资本以及社会资本的缺乏，限制了合作社从外部吸纳资金，逐渐偏离理想型合作社的轨道。

二　产品市场竞争力不足

中国农产品市场饱和程度较高，合作社所生产的产品只能顺应市场要求，在竞争中求发展。那么这就对合作社的管理经营能力提出了很高的要求，但合作社的带头人以及社员又是很难达到这一要求的，所以合作社在中国的市场环境下想要蓬勃发展是面临很大挑战的。贵州省的农产品市场的竞争越来越激烈，合作社要承担的市场风险越来越大。比如毕节市威宁县志兴种养殖农民专业合作社在2017年上半年由于鸡蛋价格下跌，导致合作社上半年的收入不好，合作社从2020年7月已经停运。销售作为合作社完成运作的最终环节，是其实现农产品盈利获益的途径，因而，合作社若是不能增加农副产品的附加值，提升品牌知名度，就很难在市场中稳健前行。

除服务或加工类合作社外，多数合作社在经营理念上更多注重的是初级产品的生产，即使存在少部分合作社对种养殖产品进行加工也是从冷藏、风干、腌制等物理方法来延长产品的销售周期，未能从品牌的建立、有机绿色产品的打造、产品的精加工、地方特色的构建等方面去提升合作社产品价值。究其因，一方面，主要是合作社的管理层大部分是农民，其综合素质整体偏低，其思想远见有差距，缺乏长远的经营理念。另一方面，因缺乏资金、技术、相关专业人士的指导等方面的影响，使得合作社即使有增值产品的意识也无从做起。

三　政策制度不够完善

在政策环境上，中国虽然出台了《中华人民共和国农民专业合作社法》，但是并没有政策法规对于违反法规的情形做出相应规定，使得《农民专业合作社法》中的相关条文成为获取政策优惠的条件，而不是具有普遍强制意义的法律条文。而且有关在中国世界银行投资的农民专业合作社的法律规定并不完善，在贵州很多的农民专业合作社由于缺乏谈判条件和谈判资本，往往会成为投资者们借由合作社之名以获取世界银行的资助和政府的各种优惠政策的“伪”合作社，世界银行项目合作社为了追求政策性收益而成立，就使得政策本身成为了收益。比如，世界银行提供180万资金帮助威宁海兴公司建设质量追溯系统，政府对海兴公司也是比较扶持的，还划了一块工业区的地给公司，还包括各种优惠政策。而海兴公司和志兴种养殖农民专业合作社是分离的，海兴公司帮助志兴合作社销售鸡蛋，以及提供技术指导，但是却没有直接的利益关系。

四　资源优化配置与整合能力弱

在本次研究的合作社中，大约有35%的合作社还是让其社员自己利用生产资料进行生产，大约70%的合作社的加工设备仅是在部分时间使用，多数时间属于闲置品，还有部分合作社对流转过来的土地未能进行充分合理的利用。此外，多数合作社对现有资源未能做到充分利用，尤其是种植果树类、林业类的合作社，未能使用果树下的土地资源发展有特色的林下经济。这些现象的出现表明目前合作社对资源的配置和整合能力较弱，这主要是由于合作社在起步阶段，合作社管理层受到来自政府、农户、公司等多方利益需求的影响对合作社的运营管理主要集中在如何提高产品的产量与销售方面，还未有精力去思考合作社的投入产出比的问题。同时，合作社管理层整体综合能力未能充分地发挥出来。

五　申请商标困难与品牌效应弱

发展产业链，必须打开超市的大门，销路不愁，才能使合作社形成稳定的产业链，合作社普遍处于小打小闹的情况，很多合作社没有自己的商标，很好的产品只能当初期农产品售卖，价格低廉。大部分世界银行项目合作社还停留在生产阶段或者初级加工阶段，在加工、包装、销售、品牌等方面涉及得不深。合作社的服务功能少，为社员提供的有效服务少。农民合作社合作领域不广，多以生产（集中在种养殖业）、销售领域为主，在消费、保险、金融、信贷等方面合作程度很低。世界银行项目合作社发展还不充分，尚未取代一家一户分散的方式经营，还未成为农业主要生产经营方式。一些世界银行项目合作社还未形成完整的产业链，农民专业合作社的发展还很缓慢，对农民吸引力不足。世界银行项目合作社的规模较小，辐射带动力不强。据实际资料显示，中国已有的合作社规模不大，实际运行中，往往以“能人”的个人权威来维持。大部分世界银行项目合作社依托项目资金支持建立起来，自己循环的产业链还未形成，因此，辐射带动力有待进一步提升。

第十九章　合作社改进建议

一　延伸产业链

推进农户向产业链高端发展，分享附加值。增加农民收入是本书讨论的初衷和落脚点。农户依托合作社参与到农业产业链中，一是提高了农户的市场地位，二是农户在议价环节拥有了话语权，通过合作社与其他产业链主体的博弈，农户能分享到更多的利润。所以说，在家庭联产承包责任制的基础上，通过农民专业合作社，将分散的农户以组织的方式嵌入农业产业链中，是农民增收的重要途径。通过在家庭联产承包责任制基础上实行专业化生产、规模化经营从而克服了农民自己不能进入农业产业链产前、产后服务的弊端，在农户专业化生产、规模化经营的推动下，农民有望直接进入农业产业的高端。

二　加强人才培养

须加强世界银行项目合作社拓展产业链的专业人才培养，并花大力气激发其干劲。合作社发展全产业链，需要干劲十足的专业人才，从销售、绿色商标注册、品牌打造、农超对接等方面努力。世界银行项目合作社总体规模不大，一些具有这样干劲十足专业人才的合作社都发展得不错，因此，有几个干劲十足的专业人才是进一步实现世界银行项目合作社全产业发展的关键。开展人才培训，壮大人才队伍人才是制约合作社发展壮大的重要因素，目前合作社发展紧缺的三类人才：管理人才、技术人才和销售人才，因此要持续开展和加强农民专业合作组织人才队伍建设。一是要充分利用农业系统培训教育资源，特别是现代农业远程教育资源，加强对专业合作社理事、监事、技术人员、经营管理人员、财务会计人员的培训，壮大会经营、会管理、懂技术、有奉献精神的农民专业合作社经营管理人才队伍，提高合作社内部的经营管理绩效。二是要依托院校建立合作社学院，培养合作社经营管理专业人才，培养后续具有专业知识的指导人员队伍，保证合作社工作指导水平不断提高。三是广开言路，收集社员反馈，找准社员亟须提升的方面，有针对性地进行专项培训，同时采用奖惩制度激励社员参与培训。

三　鼓励大户和企业参与

为推进产业链做精做深，应大力扶持生产能人大户带动型合作社以及企业带动型合作社，或将部分合作社改组成这两类合作社。这两类合作社由于与大户及企业合作，通常更加具有建立全产业链的优势，能人大户带动型合作社，生产大户已经具备一定的生产加工条件，项目投资会如虎添翼，让能人大户的小作坊变成全产业链的合作社，扩大生产规模，带动当地农户，做大做强。企业带动型合作社，利用企业具有的自己的生产加工设备以及相对稳定的销路，与企业合作，能够快速提升合作社的专业度，并提高合作社的生产效率。

四　控制成本引进投资

开源节流，引进投资能人大户，与项目组积极沟通，解决拨款慢，报账难的问题。资金是合作社发展的必备条件，需要通过积极与能人大户合作，或者积极与公司合作，引进资金，保证产业链的有序发展。世界银行项目合作社部分社员为贫困户，可以发动贫困户积极将小额信贷资金投入合作社的生产，使资金变为流动资金。同时应积极与项目组沟通解决拨款到账慢的问题。

五　发展农业经纪人

支持农民专业合作社发展农业经纪人。按照“摸清底数、登记造册、组织培训、树立意识、规范行为、搞活流通”的思路，建议项目合作社积极吸纳物流、信息、营销等农村经纪人加盟，解决小生产与大市场的对接问题，促进生产与市场的融合。

六　完善农业产业链内部协调机制

农民专业合作社根据市场的需要组织农户进行专业生产，为企业提供收购、粗加工等服务，将生产、加工、销售有机结合。农业产业链是农产品各个环节有机联结的共同体，产供销的有机联合可以实现农业产业链整体效益的最大化。目前，我国农民专业合作社的服务范围有限，70%的合作社没有涉及农产品的深加工，这就限制了农民专业合作社对农户增收的促进作用。产业链视角启示人们，农民专业合作社通过向加工、销售等流通领域推进，可以延长农业产业链，增加农民收入。

七　完善合作社管理和监督机制

合作社参股的加工企业是农户和市场联结的最终平台，合作社组织是否能给农户带来效益，绝大部分还取决于加工企业加工的产品是否被市场所认同。合作社参股的加工企业必须坚持国内外市场需求来组织生产经营，在原有稳定可靠市场的基础上，开拓新市场，加快产品的更新换代，提高产品的科技含量，提高农产品的市场竞争能力。积极吸收引进先进的管理思想和管理理念，时刻关注行业内的新变化新动向，不断提高自身的经营管理水平，为合作社组织的发展带来切实的收益。落实监事会职责，建立有效的社员监督机制，及时获取社员反馈意见，激励社员参与合作社决策的积极性，保障合作社的公平性与可持续性。

参考文献

白晓波:《我国产业化扶贫及其对策研究——基于铜仁地区的实践分析》,硕士学位论文,华北电力大学,2015 年。

成德宁:《我国农业产业链整合模式的比较与选择》,《经济学家》2012 年第 8 期。

程阳:《云南省产业化扶贫融资创新模式研究——基于“公司 + 农户”模式》,硕士学位论文,云南财经大学,2011 年。

崔春晓、邹松岐、张志新:《农业产业链国内外研究综述》,《世界农业》2013 年第 1 期。

郭建宇:《农业产业化扶贫效果分析——以山西省为对象》,《西北农林科技大学学报》(社会科学版)2010 年第 4 期。

郭晓鸣、廖祖君:《公司领办型合作社的形成机理与制度特征——以四川省邛崃市金利猪业合作社为例》,《中国农村观察》2010 年第 5 期。

韩喜艳、刘伟、高志峰:《小农户参与农业全产业链的选择偏好及其异质性来源——基于选择实验法的分析》,《中国农村观察》2020 年第 2 期。

洪闫华:《国外农业合作社治理的经验及启示》,《经济纵横》2012 年第 6 期。

胡雯:《促进小农户与现代农业有机衔接的思考》,《四川日报》2019 年 3 月 15 日第 7 版。

黄明田:《基于“公司 + 合作社 + 农户”的蛋鸡绿色供应链运作模式优化》,《江苏农业科学》2020 年第 5 期。

黄胜忠:《农民专业合作社经营管理机制研究》,西南财经大学出版社 2014 年版。

贾瑞君、李明:《“党支部 + 合作社”模式拓宽农民增收渠道》,《农业知识》2020 年第 16 期。

姜裕富:《农村基层党组织与农民专业合作社的关系研究——基于资源依

赖理论的视角》,《社会主义研究》2011 年第 5 期。
金丽丽:《精准扶贫背景下丽水市农业产业扶贫存在的问题及对策研究》,硕士学位论文,湘潭大学,2020 年。
李博、左停:《精准扶贫视角下农村产业化扶贫政策执行逻辑的探讨——以 Y 村大棚蔬菜产业扶贫为例》,《西南大学学报》(社会科学版)2016 年第 4 期。
李强彬:《乡村“能人”变迁视角下的村社治理》,《经济体制改革》2006 年第 5 期。
李维梁、董德利:《农村能人大户型农民专业合作社研究述评》,《南方农村》2012 年第 3 期。
刘尔思:《探索创新扶贫新思路:谈小额项目对云南扶贫攻坚的意义和作用》,《云南师范大学学报》(哲学社会科学版)2000 年第 1 期。
刘裕斌:《深化推广“党支部 + 合作社”模式,加快发展壮大村级集体经济》,《党员干部之友》2020 年第 6 期。
潘礼娟:《“公司 + 合作社 + 农户”经营模式博弈分析——基于关岭县和贞丰县火龙果产业的对比研究》,《山西农经》2020 年第 7 期。
邱君媛:《产业链研究现状综合评述》,《经营与管理》2016 年第 11 期。
宋小婷、魏毅斐:《国外农村经济合作组织经营模式的比较研究》,《农村经济与科技》2014 年第 7 期。
孙迎春:《“党支部 + 合作社”模式的治理效能》,《人民论坛》2020 年第 12 期。
唐春根、李鑫:《国内外农业产业化发展模式比较分析》,《世界农业》2007 年第 2 期。
唐芳:《“公司 + 农户”经营模式的运行困境及改进》,《商场现代化》2008 年第 35 期。
王乐君、寇广增、王斯烈:《构建新型农业经营主体与小农户利益联结机制》,《中国农业大学学报》(社会科学版)2019 年第 2 期
卫书杰、姬红萍、黄维勤:《农民专业合作社经营管理》,中国林业出版社 2016 年版。
邢海虹、温勤能、黄研:《习近平产业扶贫思想的基层实践——以南郑区编织产业扶贫为例》,《黑龙江粮食》2021 年第 1 期。
邢锴:《喀斯特贫困山区农民专业合作社类型划分及其发展评价研究》,硕

士学位论文，贵州师范大学，2019 年。
薛俊雷：《贵州喀斯特地区农民合作社可持续发展研究——以纳雍九黎凤苎麻合作社为例》，硕士学位论文，贵州师范大学，2017 年。
杨国涛、尚永娟：《中国农村产业化扶贫模式探讨》，《乡镇经济》2009 年第 9 期。
易慧珺：《基于公平偏好的农产品供应链“公司 + 合作社 + 农户”模式的博弈分析研究》，硕士学位论文，重庆交通大学，2016 年。
张曼曼、贾伟强：《能人带动型农民合作社发展的系统研究》，《系统科学学报》2018 年第 1 期。
张学鹏、把镇宗：《国外合作社研究综述》，《合作经济与科技》2016 年第 3 期。
周扬、张轩畅、刘彦随：《产业扶贫模式及不同地域减贫案例解析》，《中国科学院院刊》2020 增刊第 2 期。
邹春燕：《国内外产业链理论研究概述》，《长江论坛》2011 年第 3 期。

附　录

附录一　世界银行项目合作社主观评价打分表

世界银行项目合作社社员：

您好！我们是世界银行项目课题研究组。根据世界银行与省扶贫办的要求，为了全面评估各世界银行项目合作社在管理能力、设施建设、运营能力、社员收益、社会影响、社员满意度等方面的情况，并充分听取您的意见和建议，请根据您的实际情况填写此表并在相应的选项中打“√”。打分表发放人员和合作社辅导员将现场全程辅导您进行填写。我们将对您填的信息严格保密，感谢您的支持！

说明：本问卷属于全体社员的主观评价打分表，由每个合作社社员自己评估本合作社的各项运行指标与表现力。其设计原则是：将世行农发项目各农民专业合作社综合绩效评价指标分为管理能力 X1、设施建设 X2、运营能力 X3、社员收益 X4、社会影响 X5、社员满意度 X6 等 6 个一级指标进行考虑，并在此基础上建立相应的二级评价指标，所有的指标进行了规格化处理，各指标或问题得分采取 1、2、3、4、5 分五级问卷打分来反映绩效分布，整个指标体系的总分为 5 分，1 分表示不好/不满意；2 分表示一般/勉强可以；3 分表示好/满意；4 分表示良好/比较满意；5 分表示优秀/非常满意。此表收回后，将由研究人员运用统计分析和数学模型全面评价和分析各世行农发项目合作社的综合绩效与相关的量化评估指数。

您所在的地区县：　　　　您所在的合作社：　　　　填表时间：

评价目标	一级指标 X_i	二级指标						
	名称 X_i	指标问题 X_{ij}	五级绩效打分（直接打勾选中即可）					备注
			1 分	2 分	3 分	4 分	5 分	
世界银行贵州农民专业合作社综合评价指数 P	管理能力 X_1	1. 您觉得合作社发展目标的建立实施情况	不好	一般	好	良好	优秀	
		2. 您认为合作社规章制度的建立情况	不满意	勉强可以	满意	比较满意	非常满意	
		3. 您认为合作社规章制度的执行情况	不满意	勉强可以	满意	比较满意	非常满意	
		4. 您认为合作社的财务计划如何	不好	一般	好	良好	优秀	
		5. 您觉得合作社的财务公开透明度如何	不好	一般	好	良好	优秀	
		6. 您觉得合作社管理层团结协作能力如何	不好	一般	好	良好	优秀	
		7. 您觉得合作社的问题与冲突解决机制如何	不好	一般	好	良好	优秀	
		8. 您觉得合作社的档案资料保管情况如何	不好	一般	好	良好	优秀	
		9. 您觉得合作社的监测评估机制如何	不好	一般	好	良好	优秀	
		10. 您觉得合作社的自然资源条件和生产力如何	不好	一般	好	良好	优秀	

续表

评价目标	一级指标 X_i	二级指标						
	名称 X_i	指标问题 X_{ij}	五级绩效打分（直接打勾选中即可）					备注
			1 分	2 分	3 分	4 分	5 分	
世界银行农民专业合作社综合绩效评价指数 P	设施建设 X2	11. 您觉得合作社的土地流转利用情况如何	不满意	勉强可以	满意	比较满意	非常满意	
		12. 您觉得合作社的创建对当地基础设施的改善情况怎么样	不好	一般	好	良好	优秀	
		13. 您觉得合作社的加工设备购置及运行情况如何	不满意	勉强可以	满意	比较满意	非常满意	
		14. 您觉得合作社产品的加工环境如何	不好	一般	好	良好	优秀	
		15. 您觉得合作社生产环境怎么样	不好	一般	好	良好	优秀	
		16. 您觉得合作社统一提供的肥料、种子等物资情况怎么样	不好	一般	好	良好	优秀	
		17. 您觉得合作社办公设备如何	不好	一般	好	良好	优秀	
	运营能力 X3	18. 您对合作社经营计划实施情况的满意度如何	不满意	勉强可以	满意	比较满意	非常满意	
		19. 您觉得合作社的市场开拓能力如何	不好	一般	好	良好	优秀	
		20. 您觉得合作社的管理者能力怎么样	不好	一般	好	良好	优秀	
		21. 您对合作社的专业技术人才聘请情况	不满意	勉强可以	满意	比较满意	非常满意	
		22. 您觉得合作社产品的品牌影响力怎么样	不好	一般	好	良好	优秀	
		23. 您觉得加入合作社后生产成本怎么样	很高	一般	低	较低	非常低	

续表

评价目标	一级指标 X_i	二级指标						
	名称 X_i	指标问题 X_{ij}	五级绩效打分（直接打勾选中即可）					备注
			1 分	2 分	3 分	4 分	5 分	
世界银行农民专业合作社综合绩效评价指数 P	运营能力 X3	24. 您觉得合作社提供的生产技术怎么样	不好	一般	好	良好	优秀	
		25. 您觉得合作社对产品质量的保证与监督怎么样	不好	一般	好	良好	优秀	
		26. 您觉得合作社产品品牌在当地的口碑如何	不好	一般	好	良好	优秀	
	社员收益 X4	27. 您觉得合作社的盈利情况怎么样	不好	一般	好	良好	优秀	
		28. 您觉得合作社的社员分红情况如何	不好	一般	好	良好	优秀	
		29. 您觉得合作社的农户收益情况如何	不好	一般	好	良好	优秀	
		30. 您对合作社按交易量分配利润的相关情况知道吗	不知道	知道一点点	知道	很清楚	非常清楚	
		31. 您觉得合作社的贫困户占股情况如何	不好	一般	好	良好	优秀	
		32. 您对合作社收购社员产品的价格满意度如何	不满意	勉强可以	满意	比较满意	非常满意	
	社会影响 X5	33. 您觉得合作社建设中的社员参与度如何	不好	一般	好	良好	优秀	
		34. 您觉得合作社对贫困人口的接纳度如何	不好	一般	好	良好	优秀	
		35. 您觉得合作社带动产业情况如何	不好	一般	好	良好	优秀	
		36. 您觉得合作社带动就业情况如何	不好	一般	好	良好	优秀	
		37. 您觉得合作社带动脱贫情况如何	不好	一般	好	良好	优秀	
		38. 您觉得合作社对社员能力提升情况如何	不好	一般	好	良好	优秀	
		39. 您对合作社的社员技术、业务培训满意度	不满意	勉强可以	满意	比较满意	非常满意	
		40. 您对合作社的外出考察交流情况满意度	不满意	勉强可以	满意	比较满意	非常满意	

续表

评价目标	一级指标 X_i	二级指标						
	名称 X_i	指标问题 X_{ij}	五级绩效打分（直接打勾选中即可）					备注
			1分	2分	3分	4分	5分	
世界银行农民专业合作社综合绩效评价指数P	社员满意度X6	41. 您觉得合作社的管理和经营方式怎么样	不满意	勉强可以	满意	比较满意	非常满意	
		42. 您觉得合作社提供的培训怎么样	不满意	勉强可以	满意	比较满意	非常满意	
		43. 您觉得合作社对当地村民的扶贫效果怎么样	不满意	勉强可以	满意	比较满意	非常满意	
		44. 您愿意推荐身边人加入合作社吗	不满意	勉强可以	满意	比较满意	非常满意	
		45. 您觉得社员之间的关系如何	不好	一般	好	良好	优秀	
		46. 您觉得加入合作社对你能力的提升程度	不好	一般	好	良好	优秀	
		47. 您觉得合作社管理层处理事务的效率	不好	一般	好	良好	优秀	
		48. 您觉得合作社提供的服务如何	不好	一般	好	良好	优秀	

附录二　世界银行项目典型案例合作社社员评分统计表

附录 2.1　　复兴茶叶农民专业合作社社员问卷调查评分统计

绩效指标		合作社社员评分															均值
管理能力	1. 合作社发展目标建立实施情况	3	3	3	3	3	3	3	3	3	3	3	3	3	3	3	3.00
	2. 合作社规章制度的建立情况	3	3	3	3	3	3	3	3	3	3	3	3	3	3	3	3.00
	3. 合作社规章制度的执行情况	3	3	3	3	3	3	3	3	3	3	3	3	3	3	3	3.00
	4. 合作社的财务计划	3	3	3	3	3	3	3	3	3	3	3	3	3	3	3	3.00
	5. 合作社的财务公开透明度	3	3	3	3	3	3	3	3	3	3	3	3	3	3	3	3.00
	6. 合作社管理层团结协作能力	3	3	3	3	3	3	3	3	3	3	3	3	3	3	3	3.00
	7. 合作社的问题与冲突解决机制	3	3	3	3	3	3	3	3	3	3	3	3	3	3	3	3.00
	8. 合作社的档案资料保管情况	3	3	3	3	3	3	3	3	3	3	3	3	3	3	3	3.00
	9. 合作社的监测评估机制	3	3	3	3	3	3	3	3	3	3	3	3	3	3	3	3.00

续表

绩效指标		合作社社员评分															均值
实施建设	10. 合作社的自然资源条件和生产力	3	3	3	3	3	3	3	3	3	3	3	3	3	3	3	3.00
	11. 合作社的土地流转利用情况	3	3	3	3	3	3	3	3	3	3	3	3	3	3	3	3.00
	12. 合作社的创建对当地基础设施的改善情况	3	3	3	3	3	3	3	3	3	3	3	3	3	3	3	3.00
	13. 合作社的加工设备购置及运行情况	3	3	3	3	3	3	3	3	3	3	3	3	3	3	3	3.00
	14. 合作社产品的加工环境	3	3	3	3	3	3	3	3	3	3	3	3	3	3	3	3.00
	15. 合作社生产环境	3	3	3	3	3	3	3	3	3	3	3	3	3	3	3	3.00
	16. 合作社统一提供的肥料、种子等物资情况	3	3	3	3	3	3	3	3	3	3	3	3	3	3	3	3.00
	17. 合作社办公设备购置情况	3	3	3	3	3	3	3	3	3	3	3	3	3	3	3	3.00
运营能力	18. 合作社经营计划实施情况	3	3	3	3	3	3	3	3	3	3	3	3	3	3	3	3.00
	19. 合作社的市场开拓能力	3	3	3	3	3	3	3	3	3	3	3	3	3	3	3	3.00
	20. 合作社的管理者能力	3	3	3	3	3	3	3	3	3	3	3	3	3	3	3	3.00
	21. 合作社的专业技术人才聘请情况	3	3	3	3	3	3	3	3	3	3	3	3	3	3	3	3.00
	22. 合作社产品的品牌影响力	3	3	3	3	3	3	3	3	3	3	3	3	3	3	3	3.00
	23. 加入合作社后生产成本	2	2	2	2	2	2	2	2	2	2	2	2	2	2	2	2.00
	24. 合作社提供的生产技术	3	3	3	3	3	3	3	3	3	3	3	3	3	3	3	3.00
	25. 合作社对产品质量的保证与监督情况	3	3	3	3	3	3	3	3	3	3	3	3	3	3	3	3.00
	26. 合作社产品品牌在当地的口碑	3	3	3	3	3	3	3	3	3	3	3	3	3	3	3	3.00

续表

绩效指标		合作社社员评分															均值
社员收益	27. 合作社的盈利情况	3	3	3	3	3	3	3	3	3	3	3	3	3	3	3	3.00
	28. 合作社的社员分红情况	3	3	3	3	3	3	3	3	3	3	3	3	3	3	3	3.00
	29. 合作社的农户收益情况	3	3	3	3	3	3	3	3	3	3	3	3	3	3	3	3.00
	30. 合作社按交易量分配利润的相关情况	3	3	3	3	3	3	3	3	3	3	3	3	3	3	3	3.00
	31. 合作社的贫困户占股情况	3	3	3	3	3	3	3	3	3	3	3	3	3	3	3	3.00
	32. 合作社收购社员产品的价格满意度	3	3	3	3	3	3	3	3	3	3	3	3	3	3	3	3.00
社会影响	33. 合作社建设中的社员参与度	3	3	3	3	3	3	3	3	3	3	3	3	3	3	3	3.00
	34. 合作社对贫困人口的接纳度	3	3	3	3	3	3	3	3	3	3	3	3	3	3	3	3.00
	35. 合作社带动产业情况	3	3	3	3	3	3	3	3	3	3	3	3	3	3	3	3.00
	36. 合作社带动就业情况	3	3	3	3	3	3	3	3	3	3	3	3	3	3	3	3.00
	37. 合作社带动脱贫情况	3	3	3	3	3	3	3	3	3	3	3	3	3	3	3	3.00
	38. 合作社对社员能力提升情况	3	3	3	3	3	3	3	3	3	3	3	3	3	3	3	3.00
	39. 合作社的社员技术、业务培训满意度	3	3	3	3	3	3	3	3	3	3	3	3	3	3	3	3.00
	40. 合作社的外出考察交流情况满意度	3	3	3	3	3	3	3	3	3	3	3	3	3	3	3	3.00

续表

绩效指标		合作社社员评分															均值
社员满意度	41. 合作社的管理和经营方式	3	3	3	3	3	3	3	3	3	3	3	3	3	3	3	3.00
	42. 合作社提供的培训	3	3	3	3	3	3	3	3	3	3	3	3	3	3	3	3.00
	43. 合作社对当地村民的扶贫效果	3	3	3	3	3	3	3	3	3	3	3	3	3	3	3	3.00
	44. 推荐身边人加入合作社	3	3	3	3	3	3	3	3	3	3	3	3	3	3	3	3.00
	45. 社员之间的关系	3	3	3	3	3	3	3	3	3	3	3	3	3	3	3	3.00
	46. 加入合作社对能力的提升	3	3	3	3	3	3	3	3	3	3	3	3	3	3	3	3.00
	47. 合作社管理层处理事务的效率	3	3	3	3	3	3	3	3	3	3	3	3	3	3	3	3.00
	48. 合作社提供的服务	3	3	3	3	3	3	3	3	3	3	3	3	3	3	3	3.00

附录 2.2

汇景园辣椒种植专业合作社社员问卷调查评分统计

绩效指标		合作社社员评分															均值
管理能力	1. 合作社发展目标建立实施情况	3	4	4	4	4	4	3	4	4	3	3	3	4	4	3	3.60
	2. 合作社规章制度的建立情况	4	3	2	3	5	3	4	3	2	4	4	4	2	3	4	3.33
	3. 合作社规章制度的执行情况	2	4	4	4	2	2	4	2	3	2	4	2	2	2	2	2.73
	4. 合作社的财务计划	3	2	3	1	3	4	2	2	2	1	2	2	4	2	2	2.33
	5. 合作社的财务公开透明度	4	3	2	2	3	2	1	1	4	2	2	2	3	1	1	2.20
	6. 合作社管理层团结协作能力	2	4	4	2	1	4	1	1	2	2	1	1	2	1	3	2.07
	7. 合作社的问题与冲突解决机制	3	3	3	3	2	3	2	3	2	4	3	3	1	3	1	2.60
	8. 合作社的档案资料保管情况	4	4	1	1	1	2	1	3	4	3	4	1	1	2	2	2.27
	9. 合作社的监测评估机制	2	1	1	2	3	3	2	2	2	2	1	1	3	1	4	2.00

续表

绩效指标		合作社社员评分															均值
实施建设	10. 合作社的自然资源条件和生产力	4	2	2	2	3	4	3	4	4	3	3	3	2	3	4	3.07
	11. 合作社的土地流转利用情况	3	4	4	4	4	3	4	2	2	4	4	4	4	4	2	3.47
	12. 合作社的创建对当地基础设施的改善情况	5	2	2	3	2	3	3	3	4	3	4	4	3	2	2	3.00
	13. 合作社的加工设备购置及运行情况	2	4	4	2	4	4	2	4	2	4	2	3	3	2	4	3.07
	14. 合作社产品的加工环境	2	2	2	4	2	4	4	2	4	2	4	2	4	4	3	3.00
	15. 合作社生产环境	3	4	4	2	4	3	2	3	2	3	4	4	4	1	2	3.00
	16. 合作社统一提供的肥料、种子等物资情况	4	2	2	4	4	5	2	4	4	4	5	4	4	4	4	3.73
	17. 合作社办公设备购置情况	3	3	3	3	2	3	4	2	4	3	2	2	3	3	3	2.87
运营能力	18. 合作社经营计划实施情况	4	4	4	2	3	2	3	3	2	4	3	3	2	2	2	2.87
	19. 合作社的市场开拓能力	2	3	2	2	4	1	4	4	4	2	4	4	3	1	4	2.93
	20. 合作社的管理者能力	2	2	3	1	1	1	2	1	2	1	1	2	1	2	2	1.60
	21. 合作社的专业技术人才聘请情况	2	4	3	3	2	3	2	1	4	1	1	1	2	4	4	2.47
	22. 合作社产品的品牌影响力	3	3	2	4	4	1	4	3	2	3	3	4	2	3	1	2.80
	23. 加入合作社后生产成本	3	2	3	2	3	3	3	4	4	4	4	2	4	2	2	3.00
	24. 合作社提供的生产技术	4	1	4	2	2	2	2	2	3	3	2	1	2	2	2	2.27
	25. 合作社对产品质量的保证与监督情况	4	3	3	3	1	3	1	3	2	2	1	1	2	1	2	2.13
	26. 合作社产品品牌在当地的口碑	3	2	2	2	3	1	1	4	4	2	3	3	1	1	3	2.33

续表

绩效指标		合作社社员评分															均值
社员收益	27. 合作社的盈利情况	3	2	4	3	4	3	4	2	2	4	2	4	3	3	4	3.13
	28. 合作社的社员分红情况	2	3	2	2	2	2	3	1	4	2	1	2	4	2	2	2.27
	29. 合作社的农户收益情况	2	4	3	4	2	4	2	3	2	3	2	2	2	4	2	2.73
	30. 合作社按交易量分配利润的相关情况	2	2	2	2	2	3	2	2	2	2	2	2	2	2	2	2.07
	31. 合作社的贫困户占股情况	3	3	3	3	3	2	3	2	2	3	4	4	3	2	1	2.73
	32. 合作社收购社员产品的价格满意度	2	1	1	3	2	1	3	4	3	2	3	3	2	3	3	2.40
社会影响	33. 合作社建设中的社员参与度	4	4	4	4	4	5	4	2	4	3	3	3	2	3	2	3.40
	34. 合作社对贫困人口的接纳度	3	3	2	2	2	3	2	3	3	4	2	4	4	2	4	2.87
	35. 合作社带动产业情况	4	2	2	4	4	2	3	4	3	2	4	4	3	4	2	3.13
	36. 合作社带动就业情况	2	2	3	2	3	3	3	3	4	2	1	3	4	3	2	2.67
	37. 合作社带动脱贫情况	2	4	4	4	2	2	4	2	3	3	2	3	2	3	4	2.93
	38. 合作社对社员能力提升情况	3	3	2	2	4	3	2	4	3	4	3	2	2	2	3	2.80
	39. 合作社的社员技术、业务培训满意度	3	3	3	3	4	2	2	4	2	2	3	1	2	3	2	2.60
	40. 合作社的外出考察交流情况满意度	2	3	4	4	3	4	4	3	4	4	4	4	3	1	4	3.40

续表

绩效指标		合作社社员评分															均值
社员满意度	41. 合作社的管理和经营方式	2	4	4	2	2	3	3	2	3	2	3	3	4	2	2	2.73
	42. 合作社提供的培训	3	2	2	2	1	2	2	2	3	3	2	3	2	2	4	2.33
	43. 合作社对当地村民的扶贫效果	2	2	3	1	2	3	3	3	2	2	4	2	1	4	3	2.47
	44. 推荐身边人加入合作社	2	3	1	3	1	3	4	4	2	3	2	4	3	2	1	2.53
	45. 社员之间的关系	3	3	2	4	3	2	4	2	2	2	1	3	2	1	3	2.47
	46. 加入合作社对能力的提升	2	1	3	2	2	1	2	1	1	2	1	1	2	2	4	1.80
	47. 合作社管理层处理事务的效率	2	1	1	1	1	2	1	1	1	1	2	1	1	2	2	1.33
	48. 合作社提供的服务	4	3	2	2	1	4	2	2	3	1	3	2	4	4	1	2.53

附录 2.3 **纳雍县库东关乡梅花山魔芋专业合作社社员问卷调查评分统计**

绩效指标		合作社社员评分															均值
管理能力	1. 合作社发展目标建立实施情况	4	5	5	5	5	4	4	5	4	4	3	5	5	3	5	4.40
	2. 合作社规章制度的建立情况	5	4	5	4	5	4	4	5	3	3	3	5	5	3	4	4.13
	3. 合作社规章制度的执行情况	4	4	5	5	5	5	4	5	3	3	3	5	5	3	4	4.20
	4. 合作社的财务计划	5	4	5	4	5	5	4	4	3	3	3	5	5	3	4	4.13
	5. 合作社的财务公开透明度	5	4	5	5	5	5	4	5	3	3	3	4	5	3	4	4.20
	6. 合作社管理层团结协作能力	5	5	5	5	5	4	4	4	3	5	3	5	5	3	4	4.33
	7. 合作社的问题与冲突解决机制	5	3	5	5	5	5	4	4	4	5	5	4	5	3	5	4.47
	8. 合作社的档案资料保管情况	5	2	5	5	5	5	4	5	2	3	5	5	5	3	4	4.20
	9. 合作社的监测评估机制	5	4	5	5	5	5	4	5	2	2	5	5	5	3	4	4.27

续表

绩效指标		合作社社员评分															均值
实施建设	10. 合作社的自然资源条件和生产力	5	2	5	4	5	2	4	5	4	5	5	5	5	3	4	4.20
	11. 合作社的土地流转利用情况	5	3	5	5	5	2	4	4	4	4	5	5	5	3	4	4.20
	12. 合作社的创建对当地基础设施的改善情况	5	2	5	5	4	3	4	4	3	3	5	4	5	3	5	4.00
	13. 合作社的加工设备购置及运行情况	5	4	5	5	3	3	4	4	3	4	5	5	5	3	4	4.13
	14. 合作社产品的加工环境	5	3	5	4	5	3	4	4	3	4	5	5	5	3	4	4.13
	15. 合作社生产环境	5	4	5	5	3	3	4	4	5	4	5	5	5	3	5	4.33
	16. 合作社统一提供的肥料、种子等物资情况	5	4	5	5	4	3	4	4	5	5	5	5	5	3	4	4.40
	17. 合作社办公设备购置情况	5	5	5	4	5	3	4	5	4	5	4	5	5	3	4	4.40
运营能力	18. 合作社经营计划实施情况	5	5	5	5	5	4	4	5	3	3	5	5	5	3	4	4.40
	19. 合作社的市场开拓能力	5	4	5	5	5	4	4	5	5	4	4	5	5	3	5	4.53
	20. 合作社的管理者能力	5	4	5	5	5	4	4	5	3	5	3	5	5	3	4	4.33
	21. 合作社的专业技术人才聘请情况	5	4	5	5	5	1	4	5	3	2	4	4	5	2	4	3.87
	22. 合作社产品的品牌影响力	5	4	5	5	1	4	5	5	3	4	5	4	5	3	4	4.13
	23. 加入合作社后生产成本	5	4	5	2	5	2	2	1	4	2	4	3	5	3	2	3.27
	24. 合作社提供的生产技术	4	5	5	4	5	4	3	4	3	2	3	4	3	3	4	3.73
	25. 合作社对产品质量的保证与监督情况	5	5	5	5	5	4	3	4	5	2	4	5	3	3	3	4.07
	26. 合作社产品品牌在当地的口碑	5	4	5	5	5	4	3	4	1	4	5	4	3	3	4	3.93

续表

绩效指标		合作社社员评分															均值
社员收益	27. 合作社的盈利情况	4	5	5	5	5	5	3	5	5	3	3	4	3	2	3	4.00
	28. 合作社的社员分红情况	4	4	5	5	5	5	3	5	5	3	4	3	3	3	4	4.07
	29. 合作社的农户收益情况	4	5	5	5	4	4	3	5	2	3	3	4	5	3	3	3.87
	30. 合作社按交易量分配利润的相关情况	5	4	5	5	3	4	3	5	1	2	5	3	3	3	3	3.60
	31. 合作社的贫困户占股情况	5	5	5	4	5	3	4	5	2	3	4	4	3	3	4	3.93
	32. 合作社收购社员产品的价格满意度	5	2	5	5	5	3	4	5	3	5	3	4	5	3	4	4.07
社会影响	33. 合作社建设中的社员参与度	5	2	5	4	5	4	5	5	2	4	4	4	3	3	4	3.93
	34. 合作社对贫困人口的接纳度	5	3	5	5	4	4	5	5	5	5	5	3	5	3	5	4.47
	35. 合作社带动产业情况	5	3	5	5	5	5	4	5	2	3	4	4	5	3	4	4.13
	36. 合作社带动就业情况	5	2	3	5	5	5	4	5	2	3	3	5	3	3	4	3.80
	37. 合作社带动脱贫情况	5	4	3	5	5	3	3	5	3	3	4	5	5	3	5	4.07
	38. 合作社对社员能力提升情况	4	4	4	5	5	3	4	5	3	2	5	4	3	3	4	3.87
	39. 合作社的社员技术、业务培训满意度	5	3	4	4	5	3	4	5	4	3	3	5	5	3	4	4.00
	40. 合作社的外出考察交流情况满意度	5	5	4	4	5	3	5	5	2	4	4	4	5	3	4	4.13

续表

绩效指标		合作社社员评分															均值
社员满意度	41. 合作社的管理和经营方式	4	5	3	5	5	3	5	4	4	3	3	5	5	3	4	4.07
	42. 合作社提供的培训	4	5	4	5	5	3	5	5	4	4	4	4	5	3	4	4.27
	43. 合作社对当地村民的扶贫效果	5	4	4	5	5	3	4	3	3	4	5	5	5	3	4	4.13
	44. 推荐身边人加入合作社	5	4	4	4	5	3	4	3	4	5	4	3	5	3	5	4.07
	45. 社员之间的关系	4	4	4	5	5	3	5	3	5	5	3	4	5	3	4	4.13
	46. 加入合作社对能力的提升	5	4	4	5	5	3	3	5	5	4	4	3	5	3	4	4.13
	47. 合作社管理层处理事务的效率	4	4	5	5	5	3	3	5	3	5	5	4	3	3	4	4.07
	48. 合作社提供的服务	4	4	5	5	5	3	5	5	4	5	4	4	3	3	5	4.27

附录 2.4　**思南县农绿种植农民专业合作社社员问卷调查评分统计**

绩效指标		合作社社员评分															均值
管理能力	1. 合作社发展目标建立实施情况	5	5	5	5	5	4	5	5	5	5	5	5	5	5	5	4.93
	2. 合作社规章制度的建立情况	5	5	5	5	5	4	5	5	5	5	5	5	5	5	5	4.93
	3. 合作社规章制度的执行情况	4	5	4	5	5	3	5	4	4	5	5	5	5	5	5	4.60
	4. 合作社的财务计划	5	4	4	4	4	4	3	3	3	4	4	4	3	4	5	3.87
	5. 合作社的财务公开透明度	5	5	4	4	4	3	4	4	4	3	3	4	4	5	4	4.00
	6. 合作社管理层团结协作能力	5	5	5	5	5	5	5	5	5	5	5	5	5	5	4	4.93
	7. 合作社的问题与冲突解决机制	5	5	5	5	5	5	5	4	4	5	5	5	4	5	4	4.73
	8. 合作社的档案资料保管情况	5	5	5	5	5	5	5	5	5	5	5	5	5	5	5	5.00
	9. 合作社的监测评估机制	5	4	5	5	4	4	4	5	4	5	4	4	4	5	5	4.47

续表

绩效指标		合作社社员评分															均值
实施建设	10. 合作社的自然资源条件和生产力	4	5	5	5	4	4	2	4	4	5	4	4	4	4	4	4.13
	11. 合作社的土地流转利用情况	5	5	5	5	4	5	4	5	4	5	5	5	5	5	4	4.73
	12. 合作社的创建对当地基础设施的改善情况	4	5	4	5	5	4	5	5	5	5	5	5	5	5	5	4.80
	13. 合作社的加工设备购置及运行情况	5	5	5	5	5	5	4	4	4	5	5	5	5	5	5	4.80
	14. 合作社产品的加工环境	4	5	3	5	5	4	5	5	4	5	5	5	5	4	4	4.53
	15. 合作社生产环境	4	4	5	5	4	3	4	3	5	4	5	5	5	4	4	4.27
	16. 合作社统一提供的肥料、种子等物资情况	5	5	4	5	5	5	5	4	5	4	5	5	5	5	5	4.80
	17. 合作社办公设备购置情况	5	5	5	4	5	5	5	5	5	5	5	5	5	5	5	4.93
运营能力	18. 合作社经营计划实施情况	5	4	5	5	5	5	5	5	4	4	5	5	5	5	5	4.80
	19. 合作社的市场开拓能力	5	5	4	5	4	5	5	4	4	4	5	5	5	4	5	4.60
	20. 合作社的管理者能力	5	5	5	5	4	5	5	5	5	4	5	5	4	4	5	4.73
	21. 合作社的专业技术人才聘请情况	4	4	3	5	4	4	4	3	4	4	5	5	4	4	5	4.13
	22. 合作社产品的品牌影响力	5	5	5	5	4	4	4	3	4	5	5	5	4	4	4	4.40
	23. 加入合作社后生产成本	5	5	5	4	2	5	2	4	2	2	2	2	2	1	2	3.00
	24. 合作社提供的生产技术	4	5	5	2	4	5	4	4	4	4	5	2	5	4	2	3.93
	25. 合作社对产品质量的保证与监督情况	5	5	5	5	5	5	5	4	4	5	4	2	5	4	4	4.47
	26. 合作社产品品牌在当地的口碑	5	5	4	5	5	5	5	4	4	5	4	2	5	4	5	4.47

续表

绩效指标		合作社社员评分															均值
社员收益	27. 合作社的盈利情况	4	4	4	2	5	5	3	2	2	4	4	2	2	4	2	3.27
	28. 合作社的社员分红情况	3	5	3	3	5	5	2	2	2	3	4	4	2	4	4	3.40
	29. 合作社的农户收益情况	4	5	4	4	5	5	4	4	5	3	4	4	3	4	4	4.13
	30. 合作社按交易量分配利润的相关情况	0	0	0	0	0	0	0	0	0	0	0	0	0	0	0	0.00
	31. 合作社的贫困户占股情况	5	5	5	5	5	4	3	5	5	5	4	4	5	5	4	4.60
	32. 合作社收购社员产品的价格满意度	0	0	0	0	0	0	0	0	0	0	0	0	0	0	0	0.00
社会影响	33. 合作社建设中的社员参与度	5	3	3	5	5	4	4	4	4	4	5	5	5	5	4	4.33
	34. 合作社对贫困人口的接纳度	5	5	4	5	5	5	4	4	5	5	5	5	5	5	4	4.73
	35. 合作社带动产业情况	5	5	5	5	5	5	5	5	4	5	5	5	5	5	5	4.93
	36. 合作社带动就业情况	5	5	5	5	5	5	5	5	4	5	5	5	5	5	5	4.93
	37. 合作社带动脱贫情况	5	5	5	5	5	5	5	5	5	5	5	5	5	5	5	5.00
	38. 合作社对社员能力提升情况	4	5	3	5	4	5	3	3	4	4	3	5	5	5	5	4.20
	39. 合作社的社员技术、业务培训满意度	4	5	5	5	5	5	4	5	4	4	5	5	5	5	5	4.73
	40. 合作社的外出考察交流情况满意度	5	5	5	5	5	5	5	5	4	4	5	5	5	5	5	4.87

续表

绩效指标		合作社社员评分															均值
社员满意度	41. 合作社的管理和经营方式	4	5	5	5	5	4	5	5	4	4	5	5	4	5	5	4.67
	42. 合作社提供的培训	5	5	5	5	5	5	5	5	4	4	5	5	4	5	5	4.80
	43. 合作社对当地村民的扶贫效果	5	4	5	5	5	5	5	4	5	4	5	4	4	5	4	4.60
	44. 推荐身边人加入合作社	5	5	4	5	5	5	5	5	4	5	5	4	5	5	4	4.73
	45. 社员之间的关系	3	3	3	5	4	5	4	3	4	4	5	5	5	5	4	4.13
	46. 加入合作社对能力的提升	4	4	4	4	4	4	5	5	4	4	5	3	5	5	4	4.27
	47. 合作社管理层处理事务的效率	5	5	5	5	5	5	5	5	4	4	5	5	5	5	5	4.87
	48. 合作社提供的服务	5	4	5	5	5	5	5	5	4	4	5	5	5	5	5	4.80

附录 2.5 **洋溪茶叶专业合作社社员问卷调查评分统计**

绩效指标		合作社社员评分															均值
管理能力	1. 合作社发展目标建立实施情况	4	4	4	4	4	4	4	4	4	4	4	4	4	3	3	3.87
	2. 合作社规章制度的建立情况	4	4	4	4	4	4	3	4	4	4	4	4	4	4	4	3.93
	3. 合作社规章制度的执行情况	4	4	4	4	4	3	3	4	5	4	4	3	4	3	4	3.80
	4. 合作社的财务计划	4	4	4	4	4	4	4	4	5	4	4	4	4	3	3	3.93
	5. 合作社的财务公开透明度	4	4	4	4	4	4	3	4	4	3	4	3	4	4	3	3.73
	6. 合作社管理层团结协作能力	4	3	4	4	4	3	4	4	4	4	4	4	4	3	3	3.73
	7. 合作社的问题与冲突解决机制	4	4	4	4	4	3	3	4	4	4	4	4	4	4	3	3.80
	8. 合作社的档案资料保管情况	5	3	5	4	4	5	2	5	4	3	3	4	5	3	4	3.93
	9. 合作社的监测评估机制	4	4	4	4	4	2	2	4	4	4	3	3	4	2	4	3.47

续表

绩效指标		合作社社员评分															均值
实施建设	10. 合作社的自然资源条件和生产力	4	3	4	4	4	4	2	4	4	4	3	3	4	4	4	3.67
	11. 合作社的土地流转利用情况	4	3	5	4	4	4	3	3	5	4	3	3	3	3	4	3.67
	12. 合作社的创建对当地基础设施的改善情况	4	3	5	4	4	3	3	3	4	4	3	4	3	4	4	3.67
	13. 合作社的加工设备购置及运行情况	4	4	5	4	4	3	2	3	5	4	3	4	3	3	4	3.67
	14. 合作社产品的加工环境	4	3	4	3	4	3	2	4	4	4	4	4	4	3	3	3.53
	15. 合作社生产环境	4	4	4	4	3	2	2	4	4	3	4	3	4	4	3	3.47
	16. 合作社统一提供的肥料、种子等物资情况	4	3	4	3	3	4	3	4	3	4	3	3	4	3	3	3.40
	17. 合作社办公设备购置情况	4	3	4	4	3	2	3	4	4	3	4	3	4	4	4	3.53
运营能力	18. 合作社经营计划实施情况	4	4	4	3	4	4	2	4	3	4	3	4	4	3	4	3.60
	19. 合作社的市场开拓能力	4	4	4	4	4	2	2	4	4	4	3	3	4	2	4	3.47
	20. 合作社的管理者能力	4	3	4	4	4	4	3	4	4	4	4	3	4	3	3	3.67
	21. 合作社的专业技术人才聘请情况	4	3	4	4	3	1	2	4	3	3	4	4	4	2	3	3.20
	22. 合作社产品的品牌影响力	4	4	4	4	4	2	2	4	2	4	4	4	4	2	4	3.47
	23. 加入合作社后生产成本	4	4	4	4	4	3	2	4	4	4	4	3	4	2	4	3.60
	24. 合作社提供的生产技术	4	4	4	4	4	3	2	4	4	4	3	3	4	3	4	3.60
	25. 合作社对产品质量的保证与监督情况	4	4	4	4	4	4	2	3	4	4	3	4	3	2	4	3.53
	26. 合作社产品品牌在当地的口碑	4	3	4	4	3	4	3	3	4	3	3	3	3	3	3	3.33

续表

绩效指标		合作社社员评分															均值
社员收益	27. 合作社的盈利情况	2	3	2	4	3	2	2	4	4	4	4	4	4	4	3	3.27
	28. 合作社的社员分红情况	4	4	4	3	4	3	2	4	4	3	4	4	4	2	3	3.47
	29. 合作社的农户收益情况	4	3	4	3	4	4	2	4	4	4	4	4	4	3	3	3.60
	30. 合作社按交易量分配利润的相关情况	3	3	3	4	4	4	3	3	3	3	4	4	3	3	4	3.40
	31. 合作社的贫困户占股情况	4	4	4	4	4	4	3	4	4	4	4	4	4	3	4	3.87
	32. 合作社收购社员产品的价格满意度	4	3	4	4	4	5	3	4	4	4	4	4	4	3	4	3.87
社会影响	33. 合作社建设中的社员参与度	4	4	4	4	3	3	3	4	3	4	4	4	4	3	3	3.60
	34. 合作社对贫困人口的接纳度	3	5	3	4	3	5	3	3	3	4	3	5	3	3	4	3.60
	35. 合作社带动产业情况	3	4	3	4	3	4	3	3	3	4	3	4	3	3	3	3.33
	36. 合作社带动就业情况	3	3	3	4	3	4	3	3	3	4	3	4	3	3	3	3.27
	37. 合作社带动脱贫情况	3	4	3	4	3	4	3	3	3	4	3	4	3	3	3	3.33
	38. 合作社对社员能力提升情况	4	5	4	4	3	3	4	4	4	4	4	3	4	4	3	3.80
	39. 合作社的社员技术、业务培训满意度	3	3	3	4	4	4	3	3	3	3	4	5	3	3	4	3.47
	40. 合作社的外出考察交流情况满意度	3	4	3	4	4	4	3	3	3	3	4	4	3	3	4	3.47

续表

绩效指标		合作社社员评分															均值
社员满意度	41. 合作社的管理和经营方式	3	4	3	4	3	3	3	3	3	4	4	3	3	3	4	3.33
	42. 合作社提供的培训	3	4	3	4	3	4	3	3	3	4	3	4	3	3	3	3.33
	43. 合作社对当地村民的扶贫效果	4	4	4	4	3	4	4	4	4	4	4	3	4	4	3	3.80
	44. 推荐身边人加入合作社	3	4	3	3	3	5	3	3	3	3	4	5	3	3	4	3.47
	45. 社员之间的关系	3	4	3	4	3	4	3	3	3	4	3	4	3	3	4	3.40
	46. 加入合作社对能力的提升	3	4	3	3	3	4	3	3	3	4	3	4	3	3	3	3.27
	47. 合作社管理层处理事务的效率	4	3	4	4	4	4	4	4	4	4	3	4	4	4	3	3.80
	48. 合作社提供的服务	3	3	3	4	3	4	3	3	3	3	4	4	3	3	3	3.27

附录 2.6 思南县松竹梅农业生态种养专业合作社社员问卷调查评分统计

绩效指标		合作社社员评分															均值
管理能力	1. 合作社发展目标建立实施情况	5	5	5	5	4	5	5	4	4	5	3	5	3	5	4	4.47
	2. 合作社规章制度的建立情况	3	5	3	5	3	3	5	4	4	5	3	5	4	3	4	3.93
	3. 合作社规章制度的执行情况	4	5	3	5	4	3	5	3	4	5	4	4	3	3	5	4.00
	4. 合作社的财务计划	2	2	2	2	2	5	4	4	3	4	3	4	4	4	4	3.27
	5. 合作社的财务公开透明度	2	2	3	3	2	5	5	5	3	4	2	3	4	2	2	3.13
	6. 合作社管理层团结协作能力	2	2	4	4	5	5	5	5	3	5	3	2	3	3	3	3.60
	7. 合作社的问题与冲突解决机制	4	4	2	5	5	5	4	4	4	3	4	2	2	3	3	3.60
	8. 合作社的档案资料保管情况	3	4	5	3	5	5	4	5	4	4	4	2	4	4	4	4.00
	9. 合作社的监测评估机制	1	2	3	5	5	5	1	2	3	2	2	2	2	3	5	2.87

续表

绩效指标		合作社社员评分															均值
实施建设	10. 合作社的自然资源条件和生产力	3	2	4	4	3	2	1	3	3	3	3	3	4	2	5	3.00
	11. 合作社的土地流转利用情况	3	5	5	5	5	5	4	3	4	5	4	4	2	4	3	4.07
	12. 合作社的创建对当地基础设施的改善情况	3	5	4	4	5	5	5	5	4	5	5	4	3	3	2	4.13
	13. 合作社的加工设备购置及运行情况	4	4	5	5	5	3	4	3	3	4	5	4	3	3	2	3.80
	14. 合作社产品的加工环境	5	5	5	5	5	5	5	3	3	5	5	5	3	4	3	4.40
	15. 合作社生产环境	3	5	5	5	5	5	5	2	3	5	5	5	2	4	3	4.13
	16. 合作社统一提供的肥料、种子等物资情况	3	5	5	5	5	5	5	5	3	5	5	5	3	4	3	4.40
	17. 合作社办公设备购置情况	4	4	4	4	5	2	5	2	4	5	4	4	4	4	4	3.93
运营能力	18. 合作社经营计划实施情况	3	5	5	5	5	5	4	4	3	4	5	5	3	3	4	4.20
	19. 合作社的市场开拓能力	4	5	5	5	5	5	5	4	4	4	4	5	3	3	4	4.33
	20. 合作社的管理者能力	5	5	5	5	4	5	5	5	4	5	5	5	3	3	4	4.53
	21. 合作社的专业技术人才聘请情况	3	5	5	5	5	5	5	5	4	5	5	5	3	3	4	4.47
	22. 合作社产品的品牌影响力	5	5	5	5	5	5	5	4	3	4	5	5	3	4	3	4.40
	23. 加入合作社后生产成本	4	4	4	4	5	5	4	4	4	4	4	4	3	4	3	4.00
	24. 合作社提供的生产技术	5	5	5	5	5	5	5	5	5	5	5	5	5	4	3	4.80
	25. 合作社对产品质量的保证与监督情况	4	5	5	5	5	5	5	5	5	5	5	5	5	4	3	4.73
	26. 合作社产品品牌在当地的口碑	1	5	4	5	5	5	5	4	5	5	4	4	3	5	3	4.20

续表

绩效指标		合作社社员评分															均值
社员收益	27. 合作社的盈利情况	1	1	1	3	2	2	4	3	2	4	2	1	3	4	3	2.40
	28. 合作社的社员分红情况	1	1	1	2	1	1	4	5	2	1	2	1	3	3	3	2.07
	29. 合作社的农户收益情况	1	1	1	4	2	2	5	5	2	1	1	2	4	3	4	2.53
	30. 合作社按交易量分配利润的相关情况	2	5	5	4	5	5	4	4	2	3	2	2	4	4	4	3.67
	31. 合作社的贫困户占股情况	3	1	2	5	2	5	5	2	3	2	5	2	3	4	4	3.20
	32. 合作社收购社员产品的价格满意度	5	2	4	5	5	4	5	4	4	4	5	1	2	4	4	3.87
社会影响	33. 合作社建设中的社员参与度	3	4	3	5	5	5	5	3	5	2	2	2	3	4	5	3.73
	34. 合作社对贫困人口的接纳度	5	5	5	2	3	3	5	3	4	4	5	2	5	5	5	4.07
	35. 合作社带动产业情况	5	5	5	5	4	5	5	4	5	5	5	2	5	5	4	4.60
	36. 合作社带动就业情况	5	5	5	5	5	5	5	4	5	4	5	3	4	4	4	4.53
	37. 合作社带动脱贫情况	5	5	5	5	5	5	5	4	5	4	5	3	5	3	3	4.47
	38. 合作社对社员能力提升情况	4	4	4	4	5	4	4	5	4	4	3	4	3	4	2	3.87
	39. 合作社的社员技术、业务培训满意度	5	5	5	5	5	5	5	3	4	3	3	4	2	4	2	4.00
	40. 合作社的外出考察交流情况满意度	4	4	4	4	5	5	3	4	5	4	4	4	2	3	2	3.80

续表

绩效指标		合作社社员评分															均值
社员满意度	41. 合作社的管理和经营方式	5	5	5	5	3	5	4	3	5	4	4	5	3	3	3	4.13
	42. 合作社提供的培训	5	5	4	5	2	5	5	4	5	4	4	3	4	2	5	4.13
	43. 合作社对当地村民的扶贫效果	5	5	5	5	4	4	5	5	4	3	3	4	2	2	5	4.07
	44. 推荐身边人加入合作社	4	4	5	4	5	5	5	2	4	4	4	3	5	5	3	4.13
	45. 社员之间的关系	5	5	5	4	2	5	2	4	4	3	4	2	2	2	2	3.40
	46. 加入合作社对能力的提升	5	5	4	5	5	5	4	4	5	3	5	3	4	3	2	4.13
	47. 合作社管理层处理事务的效率	5	5	5	5	5	5	4	4	5	3	5	2	3	3	4	4.20
	48. 合作社提供的服务	5	5	5	5	5	5	4	5	5	2	5	3	4	4	4	4.40

附录 2.7

龙腾磨盘蔬菜专业合作社社员问卷调查评分统计

绩效指标		合作社社员评分															均值
管理能力	1. 合作社发展目标建立实施情况	4	4	4	4	2	5	4	3	5	2	5	5	4	4	3	3.87
	2. 合作社规章制度的建立情况	4	5	5	5	3	5	3	4	4	3	5	4	3	3	3	3.93
	3. 合作社规章制度的执行情况	5	5	4	4	4	5	4	4	4	3	5	5	4	4	3	4.20
	4. 合作社的财务计划	4	4	5	5	4	4	5	4	4	2	4	4	4	4	4	4.07
	5. 合作社的财务公开透明度	4	5	4	4	5	4	4	3	5	3	4	3	5	5	4	4.13
	6. 合作社管理层团结协作能力	5	5	3	5	5	5	3	4	4	2	4	4	5	4	5	4.20
	7. 合作社的问题与冲突解决机制	4	4	4	3	4	5	4	5	5	2	5	5	5	3	4	4.13
	8. 合作社的档案资料保管情况	5	5	5	4	4	5	5	3	4	3	4	3	4	4	5	4.20
	9. 合作社的监测评估机制	4	4	3	4	4	5	4	3	3	3	5	3	4	5	5	3.93

续表

绩效指标		合作社社员评分															均值
实施建设	10. 合作社的自然资源条件和生产力	4	4	4	4	4	5	4	3	3	2	4	5	4	4	5	3.93
	11. 合作社的土地流转利用情况	5	5	5	5	4	4	5	4	5	2	3	4	4	3	3	4.07
	12. 合作社的创建对当地基础设施的改善情况	5	5	4	4	5	5	4	3	4	3	5	5	4	4	3	4.20
	13. 合作社的加工设备购置及运行情况	4	5	3	5	4	5	5	3	3	2	4	3	3	3	4	3.73
	14. 合作社产品的加工环境	5	5	4	4	5	5	3	5	3	2	3	3	5	4	4	4.00
	15. 合作社生产环境	4	5	5	5	4	4	4	5	4	2	5	5	4	5	3	4.27
	16. 合作社统一提供的肥料、种子等物资情况	5	4	4	4	5	5	5	4	3	4	4	4	3	3	4	4.07
	17. 合作社办公设备购置情况	4	5	5	5	5	4	4	3	3	4	5	5	5	4	4	4.33
运营能力	18. 合作社经营计划实施情况	5	5	3	4	4	4	3	4	4	3	4	3	4	4	4	3.87
	19. 合作社的市场开拓能力	4	4	4	5	4	3	4	5	3	2	4	5	5	4	5	4.07
	20. 合作社的管理者能力	4	5	5	4	5	3	5	5	4	2	5	4	4	3	5	4.20
	21. 合作社的专业技术人才聘请情况	5	5	4	5	3	3	4	3	3	3	4	5	4	4	5	4.00
	22. 合作社产品的品牌影响力	5	4	3	3	4	3	3	5	4	2	5	3	3	4	4	3.67
	23. 加入合作社后生产成本	5	5	4	4	2	4	4	5	4	2	4	5	4	5	4	4.07
	24. 合作社提供的生产技术	4	5	5	5	4	3	3	5	4	3	5	4	4	3	3	4.00
	25. 合作社对产品质量的保证与监督情况	5	5	4	3	4	3	5	5	3	3	4	5	5	4	3	4.07
	26. 合作社产品品牌在当地的口碑	4	5	3	4	4	5	5	4	3	2	5	3	4	5	4	4.00

续表

绩效指标		合作社社员评分															均值
社员收益	27. 合作社的盈利情况	3	4	4	5	3	5	3	3	4	2	4	5	3	4	3	3.67
	28. 合作社的社员分红情况	5	5	5	4	3	3	4	3	3	1	5	4	5	4	1	3.67
	29. 合作社的农户收益情况	4	5	4	3	4	5	3	4	3	1	5	5	4	4	2	3.73
	30. 合作社按交易量分配利润的相关情况	5	5	4	4	3	1	4	3	3	2	5	4	4	3	3	3.53
	31. 合作社的贫困户占股情况	4	4	3	5	4	4	5	3	3	3	5	5	5	4	4	4.07
	32. 合作社收购社员产品的价格满意度	4	5	4	4	5	5	3	3	3	2	5	4	4	4	4	3.93
社会影响	33. 合作社建设中的社员参与度	4	4	4	4	2	5	4	3	4	3	5	5	5	4	4	4.00
	34. 合作社对贫困人口的接纳度	5	5	5	5	3	4	5	3	4	2	4	5	4	3	4	4.07
	35. 合作社带动产业情况	5	5	4	4	4	5	3	3	3	3	5	5	5	4	4	4.13
	36. 合作社带动就业情况	4	5	5	5	4	4	5	4	3	2	4	4	4	5	4	4.13
	37. 合作社带动脱贫情况	4	4	3	3	4	3	3	5	3	2	5	4	4	4	5	3.73
	38. 合作社对社员能力提升情况	5	3	4	4	4	5	5	3	4	3	4	5	4	4	5	4.13
	39. 合作社的社员技术、业务培训满意度	4	4	5	5	5	4	4	3	3	2	5	4	4	4	4	4.00
	40. 合作社的外出考察交流情况满意度	4	4	4	4	4	5	4	3	4	3	4	5	4	5	3	4.00

续表

绩效指标		合作社社员评分															均值
社员满意度	41. 合作社的管理和经营方式	4	4	3	5	5	4	5	4	3	1	5	5	4	4	3	3.93
	42. 合作社提供的培训	5	4	4	4	4	3	4	3	3	2	4	3	5	5	3	3.73
	43. 合作社对当地村民的扶贫效果	4	3	5	3	4	4	3	3	3	3	5	5	4	4	4	3.80
	44. 推荐身边人加入合作社	5	4	4	4	4	5	4	3	4	2	4	3	3	5	4	3.87
	45. 社员之间的关系	5	5	3	5	4	4	3	4	3	2	5	4	4	5	5	4.07
	46. 加入合作社对能力的提升	5	4	5	4	4	5	4	4	3	2	4	5	5	4	5	4.20
	47. 合作社管理层处理事务的效率	4	5	4	3	5	4	5	4	3	2	5	5	4	5	5	4.20
	48. 合作社提供的服务	4	4	4	4	5	3	4	4	3	2	4	4	5	4	5	3.93

附录2.8

印江土鸡养殖专业合作社社员问卷调查评分统计

绩效指标		合作社社员评分															均值
管理能力	1. 合作社发展目标建立实施情况	4	4	4	4	4	4	4	4	4	4	4	4	4	4	4	4.00
	2. 合作社规章制度的建立情况	4	4	4	4	4	4	4	4	4	4	4	4	4	4	4	4.00
	3. 合作社规章制度的执行情况	4	4	4	4	4	4	4	4	4	4	4	4	4	4	4	4.00
	4. 合作社的财务计划	4	4	4	4	3	3	4	4	4	3	3	4	4	4	4	3.73
	5. 合作社的财务公开透明度	4	4	4	4	4	4	4	4	4	4	4	4	4	4	4	4.00
	6. 合作社管理层团结协作能力	4	4	4	4	4	4	3	4	3	4	4	3	4	4	4	3.80
	7. 合作社的问题与冲突解决机制	4	4	4	4	3	4	4	4	4	4	4	3	4	4	4	3.87
	8. 合作社的档案资料保管情况	4	4	4	4	4	4	3	4	4	4	4	4	4	4	4	3.93
	9. 合作社的监测评估机制	4	4	4	4	4	4	4	4	4	4	4	4	4	4	4	4.00

续表

绩效指标		合作社社员评分															均值
实施建设	10. 合作社的自然资源条件和生产力	4	4	4	4	4	4	4	4	4	4	4	4	4	4	4	4.00
	11. 合作社的土地流转利用情况	5	5	4	5	5	5	4	5	5	5	5	5	5	5	5	4.87
	12. 合作社的创建对当地基础设施的改善情况	5	5	4	5	5	5	4	5	5	5	5	5	5	5	5	4.87
	13. 合作社的加工设备购置及运行情况	4	5	5	4	5	5	4	5	4	5	4	4	5	5	4	4.53
	14. 合作社产品的加工环境	4	4	5	4	4	4	3	4	4	4	4	4	4	4	4	4.00
	15. 合作社生产环境	4	5	4	4	4	4	4	4	4	4	4	4	4	4	4	4.07
	16. 合作社统一提供的肥料、种子等物资情况	4	4	4	4	4	4	4	4	4	4	4	4	4	5	4	4.07
	17. 合作社办公设备购置情况	4	4	4	4	3	4	3	4	4	4	4	4	4	5	4	3.93
运营能力	18. 合作社经营计划实施情况	3	4	4	4	3	4	4	4	4	4	4	4	3	5	4	3.87
	19. 合作社的市场开拓能力	4	4	4	4	4	4	4	4	4	4	4	4	4	5	4	4.07
	20. 合作社的管理者能力	4	4	4	4	4	4	4	4	4	4	4	4	4	5	4	4.07
	21. 合作社的专业技术人才聘请情况	4	4	4	4	4	3	4	4	3	3	4	4	4	5	4	3.87
	22. 合作社产品的品牌影响力	3	4	4	3	3	4	3	4	4	4	3	4	4	4	4	3.67
	23. 加入合作社后生产成本	4	4	4	3	4	3	4	4	3	3	4	4	3	4	3	3.60
	24. 合作社提供的生产技术	4	4	4	4	4	4	4	4	4	4	4	4	4	4	4	4.00
	25. 合作社对产品质量的保证与监督情况	4	4	4	4	4	4	3	4	4	4	4	4	4	4	4	3.93
	26. 合作社产品品牌在当地的口碑	4	4	4	4	3	3	4	4	4	4	4	3	4	4	3	3.73

续表

绩效指标		合作社社员评分															均值
社员收益	27. 合作社的盈利情况	4	4	4	4	4	4	4	4	4	4	4	4	3	4	4	3.93
	28. 合作社的社员分红情况	4	4	4	4	4	4	4	4	4	4	4	3	4	4	4	3.93
	29. 合作社的农户收益情况	4	4	4	3	3	3	3	4	3	4	4	4	4	4	4	3.67
	30. 合作社按交易量分配利润的相关情况	4	4	4	3	4	3	4	4	4	4	4	4	3	4	4	3.80
	31. 合作社的贫困户占股情况	4	4	4	4	3	4	4	4	4	4	4	4	4	4	4	3.93
	32. 合作社收购社员产品的价格满意度	4	4	4	4	3	4	4	4	4	4	4	4	4	4	4	3.93
社会影响	33. 合作社建设中的社员参与度	4	4	4	4	4	4	4	4	4	4	4	4	4	4	4	4.00
	34. 合作社对贫困人口的接纳度	4	4	4	4	4	4	4	4	4	4	4	4	4	4	4	4.00
	35. 合作社带动产业情况	4	4	4	4	4	4	3	4	4	4	4	4	4	4	4	3.93
	36. 合作社带动就业情况	4	4	4	4	3	4	3	4	3	4	4	4	4	4	4	3.80
	37. 合作社带动脱贫情况	4	4	3	5	4	4	4	4	4	4	4	4	4	4	4	4.00
	38. 合作社对社员能力提升情况	5	4	4	5	4	5	4	4	3	4	4	4	4	4	4	4.13
	39. 合作社的社员技术、业务培训满意度	4	4	3	5	4	5	4	4	4	3	4	3	4	4	4	3.93
	40. 合作社的外出考察交流情况满意度	5	4	4	4	3	5	3	4	4	4	4	4	3	4	3	3.87

续表

绩效指标		合作社社员评分															均值
社员满意度	41. 合作社的管理和经营方式	5	4	4	5	3	4	4	4	4	3	4	4	4	4	4	4.00
	42. 合作社提供的培训	5	4	4	5	4	4	4	4	4	4	4	4	4	4	4	4.13
	43. 合作社对当地村民的扶贫效果	5	4	4	4	4	4	4	4	4	4	4	4	4	3	4	4.00
	44. 推荐身边人加入合作社	4	4	4	4	4	4	3	4	4	3	4	4	4	4	4	3.87
	45. 社员之间的关系	4	4	4	4	3	4	3	4	4	4	4	4	4	4	4	3.87
	46. 加入合作社对能力的提升	4	4	3	4	4	4	4	4	4	4	4	4	4	4	4	3.93
	47. 合作社管理层处理事务的效率	4	4	4	4	4	4	4	4	4	4	4	4	4	4	4	4.00
	48. 合作社提供的服务	4	4	4	4	4	4	4	4	4	4	4	4	4	4	4	4.00

附录 2.9　　**黄土乡农特产品农民合作社社员问卷调查评分统计**

绩效指标		合作社社员评分															均值
管理能力	1. 合作社发展目标建立实施情况	3	4	4	3	3	4	4	4	3	4	4	4	4	4	4	3.73
	2. 合作社规章制度的建立情况	4	4	4	4	4	4	4	3	4	4	4	4	4	4	4	3.93
	3. 合作社规章制度的执行情况	2	4	4	4	4	4	4	3	4	4	4	4	4	4	4	3.80
	4. 合作社的财务计划	4	4	5	4	4	5	5	2	3	4	3	3	4	4	4	3.87
	5. 合作社的财务公开透明度	3	4	5	4	3	4	4	3	4	4	3	3	5	4	4	3.80
	6. 合作社管理层团结协作能力	4	4	4	3	3	4	4	4	4	4	3	4	4	4	4	3.80
	7. 合作社的问题与冲突解决机制	3	4	4	3	3	4	4	3	3	4	3	3	4	4	4	3.53
	8. 合作社的档案资料保管情况	3	4	4	3	3	5	5	3	3	5	4	3	5	4	4	3.87
	9. 合作社的监测评估机制	2	5	3	3	3	4	4	2	2	4	4	4	4	4	4	3.47

续表

绩效指标		合作社社员评分															均值
实施建设	10. 合作社的自然资源条件和生产力	3	4	3	3	3	4	4	2	3	4	3	4	4	4	4	3.47
	11. 合作社的土地流转利用情况	3	3	3	3	3	4	4	3	3	4	3	4	3	3	3	3.27
	12. 合作社的创建对当地基础设施的改善情况	2	3	3	3	3	5	2	3	2	4	3	4	2	3	2	2.93
	13. 合作社的加工设备购置及运行情况	3	3	4	3	4	3	3	2	3	4	3	3	4	3	3	3.20
	14. 合作社产品的加工环境	2	4	4	4	3	4	4	3	4	4	4	3	4	4	4	3.67
	15. 合作社生产环境	3	4	4	3	3	5	4	2	4	4	4	3	4	4	4	3.67
	16. 合作社统一提供的肥料、种子等物资情况	2	4	3	3	3	5	4	3	3	3	4	4	3	4	3	3.40
	17. 合作社办公设备购置情况	3	4	3	3	4	5	3	2	2	3	3	4	3	4	2	3.20
运营能力	18. 合作社经营计划实施情况	4	4	4	4	4	5	3	3	3	3	3	4	4	4	3	3.67
	19. 合作社的市场开拓能力	2	4	3	4	4	5	3	2	3	4	4	4	4	4	3	3.53
	20. 合作社的管理者能力	3	4	4	3	4	5	4	3	3	4	4	3	4	4	3	3.67
	21. 合作社的专业技术人才聘请情况	3	4	3	4	4	3	4	4	2	4	4	4	4	4	2	3.53
	22. 合作社产品的品牌影响力	2	4	3	4	3	4	4	3	2	4	3	3	3	4	2	3.20
	23. 加入合作社后生产成本	2	4	4	4	3	4	4	2	3	4	3	4	4	4	4	3.53
	24. 合作社提供的生产技术	3	4	4	3	3	4	3	3	3	4	4	4	4	4	4	3.60
	25. 合作社对产品质量的保证与监督情况	2	4	4	3	4	4	4	4	3	4	4	4	4	3	4	3.67
	26. 合作社产品品牌在当地的口碑	3	3	4	3	3	4	4	3	3	4	4	4	4	3	4	3.53

续表

绩效指标		合作社社员评分															均值
社员收益	27. 合作社的盈利情况	4	3	3	3	3	4	4	2	1	4	3	3	4	4	4	3.27
	28. 合作社的社员分红情况	3	4	4	3	3	4	3	2	2	4	3	3	4	4	4	3.33
	29. 合作社的农户收益情况	4	4	4	4	3	3	4	3	3	4	3	3	3	4	4	3.53
	30. 合作社按交易量分配利润的相关情况	3	4	4	4	4	4	3	3	4	4	4	4	3	4	3	3.67
	31. 合作社的贫困户占股情况	3	4	3	4	4	4	4	3	4	4	4	4	4	4	4	3.80
	32. 合作社收购社员产品的价格满意度	3	4	4	4	3	4	3	2	4	4	4	4	4	3	4	3.60
社会影响	33. 合作社建设中的社员参与度	3	4	4	3	3	4	4	3	4	4	3	4	4	4	4	3.67
	34. 合作社对贫困人口的接纳度	3	3	4	4	3	4	4	4	4	3	3	4	4	4	4	3.67
	35. 合作社带动产业情况	2	3	4	3	3	4	4	3	4	3	4	4	4	3	4	3.47
	36. 合作社带动就业情况	3	3	4	3	3	4	4	3	4	3	4	3	4	3	4	3.47
	37. 合作社带动脱贫情况	2	3	3	3	3	4	3	2	4	3	3	3	4	3	4	3.13
	38. 合作社对社员能力提升情况	3	4	3	3	4	3	4	3	3	3	3	3	4	4	3	3.33
	39. 合作社的社员技术、业务培训满意度	3	3	4	4	4	3	4	2	3	4	4	4	3	3	3	3.40
	40. 合作社的外出考察交流情况满意度	2	3	4	4	4	3	4	3	3	4	4	4	4	3	3	3.47

续表

绩效指标		合作社社员评分															均值
社员满意度	41. 合作社的管理和经营方式	3	3	4	4	4	4	4	2	4	3	4	4	4	3	4	3.60
	42. 合作社提供的培训	2	3	4	4	3	4	4	3	4	3	3	3	4	3	4	3.40
	43. 合作社对当地村民的扶贫效果	3	3	4	3	3	4	4	3	3	3	3	3	4	3	3	3.27
	44. 推荐身边人加入合作社	3	4	4	3	3	3	4	3	4	3	3	4	3	4	4	3.47
	45. 社员之间的关系	3	3	3	4	4	4	4	2	3	3	4	3	4	4	3	3.40
	46. 加入合作社对能力的提升	2	3	3	3	4	3	3	3	3	3	3	3	4	4	3	3.13
	47. 合作社管理层处理事务的效率	3	4	4	3	3	3	4	3	3	4	3	3	3	4	3	3.33
	48. 合作社提供的服务	3	3	4	3	3	3	4	2	3	3	3	4	4	3	3	3.20

附录 2.10

德江县长龙天麻农民专业合作社社员问卷调查评分统计

绩效指标		合作社社员评分															均值
管理能力	1. 合作社发展目标建立实施情况	5	5	4	5	5	5	5	5	5	5	5	5	5	5	5	4.93
	2. 合作社规章制度的建立情况	5	5	4	5	5	5	5	5	5	5	5	5	5	5	5	4.93
	3. 合作社规章制度的执行情况	5	5	4	5	5	5	5	5	5	5	5	5	5	4	5	4.87
	4. 合作社的财务计划	5	4	5	5	5	5	5	5	4	4	4	4	5	4	4	4.53
	5. 合作社的财务公开透明度	5	5	5	5	5	5	5	5	4	4	4	4	5	4	4	4.60
	6. 合作社管理层团结协作能力	5	4	4	4	5	5	5	5	5	4	4	5	5	5	5	4.67
	7. 合作社的问题与冲突解决机制	5	4	5	5	4	4	4	5	5	5	4	5	5	4	4	4.53
	8. 合作社的档案资料保管情况	5	4	5	5	4	5	5	5	5	5	5	5	4	4	5	4.73
	9. 合作社的监测评估机制	5	5	5	5	4	5	5	5	5	5	5	5	4	4	4	4.73

续表

绩效指标		合作社社员评分															均值
实施建设	10. 合作社的自然资源条件和生产力	5	5	5	5	5	5	5	5	5	5	5	5	5	5	4	4.93
	11. 合作社的土地流转利用情况	5	5	5	4	4	4	3	5	4	5	4	5	5	5	5	4.53
	12. 合作社的创建对当地基础设施的改善情况	5	5	5	4	4	4	3	4	4	5	4	5	5	5	4	4.40
	13. 合作社的加工设备购置及运行情况	4	5	5	4	4	4	4	4	4	5	4	5	5	5	5	4.47
	14. 合作社产品的加工环境	4	5	4	4	4	4	4	4	4	4	4	5	4	5	5	4.27
	15. 合作社生产环境	4	5	5	4	4	4	4	4	4	4	4	5	4	5	5	4.33
	16. 合作社统一提供的肥料、种子等物资情况	4	5	4	5	4	4	4	5	5	4	4	4	4	4	4	4.27
	17. 合作社办公设备购置情况	4	5	5	5	5	4	4	5	5	4	5	4	5	4	4	4.53
运营能力	18. 合作社经营计划实施情况	5	5	4	4	5	5	4	5	5	4	5	5	5	4	4	4.60
	19. 合作社的市场开拓能力	5	5	5	4	4	5	3	4	5	5	4	5	4	4	3	4.33
	20. 合作社的管理者能力	5	5	4	4	4	5	3	5	5	5	4	4	5	5	5	4.53
	21. 合作社的专业技术人才聘请情况	5	5	5	4	4	5	4	4	5	5	5	4	5	5	4	4.60
	22. 合作社产品的品牌影响力	4	5	4	5	5	5	4	5	5	5	5	4	4	4	4	4.53
	23. 加入合作社后生产成本	4	5	4	5	5	4	4	5	4	4	5	5	5	5	4	4.53
	24. 合作社提供的生产技术	5	4	4	5	5	5	3	5	4	4	4	5	5	5	4	4.47
	25. 合作社对产品质量的保证与监督情况	5	4	5	5	5	4	3	4	5	5	4	5	4	4	4	4.40
	26. 合作社产品品牌在当地的口碑	4	4	5	5	5	5	3	4	5	5	5	5	4	4	4	4.47

续表

绩效指标		合作社社员评分															均值
社员收益	27. 合作社的盈利情况	4	5	5	4	4	4	3	5	4	5	5	4	4	5	4	4.33
	28. 合作社的社员分红情况	5	5	5	4	4	5	3	5	4	4	5	4	5	5	5	4.53
	29. 合作社的农户收益情况	5	4	5	5	5	5	3	4	4	4	5	5	5	5	4	4.53
	30. 合作社按交易量分配利润的相关情况	5	5	4	5	5	5	4	4	5	5	4	5	5	4	4	4.60
	31. 合作社的贫困户占股情况	5	5	4	4	5	4	4	5	5	5	4	4	4	4	4	4.40
	32. 合作社收购社员产品的价格满意度	5	5	4	4	5	4	4	5	5	5	5	5	4	5	4	4.60
社会影响	33. 合作社建设中的社员参与度	5	5	4	4	5	4	4	5	5	5	5	5	5	5	4	4.67
	34. 合作社对贫困人口的接纳度	5	5	4	4	4	4	4	4	5	4	5	5	4	5	4	4.40
	35. 合作社带动产业情况	5	5	5	4	4	4	4	4	5	4	5	4	4	5	5	4.47
	36. 合作社带动就业情况	4	4	5	5	4	4	4	4	4	4	4	4	4	4	4	4.13
	37. 合作社带动脱贫情况	4	4	5	5	4	4	5	4	4	4	4	4	4	4	3	4.13
	38. 合作社对社员能力提升情况	4	4	5	5	4	5	5	5	4	4	4	4	5	5	4	4.47
	39. 合作社的社员技术、业务培训满意度	4	4	5	4	4	5	4	5	5	4	4	4	5	5	5	4.47
	40. 合作社的外出考察交流情况满意度	4	5	5	4	4	4	4	4	5	4	4	4	5	5	3	4.27

续表

绩效指标		合作社社员评分															均值
社员满意度	41. 合作社的管理和经营方式	5	5	5	4	4	4	4	4	5	5	4	5	4	5	4	4.47
	42. 合作社提供的培训	5	5	5	4	5	5	4	4	4	5	4	5	4	5	4	4.53
	43. 合作社对当地村民的扶贫效果	4	4	5	5	5	5	4	4	4	4	5	4	4	4	4	4.33
	44. 推荐身边人加入合作社	4	5	4	5	4	5	4	5	4	4	5	4	4	4	4	4.33
	45. 社员之间的关系	5	5	4	5	5	5	4	4	4	4	5	5	4	5	4	4.53
	46. 加入合作社对能力的提升	5	4	4	4	5	5	4	4	4	5	5	5	5	5	4	4.53
	47. 合作社管理层处理事务的效率	4	5	4	4	4	5	4	4	4	5	4	5	4	5	4	4.33
	48. 合作社提供的服务	4	5	4	4	4	5	4	4	4	5	4	5	5	5	4	4.40

附录 2.11　**思南县洞子口乡村旅游专业合作社社员问卷调查评分统计**

绩效指标		合作社社员评分															均值
管理能力	1. 合作社发展目标建立实施情况	3	3	3	3	5	3	3	3	4	3	4	3	3	3	4	3.33
	2. 合作社规章制度的建立情况	3	3	4	3	4	3	3	4	4	4	4	3	3	5	5	3.67
	3. 合作社规章制度的执行情况	3	3	4	3	5	3	3	3	4	4	4	3	4	5	5	3.73
	4. 合作社的财务计划	4	4	4	4	5	4	4	5	5	4	4	4	4	3	3	4.07
	5. 合作社的财务公开透明度	4	4	4	4	5	5	4	5	5	4	4	4	4	4	4	4.27
	6. 合作社管理层团结协作能力	5	4	4	4	5	5	4	5	5	4	4	4	4	5	5	4.47
	7. 合作社的问题与冲突解决机制	4	5	4	4	4	5	5	5	5	4	4	4	4	5	5	4.47
	8. 合作社的档案资料保管情况	5	5	5	3	5	4	5	4	4	4	5	5	5	5	4	4.53
	9. 合作社的监测评估机制	5	4	3	5	5	4	5	5	4	4	5	5	5	4	5	4.53

续表

绩效指标		合作社社员评分															均值
实施建设	10. 合作社的自然资源条件和生产力	5	3	3	5	5	4	5	5	4	4	5	4	5	5	4	4.40
	11. 合作社的土地流转利用情况	3	3	3	3	4	3	3	4	4	5	4	4	3	5	3	3.60
	12. 合作社的创建对当地基础设施的改善情况	3	3	5	3	3	3	3	4	4	5	4	4	3	5	3	3.67
	13. 合作社的加工设备购置及运行情况	4	3	5	3	3	3	3	4	4	5	4	4	3	5	5	3.87
	14. 合作社产品的加工环境	4	5	5	3	4	3	3	3	4	4	4	5	3	4	5	3.93
	15. 合作社生产环境	3	5	5	3	4	3	4	3	4	4	4	5	3	5	5	4.00
	16. 合作社统一提供的肥料、种子等物资情况	4	5	4	3	5	3	4	3	4	4	4	3	3	4	4	3.80
	17. 合作社办公设备购置情况	4	4	4	4	5	3	4	4	5	5	4	5	4	3	5	4.20
运营能力	18. 合作社经营计划实施情况	4	4	3	4	5	4	4	4	5	3	5	3	4	3	3	3.87
	19. 合作社的市场开拓能力	5	4	5	4	5	4	5	4	5	3	5	3	4	4	3	4.20
	20. 合作社的管理者能力	5	4	5	3	5	4	5	5	5	3	5	4	4	5	5	4.47
	21. 合作社的专业技术人才聘请情况	5	4	4	3	5	4	5	4	5	4	5	4	4	4	4	4.27
	22. 合作社产品的品牌影响力	4	4	5	3	5	4	4	5	5	4	5	4	4	5	5	4.40
	23. 加入合作社后生产成本	4	4	4	3	5	4	3	4	4	4	4	5	4	3	5	4.00
	24. 合作社提供的生产技术	3	4	4	3	5	4	3	5	4	4	4	3	5	4	4	3.93
	25. 合作社对产品质量的保证与监督情况	3	4	5	3	5	4	3	5	3	4	4	3	5	4	3	3.87
	26. 合作社产品品牌在当地的口碑	4	3	5	3	5	4	3	5	3	4	4	3	2	4	5	3.80

续表

绩效指标		合作社社员评分															均值
社员收益	27. 合作社的盈利情况	3	3	2	2	1	1	1	4	3	2	3	1	3	1	1	2.07
	28. 合作社的社员分红情况	1	1	1	1	1	1	1	1	2	1	2	1	1	1	1	1.13
	29. 合作社的农户收益情况	2	3	2	2	4	3	3	4	4	3	3	2	3	2	2	2.80
	30. 合作社按交易量分配利润的相关情况	3	3	4	4	5	3	4	5	4	3	4	4	3	3	5	3.80
	31. 合作社的贫困户占股情况	4	4	3	4	3	3	4	2	4	3	3	3	3	3	2	3.20
	32. 合作社收购社员产品的价格满意度	0	0	0	0	0	0	0	0	0	0	0	0	0	0	0	0.00
社会影响	33. 合作社建设中的社员参与度	4	4	5	4	5	3	3	5	5	3	5	3	3	4	3	3.93
	34. 合作社对贫困人口的接纳度	4	3	5	5	4	5	3	4	5	4	4	3	3	4	5	4.07
	35. 合作社带动产业情况	4	4	5	5	4	5	3	3	4	4	4	3	3	5	4	4.00
	36. 合作社带动就业情况	4	4	5	5	4	5	3	3	4	4	4	3	4	5	4	4.07
	37. 合作社带动脱贫情况	5	4	5	5	4	5	4	4	4	5	4	3	4	5	4	4.33
	38. 合作社对社员能力提升情况	5	4	5	5	4	5	4	5	4	5	4	4	4	4	4	4.40
	39. 合作社的社员技术、业务培训满意度	4	4	3	4	5	4	5	5	5	4	3	4	4	5	4	4.20
	40. 合作社的外出考察交流情况满意度	3	3	3	4	5	4	5	5	5	4	3	4	4	5	5	4.13

续表

绩效指标		合作社社员评分															均值
社员满意度	41. 合作社的管理和经营方式	3	3	4	5	4	4	5	4	3	4	3	4	4	3	5	3.87
	42. 合作社提供的培训	3	3	4	3	4	4	5	4	3	4	3	4	4	5	4	3.80
	43. 合作社对当地村民的扶贫效果	4	3	4	3	4	4	4	4	3	4	3	4	3	4	3	3.60
	44. 推荐身边人加入合作社	4	3	4	3	4	4	4	4	3	4	4	4	3	4	4	3.73
	45. 社员之间的关系	5	5	5	4	5	3	4	4	4	5	4	4	3	4	4	4.20
	46. 加入合作社对能力的提升	5	3	5	4	5	3	4	4	4	5	4	4	4	5	4	4.20
	47. 合作社管理层处理事务的效率	5	3	5	4	5	4	3	4	4	3	4	4	4	4	5	4.07
	48. 合作社提供的服务	5	3	5	4	5	4	3	4	4	5	4	3	4	5	5	4.20

附录 2.12

茗星春茶叶种植专业合作社社员问卷调查评分统计

绩效指标		合作社社员评分															均值
管理能力	1. 合作社发展目标建立实施情况	3	3	3	3	3	3	3	3	3	3	3	3	3	3	3	3.00
	2. 合作社规章制度的建立情况	3	3	3	3	3	3	3	3	3	3	3	3	3	3	3	3.00
	3. 合作社规章制度的执行情况	3	3	3	3	3	3	3	3	3	3	3	3	3	3	3	3.00
	4. 合作社的财务计划	3	3	3	3	3	3	3	3	3	3	3	3	3	3	3	3.00
	5. 合作社的财务公开透明度	3	3	3	3	3	3	3	3	3	3	3	3	3	3	3	3.00
	6. 合作社管理层团结协作能力	3	3	3	3	3	3	3	3	3	3	3	3	3	3	3	3.00
	7. 合作社的问题与冲突解决机制	3	3	3	3	3	3	3	3	3	3	3	3	3	3	3	3.00
	8. 合作社的档案资料保管情况	3	3	3	3	3	3	3	3	3	3	3	3	3	3	3	3.00
	9. 合作社的监测评估机制	3	3	3	3	3	3	3	3	3	3	3	3	3	3	3	3.00

续表

绩效指标		合作社社员评分															均值
实施建设	10. 合作社的自然资源条件和生产力	3	3	3	3	3	3	3	3	3	3	3	3	3	3	3	3.00
	11. 合作社的土地流转利用情况	3	3	3	3	3	3	3	3	3	3	3	3	3	3	3	3.00
	12. 合作社的创建对当地基础设施的改善情况	3	3	3	3	3	3	3	3	3	3	3	3	3	3	3	3.00
	13. 合作社的加工设备购置及运行情况	3	3	3	3	3	3	3	3	3	3	3	3	3	3	3	3.00
	14. 合作社产品的加工环境	3	3	3	3	3	3	3	3	3	3	3	3	3	3	3	3.00
	15. 合作社生产环境	3	3	3	3	3	3	3	3	3	3	3	3	3	3	3	3.00
	16. 合作社统一提供的肥料、种子等物资情况	3	3	3	3	3	3	3	3	3	3	3	3	3	3	3	3.00
	17. 合作社办公设备购置情况	3	3	3	3	3	3	3	3	3	3	3	3	3	3	3	3.00
运营能力	18. 合作社经营计划实施情况	3	3	3	3	3	3	3	3	3	3	3	3	3	3	3	3.00
	19. 合作社的市场开拓能力	3	3	3	3	3	3	3	3	3	3	3	3	3	3	3	3.00
	20. 合作社的管理者能力	3	3	3	3	3	3	3	3	3	3	3	3	3	3	3	3.00
	21. 合作社的专业技术人才聘请情况	3	3	3	3	3	3	3	3	3	3	3	3	3	3	3	3.00
	22. 合作社产品的品牌影响力	3	3	3	3	3	3	3	3	3	3	3	3	3	3	3	3.00
	23. 加入合作社后生产成本	2	2	2	2	2	2	2	2	2	2	2	2	2	2	2	2.00
	24. 合作社提供的生产技术	3	3	3	3	3	3	3	3	3	3	3	3	3	3	3	3.00
	25. 合作社对产品质量的保证与监督情况	3	3	3	3	3	3	3	3	3	3	3	3	3	3	3	3.00
	26. 合作社产品品牌在当地的口碑	3	3	3	3	3	3	3	3	3	3	3	3	3	3	3	3.00

续表

绩效指标		合作社社员评分															均值
社员收益	27. 合作社的盈利情况	1	1	1	1	1	1	1	1	1	1	1	1	1	1	1	1.00
	28. 合作社的社员分红情况	1	1	1	1	1	1	1	1	1	1	1	1	1	1	1	1.00
	29. 合作社的农户收益情况	3	3	3	3	3	3	3	3	3	3	3	3	3	3	3	3.00
	30. 合作社按交易量分配利润的相关情况	3	3	3	3	3	3	3	3	3	3	3	3	3	3	3	3.00
	31. 合作社的贫困户占股情况	3	3	3	3	3	3	3	3	3	3	3	3	3	3	3	3.00
	32. 合作社收购社员产品的价格满意度	3	3	3	3	3	3	3	3	3	3	3	3	3	3	3	3.00
社会影响	33. 合作社建设中的社员参与度	2	2	2	2	2	2	2	2	2	2	2	2	2	2	2	2.00
	34. 合作社对贫困人口的接纳度	3	3	3	3	3	3	3	3	3	3	3	3	3	3	3	3.00
	35. 合作社带动产业情况	3	3	3	3	3	3	3	3	3	3	3	3	3	3	3	3.00
	36. 合作社带动就业情况	3	3	3	3	3	3	3	3	3	3	3	3	3	3	3	3.00
	37. 合作社带动脱贫情况	3	3	3	3	3	3	3	3	3	3	3	3	3	3	3	3.00
	38. 合作社对社员能力提升情况	3	3	3	3	3	3	3	3	3	3	3	3	3	3	3	3.00
	39. 合作社的社员技术、业务培训满意度	3	3	3	3	3	3	3	3	3	3	3	3	3	3	3	3.00
	40. 合作社的外出考察交流情况满意度	3	3	3	3	3	3	3	3	3	3	3	3	3	3	3	3.00

续表

绩效指标		合作社社员评分															均值
社员满意度	41. 合作社的管理和经营方式	3	3	3	3	3	3	3	3	3	3	3	3	3	3	3	3.00
	42. 合作社提供的培训	3	3	3	3	3	3	3	3	3	3	3	3	3	3	3	3.00
	43. 合作社对当地村民的扶贫效果	3	3	3	3	3	3	3	3	3	3	3	3	3	3	3	3.00
	44. 推荐身边人加入合作社	3	3	3	3	3	3	3	3	3	3	3	3	3	3	3	3.00
	45. 社员之间的关系	2	2	2	2	2	2	2	2	2	2	2	2	2	2	2	2.00
	46. 加入合作社对能力的提升	3	3	3	3	3	3	3	3	3	3	3	3	3	3	3	3.00
	47. 合作社管理层处理事务的效率	4	4	4	4	4	4	4	4	4	4	4	4	4	4	4	4.00
	48. 合作社提供的服务	3	3	3	3	3	3	3	3	3	3	3	3	3	3	3	3.00

附录 2.13　**涪洋佳禾辣椒种植农民专业合作社社员问卷调查评分统计**

绩效指标		合作社社员评分															均值
管理能力	1. 合作社发展目标建立实施情况	3	4	5	3	3	3	2	2	3	3	3	3	2	3	3	3.00
	2. 合作社规章制度的建立情况	3	4	3	4	4	4	4	4	2	4	4	4	3	4	4	3.67
	3. 合作社规章制度的执行情况	3	4	4	2	4	3	3	2	4	3	4	3	4	3	3	3.27
	4. 合作社的财务计划	4	4	4	4	4	4	4	4	3	4	3	3	4	3	5	3.80
	5. 合作社的财务公开透明度	3	3	3	3	5	3	3	2	4	3	4	4	3	2	3	3.20
	6. 合作社管理层团结协作能力	2	4	5	5	3	5	5	4	3	4	3	3	5	4	4	3.93
	7. 合作社的问题与冲突解决机制	4	4	4	3	3	3	3	3	5	2	4	4	3	3	5	3.53
	8. 合作社的档案资料保管情况	3	4	3	5	3	4	4	5	4	4	4	3	4	3	3	3.73
	9. 合作社的监测评估机制	3	3	5	3	4	4	5	3	3	3	5	4	5	4	5	3.93

续表

绩效指标		合作社社员评分															均值
实施建设	10. 合作社的自然资源条件和生产力	2	2	2	4	3	3	4	4	4	2	3	3	2	3	2	2.87
	11. 合作社的土地流转利用情况	3	3	3	3	4	4	3	4	3	3	4	4	3	4	3	3.40
	12. 合作社的创建对当地基础设施的改善情况	4	2	2	3	2	2	5	3	5	4	3	4	4	4	4	3.40
	13. 合作社的加工设备购置及运行情况	4	2	2	4	3	4	3	4	4	3	5	4	3	3	4	3.47
	14. 合作社产品的加工环境	2	2	3	3	2	2	4	5	3	3	3	3	3	4	3	3.00
	15. 合作社生产环境	4	2	2	4	2	4	3	3	2	4	4	4	3	3	4	3.20
	16. 合作社统一提供的肥料、种子等物资情况	3	2	3	3	3	3	4	2	3	2	3	4	4	5	4	3.20
	17. 合作社办公设备购置情况	3	3	4	4	3	2	2	4	4	4	3	3	4	3	4	3.33
运营能力	18. 合作社经营计划实施情况	3	3	2	3	3	4	4	3	3	3	4	3	3	4	4	3.27
	19. 合作社的市场开拓能力	5	2	2	4	4	4	3	5	5	3	4	3	4	3	3	3.60
	20. 合作社的管理者能力	2	3	2	5	4	3	4	3	4	4	4	4	5	3	4	3.60
	21. 合作社的专业技术人才聘请情况	4	4	3	3	3	3	5	4	3	3	4	4	4	4	3	3.60
	22. 合作社产品的品牌影响力	3	2	3	4	3	4	3	3	4	3	4	3	3	3	5	3.33
	23. 加入合作社后生产成本	2	2	3	5	3	3	5	5	4	4	3	3	4	4	3	3.53
	24. 合作社提供的生产技术	3	3	2	3	2	3	3	4	3	4	4	4	3	3	4	3.20
	25. 合作社对产品质量的保证与监督情况	4	3	3	4	3	4	3	3	5	3	4	4	4	4	4	3.67
	26. 合作社产品品牌在当地的口碑	3	3	3	4	3	3	4	2	3	4	5	5	3	3	5	3.53

续表

绩效指标		合作社社员评分															均值
社员收益	27. 合作社的盈利情况	2	3	2	4	4	4	4	3	4	4	3	3	2	2	4	3.20
	28. 合作社的社员分红情况	4	4	3	4	5	3	5	4	5	3	3	2	3	3	3	3.60
	29. 合作社的农户收益情况	2	3	3	3	4	4	4	3	4	4	4	3	4	4	3	3.47
	30. 合作社按交易量分配利润的相关情况	4	3	3	3	3	2	3	3	4	3	4	4	3	3	3	3.20
	31. 合作社的贫困户占股情况	2	2	3	4	3	3	4	3	3	4	4	3	3	3	3	3.13
	32. 合作社收购社员产品的价格满意度	4	3	2	4	3	4	4	3	3	3	3	3	3	3	3	3.20
社会影响	33. 合作社建设中的社员参与度	2	3	2	4	3	4	2	3	3	3	3	3	3	4	2	2.93
	34. 合作社对贫困人口的接纳度	3	4	3	3	4	3	4	4	2	2	4	4	4	3	3	3.33
	35. 合作社带动产业情况	4	2	4	5	5	4	3	3	4	4	2	5	3	4	4	3.73
	36. 合作社带动就业情况	2	4	2	3	3	3	4	5	2	3	4	4	4	3	5	3.40
	37. 合作社带动脱贫情况	4	2	3	5	4	5	3	3	4	2	3	3	3	4	4	3.47
	38. 合作社对社员能力提升情况	3	3	2	3	4	3	5	2	2	4	2	2	4	3	3	3.00
	39. 合作社的社员技术、业务培训满意度	2	2	4	4	5	4	3	4	5	2	4	3	3	4	4	3.53
	40. 合作社的外出考察交流情况满意度	4	3	2	5	4	4	5	5	4	4	3	2	4	3	4	3.73

续表

绩效指标		合作社社员评分															均值
社员满意度	41. 合作社的管理和经营方式	2	3	3	3	4	4	3	3	4	2	3	3	5	4	3	3.27
	42. 合作社提供的培训	2	3	3	4	3	3	4	4	3	3	3	4	3	3	4	3.27
	43. 合作社对当地村民的扶贫效果	2	2	2	3	3	3	4	4	4	4	4	3	4	4	3	3.27
	44. 推荐身边人加入合作社	3	2	2	4	3	2	5	2	3	3	3	3	3	3	4	3.00
	45. 社员之间的关系	4	3	2	3	4	3	3	3	5	3	3	3	4	2	4	3.27
	46. 加入合作社对能力的提升	3	3	3	3	4	4	4	4	4	4	4	3	4	2	3	3.47
	47. 合作社管理层处理事务的效率	2	4	2	3	4	3	4	4	3	3	3	3	3	2	4	3.13
	48. 合作社提供的服务	3	3	3	4	3	4	4	3	3	3	4	3	3	3	3	3.27

附录 2.14　**德江武陵天麻农民专业合作社社员问卷调查评分统计**

绩效指标		合作社社员评分															均值
管理能力	1. 合作社发展目标建立实施情况	3	4	5	5	4	5	3	5	5	4	5	5	4	4	5	4.40
	2. 合作社规章制度的建立情况	3	4	5	5	5	5	4	5	5	4	4	5	4	3	5	4.40
	3. 合作社规章制度的执行情况	3	4	5	5	4	5	4	5	5	4	3	5	4	3	5	4.27
	4. 合作社的财务计划	4	4	5	5	5	5	3	5	5	4	5	5	5	3	5	4.53
	5. 合作社的财务公开透明度	4	4	5	5	5	5	3	5	5	4	5	5	5	3	5	4.53
	6. 合作社管理层团结协作能力	4	4	5	5	4	5	3	5	5	4	5	5	4	3	5	4.40
	7. 合作社的问题与冲突解决机制	3	4	4	5	4	4	3	5	5	5	5	5	4	3	4	4.20
	8. 合作社的档案资料保管情况	4	4	5	5	5	5	3	5	5	4	4	5	4	3	5	4.40
	9. 合作社的监测评估机制	4	4	4	5	4	4	3	5	5	5	5	5	4	4	4	4.33

续表

绩效指标		合作社社员评分															均值
实施建设	10. 合作社的自然资源条件和生产力	4	4	5	5	4	5	3	5	5	4	5	5	4	3	5	4.40
	11. 合作社的土地流转利用情况	2	4	4	5	3	4	3	5	4	4	3	3	4	4	4	3.73
	12. 合作社的创建对当地基础设施的改善情况	4	4	5	5	4	5	3	4	5	4	4	5	4	4	5	4.33
	13. 合作社的加工设备购置及运行情况	3	4	5	5	3	5	3	4	5	4	5	5	5	3	5	4.27
	14. 合作社产品的加工环境	3	4	5	5	4	5	3	4	5	4	4	5	4	4	5	4.27
	15. 合作社生产环境	3	4	5	5	4	5	3	4	5	4	4	5	4	3	5	4.20
	16. 合作社统一提供的肥料、种子等物资情况	3	4	4	5	5	4	3	4	4	4	5	5	4	3	4	4.07
	17. 合作社办公设备购置情况	3	4	5	5	4	5	3	4	4	4	4	5	4	5	5	4.27
运营能力	18. 合作社经营计划实施情况	3	4	4	5	3	4	3	5	4	4	4	5	4	3	4	3.93
	19. 合作社的市场开拓能力	3	4	4	5	4	4	3	4	4	4	3	5	4	4	4	3.93
	20. 合作社的管理者能力	3	4	4	5	3	5	3	4	4	4	5	5	4	3	5	4.07
	21. 合作社的专业技术人才聘请情况	3	4	4	5	3	4	3	4	5	4	3	5	4	3	4	3.87
	22. 合作社产品的品牌影响力	3	4	4	5	3	4	3	4	4	4	3	5	4	3	4	3.80
	23. 加入合作社后生产成本	3	4	4	5	4	4	3	5	4	4	3	5	5	4	4	4.07
	24. 合作社提供的生产技术	3	4	5	5	3	5	3	5	4	4	5	5	4	3	5	4.20
	25. 合作社对产品质量的保证与监督情况	3	4	4	5	4	4	3	5	4	4	4	5	5	3	4	4.07
	26. 合作社产品品牌在当地的口碑	3	4	4	5	4	5	3	5	4	4	5	5	4	3	5	4.20

续表

绩效指标		合作社社员评分															均值
社员收益	27. 合作社的盈利情况	4	4	4	4	3	4	3	4	4	4	3	4	4	3	4	3.73
	28. 合作社的社员分红情况	3	4	4	4	3	4	4	4	4	4	5	4	4	3	4	3.87
	29. 合作社的农户收益情况	3	4	4	4	2	4	4	4	4	4	4	4	4	3	4	3.73
	30. 合作社按交易量分配利润的相关情况	3	4	4	5	4	4	4	4	4	4	5	4	4	4	4	4.07
	31. 合作社的贫困户占股情况	3	4	4	5	3	4	4	4	4	4	4	4	4	3	4	3.87
	32. 合作社收购社员产品的价格满意度	3	4	4	5	4	4	5	4	5	4	5	4	4	3	4	4.13
社会影响	33. 合作社建设中的社员参与度	3	4	4	5	4	4	5	4	4	4	4	4	4	3	4	4.00
	34. 合作社对贫困人口的接纳度	3	3	5	5	3	5	5	4	4	4	5	5	5	3	5	4.27
	35. 合作社带动产业情况	3	3	5	5	4	5	5	4	5	4	5	5	5	3	5	4.40
	36. 合作社带动就业情况	3	3	5	5	4	5	5	4	5	4	4	5	5	3	5	4.33
	37. 合作社带动脱贫情况	3	3	5	4	4	5	5	4	5	4	4	5	5	3	5	4.27
	38. 合作社对社员能力提升情况	3	3	5	4	4	5	5	4	5	4	4	5	4	3	5	4.20
	39. 合作社的社员技术、业务培训满意度	3	3	4	5	3	4	5	4	5	4	5	5	4	3	4	4.07
	40. 合作社的外出考察交流情况满意度	3	3	5	5	3	5	5	4	5	4	5	5	4	3	5	4.27

续表

绩效指标		合作社社员评分															均值
社员满意度	41. 合作社的管理和经营方式	3	3	5	5	3	5	5	4	5	4	5	5	4	3	5	4.27
	42. 合作社提供的培训	3	3	5	5	3	5	5	4	5	4	5	5	4	3	5	4.27
	43. 合作社对当地村民的扶贫效果	3	3	4	5	3	4	5	4	5	4	4	5	4	3	4	4.00
	44. 推荐身边人加入合作社	3	3	4	5	5	4	5	4	5	4	5	5	4	3	4	4.20
	45. 社员之间的关系	3	3	4	4	3	4	5	4	4	4	5	5	4	5	4	4.07
	46. 加入合作社对能力的提升	3	4	4	4	5	4	4	4	4	4	4	5	4	5	4	4.13
	47. 合作社管理层处理事务的效率	3	4	4	5	5	4	4	4	4	5	5	4	4	4	4	4.20
	48. 合作社提供的服务	3	4	5	5	3	5	4	4	4	4	5	5	4	4	5	4.27

附录 2.15　**思南源丰生态农业专业合作社社员问卷调查评分统计**

绩效指标		合作社社员评分															均值
管理能力	1. 合作社发展目标建立实施情况	4	4	4	4	4	5	4	3	5	4	5	4	4	4	5	4.20
	2. 合作社规章制度的建立情况	5	4	4	4	3	4	4	4	4	5	4	4	4	4	5	4.13
	3. 合作社规章制度的执行情况	5	3	3	4	4	4	3	4	5	5	5	4	5	5	5	4.27
	4. 合作社的财务计划	4	3	3	3	4	4	3	4	4	5	4	5	5	5	4	4.00
	5. 合作社的财务公开透明度	5	4	5	4	4	5	5	5	5	5	5	5	5	5	5	4.80
	6. 合作社管理层团结协作能力	4	4	4	3	3	4	4	4	5	5	4	4	5	4	4	4.07
	7. 合作社的问题与冲突解决机制	3	4	4	4	2	3	3	3	4	3	3	3	3	3	3	3.20
	8. 合作社的档案资料保管情况	5	5	5	4	5	4	5	5	5	5	4	4	5	5	5	4.73
	9. 合作社的监测评估机制	3	3	3	3	3	3	3	3	4	3	3	3	3	5	3	3.20

续表

绩效指标		合作社社员评分															均值
实施建设	10. 合作社的自然资源条件和生产力	4	3	3	3	3	3	4	4	4	4	4	4	4	4	4	3.67
	11. 合作社的土地流转利用情况	5	5	5	5	5	5	5	5	5	5	5	5	5	5	5	5.00
	12. 合作社的创建对当地基础设施的改善情况	4	4	4	4	4	3	3	4	4	4	3	3	4	4	4	3.73
	13. 合作社的加工设备购置及运行情况	3	3	3	4	3	4	3	4	4	4	4	4	4	5	3	3.67
	14. 合作社产品的加工环境	3	4	3	4	3	4	3	4	4	4	4	3	4	5	3	3.67
	15. 合作社生产环境	3	3	4	4	3	3	3	3	4	4	4	3	4	5	3	3.53
	16. 合作社统一提供的肥料、种子等物资情况	3	3	3	3	3	3	3	3	3	3	3	3	3	4	3	3.07
	17. 合作社办公设备购置情况	4	4	3	3	4	2	2	2	2	4	4	4	3	3	3	3.13
运营能力	18. 合作社经营计划实施情况	3	4	3	4	3	3	4	4	4	4	5	5	5	5	4	4.00
	19. 合作社的市场开拓能力	3	3	2	3	2	2	2	2	2	3	5	5	5	5	5	3.27
	20. 合作社的管理者能力	4	4	4	4	4	4	5	5	4	5	5	5	4	5	5	4.47
	21. 合作社的专业技术人才聘请情况	4	4	5	4	4	4	5	4	4	5	4	4	4	4	4	4.20
	22. 合作社产品的品牌影响力	2	2	2	3	3	2	3	2	3	4	4	5	3	4	3	3.00
	23. 加入合作社后生产成本	3	3	2	2	3	2	4	4	4	3	3	5	4	4	3	3.27
	24. 合作社提供的生产技术	4	4	4	4	4	4	4	4	4	4	4	4	3	4	4	3.93
	25. 合作社对产品质量的保证与监督情况	4	3	4	3	4	3	3	3	3	5	3	3	4	3	3	3.40
	26. 合作社产品品牌在当地的口碑	5	4	5	3	3	2	3	2	2	3	4	5	3	4	4	3.47

续表

绩效指标		合作社社员评分															均值
社员收益	27. 合作社的盈利情况	3	2	2	2	3	2	2	3	3	3	4	2	2	2	2	2.47
	28. 合作社的社员分红情况	1	1	1	1	1	1	1	2	1	1	2	1	1	1	1	1.13
	29. 合作社的农户收益情况	4	3	4	3	4	3	2	3	3	3	3	3	5	3	2	3.20
	30. 合作社按交易量分配利润的相关情况	3	3	3	3	3	3	3	3	3	4	4	3	5	3	3	3.27
	31. 合作社的贫困户占股情况	2	2	2	2	2	3	2	3	2	2	3	2	5	2	2	2.40
	32. 合作社收购社员产品的价格满意度	0	0	0	0	0	0	0	0	0	0	0	0	0	0	0	0.00
社会影响	33. 合作社建设中的社员参与度	4	4	5	4	4	4	4	4	4	4	4	5	4	5	4	4.20
	34. 合作社对贫困人口的接纳度	5	5	5	5	5	4	4	4	4	4	4	5	4	4	5	4.47
	35. 合作社带动产业情况	5	5	4	5	5	5	5	5	5	5	5	5	5	5	5	4.93
	36. 合作社带动就业情况	5	4	4	5	5	5	5	5	5	5	5	5	5	5	5	4.87
	37. 合作社带动脱贫情况	5	4	4	4	5	5	5	5	5	5	5	5	5	5	4	4.73
	38. 合作社对社员能力提升情况	4	4	5	4	4	4	4	4	5	4	4	4	4	4	4	4.13
	39. 合作社的社员技术、业务培训满意度	4	5	4	4	4	4	4	4	5	5	5	4	4	4	5	4.33
	40. 合作社的外出考察交流情况满意度	4	4	4	4	4	4	5	4	4	5	4	5	4	4	4	4.20

续表

绩效指标		合作社社员评分															均值
社员满意度	41. 合作社的管理和经营方式	3	3	3	4	4	4	4	3	5	5	5	5	4	5	5	4.13
	42. 合作社提供的培训	3	4	4	5	4	4	4	3	4	4	5	4	4	4	4	4.00
	43. 合作社对当地村民的扶贫效果	4	4	5	4	3	3	5	4	5	5	4	5	5	5	5	4.40
	44. 推荐身边人加入合作社	5	5	5	5	5	5	5	3	5	4	4	5	4	4	5	4.60
	45. 社员之间的关系	5	4	5	4	4	5	4	4	5	5	5	5	5	4	5	4.60
	46. 加入合作社对能力的提升	4	4	4	4	4	4	4	3	4	4	4	4	5	4	4	4.00
	47. 合作社管理层处理事务的效率	5	3	4	4	4	4	3	4	4	5	4	4	4	5	4	4.07
	48. 合作社提供的服务	4	4	3	5	4	3	4	3	4	4	5	4	3	5	4	3.93

附录 2.16　**缠溪梨坪中蜂养殖专业合作社社员问卷调查评分统计**

绩效指标		合作社社员评分															均值
管理能力	1. 合作社发展目标建立实施情况	4	4	2	3	4	4	3	3	3	4	4	3	3	3	4	3.40
	2. 合作社规章制度的建立情况	3	4	3	3	3	3	4	3	3	4	3	3	4	4	3	3.33
	3. 合作社规章制度的执行情况	3	3	3	3	3	2	3	4	3	4	3	3	4	3	3	3.13
	4. 合作社的财务计划	3	4	2	3	3	2	3	2	3	3	4	3	3	3	3	2.93
	5. 合作社的财务公开透明度	4	3	2	2	2	2	2	3	2	3	4	2	3	3	3	2.67
	6. 合作社管理层团结协作能力	4	4	3	3	4	3	5	2	4	4	4	4	4	4	4	3.73
	7. 合作社的问题与冲突解决机制	4	3	4	2	3	2	4	2	4	4	3	4	4	4	4	3.40
	8. 合作社的档案资料保管情况	2	3	2	2	3	3	2	3	3	3	4	3	3	2	3	2.73
	9. 合作社的监测评估机制	4	3	2	3	2	4	2	3	4	3	5	3	3	4	4	3.27

续表

绩效指标		合作社社员评分															均值
实施建设	10. 合作社的自然资源条件和生产力	5	4	4	5	3	3	3	3	5	5	3	5	4	5	5	4.13
	11. 合作社的土地流转利用情况	2	3	1	1	2	2	1	2	1	2	3	3	2	1	1	1.80
	12. 合作社的创建对当地基础设施的改善情况	3	4	3	4	3	4	3	3	3	3	4	3	4	3	3	3.33
	13. 合作社的加工设备购置及运行情况	4	4	4	5	4	3	4	3	4	5	4	4	3	5	4	4.00
	14. 合作社产品的加工环境	5	5	5	4	3	4	5	4	5	5	3	4	4	5	5	4.40
	15. 合作社生产环境	5	5	5	4	4	4	5	4	5	5	4	4	5	5	5	4.60
	16. 合作社统一提供的肥料、种子等物资情况	3	2	1	1	1	2	1	2	1	5	4	2	4	2	2	2.20
	17. 合作社办公设备购置情况	5	5	5	5	4	3	4	4	5	4	4	4	4	5	5	4.40
运营能力	18. 合作社经营计划实施情况	3	3	3	3	2	2	3	3	3	3	4	3	4	3	3	3.00
	19. 合作社的市场开拓能力	2	2	2	2	3	2	2	2	3	3	3	2	3	3	3	2.47
	20. 合作社的管理者能力	4	3	3	3	3	3	3	3	4	3	4	3	4	3	3	3.27
	21. 合作社的专业技术人才聘请情况	4	3	1	1	2	2	2	2	2	3	3	3	4	4	4	2.67
	22. 合作社产品的品牌影响力	2	2	3	3	3	2	3	2	3	2	4	2	2	2	3	2.53
	23. 加入合作社后生产成本	5	5	5	3	4	3	5	2	5	5	2	4	2	3	5	3.87
	24. 合作社提供的生产技术	4	4	4	3	3	2	4	3	4	4	4	3	4	3	4	3.53
	25. 合作社对产品质量的保证与监督情况	3	3	3	4	4	3	3	3	3	3	4	3	4	3	4	3.33
	26. 合作社产品品牌在当地的口碑	2	2	3	3	3	2	2	2	3	3	4	3	4	2	2	2.67

续表

绩效指标		合作社社员评分															均值
社员收益	27. 合作社的盈利情况	3	4	4	3	3	3	3	2	4	4	3	3	3	4	3	3.27
	28. 合作社的社员分红情况	4	4	5	4	4	3	4	3	5	4	4	4	4	4	4	4.00
	29. 合作社的农户收益情况	4	4	4	4	3	4	4	4	4	4	3	3	4	4	4	3.80
	30. 合作社按交易量分配利润的相关情况	3	3	3	3	2	2	3	1	3	3	4	3	3	3	3	2.80
	31. 合作社的贫困户占股情况	5	4	4	5	4	2	4	4	5	5	3	4	3	5	5	4.13
	32. 合作社收购社员产品的价格满意度	3	3	3	3	3	3	3	3	3	3	3	3	3	3	3	3.00
社会影响	33. 合作社建设中的社员参与度	3	3	3	2	3	2	3	2	4	4	4	4	4	3	5	3.27
	34. 合作社对贫困人口的接纳度	4	4	4	5	4	4	3	4	5	5	4	4	3	4	4	4.07
	35. 合作社带动产业情况	3	4	3	3	2	3	2	3	3	4	3	3	4	3	4	3.13
	36. 合作社带动就业情况	4	5	4	3	3	2	3	2	4	4	3	3	5	3	4	3.47
	37. 合作社带动脱贫情况	4	5	4	4	4	3	4	3	5	5	4	4	4	4	5	4.13
	38. 合作社对社员能力提升情况	3	4	3	2	2	2	3	2	3	3	4	3	4	3	3	2.93
	39. 合作社的社员技术、业务培训满意度	3	3	3	3	2	3	3	3	3	3	3	4	4	3	3	3.07
	40. 合作社的外出考察交流情况满意度	2	2	1	2	2	2	2	2	2	2	3	3	3	3	2	2.20

续表

绩效指标		合作社社员评分															均值
社员满意度	41. 合作社的管理和经营方式	4	3	3	3	3	3	3	3	3	3	3	3	3	3	3	3.07
	42. 合作社提供的培训	4	4	4	4	3	4	4	2	4	4	3	4	5	4	4	3.80
	43. 合作社对当地村民的扶贫效果	4	5	4	4	4	3	4	3	5	5	4	4	4	4	5	4.13
	44. 推荐身边人加入合作社	3	3	3	3	3	3	3	2	2	3	3	3	4	3	3	2.93
	45. 社员之间的关系	3	4	3	5	5	4	4	3	4	3	4	3	4	4	4	3.80
	46. 加入合作社对能力的提升	4	3	2	2	2	2	3	2	3	4	3	4	4	3	4	3.00
	47. 合作社管理层处理事务的效率	3	4	3	3	3	2	3	2	4	3	3	3	3	3	4	3.07
	48. 合作社提供的服务	4	3	3	4	3	3	3	3	3	4	4	3	5	3	3	3.40

附录 2.17 **石阡县星可原农业开发专业合作社社员问卷调查评分统计**

绩效指标		合作社社员评分															均值
管理能力	1. 合作社发展目标建立实施情况	5	5	5	4	4	3	3	3	4	4	4	3	3	4	3	3.80
	2. 合作社规章制度的建立情况	5	5	5	3	4	4	4	4	3	3	5	4	4	4	4	4.07
	3. 合作社规章制度的执行情况	5	5	5	5	3	3	3	3	4	4	4	5	4	3	3	3.93
	4. 合作社的财务计划	5	4	4	4	4	5	5	4	4	4	5	4	4	4	3	4.20
	5. 合作社的财务公开透明度	5	5	5	3	5	3	4	3	5	5	4	4	5	5	4	4.33
	6. 合作社管理层团结协作能力	5	5	5	5	4	4	5	4	5	4	5	3	4	4	3	4.33
	7. 合作社的问题与冲突解决机制	5	4	5	4	4	4	4	4	5	3	4	4	4	5	5	4.27
	8. 合作社的档案资料保管情况	5	4	4	4	5	5	3	4	4	4	5	4	4	4	4	4.20
	9. 合作社的监测评估机制	5	4	4	5	4	4	5	5	4	5	4	5	4	5	4	4.47

续表

绩效指标		合作社社员评分															均值
实施建设	10. 合作社的自然资源条件和生产力	5	5	5	4	4	4	4	3	4	4	4	4	4	4	4	4.13
	11. 合作社的土地流转利用情况	5	5	5	3	4	3	3	5	4	3	3	3	3	4	3	3.73
	12. 合作社的创建对当地基础设施的改善情况	5	5	5	4	3	4	4	4	4	4	5	4	4	5	4	4.27
	13. 合作社的加工设备购置及运行情况	5	5	4	3	4	3	3	3	3	3	4	4	4	4	3	3.67
	14. 合作社产品的加工环境	5	4	4	4	4	4	4	4	5	4	5	3	4	4	5	4.20
	15. 合作社生产环境	5	4	4	5	4	3	5	5	4	5	3	5	4	4	3	4.20
	16. 合作社统一提供的肥料、种子等物资情况	5	4	4	4	5	4	3	4	3	3	4	4	5	5	4	4.07
	17. 合作社办公设备购置情况	5	5	5	3	4	3	4	4	5	4	5	5	5	4	5	4.40
运营能力	18. 合作社经营计划实施情况	5	5	5	4	4	4	4	4	4	4	4	4	4	5	4	4.27
	19. 合作社的市场开拓能力	5	5	4	4	4	4	3	4	5	4	4	5	3	4	5	4.20
	20. 合作社的管理者能力	5	5	5	5	5	3	4	3	4	3	5	4	4	4	4	4.20
	21. 合作社的专业技术人才聘请情况	5	5	4	4	4	4	4	3	4	4	4	5	5	5	3	4.20
	22. 合作社产品的品牌影响力	5	5	4	3	4	3	4	4	3	4	5	4	4	3	5	4.00
	23. 加入合作社后生产成本	5	5	5	5	5	4	5	4	4	5	4	5	3	4	4	4.47
	24. 合作社提供的生产技术	5	4	5	4	4	3	3	5	4	3	4	4	4	4	4	4.00
	25. 合作社对产品质量的保证与监督情况	5	4	5	4	5	5	4	4	5	4	5	5	4	4	4	4.47
	26. 合作社产品品牌在当地的口碑	4	4	5	4	4	4	3	4	4	5	3	4	4	5	5	4.13

续表

绩效指标		合作社社员评分															均值
社员收益	27. 合作社的盈利情况	4	4	5	3	3	5	5	3	3	4	4	5	3	4	4	3.93
	28. 合作社的社员分红情况	4	4	5	5	4	4	4	5	5	4	5	4	4	5	4	4.40
	29. 合作社的农户收益情况	4	4	5	4	5	4	3	4	4	4	4	3	4	4	5	4.07
	30. 合作社按交易量分配利润的相关情况	5	4	5	4	4	4	4	4	4	3	4	4	4	4	4	4.07
	31. 合作社的贫困户占股情况	5	4	4	5	3	5	4	4	5	4	4	5	3	4	4	4.20
	32. 合作社收购社员产品的价格满意度	4	5	4	4	4	4	4	4	4	4	5	4	4	4	4	4.13
社会影响	33. 合作社建设中的社员参与度	5	5	5	5	5	5	5	3	5	4	4	5	4	4	4	4.53
	34. 合作社对贫困人口的接纳度	5	5	5	4	4	4	3	4	4	3	3	3	5	4	4	4.00
	35. 合作社带动产业情况	5	5	5	3	3	3	5	3	5	4	5	5	4	4	5	4.27
	36. 合作社带动就业情况	5	5	5	5	5	5	5	5	4	5	4	4	5	4	4	4.67
	37. 合作社带动脱贫情况	5	4	5	4	4	4	5	3	4	4	5	4	5	4	5	4.33
	38. 合作社对社员能力提升情况	4	4	5	5	4	4	4	4	4	4	4	3	4	3	4	4.00
	39. 合作社的社员技术、业务培训满意度	4	4	5	4	4	4	4	3	4	4	4	5	5	4	4	4.13
	40. 合作社的外出考察交流情况满意度	4	4	5	4	3	5	3	5	4	5	5	4	4	4	4	4.20

续表

绩效指标		合作社社员评分															均值
社员满意度	41. 合作社的管理和经营方式	4	4	5	5	5	4	3	5	4	4	4	4	4	5	5	4. 33
	42. 合作社提供的培训	4	4	5	4	4	5	4	4	5	5	5	5	4	5	4	4. 47
	43. 合作社对当地村民的扶贫效果	4	5	5	5	3	5	3	4	4	4	4	3	5	5	4	4. 20
	44. 推荐身边人加入合作社	4	5	5	5	4	4	4	4	3	5	5	4	5	4	3	4. 27
	45. 社员之间的关系	5	5	5	4	5	5	3	5	4	5	4	5	4	4	4	4. 47
	46. 加入合作社对能力的提升	5	5	5	5	4	4	4	5	5	4	5	3	5	4	4	4. 47
	47. 合作社管理层处理事务的效率	5	5	5	4	4	5	4	5	4	5	4	4	4	3	4	4. 33
	48. 合作社提供的服务	4	5	5	5	5	4	5	5	5	4	5	5	5	4	4	4. 67

附录 2. 18　　**姚溪志飞茶叶农民专业合作社社员问卷调查评分统计**

绩效指标		合作社社员评分															均值
管理能力	1. 合作社发展目标建立实施情况	4	4	4	3	4	4	3	4	4	3	4	4	4	3	4	3. 73
	2. 合作社规章制度的建立情况	4	4	4	4	4	4	3	4	4	3	4	3	3	3	3	3. 60
	3. 合作社规章制度的执行情况	4	3	3	3	4	4	4	4	4	3	4	4	3	3	3	3. 53
	4. 合作社的财务计划	4	3	3	4	4	3	3	4	4	4	4	3	3	3	3	3. 47
	5. 合作社的财务公开透明度	3	4	4	3	4	3	3	4	4	3	3	4	4	3	3	3. 47
	6. 合作社管理层团结协作能力	3	4	3	3	4	4	3	4	4	3	3	3	4	3	4	3. 47
	7. 合作社的问题与冲突解决机制	4	3	4	4	4	4	3	3	3	4	3	4	3	3	4	3. 53
	8. 合作社的档案资料保管情况	4	3	3	4	4	4	3	3	3	4	3	4	4	3	3	3. 47
	9. 合作社的监测评估机制	3	4	4	3	4	3	3	3	4	3	4	4	3	4	3	3. 47

续表

绩效指标		合作社社员评分															均值
实施建设	10. 合作社的自然资源条件和生产力	3	4	4	4	4	3	3	3	3	3	4	4	4	4	4	3.60
	11. 合作社的土地流转利用情况	3	4	3	4	4	4	4	4	4	4	4	3	4	4	3	3.73
	12. 合作社的创建对当地基础设施的改善情况	3	4	3	4	3	4	4	4	4	3	4	3	4	4	3	3.60
	13. 合作社的加工设备购置及运行情况	3	4	3	4	4	4	3	4	4	3	4	3	4	4	4	3.67
	14. 合作社产品的加工环境	4	4	4	4	3	4	3	4	4	4	4	2	4	4	4	3.73
	15. 合作社生产环境	3	4	4	4	3	4	4	3	4	4	4	3	4	4	4	3.73
	16. 合作社统一提供的肥料、种子等物资情况	4	4	4	4	4	4	4	4	4	4	4	3	4	4	4	3.93
	17. 合作社办公设备购置情况	4	4	4	3	4	4	4	4	3	4	3	3	4	3	4	3.67
运营能力	18. 合作社经营计划实施情况	4	4	4	3	4	3	3	4	3	3	3	3	3	3	4	3.40
	19. 合作社的市场开拓能力	3	3	4	3	4	4	3	4	3	3	3	2	3	3	4	3.27
	20. 合作社的管理者能力	3	3	4	3	4	3	3	4	3	3	3	2	3	3	4	3.20
	21. 合作社的专业技术人才聘请情况	3	3	3	4	4	3	3	4	3	3	3	2	3	3	4	3.20
	22. 合作社产品的品牌影响力	3	3	3	4	4	4	3	3	3	3	3	2	3	4	3	3.20
	23. 加入合作社后生产成本	3	4	3	4	4	4	3	3	3	4	4	3	3	4	3	3.47
	24. 合作社提供的生产技术	4	4	3	3	3	4	4	3	4	3	3	2	4	3	3	3.33
	25. 合作社对产品质量的保证与监督情况	4	3	4	3	3	3	4	3	3	3	4	2	4	3	3	3.27
	26. 合作社产品品牌在当地的口碑	4	4	4	4	4	4	4	4	4	4	4	2	4	3	3	3.73

续表

绩效指标		合作社社员评分															均值
社员收益	27. 合作社的盈利情况	3	4	4	4	4	4	4	4	3	4	3	3	4	4	3	3.67
	28. 合作社的社员分红情况	3	4	4	4	4	4	4	4	4	4	3	3	3	4	4	3.73
	29. 合作社的农户收益情况	4	4	4	4	4	4	4	4	4	4	4	3	4	4	4	3.93
	30. 合作社按交易量分配利润的相关情况	4	3	4	5	4	5	4	5	4	4	4	3	4	4	4	4.07
	31. 合作社的贫困户占股情况	4	3	4	4	4	4	4	4	4	4	4	3	4	4	4	3.87
	32. 合作社收购社员产品的价格满意度	4	4	4	4	4	5	4	4	4	4	4	3	4	4	4	4.00
社会影响	33. 合作社建设中的社员参与度	4	4	4	4	4	4	4	4	4	4	4	3	4	4	4	3.93
	34. 合作社对贫困人口的接纳度	4	4	4	4	4	5	4	4	4	4	4	4	4	4	4	4.07
	35. 合作社带动产业情况	4	4	4	4	4	4	4	4	4	4	4	4	4	4	4	4.00
	36. 合作社带动就业情况	4	4	4	4	4	4	4	4	4	4	4	4	4	4	4	4.00
	37. 合作社带动脱贫情况	4	4	4	4	4	4	4	4	4	4	4	4	4	4	4	4.00
	38. 合作社对社员能力提升情况	4	4	4	4	4	5	4	4	4	4	4	4	4	4	4	4.07
	39. 合作社的社员技术、业务培训满意度	3	4	3	5	4	4	4	4	5	4	4	4	4	4	4	4.00
	40. 合作社的外出考察交流情况满意度	3	4	3	4	4	4	4	5	4	4	4	4	4	4	4	3.93

续表

绩效指标		合作社社员评分															均值
社员满意度	41. 合作社的管理和经营方式	3	4	3	5	4	4	4	4	5	4	4	4	4	4	4	4.00
	42. 合作社提供的培训	3	4	3	4	5	5	4	5	4	4	4	4	4	4	4	4.07
	43. 合作社对当地村民的扶贫效果	4	4	3	4	4	4	4	4	4	4	4	4	4	4	3	3.87
	44. 推荐身边人加入合作社	4	4	4	4	4	4	4	5	4	4	4	4	4	4	3	4.00
	45. 社员之间的关系	4	4	4	4	5	4	4	4	4	4	4	4	4	4	4	4.07
	46. 加入合作社对能力的提升	4	4	4	4	4	4	4	4	3	4	4	4	4	4	4	3.93
	47. 合作社管理层处理事务的效率	4	4	4	4	4	4	4	4	4	4	4	4	4	4	4	4.00
	48. 合作社提供的服务	4	4	4	4	4	4	4	4	4	4	4	4	4	4	4	4.00

附录 2.19 **水东镇勤发现代生态农业农民专业合作社社员问卷调查评分统计**

绩效指标		合作社社员评分															均值
管理能力	1. 合作社发展目标建立实施情况	4	4	4	4	4	4	3	3	4	4	3	4	4	5	4	3.87
	2. 合作社规章制度的建立情况	4	5	5	4	4	5	3	3	4	3	3	5	5	4	5	4.13
	3. 合作社规章制度的执行情况	4	5	5	5	4	4	3	3	4	3	3	4	4	5	4	4.00
	4. 合作社的财务计划	4	4	4	4	4	5	3	3	4	3	4	5	3	4	3	3.80
	5. 合作社的财务公开透明度	5	5	5	5	5	3	3	3	4	3	3	4	4	3	4	3.93
	6. 合作社管理层团结协作能力	4	4	5	4	5	5	3	4	4	3	3	3	5	4	5	4.07
	7. 合作社的问题与冲突解决机制	4	5	4	5	4	3	3	4	4	3	3	4	4	5	4	3.93
	8. 合作社的档案资料保管情况	5	4	5	4	5	5	3	4	4	3	3	5	4	4	5	4.20
	9. 合作社的监测评估机制	4	5	4	5	4	4	3	4	4	2	3	4	5	5	3	3.93

续表

绩效指标		合作社社员评分															均值
实施建设	10. 合作社的自然资源条件和生产力	4	4	4	4	4	4	5	3	4	3	3	4	4	4	5	3.93
	11. 合作社的土地流转利用情况	5	5	4	5	5	5	3	3	3	3	3	4	5	5	4	4.13
	12. 合作社的创建对当地基础设施的改善情况	4	5	5	4	4	3	3	3	3	4	3	5	4	4	5	3.93
	13. 合作社的加工设备购置及运行情况	5	4	4	5	5	5	3	3	3	4	3	4	3	3	4	3.87
	14. 合作社产品的加工环境	4	5	5	4	4	4	3	3	3	4	3	5	4	4	3	3.87
	15. 合作社生产环境	5	5	5	4	5	5	3	3	3	4	3	4	5	5	5	4.27
	16. 合作社统一提供的肥料、种子等物资情况	4	4	5	5	3	3	4	4	4	4	4	5	4	4	4	4.07
	17. 合作社办公设备购置情况	5	5	4	4	4	5	3	3	3	3	3	4	5	5	5	4.07
运营能力	18. 合作社经营计划实施情况	4	5	5	5	5	4	3	3	3	3	3	3	3	4	4	3.80
	19. 合作社的市场开拓能力	5	4	5	4	4	3	3	3	4	3	3	5	4	3	3	3.73
	20. 合作社的管理者能力	4	5	4	5	4	4	4	3	4	3	3	4	5	4	5	4.07
	21. 合作社的专业技术人才聘请情况	5	4	3	4	3	5	3	3	3	4	3	5	4	5	4	3.87
	22. 合作社产品的品牌影响力	4	5	4	5	4	3	3	3	2	2	3	4	3	4	4	3.53
	23. 加入合作社后生产成本	5	4	4	5	3	5	2	3	3	3	2	5	4	5	5	3.87
	24. 合作社提供的生产技术	4	5	5	4	4	4	3	3	3	3	3	4	5	4	3	3.80
	25. 合作社对产品质量的保证与监督情况	5	4	5	5	5	3	4	3	3	2	3	3	4	3	4	3.73
	26. 合作社产品品牌在当地的口碑	4	5	4	4	4	5	3	3	3	3	3	4	3	4	5	3.80

续表

绩效指标		合作社社员评分															均值
社员收益	27. 合作社的盈利情况	5	4	4	5	5	4	3	3	3	3	3	5	4	5	4	4.00
	28. 合作社的社员分红情况	4	5	3	4	4	3	3	3	3	2	3	4	5	4	5	3.67
	29. 合作社的农户收益情况	5	5	3	5	5	4	3	3	3	2	3	3	4	5	3	3.73
	30. 合作社按交易量分配利润的相关情况	4	3	4	4	4	5	1	1	1	3	3	4	3	4	4	3.20
	31. 合作社的贫困户占股情况	5	4	5	5	5	4	3	3	2	3	3	5	4	3	5	3.93
	32. 合作社收购社员产品的价格满意度	4	5	4	4	4	3	3	3	3	3	4	4	5	4	4	3.80
社会影响	33. 合作社建设中的社员参与度	4	4	4	4	4	4	3	3	2	3	3	4	4	4	3	3.53
	34. 合作社对贫困人口的接纳度	5	4	5	5	4	5	3	3	2	3	3	4	3	5	4	3.87
	35. 合作社带动产业情况	4	5	4	5	5	4	3	3	2	3	3	5	4	4	4	3.87
	36. 合作社带动就业情况	5	5	5	5	5	5	3	3	2	3	3	4	4	3	4	3.93
	37. 合作社带动脱贫情况	5	5	4	4	5	4	3	3	2	3	3	5	4	4	3	3.80
	38. 合作社对社员能力提升情况	4	5	5	4	4	5	3	3	2	3	3	4	5	5	3	3.87
	39. 合作社的社员技术、业务培训满意度	5	4	4	5	4	4	4	3	3	4	3	5	4	4	2	3.87
	40. 合作社的外出考察交流情况满意度	5	4	4	5	5	5	4	4	3	4	4	4	4	5	3	4.20

续表

绩效指标		合作社社员评分															均值
社员满意度	41. 合作社的管理和经营方式	5	5	5	4	5	3	4	4	3	4	4	5	3	4	4	4.13
	42. 合作社提供的培训	4	5	5	4	5	4	4	3	3	4	4	4	4	3	3	3.93
	43. 合作社对当地村民的扶贫效果	5	5	5	5	4	5	3	3	2	4	4	3	4	4	4	4.00
	44. 推荐身边人加入合作社	5	4	4	5	4	3	3	3	2	4	4	4	5	3	3	3.73
	45. 社员之间的关系	4	5	5	4	5	4	3	3	2	4	3	5	4	4	2	3.80
	46. 加入合作社对能力的提升	5	5	5	4	4	5	3	3	2	4	3	4	4	4	3	3.87
	47. 合作社管理层处理事务的效率	4	4	3	5	3	3	3	3	2	5	3	4	5	3	4	3.60
	48. 合作社提供的服务	5	5	4	5	4	4	3	3	2	5	3	5	4	3	3	3.87

附录 2.20　**赫章县毛姑农业专业合作社社员问卷调查评分统计**

绩效指标		合作社社员评分															均值
管理能力	1. 合作社发展目标建立实施情况	3	3	3	3	3	3	3	3	3	3	3	3	3	3	3	3.00
	2. 合作社规章制度的建立情况	3	3	3	3	3	3	3	3	3	3	3	3	3	3	3	3.00
	3. 合作社规章制度的执行情况	3	3	3	3	3	3	3	3	3	3	3	3	3	3	3	3.00
	4. 合作社的财务计划	3	3	3	3	3	3	3	3	3	3	3	3	3	4	3	3.07
	5. 合作社的财务公开透明度	3	3	3	3	3	3	3	3	3	3	4	3	4	3	3	3.13
	6. 合作社管理层团结协作能力	4	3	4	3	3	3	4	3	3	3	4	3	3	3	3	3.27
	7. 合作社的问题与冲突解决机制	4	3	4	3	3	3	4	3	3	4	3	3	3	4	3	3.33
	8. 合作社的档案资料保管情况	3	4	4	3	3	4	4	3	3	3	4	3	3	3	3	3.33
	9. 合作社的监测评估机制	3	4	4	3	3	3	3	3	3	3	3	4	3	3	3	3.20

续表

绩效指标		合作社社员评分															均值
实施建设	10. 合作社的自然资源条件和生产力	3	3	3	3	4	3	3	3	3	3	3	3	3	3	3	3.07
	11. 合作社的土地流转利用情况	3	3	3	3	3	3	3	3	3	3	3	3	3	3	3	3.00
	12. 合作社的创建对当地基础设施的改善情况	3	3	3	3	3	3	3	3	3	3	3	3	3	3	3	3.00
	13. 合作社的加工设备购置及运行情况	3	3	3	3	3	3	3	4	3	4	3	4	3	3	3	3.20
	14. 合作社产品的加工环境	4	3	3	3	4	3	3	3	3	3	3	4	3	3	3	3.20
	15. 合作社生产环境	4	4	4	3	4	3	3	3	3	3	4	4	3	3	3	3.40
	16. 合作社统一提供的肥料、种子等物资情况	3	4	4	3	3	4	3	3	3	3	3	3	3	3	3	3.20
	17. 合作社办公设备购置情况	3	3	4	3	3	4	4	4	3	3	3	3	4	3	3	3.33
运营能力	18. 合作社经营计划实施情况	3	3	3	3	4	3	4	3	3	3	4	4	4	4	3	3.40
	19. 合作社的市场开拓能力	3	4	3	3	3	3	4	3	3	3	4	3	4	3	3	3.27
	20. 合作社的管理者能力	3	3	4	4	3	3	3	3	3	4	4	3	4	3	3	3.33
	21. 合作社的专业技术人才聘请情况	3	3	3	4	3	4	3	3	3	3	3	4	3	3	3	3.20
	22. 合作社产品的品牌影响力	3	3	4	3	3	3	3	3	4	3	4	3	3	3	3	3.20
	23. 加入合作社后生产成本	3	3	3	3	3	3	3	4	3	3	4	4	3	3	3	3.20
	24. 合作社提供的生产技术	4	3	4	3	3	3	4	3	3	3	3	3	3	4	3	3.27
	25. 合作社对产品质量的保证与监督情况	4	4	3	4	3	4	3	3	5	3	4	4	3	3	4	3.60
	26. 合作社产品品牌在当地的口碑	3	3	4	3	3	3	3	3	3	4	3	3	4	3	3	3.20

续表

绩效指标		合作社社员评分															均值
社员收益	27. 合作社的盈利情况	3	3	3	3	3	3	3	3	3	3	4	3	4	3	3	3.13
	28. 合作社的社员分红情况	3	3	4	3	3	3	3	4	3	3	3	3	4	4	3	3.27
	29. 合作社的农户收益情况	4	3	3	3	3	3	3	3	3	3	3	3	3	3	3	3.07
	30. 合作社按交易量分配利润的相关情况	3	3	3	4	3	3	4	4	4	3	3	3	3	3	3	3.27
	31. 合作社的贫困户占股情况	3	3	3	3	3	3	3	3	3	3	3	3	3	3	3	3.00
	32. 合作社收购社员产品的价格满意度	3	3	4	4	3	3	3	3	3	3	4	3	3	4	3	3.27
社会影响	33. 合作社建设中的社员参与度	3	3	3	3	3	3	3	3	3	3	3	3	4	4	3	3.13
	34. 合作社对贫困人口的接纳度	5	3	5	3	3	5	5	5	5	5	5	4	3	3	4	4.20
	35. 合作社带动产业情况	5	3	5	3	5	5	4	5	5	5	5	4	3	5	4	4.40
	36. 合作社带动就业情况	4	3	4	5	5	4	3	4	3	5	4	3	3	5	4	3.93
	37. 合作社带动脱贫情况	4	3	3	4	4	3	3	4	3	4	4	3	3	5	4	3.60
	38. 合作社对社员能力提升情况	5	3	5	4	3	4	5	3	5	4	4	3	3	4	4	3.93
	39. 合作社的社员技术、业务培训满意度	3	4	3	3	3	4	3	3	3	3	4	3	3	3	3	3.20
	40. 合作社的外出考察交流情况满意度	3	4	3	3	3	3	3	3	3	3	4	3	3	3	3	3.13

续表

绩效指标		合作社社员评分															均值
社员满意度	41. 合作社的管理和经营方式	4	3	3	3	3	3	3	3	3	3	4	3	4	3	3	3.20
	42. 合作社提供的培训	4	4	3	3	3	3	3	3	3	3	4	3	4	4	3	3.33
	43. 合作社对当地村民的扶贫效果	4	3	4	3	3	3	3	3	3	3	4	3	4	4	3	3.33
	44. 推荐身边人加入合作社	4	3	3	3	3	3	3	3	4	3	4	3	4	3	3	3.27
	45. 社员之间的关系	3	4	3	3	3	3	3	3	3	3	4	3	3	3	3	3.13
	46. 加入合作社对能力的提升	3	3	3	4	4	3	3	3	3	3	3	4	3	3	3	3.20
	47. 合作社管理层处理事务的效率	3	3	4	3	4	4	3	4	3	3	3	3	3	3	3	3.27
	48. 合作社提供的服务	3	3	3	4	3	3	3	3	3	3	3	3	3	4	3	3.13

附录 2.21　　荞道荞麦专业合作社社员问卷调查评分统计

绩效指标		合作社社员评分															均值
管理能力	1. 合作社发展目标建立实施情况	4	2	3	2	2	3	2	2	3	2	3	3	3	2	3	2.60
	2. 合作社规章制度的建立情况	5	3	4	3	3	4	2	3	3	3	2	3	3	3	4	3.20
	3. 合作社规章制度的执行情况	5	4	3	2	2	3	2	2	4	4	2	3	3	2	4	3.00
	4. 合作社的财务计划	3	3	3	3	2	3	3	2	3	2	2	2	2	2	3	2.53
	5. 合作社的财务公开透明度	3	2	4	2	3	4	2	3	4	2	2	4	2	3	4	2.93
	6. 合作社管理层团结协作能力	3	2	5	2	3	3	4	2	4	3	2	2	2	3	4	2.93
	7. 合作社的问题与冲突解决机制	3	3	4	4	2	3	2	3	3	4	3	3	2	2	3	2.93
	8. 合作社的档案资料保管情况	4	3	3	3	2	4	2	3	3	4	2	3	3	2	3	2.93
	9. 合作社的监测评估机制	4	3	3	3	4	3	3	4	3	4	4	3	3	3	3	3.33

续表

绩效指标		合作社社员评分															均值
实施建设	10. 合作社的自然资源条件和生产力	3	2	4	2	3	2	2	3	2	3	3	3	2	4	2	2.67
	11. 合作社的土地流转利用情况	4	4	3	2	2	2	3	2	3	2	3	2	2	2	2	2.53
	12. 合作社的创建对当地基础设施的改善情况	3	4	4	3	3	4	2	3	3	3	2	3	3	3	2	3.00
	13. 合作社的加工设备购置及运行情况	3	5	4	2	3	3	2	2	2	2	2	2	3	3	3	2.73
	14. 合作社产品的加工环境	3	4	3	2	2	2	4	2	3	2	2	3	2	3	3	2.67
	15. 合作社生产环境	3	3	3	3	2	2	2	2	4	2	2	3	2	3	2	2.53
	16. 合作社统一提供的肥料、种子等物资情况	4	4	4	3	3	4	2	3	3	4	4	2	2	4	2	3.20
	17. 合作社办公设备购置情况	3	5	5	2	3	2	3	4	2	3	2	2	2	3	2	2.87
运营能力	18. 合作社经营计划实施情况	4	3	4	3	3	4	4	3	2	3	3	3	3	3	3	3.20
	19. 合作社的市场开拓能力	5	3	5	4	4	2	3	2	3	2	2	2	2	2	3	2.93
	20. 合作社的管理者能力	3	4	5	2	3	2	2	3	4	4	3	2	2	4	2	3.00
	21. 合作社的专业技术人才聘请情况	3	4	4	2	2	4	2	3	3	3	3	4	3	3	3	3.07
	22. 合作社产品的品牌影响力	3	5	4	3	2	3	3	2	3	2	2	3	2	2	3	2.80
	23. 加入合作社后生产成本	4	4	3	2	2	3	4	2	2	2	2	3	2	3	3	2.73
	24. 合作社提供的生产技术	3	3	3	3	2	3	3	3	2	3	3	2	3	3	2	2.73
	25. 合作社对产品质量的保证与监督情况	4	2	3	3	3	3	3	2	3	2	3	2	2	3	2	2.67
	26. 合作社产品品牌在当地的口碑	4	3	5	2	3	2	2	2	3	2	3	2	3	2	3	2.73

续表

绩效指标		合作社社员评分															均值
社员收益	27. 合作社的盈利情况	3	3	5	2	3	2	3	4	3	2	2	4	3	2	3	2.93
	28. 合作社的社员分红情况	4	3	4	3	2	4	2	3	4	3	2	4	3	3	2	3.07
	29. 合作社的农户收益情况	4	3	4	3	2	2	2	3	2	3	3	3	3	3	3	2.87
	30. 合作社按交易量分配利润的相关情况	3	2	3	2	2	2	2	2	4	2	2	2	3	2	3	2.40
	31. 合作社的贫困户占股情况	5	3	5	4	3	4	4	2	2	4	4	3	2	3	2	3.33
	32. 合作社收购社员产品的价格满意度	5	4	3	3	3	2	3	3	4	3	3	3	3	4	3	3.27
社会影响	33. 合作社建设中的社员参与度	5	3	3	3	2	3	3	3	2	3	3	3	2	3	3	2.93
	34. 合作社对贫困人口的接纳度	5	4	3	2	3	3	4	2	2	2	3	3	4	3	2	3.00
	35. 合作社带动产业情况	5	4	4	3	2	2	2	2	3	4	3	2	4	4	2	3.07
	36. 合作社带动就业情况	4	3	5	2	2	2	2	2	2	2	3	3	3	3	2	2.67
	37. 合作社带动脱贫情况	4	4	5	2	3	2	4	3	2	2	3	3	3	3	3	3.07
	38. 合作社对社员能力提升情况	3	5	4	3	3	4	3	3	2	4	2	2	2	4	3	3.13
	39. 合作社的社员技术、业务培训满意度	3	4	4	3	2	3	3	2	4	3	3	3	3	3	3	3.07
	40. 合作社的外出考察交流情况满意度	3	3	3	2	2	2	2	2	2	2	2	3	3	2	2	2.33

续表

绩效指标		合作社社员评分															均值
社员满意度	41. 合作社的管理和经营方式	3	3	4	3	4	2	2	3	3	2	3	3	2	3	3	2.87
	42. 合作社提供的培训	3	4	4	2	3	4	2	4	2	2	3	4	3	2	3	3.00
	43. 合作社对当地村民的扶贫效果	4	4	5	2	3	2	3	2	2	3	2	3	3	2	4	2.93
	44. 推荐身边人加入合作社	3	4	4	2	2	2	2	4	4	3	2	3	3	3	3	2.93
	45. 社员之间的关系	4	3	3	3	2	3	3	2	3	2	2	3	3	4	2	2.80
	46. 加入合作社对能力的提升	4	4	4	3	3	3	3	2	2	4	2	2	3	3	2	2.93
	47. 合作社管理层处理事务的效率	3	3	3	2	3	2	2	3	2	3	2	3	2	4	2	2.60
	48. 合作社提供的服务	3	4	3	4	4	2	4	3	2	3	2	2	2	3	2	2.87

附录三　世界银行项目合作社基本信息表

市	县	合作社名称	产业	建立时间（年．月．日）	运营时长（年）	合作社组织类型	产业发展模式	产业发展模式亚型
铜仁市	德江县	德江县茂盛天麻种植专业合作社	天麻	2015. 12. 25	5	b	3	3. 2
		德江武陵天麻农民专业合作社	天麻	2015. 09. 10	5	b	3	3. 2
		德江县长龙天麻农民专业合作社	天麻	2016. 02. 01	4	b	3	3. 2
		德江县众联果蔬种植专业合作社	核桃	2017. 01. 13	3	b	1	1. 2
		德江县薯来康甘薯专业合作社	甘薯	2017. 12. 30	3	b	3	3. 2
		黔东北江丰农作物种植农民专业合作社	甘薯	2017. 12. 30	3	b	3	3. 2
		贵州乌江富康花椒种植农民专业合作社	花椒	2018. 01. 22	2	b	3	3. 2
		德江县古寨茶叶种植专业合作社	茶叶	2020. 04	0	b	3	3. 2

续表

市	县	合作社名称	产业	建立时间（年．月．日）	运营时长（年）	合作社组织类型	产业发展模式	产业发展模式亚型
铜仁市	思南县	思南县华丰果蔬专业合作社	水果	2015. 12. 25	5	b	1	1. 2
		思南县黔阳种植养殖专业合作社	柚子	2015. 12. 25	5	b	1	1. 2
		思南县松竹梅农业生态种养专业合作社	蚕桑	2015. 05. 27	3	e	3	3. 2
		思南县集泓生态茶叶农民专业合作社	茶叶	2017. 03. 03	3	b	3	3. 2
		思南县致远生态农业专业合作社	山地高效农业	2017. 03. 03	3	b	1	1. 3
		思南县鑫钰源兴隆生态茶专业合社	茶叶	20017. 09. 15	3	b	3	3. 2
		思南源丰生态农业专业合作社	茶叶	2017. 07. 26	2	b	3	3. 2
		思南县洞子口乡村旅游专业合作社	乡村旅游	2016. 09. 23	2	a	4	4. 0
		思南县农绿种植农民专业合作社	柚子、葡萄	2018. 08. 20	2	c	1	1. 2
		思南檬子树食用菌农民专业合作社	食用菌	2018. 10. 25	2	b	1	1. 3

续表

市	县	合作社名称	产业	建立时间（年．月．日）	运营时长（年）	合作社组织类型	产业发展模式	产业发展模式亚型
铜仁市	印江县	新寨乡精诚绿壳蛋鸡专业合作社	蛋鸡	2016. 02. 02	4	d	2	2. 1
		张家坝绿峰茶叶专业合作社	茶叶	2016. 08. 03	4	b	3	3. 2
		洋溪茶叶专业合作社	茶叶	2016. 10. 17	3	d	3	3. 2
		印江土鸡养殖专业合作社	养鸡	2017. 02. 07	3	b	2	2. 1
		楠星富民茶叶专业合作社	茶叶	2018. 04	2	b	3	3. 2
		白元兴农茶叶专业合作社	茶叶	2018. 04	2	d	3	3. 2
		缠溪梨坪中蜂养殖专业合作社	蜂蜜	2018. 07. 20	2	d	2	2. 3
		食全食美蔬菜生产专业合作社	蔬菜	2018. 07. 25	2	d	1	1. 1
	石阡县	贵州石阡县林春农林专业合作社	马铃薯	2015. 12. 25	5	b	1	1. 1
		石固乡王家沟农林综合开发专业合作社	油茶	2017. 02. 13	3	b	3	3. 2
		石阡县康乐中药材产业农民专业合作社	中药材	2015. 12. 25	5	a	3	3. 2
		石阡县和鑫茶叶生产农民专业合作社	茶叶	2017. 02. 13	3	b	3	3. 2
		石阡县龙塘镇大屯兆豐茶叶专业合作社	茶叶	2016. 09. 24	4	c	3	3. 2
		石阡祥丰文化生态农业专业合作社	水果	2017. 09. 21	3	b	1	1. 2

续表

市	县	合作社名称	产业	建立时间（年．月．日）	运营时长（年）	合作社组织类型	产业发展模式	产业发展模式亚型
铜仁市	石阡县	石阡县星可原农业开发专业合作社	中药材	2017. 12. 31	3	b	3	3. 2
		石阡县本庄土罐罐茶产业专业合作社	茶业	2020. 04. 08	0	b	3	3. 2
	沿河县	洞口桥果蔬农民专业合作社	空心李	2016. 02. 03	4	d	1	1. 2
		天缘山空心李农民专业合作社	空心李	2016. 09. 21	4	a	1	1. 2
		木林种养业农民专业合作社	山羊	2016. 09. 21	4	d	2	2. 2
		姚溪志飞茶叶农民专业合作社	茶叶	2017. 01. 18	3	d	3	3. 2
		黄土乡农特产品农民合作社	花生	2017. 03	3	b	3	3. 2
遵义市	道真县	龙腾磨盘蔬菜专业合作社	蔬菜	2015. 08. 07	5	b	1	1. 1
	正安县	格林永长核桃种植农民合作社	核桃	2015. 12. 30	4	b	1	1. 3
		复兴茶叶农民专业合作社	茶	2015. 03. 11	5	a	3	3. 2
		茗星春茶叶种植专业合作社	茶	2016. 09. 30	4	a	3	3. 2
		宏泉谷物种植合作社	五谷杂粮	2018. 05. 14	2	a	1	1. 1
		正安正和茶叶农民专业合作社	茶	2018. 08. 27	2	a	3	3. 2

续表

市	县	合作社名称	产业	建立时间（年．月．日）	运营时长（年）	合作社组织类型	产业发展模式	产业发展模式亚型
遵义市	务川县	高洞生态茶业农民专业合作社	茶	2015. 12. 30	4	a	3	3. 2
		汇景园辣椒种植专业合作社	辣椒	2017. 12. 21	2	a	3	3. 2
		涪洋佳禾辣椒种植农民专业合作社	辣椒	2017. 12. 20	2	a	3	3. 2
		过江种养业农民专业合作社	榨菜	2018. 02. 13	2	a	3	3. 1
		双鹿肉牛生态养殖合作社	肉牛	2018. 05. 14	2	a	2	2. 2
		渝民蔬菜种植农民专业合作社	蔬菜	2018. 12. 17	1	a	1	1. 1
毕节市	纳雍县	九黎风苎麻专业合作社	苎麻	2015. 08. 07	2	a	3	3. 2
		国品茶叶农民专业合作社	茶	2015. 12. 28	4	a	1	1. 3
		鹿裕种植农民专业合作社	茶	2015. 12. 28	4	a	1	1. 3
		纳雍县昆寨乡昆泉农业生态农民专业合作社	葛根	2017. 06. 05	3	a	3	3. 2
		纳雍县猪场乡硐口新农业发展农民专业合作社	糯谷猪	2017. 09. 18	3	b	2	2. 2
		纳雍县库东关乡梅花山魔芋专业合作社	魔芋	2017. 09. 18	3	b	3	3. 2

续表

市	县	合作社名称	产业	建立时间（年．月．日）	运营时长（年）	合作社组织类型	产业发展模式	产业发展模式亚型
毕节市	纳雍县	纳雍县生态乌蒙农业种养殖农民专业合作社	冬荪	2018. 02. 13	2	b	1	1. 3
		水东镇勤发现代生态农业农民专业合作社	葛头	2018. 02. 13	2	b	1	1. 3
	赫章县	欣禾魔芋产业专业合作社	魔芋	2015. 08. 24	5	b	3	3. 2
		营塘魔芋专业合作社	魔芋	2016. 09. 07	4	b	3	3. 2
		长坪魔芋专业合作社	魔芋	2016. 09. 08	4	b	3	3. 2
		赫章县庆丰种植养殖专业合作社	核桃	2017. 09. 18	3	b	1	1. 3
		赫章县毛姑农业专业合作社	食用菌	2018. 05. 07	2	b	1	1. 3
	威宁县	志兴种养殖农民专业合作社	蛋鸡	2015. 06. 15	5	b	2	2. 1
		金种魔芋专业合作社	魔芋	2015. 08. 07	5	b	3	3. 2
		荞道荞麦专业合作社	荞麦	2017. 01. 24.	3	a	3	3. 1
		利众马铃薯种销农民专业合作社	马铃薯	2018. 05. 07	2	b	3	3. 1
		威宁县梨银惠诚种植专业合作社	魔芋	2020. 02. 17	0	b	3	3. 2

备注：

一、组织运营模式：a. 公司带动型；b. 能人大户带动型；c. 村组织带动型；d. 全农户型；e. 混合型。

二、产业发展模式：1. 种植业；2. 养殖业；3. 农产品加工业；4. 生态旅游业。

三、产业发展模式亚型：1. 1 蔬菜种植；1. 2 水果/干果种植；1. 3 经济作物种植；2. 1 禽类养殖；2. 2 畜类养殖；2. 3 其他；3. 1 蔬菜加工；3. 2 经济作物加工；4. 0 生态旅游。

附录四　世界银行项目合作社概览

铜仁市

德江县

德江县茂盛天麻种植专业合作社

德江县茂盛天麻种植专业合作社，主要从事天麻、果树、茶叶、中药材等的种植、加工、销售，土特产销售及加工。主要生产内容是天麻种植与加工，产业发展模式为农产品加工业，产业发展模式亚型为加工经济作物，组织运营模式为“能人大户 + 农户 + 合作社”。合作社成立时有社员203 户，其中，贫困户 145 户，占项目区贫困户 34.44%。项目建成后，可实现年产鲜天麻 5 万千克，可加工制作天麻产品 1 万千克。利润由合作社全体社员按入股比例共同分配，年人均增收 10083 元。

德江武陵天麻农民专业合作社

德江武陵天麻农民专业合作社，主要从事天麻、果树、茶叶、中药材等的种植、加工、销售，土特产销售及加工。合作社现有天麻种植面积2200 平方米，主要经营区域为德江县沙溪乡。主要生产内容是加工天麻，产业发展模式为农产品加工业，产业发展模式亚型为加工经济作物，组织运营模式为“能人大户 + 农户 + 合作社”。合作社有社员 158 户，其中，建档立卡贫困户 73 户，占项目区建档立卡贫困户的 35.27%。项目建成后，可实现年产鲜天麻 7.5 万千克，年销售收入 393 万元。扣除各项投入成本 159.2 万元，合作社预留 46.76 万元作为公积金等，社员可分配利润187.04 万元。承担项目实施的德江武陵天麻农民专业合作社社员将是直接的受益者。利润由合作社全体社员按入股比例分配，年户均增收11837 元。

德江县长龙天麻农民专业合作社

德江县长龙天麻农民专业合作社，主要从事天麻种植、加工、销售和萌发菌、蜜环菌培育。每年天麻种植2万平方米以上、菌种生产25万瓶以上，主要经营区域为德江县及周边地区。主要生产内容是加工天麻，产业发展模式为农产品加工业，产业发展模式亚型为加工经济作物，组织运营模式为“能人大户+农户+合作社”。合作社共有社员218户。其中，建档立卡贫困户105名，占项目区贫困户的39.47%。项目建成后，可实现年产鲜天麻5万千克，可生产菌种25万瓶，年均销售收入355万元。扣除各项投入成本105.51万元，合作社提留37.42万元，年可分配利润212.07万元。利润由合作社全体社员共同分享，其中，可分配利润的30%由合作社全体社员按入股比例分配，剩余70%按照社员交货量分配。户年均增收9728元，每股可分配1413.79元。

德江县众联果蔬种植专业合作社

德江县众联果蔬种植专业合作社，主要从事核桃、果树、蔬菜等的种植、加工、包装、销售，农业技术咨询及推广等业务。主要生产内容是种植核桃，产业发展模式为种植业，产业发展模式亚型为种植干果，组织运营模式为“能人大户+农户+合作社”。合作社共有社员317户。合作社有建档立卡贫困户社员78户，占项目区贫困户的41.9%。项目建成后，可实现年产核桃50吨，年均销售收入301.44万元，年可分配利润197.97万元。利润由合作社全体社员共同分享，10%由社员按入股比例分配，90%按照交货量分配。户年均增收6245元，每股可分配965元。

德江县薯来康甘薯专业合作社

德江县薯来康甘薯专业合作社，主要从事脱毒甘薯种植、深加工、包装、销售等业务。主要生产内容是加工甘薯，产业发展模式为农产品加工业，产业发展模式亚型为加工经济作物，组织运营模式为“能人大户+农户+合作社”。合作社共有社员342户。有建档立卡贫困户社员116户，占项目区贫困户的66.67%（民主村贫困户22户，入社18户，占比81.82%；新春村贫困户50户，入社31户，占比62%；清水塘村贫困户44户，入社27户，占比61.36%；露青村贫困户58户，入社40户，占比

68.97%)。项目建成后，可实现年产淀粉187.5吨、粉丝250吨，年均销售收入429.45万元，年可分配利润235.98万元。利润分两次按交易量分配，年户均增收6900元。

德江县古寨茶叶种植专业合作社

德江县古寨茶叶种植专业合作社，主要从事茶叶的种植、加工、销售；中药材种植、加工、销售；其他农产品种植等。主要产业是加工茶叶，产业发展模式为农产品加工业，产业发展模式亚型是加工经济作物，合作社组织类型为“能人大户+农户+合作社”。合作社共有社员142户，合作社有建档立卡贫困户社员68户，占项目区贫困户68户的100%。项目建成后，可实现年产成品白茶3吨，年均销售收入210万元；代加工干茶5吨，年均销售收入25万元。年可分配利润24.79万元。利润由合作社全体社员共同分享，按茶青交易量和股份比例分配。年户均收入1745.77元，带动项目区100%的建档立卡贫困户加入合作社，可实现巩固脱贫攻坚成果的目标。项目实施后，还可带动项目区周边群众发展白茶产业，促进周边群众持续增收。合作社每年将拿出可分配利润的2%专门用于扶持有困难的贫困户社员，可以有效帮助他们巩固脱贫成果。

黔东北江丰农作物种植农民专业合作社

黔东北江丰农作物种植农民专业合作社，主要从事脱毒甘薯种植、加工、销售等业务。主要生产内容是加工甘薯，产业发展模式为农产品加工业，产业发展模式亚型为加工经济作物，组织运营模式为“能人大户+农户+合作社”。合作社共有社员255户，合作社有建档立卡贫困户社员88户，占项目区贫困户的79.28%。项目建成后，可实现年产苕粉75吨，可加工薯条薯片50吨，实现393万元的销售收入，年可分配利润229.49万元。由全体社员按照交货量分配，户年均增收8999元。

贵州乌江富康花椒种植农民专业合作社

贵州乌江富康花椒种植农民专业合作社，主要从事花椒种植、加工、包装、销售等业务。主要生产内容是加工花椒，产业发展模式为农产品加工业，产业发展模式亚型为加工经济作物，组织运营模式为“能人大户+农户+合作社”。合作社有社员129户，有建档立卡贫困户社员45户，占项目区贫困户97.83%。项目建成后，可实现年产鲜花椒300吨，加工干花椒、花椒粉60吨，年均销售收入510万元，年可分配利润251.47万元。利润主要以交易量方式通过交售产品、附加值增加两个环节进行分配，户年均增收1.95万元。

思南县

思南县华丰果蔬专业合作社

思南县华丰果蔬专业合作社，主要从事精品水果的种植、加工、储藏、包装、销售；组织引导农民，引进新技术，改良品种，开展对水果生产的技术培训和技术交流，提供种植农户所需的各项服务。主要生产内容是种植水果，产业发展模式为种植业，产业发展模式亚型为种植水果，组织运营模式为“能人大户+农户+合作社”。合作社共有社员297户，其中，项目区贫困户64户223人，占项目区贫困人口的100%；合作社理事会、监事会中有贫困户1名。通过本项目的实施，李子进入丰产期后（预计2021年）项目区可年产优质李3150吨，实现产值1449万元，实现利润934.56万元。通过合作社采后处理贮藏销售，优质李净产值亩均净增加2250元。同时，净产值将由原合作社和世界银行项目区农户共享，农户将获得30%的增值。团体社员2名，世界银行项目区实施农户295户，总人口1025人。参与投资入股的合作社社员，预计户均增收3万元以上，脱贫农户达28%。通过实施本项目，将间接带动周边村寨及部分乡镇。据测算，将带动板桥镇枣树坪村、水洞村、石庄田村，兴隆乡的跃进村、合心村农户3429户10760人，其中贫困户645户，贫困人口1866人，以及将要从事李子产业的农户达5000户以上。

思南县黔阳种植养殖专业合作社

思南县黔阳种植养殖专业合作社，主要从事精品水果的种植、加工、储藏、包装、销售、旅游开发；组织引导农民，引进新技术，改良品种，开展对水果生产的技术培训和技术交流，提供种植农户所需的各项服务。主要生产内容是种植柚子，产业发展模式为种植业，产业发展模式亚型为种植水果，组织运营模式为“能人大户+农户+合作社”。合作社进行改组后共有社员328户，其中，合作社贫困户社员96户，占项目区贫困户的80%。通过本项目的实施，红肉柚进入丰产期后（预计2020年）项目区可年产红肉柚子4000吨，实现产值1360万元，实现利润519.26万元，红肉柚子亩均净值实现22596元，项目区户均实现纯收入10385元，人均实现纯收入2596元。通过本项目实施，项目区贫困人口发生率将控制在10%以下。通过实施本项目，将间接带动周边村寨及部分乡镇加快发展水果产业。据测算，项目将带动本镇水淹坝、郝家湾、水洞等村，塘头镇花盆村，兴隆乡跃进、马宗岭等村农户3900户15600人，其中贫困户610户贫困人口2500人。

思南县松竹梅农业生态种养专业合作社

思南县松竹梅农业生态种养专业合作社，主要从事茶叶、蚕桑、水果等种植、加工、储藏、销售；农业技术咨询、种植模式探索、技术转让、乡村休闲旅游观光等农户所需要的各项服务。主要生产内容是加工桑蚕，产业发展模式为农产品加工业，产业发展模式亚型为加工经济作物。2016年9月12日，合作社召开了社员大会，对原合作社进行了改组，选举产生了新的合作社理事会、监事会14人，其中贫困户4名。通过本项目的实施，蚕桑进入丰产期后可以年均实现纯利润1024.7万元，按照规定合作社发展再生产提留20%后，按照股份分红，422户普通社员每户可年均分红1.89万元，每亩桑园年均纯收入可达到6841元，1户团体社员可以分红120万元。项目重点围绕我县农村经济发展，通过扶持农户自发建立以市场为导向的农民专业合作社（以下简称合作社），主要以“合作社+科技园+村干部+农户”形式开展实施。通过本项目实施，项目区贫困人口发生率将控制在5%以下。

思南县集泓生态茶叶农民专业合作社

思南县集泓生态茶叶农民专业合作社，从事茶叶、果蔬、林木、育苗等种植及管理，提供技术指导、茶叶加工和销售等。主要生产内容是加工茶叶，产业发展模式为农产品加工业，产业发展模式亚型为加工经济作物，组织运营模式为“能人大户+农户+合作社”。现有社员183户，贫困户35户，占项目区贫困户的79.54%。项目实施后，丰产期年产鲜叶168.69吨，加工成品茶41.39吨，实现产值669.81万元，实现利润240.99万元，净利润216.89万元。社员户均增收1.19万元，人均2600元。实现项目区35户132人贫困人口全部脱贫。直接受益人是合作社、合作社社员、贫困农民，包括妇女和少数民族。

思南县致远生态农业专业合作社

思南县致远生态农业专业合作社，主要从事茶叶、果蔬、花卉苗木等的种植、销售；畜禽养殖、销售；农业旅游资源开发及利用；乡村休闲旅游等业务。主要生产内容是山地高效农业，产业发展模式为种植业，产业发展模式亚型为种植经济作物，组织运营模式为“能人大户 + 农户 + 合作社”。合作社进行改组后共有社员 356 户，其中，项目区有贫困户 64 户，其中入社贫困户 50 名，占项目区贫困农户的 78.12%，占社员总数的 14.04%。项目建成并全部达产后（到 2023 年）预计实现总销售收入 5300 万元，实现利润 952.99 万元，可供分配利润 571.79 万元。参与投资入股的合作社社员，预计户均实现年纯收入 1.6 万元，年纯收入人均增加 4015 元。通过本项目实施，将使项目区 50 名贫困名全部脱贫致富；项目区贫困人口的综合素质进一步提高，掌握农业实用技术的能力进一步增强；贫困人口的生产生活条件进一步改善，农业生产抗自然环境影响的能力逐步增强，对加快脱贫致富步伐起到了积极的作用，贫困人发生率由 25% 下降至 3% 以下。

思南县鑫钰源兴隆生态茶专业合作社

思南县鑫钰源兴隆生态茶专业合作社，从事茶叶种植、加工、销售；茶叶现代科技的集成、开发、推广及咨询服务等。主要生产内容是加工茶叶，产业发展模式为农产品加工业，产业发展模式亚型为加工经济作物，组织运营模式为“能人大户 + 农户 + 合作社”。合作社进行改组后共有社员 191 户，其中，项目区涉及许家坝镇代家山和兴隆场两个村，7 个村民组，其中代家山村为贫困村，7 个村民组中共有贫困户 49 户、174 人，其中入社贫困户 42 户、143 人，占项目区贫困户的 85.74%。通过本项目的实施，优质绿茶进入丰产期后（预计 2020 年）项目区实现年产茶 50 吨，销售收入 700 万元，实现利润 293.9 万元，按照规定合作社发展再生产提留后，可供分配利润 250.5 万元。参与投资入股的合作社社员，按照股份分红，预计户均实现年纯收入 1.311 万元，年纯收入人均增加 3187 元。

思南源丰生态农业专业合作社

思南源丰生态农业专业合作社，从事茶叶种植、加工、销售；茶叶现代科技的集成、开发、推广及咨询服务等。主要生产内容是加工茶叶，产业发展模式为农产品加工业，产业发展模式亚型为加工经济作物，组织运营模式为“能人大户 + 农户 + 合作社”。合作社共有社员 134 户。项目区位于鹦鹉镇炉岩村，该村是三类贫困村。全村总农户有 186 户 785 人，有贫困户 74 户 287 人，其中入社贫困户 74 户，占项目区贫困户的 100%。通过本项目的实施，优质绿茶进入生产期可实现年产茶 33 吨，销售收入 200 万元，实现利润 44.18 万元，按照规定合作社发展再生产提留后，可供分配利润 35.34 万元。参与投资入股的合作社社员，按照股份分红，预计户均实现年纯收入 2637 元，年纯收入人均增加 590 元。茶园进入丰产期，可产绿茶 80 吨，可实现纯利润 148.49 万元，合作社社员户均实现年纯收入 1.108 万元，年纯收入人均增加 2479 元。

思南县洞子口乡村旅游专业合作社

思南县洞子口乡村旅游专业合作社，主要从事乡村土特产品加工和销售：濮菜系列、手工豆腐、米粉、绿豆粉；藤编、竹编产品的制作和销售；果蔬、园林绿化等经济开发；家禽、牲畜、水产品养殖和销售；农村农业科技技术咨询、培训、服务等业务。主要生产内容是乡村旅游，产业发展模式为生态旅游业，产业发展模式亚型为生态旅游，组织运营模式为“公司 + 农户 + 合作社”。随着国家对扶贫攻坚工作的大力开展，一些贫困户相继脱贫，2017 年 12 月，合作社重新改组，现有社员 52 户，其中，贫困社员 51 户，占 98.08%，非贫困户 1 户，占 1.92%；精准扶贫建档立卡贫困户 51 户，占项目区两个村贫困户的 69.86%。通过对项目区贫困户生产、经营技能培训，增强了贫困户产业生存能力。通过提供长期的就业岗位（每家加工坊至少 1 人），稳定和解决了贫困户的就业问题。增加了贫困户的经济收入，可使入社的每个贫困户年收入达到 3 万元以上，同时按现行的脱贫考核标准能够实现项目覆盖区两个村的 73 户贫困户基本脱贫。对农业集约化、区域化、产业化经营提供了示范作用，增加了社员的收入，带动了农村经济，加快了新农村建设。

思南县农绿种植农民专业合作社

思南县农绿种植农民专业合作社，主要从事果蔬种植、农产品加工、包装、运输、冷冻、贮藏，苗木培育、销售等业务。主要生产内容是种植柚子、葡萄，产业发展模式为种植业，产业发展模式亚型为种植水果，组织运营模式为"村组织+农户+合作社"。合作社项目区为邵家桥镇渔溪沟村，位于邵家桥镇中部，距镇政府驻地1公里，属三类贫困村，下辖肖坡、皂角树、竹林湾、半边街、沙坝、小龙洞、新田、大土、龙井湾9个村民组。合作社共有社员301名，其中，有建档立卡贫困户社员66户252人，占项目区贫困户的100%。项目建成并全部投产后，可年产水果846.98吨（其中，三红柚743.47吨，水晶葡萄103.51吨），预计实现销售收入653.1万元。利润实行按股份分红，可实现户年均增收7006.64元。项目建成后，可使合作社贫困户、妇女、少数民族社员年户均增收7408.67元，带动项目区100%的建档立卡贫困户加入合作社，实现脱贫致富目标，项目区贫困发生率下降到3%以内。合作社每年将拿出毛利润的2%专门用于扶持项目区贫困户生产生活，可以有效帮助贫困户脱贫致富。

思南檬子树食用菌农民专业合作社

思南檬子树食用菌农民专业合作社，主要从事食用菌机械化生产、加工及销售等。主要生产内容是种植食用菌，产业发展模式为种植业，产业发展模式亚型为种植蔬菜，组织运营模式为"能人大户+农户+合作社"。思南檬子树食用菌农民专业合作社是由原思南益佳农机专业合作社改组更名而来，原思南益佳农机专业合作社是由张益佳、叶林森、何守友、兰丽芳、兰天文、兰鹏飞、张益鸿、吴晓丽8位大户共同筹资50万元组建。2018年1月通过召开股东会，实行增资扩股撤股，原思南益佳农机专业合作社改组更名为思南檬子树食用菌农民专业合作社，原合作社的一切债务债权与现合作社无关。改组后的思南檬子树食用菌农民专业合作社共有社员436户，现有建档立卡贫困户社员162户，占总社员的37.16%。贫困户社员来自檬子树村（三类贫困村）72户，占该村贫困户总数的100%；塘坝村（非贫困村）90户，占该村贫困户总数的100%。项目建成后，可实现年产香菇210吨、木耳365吨，年均销售收入575万元，年可分配利润317.76万元。利润由合作社社员按股分红，可实现户年均增收7288

元，项目区贫困发生率下降到3%以内。合作社每年将拿出利润的2%专门用于扶持项目区贫困户生产生活，可以有效帮助贫困户脱贫致富。

印江县

印江县新寨乡精诚绿壳蛋鸡专业合作社

印江县新寨乡精诚绿壳蛋鸡专业合作社，主要从事绿壳蛋鸡生态养殖、销售。主要生产内容是养殖蛋鸡，产业发展模式为养殖业，产业发展模式亚型为养殖禽类，组织运营模式为“农户 + 合作社”。合作社现有社员77户，其中，贫困农户42名，占55%，通过本项目的实施，达产后合作社每年产鸡蛋380万枚，销售单价1元/枚，鸡10000只，销售单价15元/只，两项计算可实现销售收入395万元，实现利润128.05万元。达产期合作社年净利润67.98万元，将由合作社成员共享，社员的生产量（即上交合作社的产品量）及二次分红为主要收益，农民将获得73%的分配，大约30%的增值。项目实施区42户贫困农户全部脱贫致富。

印江自治县紫微镇张家坝绿峰茶业专业合作社

印江自治县紫微镇张家坝绿峰茶业专业合作社，主要从事茶叶的生产管理、加工、销售。主要经营范围为依法组织采购、供应社员种植茶叶所需的农业生产资料；组织社员从事产品的加工、储藏和销售；引进新技术、新品种；开展与茶叶有关的技术培训、技术交流和信息咨询服务。主要生产内容是加工茶叶，产业发展模式为农产品加工业，产业发展模式亚型为加工经济作物，组织运营模式为“能人大户 + 农户 + 合作社”。合作社成立时有社员168户，贫困户48户，占项目区建档立卡贫困户的76.19%。通过本项目的实施，合作社可实现茶青总净收入达207.4万元，社员采茶收入212.585万元，旅游净收入50万元，加工总增值114.07万元。合作社第一次分红是社员采摘茶青交售合作社所得支付款；合作社茶青总净收入，扣除合作社各种费用支出和基金后，第二次分红按茶青交售总量占60%，土地股份占40%进行分红；现金分红按入股现金的100%；旅游净收入单独建账，按社员入股股份分红。

印江土家族苗族自治县洋溪茶叶专业合作社

印江土家族苗族自治县洋溪茶叶专业合作社，主要从事茶叶的生产、加工、销售。主要经营范围为依法组织采购、供应成员种植茶叶所需的农业生产资料；组织社员从事产品的加工、储藏和销售；引进新技术、新品种；开展茶叶有关的技术培训、技术交流和信息咨询服务。主要生产内容是加工茶叶，产业发展模式为农产品加工业，产业发展模式亚型为加工经济作物，组织运营模式为“农户 + 合作社”。合作社成立时社员 272 户，建档立卡贫困户 42 户，占项目区内贫困户总数的 54.55%。通过本项目的实施，合作社可实现茶青总净收入达 488.74 万元，社员采茶收入 778.60 万元，加工总增值 167.96 万元。合作社第一次分红是社员采摘茶青交售合作社所得茶青支付款；合作社统一收购、加工、销售，合作社当年经营扣除生产成本和各种费用以及提留各项基金后所剩盈余部分进行第二次分红，第二次分红按现金和土地折价入股比例进行分配，其中土地折价入股部分按茶青交售量（额）占 90%，土地占 10% 进行分配；现金分红按入股现金的 100% 进行分配。达产后年户均增收 3.56 万元。

印江土鸡养殖专业合作社

印江土鸡养殖专业合作社，主要从事土鸡养殖产业发展，销售土鸡及土鸡蛋等业务。主要生产内容是养殖土鸡，产业发展模式为养殖业，产业发展模式亚型为养殖禽类，组织运营模式为“能人大户 + 农户 + 合作社”。本合作社成立时有社员 202 户。其中精准贫困户 58 户，占项目区贫困户 88 户的 65.9%。通过本项目的实施，达产后合作社每年产鸡蛋 1007 万枚，销售价格每枚 1 元，生态土鸡 2 万只，每只 112 元，两项合计年销售收入 1231 万元，实现毛利润 336.85 万元。合作社从社员手中收取土鸡及鸡蛋所得收入为社员个人所得，提高社员生产积极性和集体意识，保证项目有效实施、健康发展。合作社通过确立品牌、加工包装、销售后所得利润，提取公益金 10% 作为发展基金用于合作社扩大再生产，提取公积金 15% 作为应对自然灾害、帮助受灾群众发展（恢复）生产以及扣除合作社管理费用以后，其余利润按 60% 交易量、10% 土地入股量和 30% 现金入股量向社员返还、分配盈余。达产后每年每户可增收 1 万元以上。

印江土家族苗族自治县楠星富民茶叶专业合作社

印江土家族苗族自治县楠星富民茶叶专业合作社，主要从事茶叶的生产、加工、包装、销售等。主要生产内容是加工茶叶，产业发展模式为农产品加工业，产业发展模式亚型为加工经济作物，组织运营模式为“能人大户+农户+合作社”。共有社合作社员237户。2017年楠星村（二类贫困村）、湄坨村、冷水溪村三个村共有建档立卡贫困户70户，加入合作社贫困户58户，占项目区内贫困户总数的82.9%。通过项目实施，合作社可实现茶青总净收入达233.34万元，加工总增值80.21万元。合作社第一次分红是社员采摘茶青交售合作社所得利润按交易量进行分红；合作社统一加工、销售的利润，在扣除生产成本和提留各项基金后进行第二次分红，第二次分红按现金和土地折价入股比例进行分配，其中土地折价入股部分按茶青交售量（额）占90%以上，土地占10%以下进行分配；现金分红按入股现金的100%。项目建成后，可实现年销售收入696.39万元，扣除投入成本及提取公益金、公积金后，年可分配利润130.8万元。利润按交易量和入股比例分配，年户均可分红5518元，加上农户茶青收入，年户均增收15364元。

印江土家族苗族自治县白元兴农茶叶专业合作社

印江土家族苗族自治县白元兴农茶叶专业合作社，主要从事茶叶的生产、加工、包装、销售等。主要生产内容是加工茶叶，产业发展模式为农产品加工业，产业发展模式亚型为加工经济作物，组织运营模式为“农户+合作社”。合作社项目区为合水镇白元村，属三类贫困村。合作社现有社员208户，其中，2017年底建档立卡贫困户51户，占项目区2017年建档立卡贫困户56户的91.1%。合作社社员参与茶园管理、采摘茶青获得劳动收入为社员个人所得，提高社员生产积极性和集体意识，保证项目有效实施、健康发展。合作社通过统一加工，确立品牌、包装、销售后所得利润，提取税后利润的10%作为公积金，用于扩大生产和服务，提取5%作为公益金用于社员福利、贫困社员生产生活扶持，5%用于应对自然灾害对社员生产造成重大损失等。其余利润按交易量和股权分红。项目建成后，合作社可实现年均销售收入485万元，税后提取公积金、公益金、风险基金后，实现可分配利润98.987万元，每户社员增加纯收入4700元以上。

印江县缠溪镇梨坪中蜂养殖专业合作社

印江县缠溪镇梨坪中蜂养殖专业合作社，主要从事土峰（即中蜂）养殖，蜂蜜采收、包装、销售等业务。主要生产内容是蜂蜜产业，产业发展模式为养殖蜜蜂，产业发展模式亚型为养殖蜜蜂，组织运营模式为“农户＋合作社”。印江县缠溪镇梨坪中蜂养殖专业合作社有社员156户，其中，2017年建档立卡贫困户146户，占总社员的94%。合作社社员参与蜜蜂饲养管理获得的劳动收入为社员个人所得，提高社员生产积极性和集体意识，保证项目有效实施、健康发展。合作社通过统一品牌、统一包装、统一销售后所得利润，在税后利润中提取10%作为公积金，用于合作社扩大再生产；提取5%作为公益金，用于贫困社员生产生活扶持；5%用于风险基金。可分配利润按现金股和交易量分红。项目建成后合作社可实现年销售收入300万元，扣除各项投入成本及提取公益金、公积金、风险基金，年均可分配利润76.47万元，社员分红方式按按蜂蜜交易量和现金股权分红，年户均增收4500元。

贵州印江食全食美蔬菜生产专业合作社

贵州印江食全食美蔬菜生产专业合作社，主要负责蔬菜的育苗、种植、深加工、包装、销售为一体的产业发展业务。主要生产内容是种植蔬菜，产业发展模式为种植业，产业发展模式亚型为种植蔬菜，组织运营模式为“农户＋合作社”。合作社有社员194户，其中，2017年建档立卡贫困户38户，占社员总数的24.36%。其中曾家村贫困户（三类贫困村）15户，占该村2017年贫困户的56%（2017年已脱贫23户，现剩余4户中有3户入社）；杨柳塘村（非贫困村）贫困户23户，占该村2017年贫困户的96%。合作社社员参与蔬菜种植，出售产品收入为社员个人所得，提高社员生产积极性和集体意识，保证项目有效实施、健康发展。合作社通过统一加工，确立品牌、包装、销售后所得利润，提取税后利润的10%作为公积金，用于扩大生产和服务，提取5%作为公益金用于社员福利、贫困社员生产生活扶持，5%用于应对自然灾害对社员生产造成重大损失等。其余利润按交易量60%和股权分红40%。项目建成后，新鲜蔬菜、干腌蔬菜、育苗，实现年总收入665万元，可分配利润87.483万元，按交易量和股权比例分配，年户均可增收5600元。通过项目实施，带动项目区80%以上的贫困户实现脱贫目标。吸引更多农户、贫困户参与世界银行项目合作社，共同致富。

石阡县

贵州石阡县林春农林专业合作社

贵州石阡县林春农林专业合作社，主要从事脱毒马铃薯种薯生产和商品薯生产（包括脱毒马铃薯的分级包装、加工及销售）；依法组织采购、供应社员种薯扩繁所需的生产资料；引进新技术、新品种；开展种薯扩繁有关技术培训、技术交流和信息咨询服务；提供其他社员所需的服务。主要生产内容是种植马铃薯，产业发展模式为种植业，产业发展模式亚型为种植蔬菜，组织运营模式为“能人大户 + 农户 + 合作社”。合作社成立时社员 108 户，其中贫困户 35 户（精准扶贫建档立卡贫困户），占项目区的 32.4%。项目实施后，每年可获得利润 139.66 万元，合作社盈余公积金、公益金 24.65 万元，每名社员可分配红利 11316 元，实现合作社和社员共赢。合作社年积累发展基金 24.65 万元，社员每年人均分红 11316 元。通过该项目的实施，可以带动青阳乡大坝村、路溪村，五德镇团结村、李家园、大鸡公等村 204 户 912 人共同致富。

石阡县康乐中药材产业农民专业合作社

石阡县康乐中药材产业农民专业合作社，主要从事中药材种植、加工、储藏、包装、销售；引进新技术，选择优良品种，开展对中药材生产的技术培训和技术交流，提供种植农户所需的各项服务。主要生产内容是加工中药材，产业发展模式为农产品加工业，产业发展模式亚型为加工经济作物，组织运营模式为“公司 + 农户 + 合作社”。合作社现有社员 167 户，贫困户 74 户（精准扶贫建档立卡贫困户），占项目区贫困户数的 35.8%。通过本项目的实施，木瓜进入丰产期后（预计 2019 年）项目区可年产优质木瓜及射干中药饮片售后实现净利润 387.06 万元，按照股份分红，165 名社员可分红 232.31 万元，亩均年收入可 4688.46 元，1 名大户以现金入股可分得红利 4.68 万元，1 名团体社员可分得红利 150.02 万元。参与投资入股的合作社社员，预计户均增收 1.8 万元以上，在实施期间项目区贫困农户 80% 以上实现脱贫，贫困发生率将降到 6% 以下。

石阡县和鑫茶叶生产农民专业合作社

石阡县和鑫茶叶生产农民专业合作社，主要从事管理茶园 688 亩，拟进入茶叶加工、销售环节等业务。主要生产内容是加工茶叶，产业发展模式为农产品加工业，产业发展模式亚型为加工经济作物，组织运营模式为“能人大户 + 农户 + 合作社”。合作社 2016 年 2 月改组后有社员 140 户，贫困户社员 41 户，占项目区建档立卡贫困户的 65.08%。项目实施后，丰产期年产鲜叶 389 吨，加工成品茶 86.45 吨，实现产值 663.08 万元，实现利润 92.37 万元，每年户均增收 2 万元以上。

石阡县龙塘镇大屯兆•Æ茶叶专业合作社

石阡县龙塘镇大屯兆豐茶叶专业合作社，主要从事茶园管理、提供技术指导、茶叶加工和销售。现经营茶园面积 1500 亩。主要生产内容是加工茶叶，产业发展模式为农产品加工业，产业发展模式亚型为加工经济作物，组织运营模式为“村组织 + 农户 + 合作社”。现有社员 206 户，贫困户 118 户，占项目区贫困农户数的 89.39%。项目实施后，丰产期年产鲜叶 843.75 吨，加工成品茶 259.5 吨，实现产值 1730.72 万元，实现利润 113.54 万元。项目建成，解决茶叶下树难题，增加了贫困农户的茶青收入。丰产期年茶青收入 1093.5 万元，加工增值后可分配利润 90.84 万元，户均分红 4409 元，人均分红 1156 元。按脱贫标准（2968 元/人 2015 年），项目区 118 户贫困农户 395 人可全部脱贫。

石阡祥丰文化生态农业专业合作社

石阡祥丰文化生态农业专业合作社，主要经营特色水果；引进新技术、新品种，为社员提供技术培训、技术指导和咨询服务等。主要生产内容是种植水果，产业发展模式为种植业，产业发展模式亚型为种植水果，组织运营模式为“能人大户 + 农户 + 合作社”。合作社成立时有社员 183 名，建档立卡贫困户 86 户，占项目区（村民组）建档立卡贫困户的 92.5%。项目建成后，年产水果 793.8 吨，实现产值 1056.1 万元，利润 596.75 万元，可分配利润 507.24 万元，社员户均分红 2.77 万元。

石阡县星可原农业开发专业合作社

石阡县星可原农业开发专业合作社，主要从事中药材、果蔬等经济作物种植、销售及良种供应；农产品、农业产业化经营，农用生产物资购销、储存；畜禽水产养殖、购销与良种供应；园艺产品生产及销售；花卉、果树、绿化苗木种植及销售；旅游开发、经营管理及其配套从业服务。主要生产内容是加工中药材，产业发展模式为农产品加工业，产业发展模式亚型为加工经济作物，组织运营模式为“能人大户 + 农户 + 合作社”。合作社成立时有社员 159 户，其中，贫困户 40 户，占项目区建档立卡贫困户的 61.5%。项目投产后可产鲜黄精 605.75 吨，产值 605.75 万元，利润 235 万元，可分配利润 199.75 万元，社员户均分红 1.25 万元。

石阡县本庄土罐罐茶产业专业合作社

石阡县本庄土罐罐茶产业专业合作社，主要从事茶园管理、提供技术指导、茶叶加工和销售。现经营茶园面积 1194 亩。主要生产内容是加工茶叶，产业发展模式为农产品加工业，产业发展模式亚型为加工经济作物，组织运营模式为“能人大户 + 农户 + 合作社”。合作社有社员 256 户，有建档立卡贫困户社员 96 户，占项目村贫困户总数的 86.48%。扣除当年运行成本后，按下列分配方案进行分配：合作社提取税后利润的 10% 作为公积金，用于扩大生产；5% 作为公益金（3% 用于社员福利、2% 用于贫困社员及项目区贫困户生产生活扶持）；5% 作为风险金，用于社员生产遭受重大损失的补贴；剩余 80% 用于合作社入股社员分红。分红按现金和土地折价入股比例及茶青交易额进行分配。其中有茶青交售量（额）部分按照入股清册比例的 80% 进行分配；无茶青交易的按照土地折价入股清册比例的 20% 进行分配；现金入股按照清册比例 100% 进行分配。

石阡县石固乡王家沟农林综合开发专业合作社

石阡县石固乡王家沟农林综合开发专业合作社，主要经营水果、干果、中药材、油茶及其他经济作物种植，供应合作社成员所需生产资料；组织采购、原材料收购；引进新技术、新品种，为合作社成员提供技术指导；负责产成品加工、包装、贮藏和产品销售；开展技术培训、技术交流和咨询服务等。主要产业是加工油茶，产业发展模式为农产品加工业，产业发展模式亚型是加工经济作物，合作社组织类型为“能人大户 + 农户 + 合作社”。合作社现有社员 322 户，其中，建档立卡贫困户 122 户，占项目区建档立卡贫困户的 100%。项目建成后，年产茶油 216.7 吨，产值 3467.15 万元，加工增值 438.28 万元，可分配利润 372.54 万元，户均增收 1.16 万元，人均增收 0.28 万元。

沿河县

沿河土家族自治县洞口桥果蔬农民专业合作社

沿河土家族自治县洞口桥果蔬农民专业合作社，主要从事空心李的生产管理；经营水果、蔬菜、中药材、空心李、核桃种植及销售；农产品销售。主要生产内容是种植空心李，产业发展模式为种植业，产业发展模式亚型为种植水果，组织运营模式为“农户+合作社”。合作社成员共197户。建档立卡贫困户62户，占项目区贫困户总数的65%。通过本项目的实施，合作社可年产空心李516吨，实现产值516万元；保鲜贮藏1000吨的46.14%，两项共计实现年利润402.07万元。按10%提留，可提40.2万元，剩余361.87万元的60%按交易额的比例返利，可返利217.12万元，40%按土地入股的比例返利，可返利144.75万元，可实现户均增收1.5万元以上。

沿河县天缘山空心李农民专业合作社

沿河县天缘山空心李农民专业合作社，主要从事空心李的种植、加工、营销；开展空心李有关的技术培训、技术交流和信息咨询服务；提供社员所需的其他服务。主要生产内容是种植空心李，产业发展模式为种植业，产业发展模式亚型为种植水果，组织运营模式为“公司+农户+合作社”。合作社现有社员152户，全部为农户。贫困户39户，占项目区贫困农户的39.8%。通过本项目的实施，新建空心李基地559亩、每亩种植果树50株、每株出产20公斤优质空心李，年产优质李559000公斤、每公斤10元，每亩产值10000元，扣除种植管护成本2000元/亩、销售成本4500千元/亩，每亩销售利润3500千元。项目建成后可实现年产值559万元、实现销售利润209.65万元，扣除管理、折旧、提留等成本可分配利润155.833万元，净产值将由合作社和农民共享，农民将获得30%的增值，实施合作社统一生产技术，统一销售，打开省内外高端水果市场后，在直接销售水果方面利润至少可增加20%；实施与企业联合，进行产品收获后处理、储存和包装及深加工后，在销售成品方面利润至少可增加50%。通过实施该项目，每年每亩空心李可为项目农户至少增加收入2000元。

沿河木林种养业农民专业合作社

沿河木林种养业农民专业合作社，主要从事养殖业和种植业，当前的业务活动主要为组织社员发展山羊产业、学习养殖技术和讨论产品销售等事项，规划羊圈和草场建设，积极筹集流动资金和购买种羊的资金，进行世界银行项目相关宣传和培训。主要生产内容是养殖山羊，产业发展模式为养殖业，产业发展模式亚型为养殖畜类，组织运营模式为“农户＋合作社”。合作社成员共217户，其中建档立卡的贫困户89户（占项目区贫困户总数216户的比例为41.2%）。每年合作社所有可分配利润（种羊、商品羊、羊粪、牧草等销售收入减除成本）的70%分配给合作社成员。每年合作社所有可分配利润（种羊、商品羊、羊粪、牧草等销售收入减除成本）的30%由合作社统一分配，其中的30%留用合作社发展基金、70%按股份比例分红。社员用入股土地所种的牧草，合作社按0.2元/斤收购。对参与养殖的农户，合作社按0.3元/只·天支付报酬。通过本项目的实施，在10年内将产生可分配利润共计3986.3万元，合作社217户农户年均增收1.837万元。

沿河姚溪志飞茶叶农民专业合作社

沿河姚溪志飞茶叶农民专业合作社，主要从事茶叶的生产管理、加工、销售。主要经营范围为依法组织采购、供应成员种植茶叶所需的农业生产资料；组织社员从事姚溪茶叶产品的加工与销售；开展茶叶有关的技术培训；提供其他社员所需的服务。主要生产内容是加工茶叶，产业发展模式为农产品加工业，产业发展模式亚型为加工经济作物，组织运营模式为“农户＋合作社”。合作社成员共203户，其中建档贫困户66户，占合作社成员的33%，占项目区贫困户的66%。通过本项目的实施，合作社可年产鲜叶325吨，可加工成品茶65吨，实现产值982.5万元，实现利润101.6万元。合作社经营利润将由合作社成员共享，其中，合作社总利润的10%提留作为合作社发展的公积金；合作社利润的90%由合作社社员进行分红，其中，20%按原始股份进行分红，80%按茶叶交易量进行分红。项目实施后，合作社社员收益有两条途径：一是通过销售茶青得到收入，二是通过茶园或现金入股合作社，通过折价为股份，合作社茶叶销售后再将所产生的利润按股份比例进行分红。

沿河县黄土乡农特产品农民专业合作社

沿河县黄土乡农特产品农民专业合作社，主要从事珍珠花生种植、花生生产加工、花生销售等。多年来，合作社采取统一种子供应、统一田间管理、统一技术服务、统一产品回收、统一加工销售“五统一”模式，积极建立原料生产基地，配备专业技术人员对花生建设管理全程跟踪指导。主要生产内容是加工花生，产业发展模式为农产品加工业，产业发展模式亚型为加工经济作物，组织运营模式为“能人大户 + 农户 + 合作社”。合作社成员共 325 户，建档立卡贫困户 162 户，占项目区总贫困户的 73.97%。通过本项目的实施，合作社社员种植花生可年产干花生 575 吨，销售单价 0.9 万元/吨，计 517.5 万元，除去成本可得净利润 331.2 万元，基地销售收入全部归种植户所有。加工销售利润 157.74 万元；按 10% 提留作合作社发展基金，年可提 15.77 万元，净利润为 141.97 万元，理事长的股份分红按 25% 分配，剩余 106.48 万元的 80% 按交易额的比例分红，可分红 85.18 万元，20% 按土地入股的比例分红，可分红 21.30 万元。年户均收入 1.46 万元，其中，附加值增收 0.437 万元。项目实施后，社员受益途径有两种：一是合作社按 9 元/公斤收购花生，社员每亩收益达 2250 元，二是通过入股农户按原始股份和交易额比例进行二次返利。

遵义市

道真县

道真仡佬族苗族自治县龙腾磨盘蔬菜专业合作社

道真仡佬族苗族自治县龙腾磨盘蔬菜专业合作社，主要从事高山冷凉性蔬菜的种植、苕粉加工、销售等。主要生产内容是种植蔬菜，产业发展模式为种植业，产业发展模式亚型为种植蔬菜，组织运营模式为“能人大户 + 农户 + 合作社”。原专业合作社全由当地农民社员组成，通过引进能人大户以现金入股，再次发动项目区群众，现有社员 292 户 1024 人。其中项目区建档立卡贫困户 126 户，加入合作社 101 户，占项目区贫困户的 80.16%，合作社提留公积金占可分配盈余的 20%，用于合作社继续发展和风险防范；每年可分配盈余的 80% 中提留 5% 用于贫困户社员家庭，按当年家庭人口数进行分红，现金入股的能人大户按照占股比例分成

29.34%（其中刘长波占股17.6%，张兴占股11.74%），社员按交易量分红占股60.66%，社员按原始股分红占股5%（现金入股的能人大户不再占股分成）。既体现社员多劳多得，又保护了贫困户利益，同时也保障了能人大户利益分成。项目建成后，年户均可增收2500元以上。

正安县

正安县格林永长核桃种植农民专业合作社

正安县格林永长核桃种植农民专业合作社，主要从事核桃的生产管理、加工、销售。主要经营范围为依法组织采购、供应成员种植核桃所需的农业生产资料；组织社员从事产品的储藏、加工和销售；引进新技术、新品种；开展核桃有关的技术培训、技术交流和信息咨询服务；提供其他社员所需的服务。主要生产内容是种植核桃，产业发展模式为种植业，产业发展模式亚型为种植经济作物，组织运营模式为“能人大户+农户+合作社”。合作社成员共419户，全村建档立卡贫困户183户，已入社151户，占82%。通过本项目的实施，合作社可年产360吨干果，实现产值1080万元，实现利润477.4万元。利润将由合作社成员共享，具体分配方案如下：合作社提取公积金、公益金及贫困户扶持资金后，按交易量向社员返还80%，按入股股权分配20%。项目实施区183户贫困农户全部脱贫致富。项目实施后，年户均增收1.14万元。

正安县复兴茶业农民专业合作社

正安县复兴茶业农民专业合作社，主要从事茶叶的生产管理、加工、销售。主要经营范围为依法组织采购、供应成员种植茶叶所需的农业生产资料；组织社员从事产品的储藏、加工和销售；引进新技术、新品种；开展茶叶有关的技术培训、技术交流和信息咨询服务；提供其他社员所需的服务。因此主要生产内容是加工茶叶，产业发展模式为农产品加工业，产业发展模式亚型为加工经济作物，组织运营模式为“公司+农户+合作社”。合作社成员共204户，贫困户34户，贫困户社员占项目区贫困户的比例为39.08%，理事会5人、监事会5人。通过本项目的实施，合作社可年产鲜叶293.32吨，可加工成品茶65.15吨，实现产值941.24万元，实现利润283.99万元。利润将由合作社成员共享，其中农民将获得60%的分配，大约30%的增值。项目实施区87户贫困农户全部脱贫致富。项目实施后，年户均增收 1.6 万元。

正安县茗星春茶业种植专业合作社

正安县茗星春茶业种植专业合作社，主要从事茶叶的生产管理、加工、销售。主要生产内容是加工茶叶，产业发展模式为农产品加工业，产业发展模式亚型为加工经济作物，组织运营模式为“公司 + 农户 + 合作社”。合作社成员共 240 户，其中 8 个组建档立卡贫困户 71 户，加入合作社 25 户，贫困户占项目区贫困户比例为 35.2%，合作社由正安县吐香茶业有限责任公司投资 15 万元，农户将茶园折价入股加入合作社，茶叶加工厂建成后，由合作社加工茶叶包装后对外销售。合作社直接受益农户 240 户，年户均增收 1.65 万元。间接带动 521 户。将吸引越来越多的农户加入合作社，组织化程度越来越高，覆盖范围越来越广，带动更多的农户走上致富的道路，并具有可复制性。

正安县宏泉谷物种植农民专业合作社

正安县宏泉谷物种植农民专业合作社，主要从事五谷杂粮（黑糯米、黄糯小米、薏仁米、黄豆、绿豆、红豆、黑豆）的生产、加工及销售。主要生产内容是种植五谷杂粮，产业发展模式为种植业，产业发展模式亚型为种植蔬菜，组织运营模式为“公司 + 农户 + 合作社”。通过本项目的实施，合作社可生产五谷杂粮 1148.3 吨，成品 897.1 吨，平均每年实现产值 3314.6 万元，实现年平均利润 425.4 万元。利润将由合作社成员共享，产生效益后，从毛利润中由合作社提取公积金 10%、用于扩大生产、弥补亏损或转为社员出资，再提取 5% 的风险金，剩余 85% 作为可分配利润，团体社员获得可分配利润的 13.1%，入股的其他社员按交易金额获得可分配利润的 86.9%。项目实施区 480 户贫困农户全部脱贫致富。且以中观镇为中心辐射到周边流渡、谢坝、市坪、班竹、格林、芙蓉江等乡镇；经过三年到五年的发展，不断向全县乃至周边县辐射扩展。项目建成后年户均可增收 9500 元。

正安县正和茶业农民专业合作社

正安县正和茶业农民专业合作社，主要从事茶叶的生产管理、加工、销售。主要经营范围为依法组织采购、供应成员管理茶叶所需的农业生产资料；组织社员从事产品的储藏、加工和销售；引进新技术、新品种；开展茶叶有关的技术培训、技术交流和信息咨询服务；提供其他社员所需的服务。主要生产内容是加工茶叶，产业发展模式为农产品加工业，产业发展模式亚型为加工经济作物，组织运营模式为“公司＋农户＋合作社”。合作社成员共328户，其中项目区9个组建档立卡贫困户165户，加入合作社131户，贫困户占项目区贫困户比例为80%。通过本项目的实施，合作社可茶青3000吨，成品茶700吨，实现产值1671.6万元，实现年平均利润180余万元。利润将由合作社成员共享，产生效益后，从毛利润中由合作社提取公积金10%，用于扩大生产、弥补亏损或转为社员出资；再提取5%的风险金，剩余85%作为可分配利润，团体社员获得可分配利润的29.2%，入股的其他社员按交易金额获得可分配利润的70.8%。项目建成后，年户均可增收3885.4元。

务川县

务川自治县汇景园辣椒种植专业合作社

务川自治县汇景园辣椒种植专业合作社，合作社主要从事辣椒种植、初深加工、销售。在分水镇中坝村（贫困村）、三星村（贫困村）新建辣椒种植面积1320亩，年加工5000吨泡椒初、深加工厂一座（与涪洋佳禾辣椒种植农民专业合作社抱团发展）（签订合作协议），产品销售全国。主要生产内容是加工辣椒，产业发展模式为农产品加工业，产业发展模式亚型为加工经济作物，组织运营模式为“公司＋农户＋合作社”。合作社现有社员266名，建档立卡贫困户社员170户，占项目区贫困户比例82.93%（项目区为中坝村、三星村共有贫困户205户）。合作社产生效益后提取总利润的10%作为合作社的滚动发展资金（购买合作社发展所需的辣椒种子、肥料及支付专卖店租金、审计费用等），剩余90%作为可分配利润，按占股比例进行分配，团体社员获得可分配利润的28%，入股社员获得可分配利润的72%。除红利外，合作社的社员还可以参与合作社建设投工投劳，领取一定的劳务费；通过技术指导及技能培训，并能提升农户在生产经营过程中积累丰富的知识和经验，从而拓宽他们的视野、强化生产技能、具有一定的管理能力。

务川自治县涪洋佳禾辣椒种植农民专业合作社

务川自治县涪洋佳禾辣椒种植农民专业合作社，合作社主要从事辣椒的精深加工、栽培及销售。目前已与国内外多家知名品牌企业已达成产品供销合作经营意向协议，已基本建立起产品营销网络，产品市场前景广阔乐观。主要生产内容是加工辣椒，产业发展模式为农产品加工业，产业发展模式亚型为加工经济作物，组织运营模式为“公司 + 农户 + 合作社”。合作社现有成员 382 户，建档立卡贫困户社员 306 户，占项目区贫困户比例 83.61%（项目区前进村、珍珠村、当阳村共有贫困户 366 户）。合作社产生效益后，可分配利润分为两个方面，一是股本金分红，二是农户交售合作社辣椒原材料交易额分红。整个项目 10 年内项目总利润可达到 2782.03 万元，合作社提取 10%（278.203 万元）作为合作社滚动发展资金，剩余 90%（2503.827 万元）按照出资情况进行股份分红，其中团体社员股份占比 30%，分红 751.148 万元，用于购买发展所需的辣椒种子、肥料及支付专卖店租金、审计费用等；全体农户社员股份占比 70%，分红 1752.679 万元，为了提高农户社员对合作社辣椒种植的积极性，农户社员分红方式实行交易额返还结合股份分红，按 8∶2 分配，即 80% 部分（1402.143 万元）按所交售合作社辣椒原材料的交易额比例分红，20% 部分（350.536 万元）按照农户社员土地经营权折价入股比例分红。除红利外，合作社的社员还可以参与统一育苗、收购等环节的人工投工投劳，领取一定的劳务费，同时获得大量的专业技能培训，在生产经营过程中积累丰富的知识和经验，从而拓宽他们的视野、强化生产技能、具有一定的管理能力。

务川自治县过江种养业农民专业合作社

务川自治县过江种养业农民专业合作社，合作社主要从事蔬菜、辣椒种植、销售。在分水镇过江村（贫困村）、红明村（贫困村）种植榨菜、辣椒等 1136 亩。产品销售范围主要在重庆、贵阳、东三省等。主要生产内容是榨菜产业，产业发展模式为农产品加工业，产业发展模式亚型为蔬菜加工，组织运营模式为“公司 + 农户 + 合作社”。合作社现有成员 359 户，建档立卡贫困农户社员 292 户，占项目区贫困户比例 89.30%（项目区为过江村、红明村共有贫困户 327 户）。合作社产生效益后，税后年均利润330万元，提取10%（33万元）作为合作社公积金和合作社运营经费（购买种子、肥料、审计费等）；剩余90%（297万元）按出资情况进行股份分红。其中团体社员股份占比29.41%，分红87.35万元；全体农户社员股份占比70.59%，分红209.65万元；农户社员分红方式实行交易额返还结合股份分红，按8∶2分配，即80%部分（167.72万元）按所交售合作社榨菜原材料的交易额比例分红，20%部分（41.93万元）按照农户社员土地经营权折价入股比例分红。除红利外，合作社的社员还可以参与基地建设人工投工投劳，领取一定的劳务费，同时获得大量的专业技能培训，在生产经营过程中积累丰富的知识和经验，从而拓宽他们的视野、强化生产技能、具有一定的管理能力。

务川自治县双鹿生态肉牛养殖农民专业合作社

务川自治县双鹿生态肉牛养殖农民专业合作社，主要以肉牛养殖、屠宰、牛肉制品加工、销售为主。年屠宰肉牛1000头，加工牛肉制品80吨，产品销售范围主要在重庆、遵义。主要生产内容是养殖肉牛，产业发展模式为养殖业，产业发展模式亚型为养殖畜类，组织运营模式为“公司+农户+合作社”。合作社产生效益后提取总利润的15%作为合作社的公积金，再提取5%作为风险金，剩余80%作为可分配利润，按股本金比例进行分配，团体社员获得可分配利润的18.3%，入股社员获得可分配利润的81.7%。为了提高社员积极性，农户社员按交易量（额）进行分红，同时还能获得大量的专业技能培训，在生产经营过程中积累丰富的知识和经验，从而拓宽视野、强化生产技能、具有一定的管理能力，提高不能外出打工的留守劳动力和妇女在家的经济地位。

务川自治县高洞生态茶业农民专业合作社

务川自治县高洞生态茶业农民专业合作社，主要从事茶叶的种植、加工、销售；茶苗培育。主要产业是加工茶叶，产业发展模式为农产品加工业，产业发展模式亚型是加工经济作物，合作社组织类型为“公司+农户+合作社”。合作社成立时有成员130户，全部为农民成员。在世界银行考察团第二次考察并进行讨论后，合作社按照“以提升改造老茶园为主，补植补造茶园为辅；加工厂评估入股合作社，围绕合作社建设产、加、销全产业链”的思路进行了改组，现在合作社成员252户，项目区域内土地所属农户全部自愿加入合作社，所建茶园由合作社统一管理。项目区贫困户88户398人，其中61户加入合作社，占社区贫困户的69.3%。通过召开社员大会选举产生合作社理事会成员7名；选举产生合作社监事会成员5名。合作社支付生产、加工、销售等环节的劳务费，在销售收入中提留10%作为合作社发展基金后，可分配利润按社员出资比例分红。预期2016—2018年按915.7亩（老茶园）投产，2019年起1158.65亩茶园全部投产。从2019年起，通过加工销售增加附加值后，年毛利润92.282578万元，提留10%后年可分配利润83.0543202万元。农民社员年平均可分配利润3296元。

务川自治县渝民蔬菜种植农民专业合作社

务川自治县渝民蔬菜种植农民专业合作社，合作社按照现代都市农业发展方向，围绕城市居民生活需要，积极发展黄瓜、辣椒、西红柿等优质无公害蔬菜，逐步实现生产、销售一体化经营。主要产业是种植蔬菜，产业发展模式为种植业，产业发展模式为种植业，产业发展模式亚型是种植蔬菜，合作社组织类型为“公司+农户+合作社”。合作社现有成员152户，建档立卡贫困户社员128户，占项目区贫困户比例84.21%（项目区泥高村、栗园村共有贫困户208户）。合作社产生效益后，可分配利润分为两个方面，一是股本金分红，二是农户交售合作社原材料交易额分红。整个项目10年内项目总利润可达到2350.07万元，合作社提取15%（352.51万元）作为合作社发展基金，购买发展的生产资料及支付专卖店租金、审计费用等。剩余85%（1997.56万元）按照出资情况进行股份分红，其中团体社员股份占比24.65%，分红429.4万元；全体农户社员股份占比75.35%，分红1505.16万元，农户社员分红方式实行交易额返还结合股份分红，按8∶2分配，即80%部分（1204.13万元）按所交售合作社蔬菜原材料的交易额比例分红，20%部分（301.03万元）按照农户社员土地经营权折价入股比例分红。项目建成后，除资金收益外，合作社的社员还将获得大量的培训机会，在生产经营过程中积累丰富的知识和经验，从而增长他们的知识、强化生产技能、具有一定的管理能力，妇女成员还能通过培训学习和增收从而提高她们在家庭和社会地位。合作社建成后将形成区域效应，带动项目区蔬菜种植、收购、加工、运输等相关行业的发展形成产业链，并促进和带动当地其他产业的发展，增加财政收入，开辟了一条脱贫致富的新道路。这对推动项目区农村经济结构调整和农业产业化发展，消除区域贫困，全面建成小康社会将起到重要作用。

毕节市

纳雍县

纳雍县昆寨乡昆泉农业生态农民专业合作社

纳雍县昆寨乡昆泉农业生态农民专业合作社，主要以葛根种植、葛根保健食品加工及销售为主，对项目区农户开展技能培训。主要生产内容是加工葛根，产业发展模式为农产品加工业，产业发展模式亚型为加工经济作物，组织运营模式为“公司 + 农户 + 合作社”。项目共覆盖昆寨乡三个村：新民、金珠、碓窝河，合作社社员共 432 户。合作社贫困户 119 户，占项目区（项目村）贫困户 410 户的 29.02%，占合作社社员的 27.55%。预计到 2021 年，项目累计净利润为 3885 万元，按 20% 提取后续发展资金 777 万元后，可分配利润 3108 万元。能人大户占合作社股权的 38.46%，可分配利润为 1195.34 万元。农户社员按股权比例可分配利润 1912.66 万元，平均每户每年将增加收入 0.89 万元（不包含在生产基地劳动获得的工资性收入）。参加合作社的农户、能人大户是合作社的直接受益者。项目计算期内预计实现利润 3885 万元，按 20% 的比例提取公积金后，可分配利润为 3108 万元。农户社员年均纯收入可增加 0.89 万元（不含在合作社务工获得的收益）；项目计算期内能人大户可分配利润为 1195.34 万元。

纳雍县猪场乡硐口新农业发展农民专业合作社

纳雍县猪场乡硐口新农业发展农民专业合作社，主要以糯谷猪养殖、加工、销售，糯谷猪养殖技术推广为主，养殖基地分布在猪场乡硐口村。主要生产内容是养殖糯谷猪，产业发展模式为养殖业，产业发展模式亚型为养殖畜类，组织运营模式为“能人大户 + 农户 + 合作社”。合作社现有社员 155 户。其中贫困户社员 124 名，占项目区贫困户的 73.2%。通过项目实施，建成全部达产后，（预计到 2020 年）实现糯谷猪年总产值 840 万元。可获净利润 327.6 万元，社员通过股权及交易额累计分红预计达 235.872 万元。社员养殖的成品猪出栏时，按保护价回收并收回合作社猪仔成本，社员每养殖一头糯谷猪出栏可增收1000元以上；社员累计增收总计300万元，年平均增收100万元。通过回收加工后销售肉制品所得收益，按28%的比例提取公积金、公益金、风险金后，可分配利润（提取提留后）的40%按155户社员的股权比例进行分配，预计到2020年可累计分红94.3488万元，其中，能人大户可分得红利24.9万元；60%按社员养殖户的交易额进行分配，预计到2020年可累计分红141.523万元。入社不满一年的社员，根据社员实际出资和入社时间，按时间段按比例进行分配。未入股的养殖户不能分红。项目计算期内预计实现利润327.6万元，按28%的比例提取公积金、公益金、风风险金后，可分配利润为235.872万元。社员年均纯收入可增加0.51万元。

纳雍县库东关乡梅花山魔芋专业合作社

纳雍县库东关乡梅花山魔芋专业合作社，主要以魔芋良种扩繁、种植、加工及销售为主，组织收购、销售及同类生产经营者的产品，引进新技术、新品种，开展技术培训、技术交流及咨询服务，经纪服务。主要生产内容是加工魔芋，产业发展模式为农产品加工业，产业发展模式亚型为加工经济作物，组织运营模式为“能人大户+农户+合作社”。合作社已经发展社员454户（贫困户社员176名，占项目区贫困户数的比例为63.54%，占社员总数的38.77%）。预计到2026年，项目累计毛利润为1704万元，按20%提取后续发展资金340.8万元后，可分配利润1363.2万元。由于合作社是紧密型的合作社，所有生产销售等都由合作社统一运行。能人大户占合作社股权的22.78%，可分配利润为每年30.82万元。农户社员按股权比例可分配利润1045万元，平均每户每年将增加收入0.23万元（不包含在生产基地劳动获得的工资性收入）。项目计算期内预计实现利润1704万元，按20%的比例提取公积金后，可分配利润为1353.41万元。农户社员年均纯收入可增加0.23万元（不含在合作社务工获得的收益）；能人大户年可分配利润为30.82万元。

纳雍县生态乌蒙农业种养殖农民专业合作社

纳雍县生态乌蒙农业种养殖农民专业合作社，主要从事冬荪制种、种植、产品加工及销售。主要生产内容是种植冬荪，产业发展模式为种植业，产业发展模式亚型为种植经济作物，组织运营模式为“能人大户+农户+合作社”。合作社共有社员139户，其中贫困户78户，占项目区建档立卡贫困户的88.63%，占合作社成员的56.12%。合作社采取紧密型模式运行，由合作社负责统一运营、管理，在实现合作社可持续运营之后，合作社开始分红。合作社利益联结模式为合作社总收入减去合作社总投入（包括基础设施建设、基地总投入、产品加工、销售、管理等项目），产生盈利（毛利润），提取15%发展资金（公积金、教育基金、风险基金），剩余盈利再按各个合作社社员所持的股权比例进行分红。项目期内（2018—2020年），累计实现销售收入1270.4万元，累计投资807.82万元，累计实现毛利润462.58万元，提取发展资金（毛利润的15%）69.387万元后，可用于分配利润393.193万元。能人大户100.1万元，农户可分配293.093万元，户均增收2.124万元。三年实现总利润462.58万元，年平均利润154.19万元。项目建成投产后，每年户均增收1.1万元，能人大户增收39.25万元。

纳雍九黎风苎麻专业合作社

纳雍九黎风苎麻专业合作社，合作社主要从事苎麻种植、苎麻工艺加工；苗族蜡染、刺绣、纺织；苗族文化传承、宣传、推广；农业生产资料购买、运输、贮藏、销售等业务。主要产业是加工苎麻，产业发展模式为农产品加工业，产业发展模式亚型是加工经济作物，合作社组织类型为“公司+农户+合作社”。合作社有社员378户，贫困人口270户，占71.4%。企业占0.1%。通过本项目的实施，建成全部达产后，实现年产天麻350吨，产值700万元，亩产值3500元。通过合作社加工成蜡染刺绣工艺后，产值1400万元，实现利润373.5万元，净产值将由合作社和农民共享，农户亩均增值利润3000元。农户亩均利润3000元人民币，可使项目实施区贫困农户全部脱贫致富；项目区贫困人口的综合素质进一步提高，掌握农业实用技术的能力进一步增强；贫困人口的生产生活条件进一步改善，农业生产抗自然环境影响的能力逐步增强，对加快脱贫致富步伐起到了积极的作用。项目有利于促进农村发展、农民增收；有利于提供就业岗位，减轻社会压力；有利于促进经济社会的持续、健康，和谐发展。

纳雍县国品茶叶农民专业合作社

纳雍县国品茶叶农民专业合作社，合作社主要从事茶叶的种植、加工、销售；茶叶新品种、新技术引进推广；茶叶技术指导。基地分布于纳雍县姑开乡再块村、火把村。主要产业是加工茶叶，产业发展模式为农产品加工业，产业发展模式亚型是加工经济作物，合作社组织类型为“公司+农户+合作社”。通过项目实施，建成全部达产后，（预计到2020年）实现茶叶亩产值8320元，年总产值611.3万元。农民通过为合作社管理茶园，可获得茶园管理工资及采茶工资220.4万元，劳动定员12人，职员薪金25.9万元，入股分红207.6万元。同时合作社可获取30%各项提留89万元，其中10%用作扩大再生产、10%用作集体公益事业、5%用于贫困户生产生活扶持、5%用于社员生产、营销遭受重大经济损失的补贴。通过项目实施，每年可为当地农户增收453.9万元，项目区农户户均增收0.6万元以上，可使项目实施区贫困农户大部分脱贫致富；项目区贫困人口的综合素质进一步提高，生产生活条件进一步改善。

纳雍县鹿裕种植农民专业合作社

纳雍县鹿裕种植农民专业合作社，主要从事茶叶的种植、加工、销售；提供种植技术咨询及指导服务；组织采购、供应成员所需的生产资料。生产、加工基地位于锅圈岩乡同心村、上田坝村。因此主要产业是加工茶叶，产业发展模式为农产品加工业，产业发展模式亚型是加工经济作物，合作社组织类型为“公司+农户+合作社”。合作社变更后现有成员98户，其中贫困户成员91户，占项目区贫困户总数的33.5%。通过本项目的实施，建成全部达产后，实现茶叶亩产值7600元，年总产值544.1万元。社员通过为合作社管理茶园，可获得茶园管理工资及采茶工资193.3万元，职员薪金25.9万元，入股分红180.2万元。同时合作社可从营业利润中提取10%的公积金用于扩大再生产，提取10%的公益金用于集体公益事业，提取5%的贫困户扶持资金用于贫困户生产生活扶持，提取5%的风险基金用于风险防范，年提留77.2万元。通过项目实施，年可为当地农户增收399.4万元，项目区农户户均增收0.8万元以上，可使项目实施区贫困农户大部分脱贫致富；项目区贫困人口的综合素质进一步提高，生产生活条件进一步改善。

水东镇勤发现代生态农业农民专业合作社

水东镇勤发现代生态农业农民专业合作社，主要从事藠头良种扩繁、种植、初加工及销售，辣椒种植、初加工及销售。主要生产内容是种植藠头，产业发展模式为种植业，产业发展模式亚型为种植经济作物，组织运营模式为“能人大户 + 农户 + 合作社”。项目共覆盖水东镇木城村、新民村2个村，合作社社员共178户，合作社社员贫困户146户，占项目区贫困户203户的72%，占合作社社员的82%。预计到2027年，项目累计毛利润为1319万元，按20%提取后续发展资金259.80万元后，可分配利润1039.20万元。由于合作社是紧密型的合作社，所有生产销售等都由合作社统一运行。合作社按20%提取后续发展资金，可提取后续发展资金259.80万元，平均每年合作社可提取后续发展资金25.98万元。能人大户3户占合作社股权的36.17%，可分配利润为352.73万元，平均每年每户可分配利润12.53万元。农户社员占合作社股权63.83%，可分配利润663.32万元，平均每户每年将增加收入0.38万元（不包含在生产基地劳动获得的工资性收入）。

赫章县

赫章县营塘魔芋专业合作社

赫章县营塘魔芋专业合作社，以魔芋良种扩繁、种植及销售为主；组织收购、销售成员及同类生产经营者的产品，引进新技术、新品种，开展技术培训、技术交流及咨询服务，经纪服务。主要生产内容是加工魔芋，产业发展模式为农产品加工业，产业发展模式亚型为加工经济作物，组织运营模式为“能人大户 + 农户 + 合作社”。合作社已经发展社员191名，其中，贫困户社员98名，占项目区贫困户数的比例为52%，总产值五年可达1490万元，大大促进农民增收，使农民人均可增加纯收入1.47万元。项目总产值共计1490万元，净产值338万元，合作社191户农户每年人均纯收入可增加3100元。

赫章县长坪魔芋专业合作社

赫章县长坪魔芋专业合作社，以魔芋良种扩繁、种植及销售为主；组织收购、销售成员及同类生产经营者的产品，引进新技术、新品种，开展技术培训、技术交流及咨询服务，经济服务。因此主要生产内容是加工魔芋，产业发展模式为农产品加工业，产业发展模式亚型为加工经济作物，组织运营模式为“能人大户 + 农户 + 合作社”。合作社已经发展社员186

户，其中，贫困户社员78名，占项目区贫困户数的比例为36%）。合作社总产值五年可达1038万元，合作社186户农户每年均纯收入可增加6500元。

赫章县庆丰种植养殖专业合作社

赫章县庆丰种植养殖专业合作社，以核桃种植、苗圃建设、果树栽培、高枝嫁接等服务和管理为主；开展农业技术咨询及推广等。主要生产内容是种植核桃，产业发展模式为种植业，产业发展模式亚型为种植经济作物，组织运营模式为“能人大户＋农户＋合作社”。合作社社员共212户，其中，建档立卡贫困户社员45户，占项目区贫困户比例为71%；项目总产值共计4104万元（其中穗条产值324万元，低产园改造产值3780万元），净产值1956万元，合作社210户农户每年人均纯收入可增加6985元。

赫章县毛姑农业专业合作社

赫章县毛姑农业专业合作社，合作社以食用菌种植、初加工及销售，组织收购、销售成员及同类生产经营者的产品及附属产品，引进新技术、新品种，开展技术培训、技术交流及咨询服务，经纪服务为主。主要生产内容是种植食用菌，产业发展模式为种植业，产业发展模式亚型为种植蔬菜，组织运营模式为“能人大户＋农户＋合作社”。合作社已经发展社员共计109户，贫困户社员100户，占项目区贫困户数的比例为90%。预计十年总产值可达34504.2万元，净产值达12639.3万元，可分配利润达7463.7万元，合作社社员年均分红可达44782元，加上劳动力收入，社员年均增收可达59782元以上。项目建成后，可实现年产食用菌270万千克，年均销售收入1620万元。扣除各项投入成本1066.1万元，合作社提留243万元，年可分配利润310.9万元，可实现年均增长20%。利润由合作社全体社员共同分享，按股划分收益。农户均可增加年收入约4.4782万元。

赫章县欣禾魔芋产业专业合作社

赫章县欣禾魔芋产业专业合作社，经营范围以魔芋良种扩繁、种植、初加工及销售；组织收购、销售成员及同类生产经营者的产品，引进新技术、新品种，开展技术培训、技术交流及咨询服务，经纪服务。主要产业是加工魔芋，产业发展模式为农产品加工业，产业发展模式亚型是加工经济作物，合作社组织类型为“能人大户 + 农户 + 合作社”。合作社已经发展社员 200 户（贫困户社员 42 户，占项目区贫困户数的比例为 80%）。理事会成员 5 人（贫困户 1 人），监事会成员 5 人（贫困户 1 人）随着项目的实施进展，将发展更多的农户尤其是贫困户和少数民族加入合作社中来，逐步提高贫困户社员的比例。总产值五年预计可达 2240 万元，大大促进农民增收，使农民人均可增加纯收入 2.7 万元。如果加工成微粉，产品附加值将增加 25%。建设魔芋种植加工生产项目，符合国家产业发展政策；有利于发展我省文化产业和旅游产业的发展；有利于促进农村发展、农民增收；有利于促进特色旅游产品的开发和地方经济的发展，同时拉动其他产业的共同发展；有利于提供就业岗位，减轻社会压力；有利于促进经济社会的持续、健康，和谐发展。项目的实施建成后可直接提供 210 余人的就业岗位，可带动 80 余户贫困农民种植魔芋。

威宁县

威宁县荞道荞麦专业合作社

威宁县荞道荞麦专业合作社，主要从事荞麦的种植，收储，加工和销售为主。经营范围为苦荞麦的种植、初加工及销售；引进新技术、新品种，开展技术培训、技术交流及咨询服务。主要生产内容是加工荞麦，产业发展模式为农产品加工业，产业发展模式亚型为蔬菜加工，组织运营模式为“公司 + 农户 + 合作社”。合作社成员主要来自威宁县板底乡雄英村：现有社员 304 户。社员中：贫困户 146 名，占 48.2%；项目区有贫困户 296 人，加入合作社的占 49.32%。通过本项目的实施，年生产苦荞 200 吨，深加工 625 吨，实现平均年产值 1175 万，平均利润 330 万元。提取 10% 的公积金，用于扩大服务或弥补亏损，提取 10% 的公益金，用于文化、福利事业，提取 5% 的教育基金，用于社员培训，提取 5% 的风险基金，用于社员生产、营销遭受重大经济损失的补贴。由合作社经营的所有业务产生的利润，在上述提留后剩余利润部分，所有社员均按股权享受分红。项目主要受益者将是合作社成员。预计项目完成，实现合作社农户年均每户增收 5018 元，包括 146 户贫困户实现脱贫。

威宁县利众马铃薯种销农民专业合作社

威宁县利众马铃薯种销农民专业合作社，合作社主要从事马铃薯种植、加工和销售。主要生产内容是加工马铃薯，产业发展模式为农产品加工业，产业发展模式亚型为蔬菜加工，组织运营模式为“能人大户 + 农户 + 合作社”。合作社组建涉及 2 个乡镇（雪山镇、大街乡）6 个村（雪山镇法地村、花立村、青松村、雪山村，大街乡大松村、营中村），合作社现有社员 1500 户，其中，贫困户 903 户，占 60.2%，占项目区贫困户的 91.3%。据估算，通过本项目的实施，马铃薯种植基地年产马铃薯 6000 吨，年产值约 960 余万元；通过营销网络年销售马铃薯 2000 吨以上，年产值约 400 万元以上，实现总产值 1360 余万元，年利润约 130 余万元。合作社属于营销型合作社，合作社社员的土地没有纳入股权范围，合作社农户社员的收入：一是农户社员按照交易量返还的形式，把马铃薯交售给合作社，合作社按照市场价收购马铃薯；二是马铃薯通过合作社加工之后进行销售，销售利润提取 10% 公积金和 10% 风险补偿金之后，按照合作社能人大户与农户达成的意见，能人大户占提取公积金和风险补偿经之后的 40%、农户占 60%，农户再根据交易量的多少，分配 60% 的利润，三是农户在加工厂务工收入。社员收入 1.2 余万元，户均增收 0.41 余万元，能人大户收入 40 余万元。马铃薯产业直接覆盖农户 1500 户，十年实现总利润 9600 万元，年平均利润 134.4 万元。项目建成投产后，农户每年户均增收 0.41 万元，能人大户每年增收 40 万元。

威宁县梨银惠诚种植专业合作社

威宁县梨银惠诚种植专业合作社，主要从事魔芋良种扩繁、种植、加工及销售，组织收购、销售同类生产经营者产品，引进新技术、新品种；开展技术培训、技术交流及咨询服务等活动。因此主要生产内容是加工魔芋，产业发展模式为农产品加工业，产业发展模式亚型为加工经济作物，组织运营模式为“能人大户 + 农户 + 合作社”。合作社已经发展社员 326 户（其中，贫困户社员 32 名，占项目区贫困户数的比例为 100%，占社员总数的 9.82%）。预计 2020 至 2029 年均可分配利润为 438.04 万元，项目累计毛利润为 5475.58 万元，按 20% 提取后续发展资金 1095.11 万元后，可分配利润 4380.46 万元。大户占合作社股权的 39%，可分配利润预计为年平均170.83万元。农户社员占合作社股权的61%，农户社员按股权比例预计每年可分配利润267.2万元，平均每户每年增加收入约0.83万元（不包含在生产基地劳动获得的工资性收入）。其中针对贫困户，按照贫困户的土地1.5倍计算股权，预计贫困户每年增加收入约为1.245万元（不包含在生产基地劳动获得的工资性收入）。

威宁县志兴种养殖农民专业合作社

威宁县志兴种养殖农民专业合作社，主要从事畜牧养殖及销售。其主要产业是养殖土鸡，产业发展模式为养殖业，产业发展模式亚型是禽类养殖，合作社组织类型为“能人大户+农户+合作社”。合作社现有社员54户，其中贫困户52户，占96.3%，项目建成并全部达产后，年产鸡蛋1980吨、鸡肉160吨，鸡蛋销售单价9.6元/千克，鸡肉销售单价9元/千克，年销售收入2044.8万元。项目年产鸡蛋1980吨、出栏蛋鸡8万只。项目利润提取20%用于合作社发展资金，剩余80%利润中，9.8%作为理事长的股本分红，约10.9万元；20.2%分配给其他53户社员，约22.5万元，户均分红0.42万元；70%持续12年用于扶贫基金，约77.8万元，选一个或几个贫困村、少数民族村进行汇款或投资。

威宁县金种魔芋专业合作社

威宁县金种魔芋专业合作社，合作社主要从事魔芋的生产管理、加工和销售，经营范围为“魔芋种植、初加工及销售；组织收购、销售成员及同类生产经营者的产品，引进新技术、新品种，开展技术培训、技术交流及咨询服务，经纪服务”。主要产业是加工魔芋，产业发展模式为农产品加工业，产业发展模式亚型是加工经济作物，合作社组织类型为“能人大户+农户+合作社”。合作社现有社员286户，其中贫困户226户，占79.02%。合作社通过社员大会选举产生了理事会和监事会，理事会成员5名。其中，少数民族、贫困农户代表1名；监事会成员5名。其中，通过本项目的实施，年生产魔芋1670吨，实现年产值517.7万元，利润66.8万元，每年实现分配利润46.76万元。利润部分在提取30%的公积金、公益金、教育基金和风险基金后，剩余利润部分70%按交易量返还，30%按股权进行分配。最终实现合作社滚动发展，226户贫困户彻底脱贫。